Helga Blasius
Doping im Sport

Helga Blasius

Doping im Sport

Begründet von
Karl Feiden und Helga Blasius

Weitergeführt von
Helga Blasius, Remagen

3., vollständig überarbeitete Auflage

Mit 16 Abbildungen und 16 Tabellen

WVG Wissenschaftliche Verlagsgesellschaft Stuttgart

Zuschriften an
lektorat@dav-medien.de

Kontakt
Wissenschaftliche Verlagsgesellschaft mbH Stuttgart
Birkenwaldstraße 44
70191 Stuttgart

Alle Angaben in diesem Werk wurden sorgfältig geprüft. Dennoch können die Autorin und der Verlag keine Gewähr für deren Richtigkeit übernehmen.

Ein Markenzeichen kann markenrechtlich geschützt sein, auch wenn ein Hinweis auf etwa bestehende Schutzrechte fehlt.

Bibliografische Information der Deutschen Nationalbibliothek.
Die Deutsche Nationalbibliothek verzeichnet diese Publikation in der Deutschen Nationalbibliografie; detaillierte bibliografische Daten sind im Internet unter https://portal.dnb.de abrufbar.

Jede Verwertung des Werks außerhalb der Grenzen des Urheberrechtsgesetzes ist unzulässig und strafbar. Das gilt insbesondere für Übersetzungen, Nachdrucke, Mikroverfilmungen oder vergleichbare Verfahren sowie für die Speicherung in Datenverarbeitungsanlagen.

3., vollständig überarbeitete Auflage 2017
ISBN 978-3-8047-3277-3 (Print)
ISBN 978-3-8047-3681-8 (E-Book, PDF)

© 2017 Wissenschaftliche Verlagsgesellschaft Stuttgart
Birkenwaldstraße 44, 70191 Stuttgart
www.wissenschaftliche-verlagsgesellschaft.de
Printed in Poland

Satz: primustype Hurler GmbH, Notzingen
Druck und Bindung: Druckerei Dimograf, Bielsko-Biala, Polen
Umschlagabbildung: NilsZ/fotolia
Umschlaggestaltung: deblik, Berlin

Vorwort zur 3. Auflage

Seit vielen Jahren ist das Thema Doping aus dem Leistungssport nicht mehr wegzudenken. Es scheint die Szene sogar mehr und mehr zu beherrschen. Für die Bekämpfung des Dopings, das nicht nur die Gesundheit der Sportler gefährdet, sondern auch das Gebot der Fairness im Wettkampf auf das Spiel setzt, sollten die Institutionen des Sports eigentlich selbst sorgen. Außerdem gibt es hierfür spezielle unabhängige Institutionen wie die Welt Anti-Doping Agentur (WADA) und in den Ländern jeweils nationale Anti-Doping-Organisationen, wie hierzulande die Nationale Anti Doping Agentur Deutschland (NADA). Ihre Arbeit beruht im Wesentlichen auf dem Welt Anti-Doping Code (WADA-Code) beziehungsweise dem NADA-Code. Die ausgeklügelten Reglements sollen dafür sorgen, dass keiner durch die Maschen der Kontrollsysteme rutscht. Die Bemühungen scheinen jedoch nur bedingt von Erfolg gekrönt zu sein.

In den letzten Jahren hat sich in der Politik zunehmend die Erkenntnis durchgesetzt, dass die Maßnahmen des organisierten Sports zur Bekämpfung des Dopings allein nicht ausreichend sind. Erstmals wurden im Jahr 1998 Bestimmungen gegen das Doping in das Arzneimittelgesetz eingeführt. Sie wurden in der Folge weiter verschärft. Im Dezember 2015 wurde dann nach langen Beratungen ein eigenständiges Gesetz gegen Doping im Sport (Anti-Doping-Gesetz, AntiDopG) verabschiedet. Damit wird die Dopingbekämpfung in Deutschland grundlegend neu aufgestellt. Neue Straftatbestände – allem voran das Verbot des Selbstdopings von Spitzenathleten – sollen eine umfassende strafrechtliche Sanktionierung von Dopingbetrügern und Personen in deren Umfeld ermöglichen. Dabei hat das Gesetz erstmals auch das Fairnessgebot, das heißt die Integrität des Sports, im Visier. Schließlich ist der Leistungssport ein beträchtlicher Wirtschaftsfaktor, was die Bedeutung des Dopings als Sportbetrug umso mehr unterstreicht. Es geht um viel Geld, nicht nur für die Sportler selbst, sondern auch für ihr Umfeld. Darüber hinaus soll das neue Anti-Doping-Gesetz das Miteinander von Sport und Staat bei der Verfolgung von Dopingverstößen nachhaltig stärken.

Ein wichtiger Grund für die Ausbreitung und die negativen Folgen des Dopings ist die mangelhafte Aufklärung der Sportler über die pharmakologischen Eigenschaften von Dopingmitteln und deren Risiken. Dazulernen und umdenken müssen wohl auch die Medien und in die Öffentlichkeit, wenn die Bekämpfung des Dopings besser gelingen soll. Hier wird vielfach noch allzu „gerne" der Kopf in den Sand gesteckt. Der Faszination sportlicher Mega-Ereignisse mit spektakulären Rekorden und Topleistungen kann sich schließlich kaum jemand entziehen.

In den letzten Jahren nahmen die Enthüllungen von Dopingskandalen richtig Fahrt auf: das systematische Doping im Radsport, das staatlich gelenkte Dopingsystem in Russland und das Ausmaß des Dopings in der kenianischen Leichtathletik, offenbar unter Mitwissen und Duldung durch die jeweiligen Sportfachverbände, wurden in den Medien allenthalben heftig diskutiert. Diese Beispiele machen bereits deutlich, warum die Verfolgung und Bestrafung von Dopingsündern nach den sportrechtlichen Regularien so eine „vertrackte" Angelegenheit ist. Die Krux liegt vor allem darin, dass die Zuständigkeit dafür im Regelfall bei den jeweiligen Sportfachverbänden liegt, die daran aber vielfach nur bedingt Interesse haben. Bislang hat lediglich die Hälfte aller Sportfachverbände diese Aufgabe an die NADA als unabhängige Institution übertragen.

Bei der Beschäftigung mit dem Thema Doping sollte auch der Breitensport nicht außer Acht gelassen werden. Hier liegt vielleicht ein noch erheblich höheres Risikopotenzial.

Vor allem Nutzer von Fitnessstudios setzen illegale Mittel vielfach unreflektiert und unkontrolliert ein.

Das vorliegende Buch ist erstmals im Jahr 2002 und 2008 in einer 2. aktualisierten Auflage erschienen. Die 3. Auflage behält die Grundstruktur und die Intention des etablierten Werks bei. Zunächst werden die verbotenen Substanzen und Methoden beschrieben. Dann werden die zentralen sport- und völkerrechtlichen Regelwerke und Übereinkommen zur Bekämpfung des Dopings auf nationaler und internationaler Ebene vorgestellt und deren „Verzahnung" miteinander erläutert. Dabei wird auch kurz auf die Strukturen des organisierten Sports in Deutschland sowie die Grundlagen der staatlichen Sportförderung unter dem Aspekt der Dopingbekämpfung eingegangen. Außerdem werden die Inhalte des Anti-Doping-Gesetzes inklusive der Verbote und Strafbewehrungen vorgestellt. Etwas eingehender werden die Aufgaben der NADA inklusive des Dopingkontrollsystems und der Methoden und Schwierigkeiten beim Nachweis von Dopingsubstanzen und -methoden, ergänzt durch die Sanktionsverfahren und die Grundzüge der Sportgerichtsbarkeit, vorgestellt. Hinzu kommen einige Ausführungen zu den Möglichkeiten der Arzneimitteltherapie von Athleten im Krankheitsfall und der Konfliktsituation der behandelnden Ärzte. Weiterhin werden die Motive für das Doping im Spitzen- und im Breitensport thematisiert, ohne die jede Auseinandersetzung mit der Problematik zu kurz greifen dürfte. Hier kommt der Dopingprävention eine besondere Bedeutung zu, weshalb dieser ein eigenes Kapitel mit Hinweisen zu Aufklärungsmaterialien gewidmet ist. Last but not least werden auch die wichtigsten Regelungen zum Doping im Pferdesport berücksichtigt.

Das Buch berücksichtigt die Verbotsliste 2017. Zu den wichtigsten Neuerungen siehe ▸Kap. 12.1.1 und ▸Kap. 12.1.3 (zum Monitoring Programm 2017).

Die Hauptintention des Werks liegt darin, dem Leser eine Gesamtschau über die verschiedenen Aspekte des Dopings im Sport zu geben. Es soll ihn dazu befähigen, das Phänomen mit allen seinen Facetten zu erfassen und zu bewerten und eignet sich auch als kleines Nachschlagewerk. Zielgruppen sind Personen im Bereich des Sports, wie die Athleten selbst, Trainer, Betreuer, Funktionäre usw., aber auch Personen im Gesundheitsbereich wie Apotheker, (Sport-)Ärzte und anderes Gesundheitspersonal wie Physiotherapeuten, Masseure etc., die in ihrem beruflichen Umfeld eine hohe Verantwortung für die Bekämpfung des Dopings tragen und überdies als Multiplikatoren fungieren können. Im Rahmen der Dopingprävention können junge Menschen nicht früh genug an die Thematik herangeführt werden. Auch den Lehrern an Schulen und sonstigem Ausbildungspersonal kann das Buch als Grundlage für den Unterricht dienen.

Aus Gründen der besseren Lesbarkeit wird in diesem Buch auf eine geschlechtsneutrale Differenzierung (z. B. Sportlerinnen/Sportler) verzichtet. Entsprechende Begriffe gelten im Sinne der Gleichbehandlung grundsätzlich für beide Geschlechter, es sei denn eine Differenzierung wird besonders ausgewiesen. Die verkürzte Sprachform hat nur redaktionelle Gründe und beinhaltet keine Wertung.

Die Autorin bedankt sich ausdrücklich bei ihrem ehemaligen Mitautor und Initiator des Werks Dr. Karl Feiden, der die weitere Bearbeitung aus Altersgründen in ihre Hände gelegt und es geschafft hat, sie über viele Jahre hinweg immer wieder für dieses spannende Thema zu begeistern.

Remagen, im Frühjahr 2017   Helga Blasius

Inhaltsverzeichnis

Vorwort zur 3. Auflage V
Abkürzungsverzeichnis XIII

1	**Einführung**	**1**
2	**Definition von Doping**	**10**
3	**Dopingmittel und Dopingmethoden**	**17**
3.1	Verbotene Substanzen	18
3.1.1	Nicht zugelassene Substanzen	18
3.1.2	Anabole Substanzen	19
3.1.3	Peptidhormone, Wachstumsfaktoren, verwandte Substanzen und Mimetika	23
3.1.4	Beta-2-Agonisten	29
3.1.5	Hormon- und Stoffwechsel-Modulatoren	30
3.1.6	Diuretika und Maskierungsmittel	35
3.1.7	Stimulanzien	36
3.1.8	Narkotika	38
3.1.9	Cannabinoide	39
3.1.10	Glucocorticoide	40
3.1.11	Alkohol	40
3.1.12	Betablocker	41
3.1.13	Spezifische Substanzen	41
3.2	Verbotene Methoden	42
3.2.1	Manipulation von Blut und Blutbestandteilen	43
3.2.2	Chemische und physikalische Manipulation	46
3.2.3	Gendoping	46
3.3	Verbote für die einzelnen Substanzklassen	51
3.4	Sportlernahrung und Nahrungsergänzungsmittel .	52
3.4.1	Rechtliche Einordnung	52
3.4.2	Spezielle Nahrungsergänzungsmittel	56
3.4.3	Warnung vor kontaminierten Nahrungsergänzungsmitteln ..	61
3.4.4	Kölner Liste	62
4	**Doping im Spitzensport**	**66**
4.1	Entwicklung des Dopings im Spitzensport	66
4.2	Organisierter Sport in Deutschland	68
4.3	Organisation des Fördersystems im deutschen Sport	69
4.4	Das Kadersystem	71

4.5	Staatliche Sportförderung und Dopingbekämpfung	71
4.6	Anti-Doping in der Deutschen Sporthilfe	72
4.7	Die „Psyche" des Spitzensportlers	73
4.8	Persönlichkeitsrechte und Spitzensport	75
4.9	Datenschutz	75
5	**Medikamentenmissbrauch im Breitensport**	**79**
5.1	Fitnessstudios und Marathonszene	79
5.2	Erhebungen zum Missbrauch von Arzneimitteln im Freizeit- und Breitensport	80
5.3	Beschaffung von Dopingmitteln im Breitensport	82
6	**Arzneimittel in der Sportmedizin**	**85**
6.1	Therapiemöglichkeiten bei Leistungssportlern	85
6.2	Was tun im Krankheitsfall?	85
6.3	Medizinische Ausnahmegenehmigung (TUE)	86
6.4	Beispielliste zulässiger Medikamente	89
6.5	NADA-Med-Datenbank	90
6.6	Medikamentenanfrage bei der NADA	91
6.7	MediCard	92
6.8	Krank im Ausland – und dann?	92
6.9	Zur Konfliktsituation des Sportmediziners	93
7	**Bekämpfung des Dopings – Arbeitsteilung zwischen Sport und Staat**	**95**
8	**Bekämpfung des Dopings auf der Ebene des Sports**	**97**
8.1	Internationale Bekämpfung des Dopings	98
8.1.1	Welt Anti-Doping Agentur (WADA)	98
8.1.2	Welt-Anti-Doping-Programm	98
8.1.3	Welt Anti-Doping Code (WADC)	99
8.1.4	Die Internationalen Standards der WADA	101
8.1.5	Best-Practice-Modelle und Leitlinien	101
8.1.6	WADA-Verbotsliste	102
8.1.7	Rolle der Anti-Doping-Organisationen	102
8.2	**Nationale Bekämpfung des Dopings**	**102**
8.2.1	Rahmen-Richtlinien des DSB, Anti-Doping-Kommission	102

8.2.2	Nationale Anti Doping Agentur Deutschland (NADA)	103
8.2.3	NADA-Code	104
8.2.4	Funktion des Anti-Doping-Beauftragten	111
8.2.5	Weitere Initiativen des DOSB	111
8.2.6	Doping-Kontroll-System (DKS)	111
8.2.7	Wettkampfkontrollen (In-competition Testing)	113
8.2.8	Trainingskontrollen (Out-of-competition Testing)	114
8.2.9	Meldepflichten und Kontrollversäumnisse	115
8.2.10	Beteiligte am Kontrollprozess	117
8.2.11	Kontrollmethoden	118
8.2.12	Biologischer Athletenpass	119
8.2.13	Blutstropfenanalyse	120
8.2.14	Haaranalyse	120
8.2.15	Methoden und Schwierigkeiten beim Nachweis von Dopingmitteln	121
8.2.16	Nachanalysen von Dopingproben	126
8.2.17	Dopingfallen	126
8.2.18	Dopingkontrollen bei minderjährigen Athleten	127
8.2.19	Dopingkontrollen im Breitensport	127
8.2.20	WADA-akkreditierte Kontrolllabors	128
9	**Verfahren für Sanktionen bei Dopingverstößen**	**130**
9.1	Ergebnismanagement	130
9.1.1	Erste Überprüfung	130
9.1.2	Vorläufige Suspendierung	131
9.2	Disziplinarverfahren	131
9.2.1	Sportgerichtsbarkeit und Schiedsvereinbarung	132
9.2.2	Deutsches Sportschiedsgericht und CAS	135
9.3	Sanktionen gegen Einzelpersonen	136
9.3.1	Sperren	136
9.3.2	Annullierung von Ergebnissen	139
9.3.3	NADAjus	140
10	**Staatliche Aufgaben und Eingriffsmöglichkeiten bei der Dopingbekämpfung**	**142**
10.1	Europäische und internationale Vereinbarungen zur Dopingbekämpfung	142
10.1.1	Europäisches Übereinkommen gegen Doping	142
10.1.2	Internationales Übereinkommen der UNESCO gegen Doping im Sport	145
10.2	Initiativen der Europäischen Union zur Bekämpfung des Dopings	147
10.2.1	Historie der Aktivitäten der EG/EU zur Dopingbekämpfung	148

10.2.2	Arbeitspläne der EU zum Sport	149
10.2.3	Anti-Doping-Netzwerk iNADO	150
10.3	**Nationale staatliche Aktivitäten zur Dopingbekämpfung**	**151**
10.3.1	Zuständigkeiten für den Sport	151
10.3.2	Entwicklung der Anti-Doping-Gesetzgebung in Deutschland	151
10.3.3	Anti-Doping-Gesetz	153
10.3.4	Verbot des Umgangs mit Dopingmitteln und der Anwendung von Dopingmethoden	153
10.3.5	Verbot der Herstellung, des Handels, des Verkaufs und der Abgabe von Dopingmitteln	154
10.3.6	Verbot der Verschreibung von Dopingmitteln	155
10.3.7	Erwerbs- und Besitzverbot für nicht geringe Mengen	156
10.3.8	Dopingmittel-Mengen-Verordnung	156
10.3.9	Verbot des Selbstdopings	157
10.3.10	Warnhinweis bei Doping-Arzneimitteln	158
10.3.11	Weitere Rechtsnormen gegen Doping	160
10.3.12	Dopingopfer-Hilfegesetz	160

11 Strafen bei Verstößen gegen das Dopingverbot 164

11.1	**Strafvorschriften nach dem Anti-Doping-Gesetz**	**164**
11.2	**Verfahrenswege in Straf- und Sportrecht**	**165**
11.3	**Strafverfolgung**	**166**
11.4	**Hinweisgeber (Whistleblower)**	**168**
11.5	**Verletzung der Berufspflichten bei Angehörigen der Heilberufe**	**168**

12 Internationale und nationale Dopinglisten 171

12.1	**Sportrechtlich relevante Listen**	**171**
12.1.1	WADA-Verbotsliste	171
12.1.2	Kriterien für die Aufnahme in die Liste	174
12.1.3	Das Monitoring-Programm der WADA	174
12.1.4	Umsetzung der WADA-Liste durch Anti-Doping-Organisationen	175
12.2	**Strafrechtlich relevante Listen**	**175**
12.2.1	Verbotsliste im Anhang zum europäischen und zum internationalen Übereinkommen	175
12.2.2	Zusätzliche nationale Dopinglisten	175
12.3	**Rechtsverbindlichkeit der Dopinglisten**	**176**

13 Aufklärung über Doping und Dopingprävention 177

13.1	**Einstellung der Öffentlichkeit zum Doping**	**177**
13.2	**Pro und kontra Freigabe des Dopings**	**178**

13.3	**Dopingprävention der NADA**	**179**
13.3.1	Gemeinsam gegen Doping	179
13.3.2	Alles geben, nichts nehmen	179
13.3.3	E-Learning	180
13.3.4	Weitere Informationsangebote der NADA	180
13.4	**Maßnahmen der Sportvereine und -verbände**	**181**
13.5	**Prävention in Fitnessstudios**	**181**
13.6	**Sportliche Aktivität bei Kindern und Jugendlichen**	**181**
13.7	**Dopingaufklärung für Kinder und Jugendliche**	**182**
13.7.1	Born to Run	182
13.7.2	Benny beim Sport – ohne Doping	182
13.7.3	Aktivitäten der Deutschen Sportjugend	182
13.8	**Aufgaben des Apothekers**	**183**
13.9	**Beteiligung des Staats an der Aufklärung über Doping**	**183**
13.9.1	Nationaler Dopingpräventionsplan	184
13.9.2	Bundeszentrale für gesundheitliche Aufklärung	184
14	**Doping bei Tieren**	**186**
14.1	**Internationale sportrechtliche Anti-Doping-Regeln im Pferdesport**	**188**
14.1.1	FEI Anti-Doping-Regeln für Menschen	189
14.1.2	FEI Anti-Doping-Regeln für Pferde	189
14.1.3	FEI-Liste verbotener Substanzen für Pferde	189
14.2	**Dopingverbotsregeln der Deutschen Reiterlichen Vereinigung**	**190**
14.2.1	Die Anti-Doping- und Medikamentenkontrollregeln (ADMR)	191
14.2.2	Listen der verbotenen Substanzen und Methoden	191
14.2.3	Unterschied zwischen Doping und unerlaubter Medikation	196
14.2.4	Nulltoleranz, Nachweiszeiten und Karenzzeiten	196
14.2.5	Durchführung einer Medikationskontrolle beim Pferd	197
14.2.6	Freiwilliger Test	198
14.2.7	Trainingskontrollen bei Pferden	198
14.2.8	Sanktionen	198
14.3	**Strafrechtliche Normen zum Doping bei Tieren**	**199**
14.3.1	Tierschutzgesetz	199
14.3.2	Arzneimittelgesetz	200
15	**Anhänge**	**202**
15.1	**Internationales Übereinkommen gegen Doping**	**202**

15.2	Welt Anti-Doping Code – Internationaler Standard, Verbotsliste 2017	218
15.3	Gesetz gegen Doping im Sport (Anti-Doping-Gesetz – AntiDopG)	226
15.4	Verordnung zur Festlegung der nicht geringen Menge von Dopingmitteln (Dopingmittel-Mengen-Verordnung – DmMV)	234
15.5	Wichtige Adressen	239
15.5.1	Deutsche Organisationen	239
15.5.2	Internationale Organisationen	239
15.5.3	Nationale Anti-Doping-Organisationen (Auswahl)	239
15.6	Glossar	240
Sachregister		245
Die Autorin		255

Abkürzungsverzeichnis

A

AAF	von der Norm abweichendes Analyseergebnis
AAS	anabol-androgene Steroide
ACTH	adrenocorticotropes Hypophysenvorderlappenhormon
ADAMS	Anti-Doping Administration and Management System
ADK	Anti-Doping-Kommission
ADMR	Anti-Doping- und Medikamentenkontrollregeln
ADO	Anti-Doping-Organisation
AEUV	Vertrag über die Arbeitsweise der Europäischen Union
AICAR	Aminoimidazol-Carboxamid-Ribonukleotid
ALS	Arbeitskreis Lebensmittelchemischer Sachverständiger der Länder und des Bundesamtes für Verbraucherschutz und Lebensmittelsicherheit
AMG	Arzneimittelgesetz
AMPK	AMP-aktivierte Proteinkinase
AntiDopG	Anti-Doping-Gesetz
ATP	Allgemeiner Testpool

B

BDSG	Bundesdatenschutzgesetz
BGBl.	Bundesgesetzblatt
BISp	Bundesinstitut für Sportwissenschaft
BKA	Bundeskriminalamt
BLZ	Bundesleistungszentrum
BMBF	Bundesministerium für Bildung und Forschung
BMG	Bundesministerium für Gesundheit
BMI	Bundesministerium des Innern
BSP	Bundesstützpunkt
BSP-N	Bundesstützpunkt-Nachwuchs
BtMG	Betäubungsmittelgesetz
BVL	Bundesamt für Verbraucherschutz und Lebensmittelsicherheit
BZgA	Bundeszentrale für gesundheitliche Aufklärung

C

CAHAMA	Ad hoc European Committee for the World Anti-Doping Agency, Ad-hoc-Ausschuss für die Welt Anti-Doping Agentur
CAS	Court of Arbitration for Sport, Internationaler Sportgerichtshof
CERA	Continuous Erythropoiesis Receptor Activator
CG	Choriongonadotropin
CIRC	Cycling Independent Reform Commission, unabhängige Radsport-Reformkommission

D

DBS	dried blood spot testing, Blutstropfen-Analyse
DBVG	Gesetz zur Verbesserung der Bekämpfung des Dopings im Sport

DCO	Doping Control Officer
DIS	Deutsche Institution für Schiedsgerichtsbarkeit e. V.
DIS-SportSchO	DIS-Sportschiedsgerichtsordnung
DKS	Doping-Kontroll-System, Ressort der NADA
DmMV	Dopingmittel-Mengen-Verordnung
DOKR	Deutsches Olympiade-Komitee für Reiterei
DOSB	Deutscher Olympischer Sportbund
DSH	Stiftung Deutsche Sporthilfe
dsj	Deutsche Sportjugend
DVR	Direktorium für Vollblutzucht und Rennen e. V.

E

EAA	European Athletics Association, Europäischer Leichtathletikverband
EFSA	European Food Safety Authority, Europäische Behörde für Lebensmittelsicherheit
EMA	European Medicines Agency, Europäische Arzneimittel-Agentur
EPO	Erythropoetin
ESA	Erythropoese-stimulierende Stoffe
ETUE	Equine Therapeutic Use Exemption, medizinische Ausnahmegenehmigung für Pferde
EU	Europäische Union
EuMoCEDA	European Monitoring Center for Emerging Doping Agents, Europäische Beobachtungsstelle für neue Dopingsubstanzen

F

FEI	Fédération Equestre Internationale, Internationale Reiterliche Vereinigung
FGF	fibroblast growth factor, Fibroblasten-Wachstumsfaktor
FN	Deutsche Reiterliche Vereinigung

G

GH	growth hormone, Wachstumshormon
GHRF	growth hormone releasing factor, Wachstumshormon-Releasing-Faktor

H

HCG	human chorion gonadotropin, humanes Choriongonadotropin
HCV	Health-Claims-Verordnung, Verordnung (EG) Nr. 1924/2006 über nährwert- und gesundheitsbezogene Angaben über Lebensmittel
hGH	human growth hormone, Wachstumshormon
HIF	Hypoxie-induzierbarer Faktor
HVT	Hauptverband für Traberzucht e. V.

I

IAAF	International Association of Athletics Federations, Weltleichtathletikverband
IGF-1	Insulin-like growth factor, Somatomedin

iNADO	Institute of National Anti-Doping Organisations, Institution der Nationalen Anti-Doping Organisationen
IOC	Internationales Olympisches Komitee
ISPPI	International Standard for the Protection of Privacy and Personal Information

L

LFV	Landesfachverband
LMIV	Lebensmittel-Informationsverordnung
LSB	Landessportbund

M

MGF	mechano growth factor, mechanisch induzierter Wachstumsfaktor
MSTN	Myostatin

N

NADA	Stiftung Nationale Anti Doping Agentur Deutschland
NADC	Nationaler Anti-Doping Code der NADA
NDPP	Nationaler Dopingpräventionsplan
NEM	Nahrungsergänzungsmittel
NemV	Nahrungsergänzungsmittelverordnung
NESP	novel erythropoiesis stimulating protein
NTP	Nationaler Testpool

O

OSP	Olympiastützpunkt

P

PDGF	platelet-derived growth factor, Blutplättchen-Wachstumsfaktor
PPARδ	Peroxisom-Proliferator-aktivierter-Rezeptor-Delta

R

ReSpoDo	Rechtskommission des Sports gegen Doping
RTP	Registered Testing Pool

S

SARM	selektiver Androgen-Rezeptor-Modulator
SERM	selektiver Estrogen-Rezeptor-Modulator
SMK	Sportministerkonferenz
SRK	Sportreferentenkonferenz
STH	Somatotropin

T

TAB	Büro für Technikfolgen-Abschätzung beim Deutschen Bundestag
TDSSA	Technical Document for Sport Specific Analysis (WADA), technisches Dokument für sportartspezifische Analysen

THC	Tetrahydrocannabinol
TierSchG	Tierschutzgesetz
TRO	Trabrennordnung
TTP	Team-Testpool
TUE	Therapeutic Use Exemption, Medizinische Ausnahmegenehmigung

U

UCI	Union Cycliste Internationale, Radsportweltverband

V

VEGF	vaskulär-endothelialer Wachstumsfaktor

W

WADA	World Anti-Doping Agency, Welt Anti-Doping Agentur
WADC	World Anti-Doping Code, Welt Anti-Doping Code

Z

ZePräDo	Zentrum für präventive Dopingforschung der Deutschen Sporthochschule Köln
ZPO	Zivilprozessordnung

1 Einführung

Dieses Buch enthält ein „Kaleidoskop" von Themen und Aspekten rund um das Doping im Sport. Bei dieser Vielfalt ist es nicht leicht, sich zurechtzufinden. Eine kleine Einführung soll dem Leser daher den Einstieg in die komplexe Materie erleichtern. Außerdem soll sie als „Wegweiser" dienen, der aufzeigt, welche Fragen in welchen Kapiteln angesprochen und beantwortet werden.

Doping: Was ist das?
Wenn von Doping die Rede ist, denken die meisten wohl am ehesten daran, dass ein Spitzensportler verbotene Substanzen genommen oder verbotene Methoden angewendet hat, um seine Leistung zu steigern. Im sportrechtlichen Reglement ist die Definition für einen Dopingverstoß allerdings sehr viel weiter gefasst. Auch der Versuch, eine Dopingkontrolle zu umgehen, diese zu manipulieren oder die Tatbeteiligung durch Unterstützung, Beihilfe, Anstiftung oder Verschleierung kann ein Dopingverstoß sein. Hieraus wird ersichtlich, dass auch andere Personen im Umfeld eines Leistungssportlers, wie Trainer oder Betreuer, die an die Anti-Doping-Regelwerke gebunden sind, mit den Dopingverboten in Kollision geraten können. Zur Definition von Doping siehe ▶ Kap. 2.

Mit welchen Substanzen wird gedopt und warum?
In ▶ Kap. 3.1 wird das derzeitige Spektrum unerlaubter Dopingsubstanzen, ausgehend von der Gliederung der Verbotsliste der Welt Anti-Doping Agentur 2017, charakterisiert. Dabei werden sowohl die im Sinne der Leistungssteigerung erwünschten als auch die wichtigsten unerwünschten Effekte angesprochen.

Angefangen von den Anabolika, deren Einnahme neben dem Leistungssport auch im Fitness- und Bodybuildingbereich stark verbreitet ist, über Peptidhormone, Wachstumsfaktoren, verwandte Substanzen und Mimetika (u. a. EPO und seine zahlreichen Weiterentwicklungen und Wachstumshormone), Beta-2-Agonisten (Mittel der Wahl in der Therapie obstruktiver Lungenerkrankungen und des Anstrengungsasthmas) über Hormon- und Stoffwechsel-Modulatoren, wie die Aromatasehemmer und Insulin bis hin zu Narkotika und Cannabis, spannt das Kapitel einen weiten Bogen über das Spektrum der verbotenen Substanzen.

Es wird erläutert, was sich hinter den Abkürzungen SARMs und SERMs, AMPK-Aktivatoren und PPARδ-Agonisten verbirgt und was Marathonmäuse sind. Außerdem wird erklärt, warum Sportler Edelgase wie Xenon und Argon einatmen, um ihre Leistung zu verbessern. Am Beispiel Meldonium wird aufgezeigt, wie ein „harmloses" Herzmittel es über den verbreiteten Missbrauch schließlich auf die Dopingverbotsliste geschafft hat.

Weiterhin kommen Mittel zur Sprache, die Doper verwenden, um Dopingkontrollen oder Analysenergebnisse zu manipulieren, wie etwa Diuretika, die für einen geringer konzentrierten Urin sorgen sollen, oder Plasmaexpander, die einen erhöhten Hämatokritwert nach dem Doping mit EPO verschleiern sollen.

Außerdem wird erläutert, warum Stimulanzien (u. a. Ritalin®) und Cannabinoide (z. B. Haschisch, Marihuana oder „Spice", die nur im Wettkampf verboten sind, in Kontrollen zur „Dopingfalle" werden können.

Mit welchen verbotenen Methoden wird gedopt und warum?

Hier denkt jeder sicherlich gleich an Blutdoping, Gendoping oder an die ebenfalls verbotenen Manipulationen von Dopingkontrollen und trifft damit tatsächlich den Kern der verbotenen Methoden. Blutdoping, das in erster Linie in Ausdauersportarten wie z. B. Biathlon, Triathlon, Langlauf, Eisschnelllauf, Schwimmen, und Radsport durchgeführt wird, ist ein Dauerthema in der Doping-Diskussion, vor allem, weil es so schwer nachweisbar ist. Als Beispiel wird der Fall der Eisschnellläuferin Claudia Pechstein beschrieben (▸ Kap. 8.2.6), die im Jahr 2009 als erste Sportlerin aufgrund eines indirekten Beweises auf der Basis veränderter Blutparameter wegen Blutdopings gesperrt wurde und jahrelang um ihre Rehabilitierung kämpfte. Noch komplexer ist die Situation beim Gendoping, von dem niemand weiß, inwieweit es bereits zum Dopen im Spitzensport eingesetzt wird. Experten schließen dies nicht aus. Welche Körperzellen sich besonders gut für einen Gentransfer beim Gendoping eignen und was damit im Einzelnen bezweckt werden könnte, ist in ▸ Kap. 3.2.3 zu erfahren.

Was sind spezifische Substanzen?

Manche verbotenen Substanzen können besonders leicht zu unbeabsichtigten Verstößen gegen Anti-Doping-Bestimmungen führen, weil sie in pharmazeutischen Produkten allgemein vorkommen, oder weil bei ihnen die Wahrscheinlichkeit höher ist, dass ein Athlet sie für andere Zwecke als zur Leistungssteigerung verwendet. Ein Dopingvergehen im Zusammenhang mit diesen „spezifischen Substanzen" (specified substances) kann bei Sanktionen eventuell zu einem verminderten Strafmaß führen (▸ Kap. 3.1.13).

Wie kann man erkennen, ob ein Arzneimittel verbotene Substanzen enthält?

Arzneimittel, die verbotene Substanzen enthalten, müssen nach dem Anti-Doping-Gesetz einen entsprechenden Warnhinweis tragen: „Die Anwendung des Arzneimittels [...] kann bei Dopingkontrollen zu positiven Ergebnissen führen." Welche Arzneimittel konkret von der Vorschrift erfasst sind und welche nicht, wird in ▸ Kap. 10.3.3 erläutert. Außerdem werden in ▸ Kap. 6.4 bis ▸ Kap. 6.8 Hilfestellungen (wie z. B. die Beispielliste zulässiger Medikamente der NADA und die NADAmed Medikamentendatenbank) vorgestellt für den Fall, dass nicht direkt klar ist, ob ein Arzneimittel nach den Anti-Doping-Bestimmungen verboten ist oder nicht. Dies kann durchaus vorkommen, denn viele Dopingverbote sind „offen" gestaltet und können auch andere ähnliche Substanzen betreffen, die auf der Verbotsliste nicht explizit aufgeführt sind.

Sind Nahrungsergänzungsmittel ebenfalls verboten?

Sportlernahrung und Nahrungsergänzungsmittel (▶ Kap. 3.4) sind nicht per se verboten, sofern sie keine verbotenen Substanzen enthalten. Es sollte aber immer geprüft werden, ob die Einnahme wirklich notwendig und sinnvoll ist und ob die „Wirkversprechen", die für die Mittel gemacht werden, tatsächlich eintreffen. Dies betrifft neben Vitaminen, Mineralstoffen und Spurenelementen vor allem die „sonstigen Stoffe mit ernährungsspezifischer oder physiologischer Wirkung", wie etwa Aminosäuren, essenzielle Fettsäuren, Ballaststoffe und verschiedene Pflanzen und Kräuterextrakte, die gegenüber Sportlern häufig mit einer leistungsfördernden „Wirkkomponente" beworben werden.

In ▶ Kap. 3.4.1 wird der rechtliche Hintergrund von Nahrungsergänzungsmitteln dargestellt, der für ihre Beurteilung sehr bedeutsam ist. Die Werbeaussagen zu den Präparaten müssen sich an den Vorgaben der sogenannten Health-Claims-Verordnung (HCV) der Europäischen Union messen lassen. Für Substanzen wie Aminosäuren, L-Carnitin, Glucosamin, Chondroitin wurden bisher sämtliche gesundheitsbezogenen Angaben (Health Claims) abgelehnt. Sportler, die solche Produkte verwenden, sollten sie deshalb kritisch betrachten. Daneben werden in dem Kapitel weitere spezielle Nahrungsergänzungsmittel wie das „populäre" Kreatin beleuchtet. Zudem wird begründet, warum immer wieder vor der Gefahr „kontaminierter" Nahrungsergänzungsmittel gewarnt wird (▶ Kap. 3.4.3).

Warum ist Doping ein so großes Thema?

Viele Jahre war es zumindest in der öffentlichen Wahrnehmung relativ ruhig an der „Dopingfront", von einigen spektakulären Einzelfällen vor allem in der Leichtathletik und im Radsport abgesehen. Durch den weitgehenden Übergang vom Amateur- in den Profisport und die zunehmende Kommerzialisierung des Spitzensports hat der Wettbewerbsdruck unter den Athleten deutlich zugenommen und lässt die Sportler vermehrt zu verbotenen Mitteln und Methoden greifen. Saubere Sportler begehren zu Recht auf und verlangen Aufklärung und Gerechtigkeit. So hat das Thema in den Medien nach und nach immer weitere Kreise gezogen. In den letzten Jahren nahmen die Recherchen richtig Fahrt auf. In ▶ Kap. 4.1 wird ein Blick zurück in die Entwicklung des Dopings im Spitzensport geworfen, zudem werden die Meilensteine der jüngsten Enthüllungen im Radsport, in der Leichtathletik sowie im Hinblick auf das staatliche gelenkte Doping in Russland dargestellt. Auch die Ergebnisse der bisherigen Aufarbeitung der deutschen Dopingvergangenheit inklusive des Staatsdopings in der ehemaligen DDR kommen dort zur Sprache.

Was heißt eigentlich „organisierter Sport"?

Zum besseren Verständnis des Umfelds im Leistungssport wird in diesem Buch auch die Struktur des organisierten Sports in Deutschland mit dem Deutschen Olympischen Sportbund (DOSB) als Dachorganisation, den Bundes- und Landesfachverbänden (LFV), den Landessportbünden (LSB) usw. mit ihrer horizontalen und vertikalen Gliederung kurz umrissen (▶ Kap. 4.2). Diese Organisationen sind wichtig für die Förderstrukturen für Leistungssportler, in dem das Kadersystem und das Stützpunktsystem (u. a. mit den Olympiastützpunkten (OSP) und den Bundesleistungszentren (BLZ) eine maßgebliche Rolle spielen (▶ Kap. 4.3, ▶ Kap. 4.4). Der Staat kann die finanzielle Sportförderung mit Auflagen verknüpfen, die erfüllt werden müssen, um Fördergelder zu erhalten bzw. um diese nicht rückerstatten zu müssen (▶ Kap. 4.5). Hier ist die strikte Einhaltung des Nationalen Anti-Doping Codes (NADC) von entscheidender Bedeutung.

Wer Geld von der Deutschen Sporthilfe haben will, muss dem Doping über den Sporthilfe-Eid ebenfalls „abschwören" (▶ Kap. 4.6).

Warum dopen die Sportler trotz der gravierenden Folgen, wenn sie erwischt werden?

Moderne Spitzensportler haben es nicht leicht, denn nur herausragende Leistungen finden bei Zuschauern, Medien und Sponsoren Interesse. Neben den Medaillen winken satte Sponsoren- und Werbeverträge – „The winner takes it all." Außerdem muss im Hinblick auf die Psyche des Spitzensportlers (▶ Kap. 4.7) immer auch das Umfeld in Form von ehrgeizigen Trainern und Sportfunktionären mitberücksichtigt werden, die sich gerne selbst mit den Lorbeeren ihrer „Schützlinge" schmücken und daraus nicht selten große finanzielle Vorteile ziehen.

Dabei müssen Spitzensportler im Rahmen des Dopingkontrollsystems erhebliche Zugeständnisse in Bezug auf ihre Persönlichkeitsrechte (▶ Kap. 4.8) und den Schutz ihrer persönlichen Daten machen. Der Datenschutz ist sowohl im Anti-Doping-Gesetz als auch im NADA-Code streng reglementiert (▶ Kap. 4.9).

Wie steht es mit dem „Doping" im Breitensport?

Im Gegensatz zum Profisport wird im Freizeit- und Breitensport offiziell nicht von Doping, sondern von Medikamentenmissbrauch gesprochen. Welche Erhebungen es hierzu bisher gibt, ist in ▶ Kap. 5.2 nachzulesen. Erkenntnisse lieferten u. a. die „Lübecker Studie" und die „Multicenter-Studie", die „KOLIBRI-Studie" des Robert Koch-Instituts und die DOSB-Expertise „Zum Medikamentenmissbrauch im Breiten- und Freizeitsport mit dem Schwerpunkt: Fitnessstudios" aus dem Jahr 2013. Hiernach soll der Anteil an überwiegend Anabolika-Nutzern mit Bezug auf Fitnessstudios zwischen 13–16 % liegen (▶ Kap. 5.2). Die Dunkelziffer schätzen Experten sogar auf 20 %.

Gibt es im Breitensport auch Dopingkontrollen?

Dopingkontrollen im Breiten- und Freizeitsport sind im Rahmen nationaler Anti-Doping-Maßnahmen bislang nicht vorgesehen, weil die rechtlichen Voraussetzungen hierfür fehlen. Auch das strafrechtlich relevante Verbot des Selbstdopings soll für reine Freizeitsportler nicht gelten. Warum das so ist, erfährt der Leser in ▶ Kap. 5.3.

Was tun im Krankheitsfall?

Was kann ein Leistungssportler tun, der dem Dopingkontrollsystem unterliegt, wenn er krank wird und ein Arzneimittel braucht, das auf der Dopingverbotsliste steht? In ▶ Kap. 6.3 wird erläutert, was eine Medizinische Ausnahmegenehmigung (TUE) ist, unter welchen Bedingungen eine TUE erteilt werden kann und wie das Verfahren abläuft. Auch auf die Konfliktsituation des Sportmediziners wird hier eingegangen (▶ Kap. 6.9).

In Bezug auf die Dopingbekämpfung ist oft von der Arbeitsteilung zwischen Sport und Staat die Rede. Was bedeutet das?

Deutschland hat sich im Rahmen internationaler Übereinkommen (Übereinkommen des Europarats gegen Doping, Internationales Übereinkommen der UNESCO gegen Doping im Sport) dazu verpflichtet, Maßnahmen gegen Doping auszuarbeiten und anzuwenden. Die Frage, für welche Maßnahmen der Staat zuständig ist und für welche die Sportverbände, ist hierin nicht festgelegt. De facto hat sich diesbezüglich eine Arbeitsteilung zwischen Sport und Staat heraus kristallisiert, die in den Ländern durchaus unterschiedlich ausfallen kann (▶ Kap. 7).

Die Maßnahmen des Sports auf der internationalen und nationalen Ebene werden in ▶ Kap. 8 und ▶ Kap. 9 vorgestellt. Einen Überblick über die relevanten Regelungen des Sports gibt ○ Abb. 8.1.

Im Einklang mit der verfassungsrechtlich verbürgten Autonomie des Sports sollte der Sport das Problem eigentlich in eigener Verantwortung lösen, so war lange Zeit der Konsens. Orientiert an international verbindlichen Vorgaben (WADA-Code, International Standards der WADA usw.) haben die internationalen und nationalen Sportverbände jeweils eigene Anti-Doping-Regeln erlassen (lex sportiva).

Die letzten Jahrzehnte haben allerdings gezeigt, dass die Ansätze des Sports ohne Unterstützung durch den Staat nicht ausreichen. Das staatliche „Anti-Doping-Recht", das in ▶ Kap. 10 und ▶ Kap. 11 erläutert wird, fußt neben den genannten internationalen Vereinbarungen vor allem auf dem noch relativ „jungen" Anti-Doping-Gesetz von 2015 (▶ Kap. 10.3.3). Hinzu kommen andere strafrechtliche Normen (z. B. das Betäubungsmittelgesetz) usw.

Einen Überblick über die staatlichen internationalen und nationalen materiellen Regelungen zur Bekämpfung des Dopings gibt ○ Abb. 10.1.

WADA und WADA-Code (WADC), was ist das?

In ▶ Kap. 8.1 werden die Welt Anti-Doping Agentur (WADA) und der Welt Anti-Doping Code (WADC) sowie die International Standards als Grundpfeiler der weltweiten Dopingbekämpfung auf der Ebene des Sports vorgestellt. Auch auf die Bindungswirkung des Codes für die Unterzeichner wird eingegangen und darauf, welche Rolle die Anti-Doping-Organisationen dabei spielen (▶ Kap. 8.1.7).

NADA und NADA-Code, was ist das?

Der deutsche Mosaikstein im internationalen Netzwerk der Nationalen Anti-Doping-Organisationen ist die Nationale Anti Doping Agentur Deutschland (NADA) in Bonn. Sie ist in Deutschland die zentrale Anlaufstelle für alle Fragen der Dopingbekämpfung. In ▶ Kap. 8.2 wird geschildert, welches Aufgabenspektrum die NADA hat und welche Bedeutung und Bindungswirkung der Nationale Anti-Doping Code (NADA-Code) für die Sportverbände und die Sportler und ihr Umfeld hat. Auch auf die wesentlichen Neuerungen des NADA-Codes 2015 wird hier eingegangen.

Dopingkontrollen: Wer und wie wird kontrolliert?

Dopingkontrollen sind der Grundpfeiler der Dopingbekämpfung. Sie sollen die schwarzen Schafe aussortieren und eine möglichst große Abschreckungswirkung haben. In dem etwas ausführlicheren ▶ Kap. 8.2.6 erfährt der Leser, was Wettkampfkontrollen und Trainingskontrollen sind und welche Verpflichtungen sich für Leistungssportler ergeben, wenn sie im Rahmen des Dopingkontrollsystems einem Testpool angehören (Stichwort: Meldepflichten). Voraussetzung für ein effektives Kontrollsystem ist eine intelligente Kontrollplanung. In dem Kapitel wird erläutert, was hierunter zu verstehen ist und wie die Sportler für die Athleten nach ihrem Doping-Gefährdungspotenzial für die Trainingskontrollen ausgewählt werden. Auch auf die unterschiedlichen Kontrollmethoden (Urin, Blut) wird eingegangen. Es wird erklärt, was ein biologischer Athletenpass ist, und welche Chancen Haaranalysen für die Überführung von Dopingbetrüger eingeräumt werden.

Daneben wird ein kleiner Überblick über den Stand der Dopinganalytik gegeben, inklusive der Methoden und Schwierigkeiten beim Nachweis von Dopingmitteln. Außerdem erfährt der Leser, was eine „Dopingfalle" und „Strict liability" sind.

Was passiert, wenn jemand erwischt wird?
Die Verfahren zur Verhängung von für Sanktionen bei Dopingverstößen durch die Sportverbände sind kompliziert. Angefangen vom Ergebnismanagement (▶ Kap. 9.1) bis hin zum Disziplinarverfahren (▶ Kap. 9.2) geht alles nach klar vorgegebenen, strengen Regeln, deren Einhaltung gegebenenfalls auch einer rechtlichen Prüfung standhalten muss. Immer mehr Sportler ergeben sich nicht in ihr „Schicksal", wenn sie sportrechtlich belangt werden sollen, und ziehen vor Gericht. Dann ist die Sportgerichtsbarkeit (verbandsinterne Gerichtsbarkeit, staatliche Gerichtsbarkeit, Schiedsgerichtsbarkeit) am Zug. In ▶ Kap. 9.2.1 und ▶ Kap. 9.2.2 wird ein grob kursorischer Überblick gegeben, was es hiermit auf sich hat und welche Rolle das Deutsche Sportschiedsgericht und der internationale Sportschiedsgerichtshof (Court of Arbitration for Sport, CAS) in Lausanne dabei spielen.

Welche Sperren gibt es wofür?
Kaum ein Kapitel im NADA-Code ist so ausführlich und komplex wie Artikel 10, der den sportrechtlichen Sanktionen gegen Einzelpersonen gewidmet ist. Das Sanktionssystem ist so ausgelegt, dass es dem Einzelfall möglichst gerecht werden kann. Es wird differenziert nach der Art und Häufigkeit des Verstoßes sowie nach dem Vorsatz und der Schwere der Schuld. Wesentliches Element neben vorläufigen Suspendierung, und der Annullierung von Ergebnissen ist die Verhängung von Sperren. In ▶ Kap. 9.3.1 wird ein Überblick darüber gegeben, welche Sperren unter welchen Voraussetzungen für welcher Dopingverstöße verhängt werden können und unter welchen Bedingungen von Sperren abgesehen werden kann bzw. wann diese herab- oder ausgesetzt werden können. Dabei spielte es eine große Rolle, ob der ertappte Athlet wirklich vollumfänglich selbst für den Verstoß verantwortlich gemacht werden kann oder nicht (Stichwort: kein Verschulden, kein signifikantes Verschulden) und ob er eventuell substanzielle Hilfe bei der Aufdeckung eines Dopingvergehens oder einer Straftat leistet (Kronzeugenregelung). De facto gibt es jede Menge Ausnahmen, Kritiker würden sagen „Schlupflöcher" für Dopingbetrüger.

Was tun die Länder auf staatlicher Ebene gegen Doping?
Basierend auf den internationalen Übereinkommen (Übereinkommen gegen Doping des Europarats bzw. Internationales Übereinkommen der UNESCO gegen Doping im Sport) haben sich die Regierungen zur Dopingbekämpfung verpflichtet. In ▶ Kap. 10.1 wird aus der internationalen Perspektive dargelegt, welche Verpflichtungen sich für die Länder hieraus ergeben. Auch auf die Beziehung der völkerrechtlichen Übereinkommen zu den internationalen sportrechtlichen Regeln (WADA-Code, Verbotsliste und Internationale Standards) wird in diesem Kapitel eingegangen.

Was tut die Europäische Union gegen Doping?
Die Organe der Europäischen Union haben auf dem Gebiet der Dopingbekämpfung wenig Handlungsspielraum. Sie dürfen nur in die Eigenständigkeit der Mitgliedstaaten eingreifen, wenn sie hierfür ein explizites Mandat haben, das es für die Bekämpfung des Dopings allerdings nicht gibt. Ohnehin ist der Sport erst seit dem Inkrafttreten des Vertrags von Lissabon am 01.12.2009 im Vertrag über die Arbeitsweise der Europäischen

Union (AEUV) verankert. Was die Europäische Union in der Vergangenheit im Rahmen ihrer Möglichkeiten trotzdem unternommen hat, um den Kampf gegen das Doping – auch im Breitensport – anzuschieben, wird in ▶ Kap. 10.2 dargestellt. Gerade hier könnte sie eine besondere Rolle spielen, denn der organisierte Sport und auch der Staat lassen den Medikamentenmissbrauch im Freizeit- und Breitensport weitgehend außen vor.

Was steht im Anti-Doping-Gesetz?
In ▶ Kap. 10.3, das den nationalen staatlichen Aktivitäten zur Dopingbekämpfung gewidmet ist, geht es im Wesentlichen um das Anti-Doping-Gesetz. Dabei wird auch ein Blick zurück auf die Entwicklung der Anti-Doping-Gesetzgebung geworfen (▶ Kap. 10.3.2). Es folgt eine detailliertere Darstellung der Verbote im Anti-Doping-Gesetz (u. a. zum Umgang mit Dopingmitteln (Herstellung, Handel treiben, in den Verkehr bringen, Verschreiben und Anwendung von Dopingmitteln und Dopingmethoden bei anderen) inklusive der wesentlichen Neuerungen gegenüber der vorherigen Gesetzeslage nach dem Arzneimittelgesetz (AMG, ▶ Kap. 10.3.3 bis ▶ Kap. 10.3.6). Das Anti-Doping-Gesetz beinhaltet auch ein Erwerbs- und Besitzverbot von Arzneimitteln zu Dopingzwecken in nicht geringen Mengen. In diesem Zusammenhang wird die Bedeutung der sogenannten „Dopingmittel-Mengen-Verordnung" erklärt (▶ Kap. 10.3.7, ▶ Kap. 10.3.8).

Welchen Strafen bei Verstößen gegen das Dopingverbot vorgesehen sind, wird in ▶ Kap. 11.1 ausgeführt.

Wann können Ärzte und Apotheker sich strafbar machen?
Ärzte, besonders Sportärzte, und Apotheker gehören zu den Gesundheitsberufen, die am ehesten mit dem Phänomen des Dopings im Sport in Berührung kommen können. Sie tragen deshalb im Hinblick auf die Sportler, die sie betreuen, eine besonders hohe Verantwortung. Ärzte dürfen Arzneimittel zu Dopingzwecken am Menschen nach dem Anti-Doping-Gesetz nicht verschreiben (▶ Kap. 10.3.6) und Apotheker dürfen sie nicht abgeben (▶ Kap. 10.3.5). Außerdem können sie bei einem Fehlverhalten mit ihren Berufspflichten in Konflikt geraten (▶ Kap. 11.5).

Machen Sportler sich strafbar, wenn sie sich selbst dopen?
Mit dem Anti-Doping-Gesetz wurde erstmals ein Verbot des Selbstdopings mit verbotenen Substanzen oder Methoden eingeführt (▶ Kap. 10.3.9). Damit werden gezielt dopende Leistungssportler erfasst, die beabsichtigen, sich im organisierten Sport mit Doping Vorteile zu verschaffen. Das Verbot bildet den Kern der Neuausrichtung in der strafrechtlichen Dopingbekämpfung. Rein privates Sporttreiben (z. B. Jogging im Park), reine Firmenläufe, Freizeitfußballturniere, u. ä. sind vom Verbot des Selbstdopings ausgenommen.

Welche Erfolge gibt es bei der Strafverfolgung von Dopingvergehen?
Die Bekämpfung des Dopings steht und fällt damit, inwieweit die Beteiligten die vorgegebenen Regeln einhalten und Vergehen sportrechtlich geahndet beziehungsweise strafrechtlich verfolgt werden. Allgemein wird davon ausgegangen, dass das Dunkelfeld in der Dopingkriminalität besonders groß ist. Dies liegt daran, dass die Beteiligten quasi eine „Schicksalsgemeinschaft" bilden und sich nach außen besonders stark abschotten. An Aufdeckung scheint hier niemand Interesse zu haben. Trotzdem hat die Verfolgung von strafbaren Rechtsverstößen im Zusammenhang mit den Dopingverbotsbestimmungen in den letzten Jahren Fortschritte erzielt (▶ Kap. 11.3). Das soll durch den engeren Schulter-

schluss der NADA mit der Staatsanwaltschaft und dem Bundeskriminalamt nach dem Anti-Doping-Gesetz in Zukunft noch besser werden. Zudem soll verstärkt auf die Unterstützung durch Hinweisgeber (Whistleblower) aus dem Spitzensport und dessen Umfeld gesetzt werden (▶ Kap. 11.4).

Internationale und nationale Dopinglisten
Welche Dopinglisten international und national von Bedeutung sind, wird in ▶ Kap. 12) dargestellt. Hier muss zwischen sport- und strafrechtlich relevanten Listen unterschieden werden. Mit der „Dopingverbotsliste" ist in der Regel die Liste der verbotenen Substanzen und Methoden der Welt Anti-Doping Agentur gemeint (WADA-Liste). Sie ist weltweit für alle Sportarten verbindlich und gilt als Grundlage für die sportrechtliche Ahndung von Verstößen gegen Anti-Doping-Bestimmungen. ▶ Kap. 12.1.1 und ▶ Kap. 12.1.2 geben Auskunft darüber, welche Kriterien die WADA für die Aufnahme von Substanzen und Methoden in der Liste anwendet und wie sie über die Sportverbände für die Athleten und ihr Umfeld verbindlich gemacht wird.

Da die Verbotsliste ebenfalls Bestandteil des Internationalen Übereinkommens gegen Doping der UNESCO ist, ist sie für die Unterzeichnerländer des Übereinkommens auch völkerrechtlich verbindlich. Das muss aber nicht heißen, dass die Länder sie auch zur Grundlage für sämtliche strafrechtlichen Dopingverbote in ihrem Hoheitsgebiet machen (▶ Kap. 12.3).

In Deutschland ist sie nach dem Anti-Doping-Gesetz die strafrechtlich relevante Grundlage für die Verbote des unerlaubten Umgangs mit Dopingmitteln und für die unerlaubte Anwendung von Dopingmethoden bzw. des Selbstdopings (▶ Kap. 10.3.4, ▶ Kap. 10.3.9). Für das Besitzverbot in nicht geringen Mengen gelten andere Listen. Welche das sind, erfährt der Leser in ▶ Kap. 12.2.2.

Was ist das Monitoring-Programm?
Das Monitoring-Programm ist ein weltweites Überwachungsprogramm der WADA für diejenigen Stoffe, die nicht auf der Verbotsliste stehen, die aber überwacht werden sollten, um einen eventuellen Missbrauch im Sport zu ermitteln. Sollte sich dieser häufen, so können sie eventuell ebenfalls auf die Liste kommen (▶ Kap. 12.1.3).

Aufklärung über Doping und Dopingprävention
Der Dopingprävention wird in den letzten Jahren immer stärkere Bedeutung beigemessen. Dies gilt sowohl für den Hochleistungssport als auch für den Breiten- und Freizeitsport. Die NADA fährt hierzu das umfangreiche nationale Präventionsprogramm „GEMEINSAM GEGEN DOPING" und stellt eine Vielzahl von Informations- und Schulungsmaterialien zur Verfügung, die in ▶ Kap. 13.3 vorgestellt werden. Hinzu kommen Aktivitäten und Initiativen der Sportvereine und -verbände, der Deutschen Sportjugend, der Bundeszentrale für gesundheitliche Aufklärung (BZgA) und der Apotheker zur Dopingaufklärung. Alle diese Aktivitäten sollen im Nationalen Dopingpräventionsplan (NDPP) gebündelt werden. Inwieweit die Prävention gelingt, hängt auch von der Einstellung der Öffentlichkeit zum Doping ab. Es gibt Argumente „pro" und „kontra" Freigabe (▶ Kap. 13.2). Einen Überblick über die Dopingaufklärung und -prävention liefert ▶ Kap. 13.

Welche Regeln gelten für das Doping bei Tieren?

Doping kommt auch bei Tieren vor und ist in der Praxis am ehesten im Pferdesport relevant. Entsprechende Vorfälle unter Beteiligung deutscher Reiter gab es bei den Olympischen Spielen in Athen 2004 und den Olympischen Reiterspielen in Hongkong 2008. ▶ Kap. 14 bietet einen Überblick über die internationalen und nationalen Anti-Doping-Regeln der Fédération Equestre Internationale (FEI, ▶ Kap. 14.1) bzw. der Deutschen Reiterlichen Vereinigung (FN) für Menschen und Pferde inklusive der Dopingverbotslisten, Kontrollmodalitäten, Nachweis- und Untersuchungsverfahren, Arten von Verstößen und möglicher Sanktionen (▶ Kap. 14.2). Außerdem wird hier der Unterschied zwischen Doping und unerlaubter Medikation erläutert und es wird erklärt, was Nulltoleranz, Nachweiszeiten und Karenzzeiten sind und was es mit dem „freiwilligen Test" auf sich hat. Schließlich wird auf das weltweit einmalige Trainingskontrollsystem für Pferde in Deutschland eingegangen. Strafrechtlich relevant sind das Tierschutzgesetz und das Arzneimittelgesetz. Beide werden hinsichtlich des Dopingverbots bei Tieren ebenfalls angesprochen (▶ Kap. 14.3).

2 Definition von Doping

Schon seit Jahrtausenden hat der Mensch versucht, seine Leistungsfähigkeit durch verschiedene Drogen und Arzneimittel zu steigern. In vielen Kulturkreisen wurden unterschiedliche stimulierende Mittel verwendet. In Südamerika kauten die Indios Kokablätter und im östlichen Afrika Khat-Blätter zur Anregung. Dopingmittel werden nicht nur beim Menschen eingesetzt, sondern auch bei Tieren.

Der Begriff Doping hat seinen Ursprung wohl in Afrika. „Dop" bezeichnet einen Schnaps, den die Eingeborenen während religiöser Rituale zur Anregung tranken. Heute ist der Begriff im allgemeinen Sprachgebrauch auch außerhalb des Sports bekannt, zum Beispiel im Zusammenhang mit einer Verbesserung der kognitiven Fähigkeiten durch bestimmte Mittel (sog. „Hirndoping").

In diesem Buch soll der Begriff Doping ausschließlich im eingeschränkten Sinne in Verbindung mit Sport verstanden werden.

Eine kurz gefasste Definition für das Doping im Sport (siehe Kasten) wurde in Artikel 2 des Übereinkommens gegen Doping des Europarats (europäisches Übereinkommen gegen Doping) vom 16.11.1989 (▶ Kap. 10.1.1) niedergelegt, dem die Bundesrepublik Deutschland im Jahre 1994 beigetreten ist [1].

> **Dopingdefinition nach dem Übereinkommen gegen Doping des Europarats**
> „Verabreichung pharmakologischer Gruppen von Dopingwirkstoffen oder Dopingmethoden an Sportler und Sportlerinnen oder die Anwendung solcher Wirkstoffe oder Methoden durch diese Personen."

Heute ist der Dopingbegriff erheblich weiter gefasst und erfasst neben dem Besitz und dem Inverkehrbringen von Dopingmitteln auch Verstöße gegen die Verpflichtung von Spitzensportlern, sich Dopingkontrollen zu unterziehen. Nach dem Internationalen Übereinkommen der UNESCO gegen Doping im Sport aus dem Jahr 2005 (▶ Kap. 10.1.2) bedeutet „Doping im Sport" das Vorliegen eines Verstoßes gegen die Anti-Doping-Regeln (Art. 2 Abs. 9 des Übereinkommens). Was unter einem solchen Verstoß zu verstehen ist, wird in Artikel 2 Abs. 3 des Übereinkommens näher definiert [2].

Definition nach dem UNESCO-Übereinkommen gegen Doping im Sport

Artikel 2 – Begriffsbestimmungen
Im Sinne dieses Übereinkommens
[...]
(3) bedeutet „Verstoß gegen die Anti-Doping-Regeln" im Sport das Vorliegen eines oder mehrerer der nachstehenden Sachverhalte:
a) das Vorhandensein eines verbotenen Wirkstoffs oder seiner Metaboliten oder Marker in einer Körperprobe eines Athleten;
b) die tatsächliche oder versuchte Anwendung eines verbotenen Wirkstoffs oder einer verbotenen Methode;
c) die Weigerung, sich einer Probenahme zu unterziehen, oder die Nichtabgabe einer Probe ohne zwingenden Grund, beides im Anschluss an eine den geltenden Anti-Doping-Regeln entsprechenden Ankündigung, oder ein anderweitiges Umgehen der Probenahme;
d) die Nichterfüllung des Erfordernisses der Verfügbarkeit des Athleten für Kontrollen außerhalb des Wettkampfs, einschließlich der nicht erfolgten Angabe der erforderlichen Informationen über den Aufenthaltsort des Athleten und des Versäumnisses, sich einer Kontrolle zu unterziehen, die als zumutbaren Regeln entsprechend gilt;
e) die tatsächliche oder versuchte unzulässige Einflussnahme auf jeden Teil der Dopingkontrolle;
f) der Besitz verbotener Wirkstoffe oder Methoden;
g) das Inverkehrbringen eines verbotenen Wirkstoffs oder einer verbotenen Methode;
h) die tatsächliche oder versuchte Verabreichung von verbotenen Wirkstoffen oder verbotenen Methoden an Athleten oder die Unterstützung, Anstiftung, Beihilfe, Verschleierung oder sonstige Tatbeteiligung bei einem tatsächlichen oder versuchten Verstoß gegen die Anti-Doping-Regeln;
[...]
(9) bedeutet „Doping im Sport" das Vorliegen eines Verstoßes gegen die Anti-Doping-Regeln.

Ähnlich ist der Ansatz im Anti-Doping-Code der Welt Anti-Doping Agentur (WADA-Code, ▸Kap. 8.1.3). In den letzten Jahren wurden die ehemals noch recht „schlanken" Vorgaben im Detail allerdings weiter präzisiert [3].

Der im Anti-Doping-Code 2015 (NADC) der Nationalen Anti Doping Agentur Deutschland (▸Kap. 8.2.3) niedergelegte Dopingbegriff, der auf dem WADA-Code beruht, ist in dem nebenstehenden Kasten wiedergegeben [4].

Dopingdefinition nach dem Nationalen Anti-Doping Code 2015

Die Kommentare der Nationalen Anti Doping Agentur Deutschland (NADA) zu den einzelnen Bestimmungen sind hier nicht wieder gegeben. Verweise beziehen sich jeweils auf den NADC 2015.

Artikel 1 – Definition des Begriffs Doping

Doping wird definiert als das Vorliegen eines oder mehrerer der nachfolgend in Artikel 2.1 bis Artikel 2.10 festgelegten Verstöße gegen Anti-Doping-Bestimmungen.

Artikel 2 – Verstöße gegen Anti-Doping-Bestimmungen

[...] Als Verstöße gegen Anti-Doping-Bestimmungen gelten:

2.1 Vorhandensein einer verbotenen Substanz, ihrer Metaboliten oder Marker in der Probe eines Athleten

2.1.1 Es ist die persönliche Pflicht eines jeden Athleten, dafür zu sorgen, dass keine verbotenen Substanzen in seinen Körper gelangen. Athleten sind für jede verbotene Substanz oder ihre Metaboliten oder Marker verantwortlich, die in ihrer Probe gefunden werden. Demzufolge ist es nicht erforderlich, dass Vorsatz, Verschulden, Fahrlässigkeit oder bewusster Gebrauch auf Seiten des Athleten nachgewiesen wird, um einen Verstoß gegen Anti-Doping-Bestimmungen gemäß Artikel 2.1 zu begründen.

2.1.2 Ein ausreichender Nachweis eines Verstoßes gegen Anti-Doping-Bestimmungen gemäß Artikel 2.1 ist in einem der nachfolgenden Fällen gegeben: das Vorhandensein einer verbotenen Substanz, ihrer Metaboliten oder Marker in der A-Probe eines Athleten, wenn der Athlet auf die Analyse der B-Probe verzichtet und die B-Probe nicht analysiert wird; oder, wenn die B-Probe des Athleten analysiert wird und das Analyseergebnis das Vorhandensein der verbotenen Substanz oder ihrer Metaboliten oder Marker in der A-Probe des Athleten bestätigt; oder, wenn die B-Probe des Athleten auf zwei Flaschen aufgeteilt wird und das Analyseergebnis der zweiten Flasche das Vorhandensein einer verbotenen Substanz, ihrer Metaboliten oder Marker in der ersten Flasche bestätigt.

2.1.3 Mit Ausnahme solcher Substanzen, für die in der Verbotsliste quantitative Grenzwerte besonders festgelegt sind, begründet das Vorhandensein jeglicher Menge einer verbotenen Substanz, ihrer Metaboliten oder Marker in der Probe eines Athleten einen Verstoß gegen Anti-Doping-Bestimmungen.

2.1.4 Abweichend von der allgemeinen Regelung des Artikels 2.1 können in der Verbotsliste oder den International Standards spezielle Kriterien zur Bewertung verbotener Substanzen, die auch endogen produziert werden können, festgelegt werden.

2.2 Der Gebrauch oder der Versuch des Gebrauchs einer verbotenen Substanz oder einer verbotenen Methode durch einen Athleten

2.2.1 Es ist die persönliche Pflicht eines jeden Athleten, dafür zu sorgen, dass keine verbotene Substanz in seinen Körper gelangt und dass keine verbotene Methode gebraucht wird. Demzufolge ist es nicht erforderlich, dass Vorsatz, Verschulden, Fahrlässigkeit oder bewusster Gebrauch auf Seiten des Athleten nachgewiesen wird, um einen Verstoß gegen Anti-Doping-Bestimmungen wegen des Gebrauchs einer verbotenen Substanz oder einer verbotenen Methode zu begründen.

2.2.2 Der Erfolg oder der Misserfolg des Gebrauchs einer verbotenen Substanz oder einer verbotenen Methode ist nicht maßgeblich. Es ist ausreichend, dass die verbotene Substanz oder die verbotene Methode gebraucht oder ihr Gebrauch versucht wurde, um einen Verstoß gegen Anti-Doping-Bestimmungen zu begehen.

2.3 Umgehung der Probenahme oder die Weigerung oder das Unterlassen, sich einer Probenahme zu unterziehen

Die Umgehung einer Probenahme oder die Weigerung oder das Unterlassen ohne zwingenden Grund, sich nach entsprechender Benachrichtigung einer gemäß den anwendbaren Anti-Doping-Bestimmungen zulässigen Probenahme zu unterziehen.

2.4 Meldepflichtverstöße

Jede Kombination von drei Versäumten Kontrollen und/oder Meldepflichtversäumnissen im Sinne des Internationalen Standards für Dopingkontrollen und Ermittlungen und/oder des Standards für Meldepflichten eines Athleten, der einem Registered Testing Pool oder dem Nationalen Testpool angehört, innerhalb eines Zeitraums von 12 Monaten.

2.5 Die unzulässige Einflussnahme oder der Versuch der unzulässigen Einflussnahme auf irgendeinen Teil des Dopingkontrollverfahrens

Handlungen, die das Dopingkontrollverfahren auf unzulässige Weise beeinflussen, die jedoch ansonsten nicht in der Definition der verbotenen Methoden enthalten wären. Unzulässige Einflussnahme umfasst insbesondere die vorsätzliche Beeinträchtigung oder den Versuch der vorsätzlichen Beeinträchtigung des Personals zur Probenahme, die vorsätzliche Angabe von falschen Informationen gegenüber einer Anti-Doping-Organisation oder die Einschüchterung oder den Versuch der Einschüchterung eines potenziellen Zeugen.

2.6 Besitz einer verbotenen Substanz oder einer verbotenen Methode

2.6.1 Der Besitz durch einen Athleten innerhalb des Wettkampfs von verbotenen Methoden oder verbotenen Substanzen, oder der Besitz außerhalb des Wettkampfs von Methoden oder Substanzen, die außerhalb des Wettkampfs verboten sind. Dies gilt nicht, sofern der Athlet den Nachweis erbringt, dass der Besitz aufgrund einer Medizinischen Ausnahmegenehmigung, die im Einklang mit Artikel 4.4 erteilt wurde, oder aufgrund einer anderen annehmbaren Begründung gerechtfertigt ist.

2.6.2 Der Besitz durch einen Athletenbetreuer innerhalb des Wettkampfs von verbotenen Methoden oder verbotenen Substanzen oder der Besitz durch einen Athletenbetreuer außerhalb des Wettkampfs von Methoden oder Substanzen, die außerhalb des Wettkampfs verboten sind, sofern der Besitz in Verbindung mit einem Athleten, einem Wettkampf oder einem Training steht. Dies gilt nicht, sofern der Athletenbetreuer den Nachweis erbringt, dass der Besitz aufgrund einer Medizinischen Ausnahmegenehmigung eines Athleten, die im Einklang mit Artikel 4.4 erteilt wurde, oder aufgrund einer anderen annehmbaren Begründung gerechtfertigt ist.

2.7 Das Inverkehrbringen oder der Versuch des Inverkehrbringens von einer verbotenen Substanz oder einer verbotenen Methode

2.8 Die Verabreichung oder der Versuch der Verabreichung an Athleten von verbotenen Substanzen oder verbotenen Methoden innerhalb des Wettkampfs oder außerhalb des Wettkampfs die Verabreichung oder der Versuch der Verabreichung von verbotenen Methoden oder verbotenen Substanzen, die außerhalb des Wettkampfs verboten sind

2.9 Tatbeteiligung

Jegliche Form von Unterstützung, Aufforderung, Beihilfe, Anstiftung, Beteiligung, Verschleierung oder jede sonstige vorsätzliche Beteiligung im Zusammenhang mit einem Verstoß gegen Anti-Doping-Bestimmungen oder einem Versuch eines Verstoßes gegen Anti-Doping-Bestimmungen oder einem Verstoß gegen Artikel 10.12.1 durch eine andere Person.

2.10 Verbotener Umgang

Der Umgang eines Athleten oder einer anderen Person, die an die Anti-Doping-Regelwerke einer Anti-Doping-Organisation gebunden ist, in beruflicher oder sportlicher Funktion mit einem Athletenbetreuer,

2.10.1 der an die Anti-Doping-Regelwerke einer Anti-Doping-Organisation gebunden ist und gesperrt ist; oder

2.10.2 der nicht an die Anti-Doping-Regelwerke einer Anti-Doping-Organisation gebunden ist und der nicht aufgrund eines Ergebnismanagement- und Disziplinarverfahrens gemäß NADC und/oder Code gesperrt wurde, jedoch dem in einem Straf-, Disziplinar- oder standesrechtlichen Verfahren ein Verhalten nachgewiesen oder der für ein solches Verhalten verurteilt wurde, das einen Verstoß gegen Anti-Doping-Bestimmungen dargestellt hätte, soweit diese oder andere im Einklang mit dem Code stehenden Anti-Doping-Regeln zur Anwendung gelangt wären.

Die Dauer des Umgangsverbots entspricht der im Straf-, Disziplinar- oder standesrechtlichen Verfahren festgelegten Strafe, beträgt mindestens jedoch sechs Jahre ab dem Zeitpunkt der Entscheidung; oder

2.10.3 der als Stroh- oder Mittelsmann für eine in Artikel 2.10.1 oder 2.10.2 beschriebene Person tätig wird.

Eine für den Athleten oder die andere Person zuständige Anti-Doping-Organisation oder die WADA muss den Athleten oder eine andere Person im Voraus schriftlich über die Sperre oder Sanktionierung des Athletenbetreuers und die möglichen Konsequenzen eines verbotenen Umgangs informiert haben, und es muss dem Athleten oder einer anderen Person möglich sein, den Umgang angemessen zu vermeiden.

Die Anti-Doping-Organisation soll – im Rahmen des Möglichen – dem in der schriftlichen Information an den Athleten oder die andere Person genannten Athletenbetreuer mitteilen, dass der Athletenbetreuer innerhalb von 15 Tagen gegenüber der Anti-Doping-Organisation erklären kann, dass die in Artikel 2.10.1 und 2.10.2 beschriebenen Kriterien nicht auf ihn zutreffen. (Unbeschadet Artikel 17 gilt dieser Artikel, selbst wenn das Verhalten des Athletenbetreuers, das zu seiner Sperre führte, vor dem Datum des Inkrafttretens gemäß Artikel 25 des Codes lag.)

Der Athlet oder die andere Person muss beweisen, dass der Umgang mit dem in Artikel 2.10.1 und 2.10.2 beschriebenen Athletenbetreuer nicht in beruflicher oder sportlicher Funktion erfolgt.

Anti-Doping-Organisationen, die Kenntnis von Athletenbetreuern haben, die den in Artikel 2.10.1, 2.10.2 oder 2.10.3 genannten Kriterien entsprechen, sind verpflichtet, diese Information an die WADA weiterzugeben.

Jeder Athlet muss selbst dafür sorgen, dass keine verbotenen Substanzen in seinen Körper gelangen. Demzufolge ist es nicht erforderlich, dass Vorsatz, Verschulden, Fahrlässigkeit oder bewusster Gebrauch auf Seiten des Athleten nachgewiesen werden, um einen Verstoß gegen Anti-Doping-Bestimmungen zu begründen. Außer bei Substanzen, für die in der Verbotsliste quantitative Grenzwerte festgelegt sind, spielt es auch keine Rolle, welche Menge einer verbotenen Substanz, ihrer Metaboliten oder Marker in der Probe eines Athleten gefunden wird. Dabei können spezielle Kriterien zur Bewertung verbotener Substanzen, die auch endogen produziert werden können, festgelegt werden. Auch der Erfolg oder der Misserfolg des Gebrauchs einer verbotenen Substanz oder Methode ist nicht maßgeblich.

Wer eine Probenahme umgeht oder sich weigert, eine gemäß den anwendbaren Anti-Doping-Bestimmungen zulässige Probenahme durchführen zu lassen, begeht ebenfalls einen Dopingverstoß. Damit die Dopingkontrollen unangekündigt durchgeführt werden können, müssen Spitzenathleten, die dem Dopingkontrollsystem unterliegen (▶Kap. 8.2.6), die Nationale Anti Doping Agentur Deutschland ständig darüber informieren, wo sie sich aufhalten (Meldepflicht ▶Kap. 8.2.6). Wer innerhalb eines Zeitraums von zwölf Monaten drei Kontrollen versäumt, seine Meldungen nicht ordnungsgemäß abgibt oder versucht, das Dopingkontrollverfahren zu manipulieren, muss ebenfalls mit Sanktionen wegen eines Verstoßes gegen die Anti-Doping-Bestimmungen rechnen. Athleten dürfen auch keine verbotenen Substanzen oder Methoden besitzen, sofern diese im oder außerhalb des Wettkampfs verboten sind (siehe hierzu auch Verbote nach dem Anti-Doping-Gesetz, ▶Kap. 10.3.7, ▶Kap. 10.3.9), es sei denn, sie haben hierfür eine Medizinische Ausnahmegenehmigung (▶Kap. 6.3).

Ein Dopingverstoß ist zudem das Inverkehrbringen oder der Versuch des Inverkehrbringens einer verbotenen Substanz und einer verbotenen Methode sowie die Verabreichung oder der Versuch der Verabreichung von verbotenen Substanzen oder verbotenen Methoden an Athleten und andere Personen (siehe hierzu auch Verbote nach dem Anti-Doping-Gesetz, ▶Kap. 10.3.3, ▶Kap. 10.3.5).

Mit dem Verbot der Tatbeteiligung und des Umgangs wird auch das Umfeld der Athleten in die Pflicht genommen. Hiernach dürfen Athleten oder andere Personen, die an die Anti-Doping-Regelwerke einer Anti-Doping-Organisation gebunden sind (▶Kap. 8.2.3) in beruflicher oder sportlicher Funktion keinen Umgang mit einem Athletenbetreuer haben, der an die Anti-Doping-Regelwerke gebunden und gesperrt ist oder, sofern er nicht daran gebunden und deswegen gesperrt wurde, dem in einem Straf-, Disziplinar- oder standesrechtlichen Verfahren ein Verhalten nachgewiesen wurde, das einen Verstoß gegen Anti-Doping-Bestimmungen dargestellt hätte. Auch mit Personen, die als Stroh- oder Mittelsmann für eine solche Person tätig werden, dürfen die Athleten keinen Umgang haben.

Mit der Einführung des § 6a Arzneimittelgesetz (AMG) im Jahr 1998 fand der Begriff Doping erstmals Eingang in deutsche Gesetze (▶Kap. 10.3.2). Im Anti-Doping-Gesetz von 2015, das auf die Bekämpfung des Dopings beim Menschen abzielt, ist stets von „zu Dopingzwecken" die Rede. Eine Begriffsbestimmung für „Doping" ist in dem Gesetz jedoch nicht enthalten [5].

Literatur

[1] Gesetz zu dem Übereinkommen vom 16.11.1989 gegen Doping vom 02.03.1994 (BGBl. II S. 334). Abgedruckt unter A 3.30 in: Kloesel/Cyran. Arzneimittelrecht, Kommentar. Deutscher Apotheker Verlag, Stuttgart 2016

[2] Gesetz zu dem Internationalen Übereinkommen vom 19.10.2005 gegen Doping im Sport vom 26.03.2007 (BGBl. II S. 354)

[3] World Anti-Doping Agency. World Anti-Doping Code. 2015. https://wada-main-prod.s3.amazonaws.com/resources/files/wada-2015-world-anti-doping-code.pdf

[4] Nationale Anti Doping Agentur Deutschland (Hrsg). Nationaler Anti-Doping Code 2015. www.nada.de/fileadmin/user_upload/nada/Downloads/Regelwerke/NADA-Code_2015.pdf

[5] Gesetz gegen Doping im Sport (Anti-Doping-Gesetz – AntiDopG) vom 10. Dezember 2015 (BGBl. I S. 2210), geändert durch Artikel 1 der Verordnung vom 8. Juli 2016 (BGBl. I S. 1624)

3 Dopingmittel und Dopingmethoden

3.1	Verbotene Substanzen	18
3.2	Verbotene Methoden	42
3.3	Verbote für die einzelnen Substanzklassen	51
3.4	Sportlernahrung und Nahrungsergänzungsmittel	52

Die körperliche Leistungsfähigkeit des Menschen ist von einer Vielzahl von Faktoren abhängig (o Abb. 3.1), die jeweils einen mehr oder weniger großen Einfluss auf die Leistung haben. Für ihre optimale Nutzung sollten möglichst viele dieser Faktoren „stimmen". Selbst bei der Ausschöpfung aller normalen Leistungsreserven gibt es jedoch eine Ermüdungsgrenze und jenseits dieser Grenze einen geschützten Bereich, der nur bei Wut, Angst oder bei Lebensgefahr überschritten wird. Anstrengungen in diesem Bereich können zu einer völligen Erschöpfung bis hin zum Tod führen. Doping ist auch deswegen so gefährlich, weil damit versucht wird, die Belastbarkeit des Körpers immer weiter zu erhöhen und dabei seine natürlichen Alarmsignale auszuschalten.

o **Abb. 3.1** Körperliche Leistungsfähigkeit und Doping: Doping als Faktor im komplexen Leistungsgefüge (www.sportunterricht.de)

Doping wird im landläufigen Sinne in erster Linie mit Leistungssteigerung in Verbindung gebracht (performance enhancing drug use oder ergogenic drug use). Diese Interpretation greift jedoch zu kurz. Mit dem Einsatz von Arzneimitteln oder Nahrungsergänzungsmitteln oder der Anwendung bestimmter Methoden zu Dopingzwecken kann auch eine Verbesserung der Regenerationsfähigkeit (recreational drug use) oder die Maskierung von Dopingsubstanzen zur Verhinderung ihres analytischen Nachweises bezweckt werden.

Eine leistungssteigernde Wirkung ist nur für wenige Stoffe tatsächlich klinisch gesichert. Die Datenlage über Langzeiteffekte, seien es erwünschte oder unerwünschte, ist generell dürftig.

Nachfolgend wird das derzeitige Spektrum unerlaubter Dopingsubstanzen, ausgehend von der Gliederung der Verbotsliste der Welt Anti-Doping Agentur 2017 (im Folgenden als „Verbotsliste 2017" bezeichnet, ▸Kap. 12.1.1), die weltweit Gültigkeit hat, im Hinblick auf seine Eigenschaften kurz charakterisiert. Dabei werden sowohl die im Sinne der Leistungssteigerung erwünschten als auch die wichtigsten unerwünschten Effekte angesprochen. Schließlich können Substanzen nicht nur deswegen auf die Verbotsliste kommen, weil sie eine leistungssteigernde Wirkung haben oder weil sie erhofft wird, sondern auch dann, wenn ihre missbräuchliche Anwendung für die Sportler mit erheblichen Risiken verbunden ist (▸Kap. 12.1.2, ▸Kap. 15.2).

Dopingsubstanzen werden unter dem Aspekt ihrer chemischen oder pharmakologischen Charakteristika jeweils bestimmten Gruppen zugeordnet. Dabei existieren für viele der „Prototypen" zahlreiche strukturelle Analoga, die unmöglich kontinuierlich in Dopinglisten erfasst werden können. Es wäre jedoch inkonsequent und im Sinne der Dopingbekämpfung ineffizient, wenn diese nicht in die Verbote miteinbezogen wären. Aus diesem Grund sind die Dopingverbote meist offen gestaltet. Immer dann, wenn es dort heißt „und andere Substanzen mit ähnlicher chemischer Struktur oder ähnlicher/n biologischer/n Wirkung(en)", gelten alle verwandten Substanzen ebenfalls als verboten.

Das Kapitel ist untergliedert in:

- verbotene Substanzen (▸Kap. 3.1),
- verbotene Methoden (▸Kap. 3.2),
- Sportlernahrung und Nahrungsergänzungsmittel (▸Kap. 3.4).

Für eine Zuordnung jener Substanzen, die in und außerhalb von Wettkämpfen verboten sind oder nur im Wettkampf oder auch nur in bestimmten Sportarten zugelassen sind, siehe ▸Kap. 12.1.1. ◻Tab. 3.2 fasst die einzelnen Verbote systematisch noch einmal zusammen.

3.1 Verbotene Substanzen

3.1.1 Nicht zugelassene Substanzen

Diese Gruppe erfasst sämtliche pharmakologisch wirksamen Substanzen, die nicht für die therapeutische Anwendung beim Menschen zugelassen sind, zum Beispiel Arzneimittel in der präklinischen oder klinischen Entwicklung oder solche, deren Entwicklung eingestellt wurde, Designerdrogen oder Tierarzneimittel.

3.1.2 Anabole Substanzen

Die Gruppe der Anabolika (Gruppe S1 der Verbotsliste 2017) wird eingeteilt in:

- anabol-androgene Steroide (AAS), exogene bzw. endogene bei exogener Verabreichung,
- andere anabole Substanzen.

Anabol-androgene Steroide (AAS)

Die Modellsubstanz für diese Gruppe ist Testosteron. Seine anabole Wirkung führt zu einer Zunahme der Muskelmasse und zu einer Verringerung des Fettanteils am Gesamtkörpergewicht. Es verringert zudem den Eiweißabbau und sorgt für eine positive Stickstoffbilanz sowie für eine Vermehrung der Erythrozyten und der Hämoglobinkonzentration. Daneben wirkt es auf die Knochenreifung. Die wichtigsten Effekte der von Testosteron abgeleiteten synthetisch hergestellten anabolen Steroide sind ähnlich. Zu den am meisten missbräuchlich verwendeten Steroiden zählen Nandrolon, Metandienon, Stanozolol und Metenolon (weitere Beispiele siehe Kasten).

Verbotene AAS (Verbotsliste 2017)

Exogene[1] anabol-androgene Steroide (AAS)

1-Androstendiol (5alpha-Androst-1-en-3beta,17beta-diol); 1-Androstendion (5alpha-Androst-1-en-3,17-dion); 1-Testosteron (17beta-Hydroxy-5alpha-androst-1-en-3-on); 4-Hydroxytestosteron (4,17beta-Dihydroxyandrost-4-en-3-on); Bolandiol (Estr-4-en-3beta,17beta-diol); Bolasteron; Calusteron; Clostebol; Danazol ([1,2]Oxazolo[4',5':2,3]pregna-4-en-20-yn-17alpha-ol); Dehydrochlormethyltestosteron (4-Chlor-17beta-hydroxy-17alpha-methyl-androsta-1,4-dien-3-on); Desoxymethyltestosteron (17alpha-Methyl-5alpha-androst-2-en-17beta-ol); Drostanolon; Ethylestrenol (19-Nor-pregna-4-en-17alpha-ol); Fluoxymesteron; Formebolon; Furazabol (17alpha-Methyl[1,2,5]oxadiazolo[3',4':2,3]-5alpha-androstan-17beta-ol); Gestrinon; Mestanolon; Mesterolon; Metandienon (17beta-Hydroxy-17alpha-methylandrosta-1,4-dien-3-on); Metenolon; Methandriol; Methasteron (17beta-Hydroxy-2alpha, 17alpha-dimethyl-5alpha-androstan-3-on); Methyldienolon (17beta-Hydroxy-17alpha-methylestra-4,9-dien-3-on); Methyl-1-testosteron (17beta-Hydroxy-17alpha-methyl-5alpha-androst-1-en-3-on); Methylnortestosteron (17beta-Hydroxy-17alpha-methylestr-4-en-3-on); Methyltestosteron; Metribolon (Methyltrienolon, 17beta-Hydroxy-17alpha-methylestra-4,9,11-trien-3-on); Miboleron; Norboleton; Norclostebol; Norethandrolon; Oxabolon; Oxandrolon; Oxymesteron; Oxymetholon; Prostanozol (17beta-[(Tetrahydropyran-2-yl)oxy]-1'H-pyrazolo[3,4:2,3]-5alpha-androstan); Quinbolon; Stanozolol; Stenbolon; Tetrahydrogestrinon (17-Hydroxy-18a-homo-19-nor-17alpha-pregna-4,9,11-trien-3-on); Trenbolon (17beta-Hydroxyestr-4,9,11-trien-3-on);

und andere Substanzen mit ähnlicher chemischer Struktur oder ähnlicher/n biologischer/n Wirkung(en)

Endogene[2] AAS bei exogener Verabreichung

19-Norandrostendiol (Estr-4-en-3,17-diol); 19-Norandrostendion (Estr-4-en-3,17-dion); Androstendiol (Androst-5-en-3beta, 17beta-diol); Androstendion (Androst-4-en-3,17-dion); Boldenon; Boldion (Androsta-1,4-dien-3,17-dion); Dihydrotestosteron (17beta-Hydroxy-5alpha-androstan-3-on)3; Nandrolon (19-Nortestosteron) Prasteron (Dehydroepiandrosteron, DHEA, 3beta-Hydroxyandrost-5-en-17-on); Testosteron und ihre Metaboliten und Isomere, darunter unter anderem:

3beta-Hydroxy-5alpha-androstan-17-on; 5alpha-Androst-2-en-17-on; 5alpha-Androstan-3alpha,17alpha-diol; 5alpha-Androstan-3alpha,17beta-diol; 5alpha-Androstan-3beta,17alpha-diol; 5alpha-Androstan-3beta,17beta-diol; 5beta-Androstan-3alpha,17beta-diol; 7alpha-Hydroxy-DHEA; 7beta-Hydroxy-DHEA; 4-Androstendiol (Androst-4-en-3beta, 17beta-diol); 5-Androstendion (Androst-5-en-3,17-dion); 7-Keto-DHEA; 19-Norandrosteron; 19-Noretiocholanolon; Androst-4-en-3alpha,17alpha-diol; Androst-4-en-3alpha,17beta-diol; Androst-4-en-3beta,17alpha-diol; Androst-5-en-3alpha,17alpha-diol; Androst-5-en-3alpha,17beta-diol; Androst-5-en-3beta,17alpha-diol; Androsteron; Epidihydrotestosteron; Epitestosteron; Etiocholanolon.

[1] Substanz, die vom Körper normalerweise nicht auf natürlichem Weg produziert wird,
[2] Substanz, die vom Körper auf natürlichem Wege produziert wird.
[3] Hinzufügung des Bundesinnenministeriums: Synonym (Freiname nach INN): Androstanolon.

Als Hauptursachen für die vermutete Steigerung der Leistungsfähigkeit durch anabole Steroide werden eine erhöhte Aggressivität und eine verbesserte Motivation, die antikatabole Wirkung (Verhinderung des Muskelabbaus), eine erhöhte Eiweißverwertung und eine bessere Regenerationsfähigkeit angenommen. Anabolika werden neben dem Bodybuilding vor allem in den Sportarten missbräuchlich eingesetzt, in denen es auf Schnell- und Maximalkraft ankommt, d. h. beim Gewichtheben und in der Leichtathletik bei sämtlichen Wurf- und Sprungsportarten sowie beim Laufen in den Sprintdisziplinen (z. B. der Dopingfall des 100-m-Sprinters Ben Johnson bei den Olympischen Spielen 1988 in Seoul). Auch Athleten in den Ausdauersportarten glauben, davon profitieren zu können, denn sie haben einen hohen Eiweißumsatz.

Die unerwünschten Effekte nach Einnahme von Anabolika sind abhängig vom Wirkstoff sowie von der Höhe der Dosis und der Dauer der Einnahme. Eine typische, sichtbare Nebenwirkung des Anabolikamissbrauchs sind eitrige Pusteln und Komedonen im Gesicht, auf der Brust und dem Rücken (Steroidakne). Daneben kommt es zu:

- Wassereinlagerung im Gewebe,
- Schädigungen des Herz-Kreislauf-Systems: Veränderung des Lipidstoffwechsels (Abnahme der HDL- und Zunahme der LDL-Fraktion), Zunahme der Herzmuskelmasse ohne Zunahme der Kapillarisierung (im Tierversuch),
- Leberschäden: anormale Werte in Leberfunktionstests (17-Alkylsteroide), Hinweise auf Peliosis hepatis und Lebertumorbildung,
- psychotropen Wirkungen: Euphorie, Steigerung der Aggressivität, Hinweise auf psychische Abhängigkeit.

Bei Frauen treten Vermännlichungseffekte auf: Vertiefung der Stimme durch Kehlkopfverknöcherung, Klitorisvergrößerung, männliche Behaarung, Veränderung der Fettverteilung und Störungen des Menstruationszyklus. Bei Männern kommt es zu Brustwachstum (Gynäkomastie) sowie zu einer Abnahme des Hodenvolumens und der Spermienzahl. Jugendliche müssen mit einem vorzeitigen Wachstumsstopp und einem Schließen der Wachstumsfugen in den Knochen rechnen.

Mit Ausnahme des zur Therapie des Hypogonadismus und des Hochwuchses eingesetzten Testosterons ist in Deutschland kein anaboles Steroid (mehr) als Arzneimittel zugelassen.

Neben den androgen-anabolen Steroiden selbst werden seit den 1990er Jahren des vorigen Jahrhunderts auch deren Prohormone missbräuchlich verwendet. Hier muss unterschieden werden zwischen:

- körpereigenen Steroiden (Prohormonen von Testosteron),
- körperfremden Prohormonen von Nandrolon (19-Nortestosteron).

Als körperidentische Prohormone von Testosteron werden derzeit folgende Substanzen gehandelt: Androstendiol, verschiedene Androstendione sowie Dehydroepiandrosteron (DHEA, Prasteron).

Das körperfremde Prohormon Nandrolon unterliegt nach oraler Gabe einem hohen First-Pass-Effekt und wird zu therapeutischen Zwecken nur in Form seiner Ester eingesetzt. Nach intramuskulärer Injektion entsprechender Depotpräparate (z. B. Deca-Durabolin®) kann über lange Zeit ein konstanter Blutspiegel aufrechterhalten werden. Nandrolon aus Depotpräparaten ist damit noch lange nachweisbar. Oral werden vorwiegend die Prohormone von Nandrolon wie 4-Norandrostendion, 4-Norandrostendiol und 5-Norandrostendiol verwendet.

Da mit diesen Stoffen keine konstanten Blutspiegel an Testosteron bzw. Nandrolon erreicht werden können und die Umwandlungsrate von Nandrolon zu Testosteron sehr gering ist, werden sie in der Regel in großen Mengen eingenommen (Kapseln oder Tabletten mit bis zu 200 mg mehrmals täglich). Über die Wirkungen und Nebenwirkungen von Prohormonen ist mit Ausnahme von DHEA wenig bekannt. Die Substanzen werden über die Leber metabolisiert und über den Urin ausgeschieden, sodass mit einer erheblichen Belastung dieser Organe gerechnet werden muss.

In der zweiten Jahreshälfte 2003 beherrschte die Substanz Tetrahydrogestrinon (THG) im Rahmen des Dopingskandals rund um das amerikanische Unternehmen „Bay Area Laboratory Co-Operative" (Balco-Affäre) die Sport-Schlagzeilen. THG war bis dahin nicht bekannt und gilt als sogenanntes Designer-Steroid, das speziell für das Doping entwickelt worden sein soll. Es ist kein medizinisches Produkt, d. h., es gibt keine Daten über Tierversuche, klinische Studien und über mögliche Nebenwirkungen der Substanz. THG löste seinerzeit weltweit eine regelrechte Doping-Razzia aus. Unzählige eingelagerte Dopingproben wurden in der Folge auf die Substanz nachuntersucht.

Im Gegensatz zu anderen Substanzklassen, deren Einsatz vorwiegend dem Leistungssport zuzurechnen ist, ist die Einnahme von Anabolika auch bei Sportlern niedriger Leistungsklassen sowie im Fitness- und Bodybuildingbereich stark verbreitet (▶ Kap. 5.2). Die Präparate werden nicht durchgehend, sondern in bestimmten Trainingsphasen in Zyklen eingenommen. Um die Nebenwirkungen auszuschalten, werden häufig zusätzlich weitere Dopingsubstanzen eingenommen, z. B.:

- Humanchoriongonadotropin (▶ Kap. 3.1.3) zur Verhinderung der Hodenatrophie (Verkümmerung der Hoden),
- Antiestrogene wie Tamoxifen (▶ Kap. 3.1.5) zur Unterdrückung der Gynäkomastie (männliches Brustwachstum),
- Probenecid (▶ Kap. 3.1.6) zur Verringerung der Steroidausscheidung über den Urin.

In Deutschland unterliegen Anabolika der Verschreibungspflicht und sind deshalb im Allgemeinen nicht frei zugänglich. Für Prohormone gibt es derzeit keine Zulassungen als Arzneimittel, sodass entsprechende Präparate hierzulande nicht verkehrsfähig sind.

In den USA waren einige Prohormone (z. B. Dehydroepiandrosteron, 4-Androstendiol, 4-Androstendion, 5-Androstendiol und 5-Androstendion) über lange Jahre teilweise als Nahrungsergänzungsmittel im Handel und dort deshalb in unbegrenzten Mengen und unkontrolliert verfügbar. Mit dem Designer Steroid Control Act aus dem Jahr 2014 (H. R. 4771) wurde der Verkauf der meisten Designer-Steroide und Prohormone in den USA allerdings unlängst deutlich eingeschränkt [1]. Das Gesetz änderte den sogenannten Controlled Substances Act, der Substanzen mit einem mehr oder weniger großen Missbrauchspotenzial reguliert [2].

Hierzu gehören unter anderem auch die Steroide. Nach dem Designer Steroid Control Act aus dem Jahr 2014 kann eine Substanz, die bislang nicht als anaboles Steroid gelistet ist und keine ähnliche chemische Struktur zu einer gelisteten anabolen Substanz aufweist, ebenfalls als anaboles Steroid nach dem Controlled Substances Act eingestuft werden, wenn sie mit der Absicht entwickelt oder hergestellt wurde, das Muskelwachstum zu fördern, testosteronähnliche Wirkungen zu haben oder wenn sie mit diesem Anschein vermarktet wird. Mit dem Gesetz wurden konkret 25 Designer-Steroide und Prohormone dem Controlled Substances Act unterstellt, was ihre Verfügbarkeit so gut wie zunichtemacht, darunter auch „beliebte" Muskelaufbaustoffe wie Epistan, Halodrol, Furazadrol oder Trenavar. Außerdem verbietet das Gesetz den Import, Export, die Herstellung, Vermarktung und den Besitz von anabolen Steroiden, die nicht ordnungsgemäß nach der IUPAC-Nomenklatur als anaboles Steroid gekennzeichnet sind. Bei Zuwiderhandlung drohen Importeuren, Exporteuren, Herstellern und Händlern bis zu 500 000 US-Dollar Strafe.

Trotzdem ist beim Internethandel weiterhin Vorsicht geboten (▶ Kap. 3.4.3).

Andere anabole Substanzen

Zu den anderen anabolen Substanzen (siehe Kasten) gehören u. a. die beiden Beta-2-Agonisten Clenbuterol (▶ Kap. 3.1.4) und Zilpaterol sowie Zeranol (α-Zearalanol), eine xenobiotische Substanz (durch Menschen hergestellte Substanz, die in der Regel in der Natur oder in biologischen Systemen nicht vorkommt) mit estrogenen und anabolen Eigenschaften, und das synthetische Steroidhormon Tibolon. Tibolon wird therapeutisch zur Behandlung von klimakterischen Beschwerden und zur Osteoporoseprophylaxe nach der Menopause eingesetzt. Das 19-Nortestosteronderivat besitzt zusammen mit seinen Metaboliten estrogene, gestagene und androgene Wirkungen. Tibolon wurde schon in den frühen 1980er Jahren entwickelt und klinisch geprüft. In Deutschland ist es seit 1999 im Handel.

> **Beispiele für verbotene andere anabole Substanzen (Verbotsliste 2017)**
> Clenbuterol, selektive Androgen-Rezeptor-Modulatoren (SARMs, z. B. Andarin und Ostarin), Tibolon, Zeranol und Zilpaterol.

Clenbuterol ist in einigen in Deutschland zugelassenen Antiasthmatika bzw. Broncholytika enthalten. In China und Mexiko wird Clenbuterol illegal in der Tiermast eingesetzt, was bereits zu positiven Dopingproben von Sportlern geführt hat, weil sie entsprechendes Fleisch verzehrt hatten [3, 4].

Darüber hinaus sind in dieser Rubrik die selektiven Androgen-Rezeptor-Modulatoren (SARMs) aufgeführt. Sie befinden sich noch in der klinischen Entwicklung. Angestrebt werden Anwendungsgebiete, die sich im Wesentlichen auf Muskelschwund und verwandte Krankheiten sowie Osteoporose erstrecken. Die nichtsteroidalen Verbindungen (Arylpropionamide, bizyklische Hydantoine) können den Androgen-Rezeptor gewebeselektiv aktivieren bzw. inhibieren und so gezielt eine Muskelhypertrophie stimulieren sowie die Knochendichte steigern, wobei u. a. gleichzeitig das Prostatawachstum verhindert wird. Hiermit werden die Vorteile einer Steroidersatztherapie ohne die damit üblicherweise einhergehenden Nebenwirkungen erreicht [5]. Die Substanzen bergen deshalb eine große Gefahr für einen möglichen Missbrauch im Sport [6]. Obwohl die SARMs bislang noch nicht kommerziell erhältlich sind, sind bereits umfangreiche Diskussionen über den Gebrauch und Missbrauch dieser Arzneimittel in einschlägigen Internetforen (z. B. Bodybuilding) zu finden.

3.1.3 Peptidhormone, Wachstumsfaktoren, verwandte Substanzen und Mimetika

Die Gruppe (Gruppe S2 der Verbotsliste 2017) gehört zu den Dopingsubstanzen, die der Körper auch selbst herstellt. Wegen ihrer schwereren Nachweisbarkeit hat ihr missbräuchlicher Einsatz im Hochleistungssport deutlich zugenommen. In die Gruppe gehören die in im Kasten aufgeführten Substanzen und andere Substanzen mit ähnlicher chemischer Struktur oder ähnlicher/n biologischer/n Wirkung(en).

Verbotene Hormone und Wachstumsfaktoren (Verbotsliste 2017)

Verbotene Peptidhormone, Wachstumsfaktoren, verwandte Substanzen und Mimetika sind:
1. Erythropoetin-Rezeptor-Agonisten:
    1.1 Erythropoese-stimulierende Stoffe (ESAs), einschließlich z. B. Darbepoetin (dEPO); Erythropoetin (EPO); EPO-Fc; EPO-mimetische Peptide (EMP), zum Beispiel CNTO 530 und Peginesatid, GATA-Hemmer z. B. K-11706; Methoxy-Polyethylenglycol-Epoetin beta (CERA– Continuous Erythropoiesis Receptor Activator); Hemmer für transformierenden Wachstumsfaktor-beta (TGF-beta), zum Beispiel Sotatercept, Luspatercept;
    1.2 Nicht-erythropoetische EPO-Rezeptor-Agonisten, zum Beispiel ARA-290, Asialo-EPO; carbamyliertes EPO.
2. Hypoxie-induzierbarer-Faktor(HIF)-Stabilisatoren, zum Beispiel Cobalt, Molidustat und Roxadustat (FG-4592) sowie HIF-Aktivatoren, zum Beispiel Argon, Xenon.
3. Choriongonadotropin (CG) und Luteinisierendes Hormon (LH) sowie ihre Releasingfaktoren, zum Beispiel Buserelin, Gonadorelin und Leuprorelin (bei Männern).
4. Corticotropine und ihre Releasingfaktoren, zum Beispiel Corticorelin.
5. Wachstumshormon (GH) und seine Releasingfaktoren, einschließlich:
    - Wachstums-hormon-Releasing-Hormon (GHRH) und seine Analoga, zum Beispiel CJC-1295, Sermorelin und Tesamorelin;
    - Wachstumshormon-Sekretagoge (GHS), zum Beispiel Ghrelin und Ghrelin-Mimetika, Beispiele für letzere sind Anamorelin und Ipamorelin;
    - Wachstumshormon-Releasing-Peptide (GHRPs), zum Beispiel Alexamorelin, GHRP-6, Hexarelin und Pralmorelin (GHRP-2).

Außerdem verbotene Wachstumsfaktoren: Fibroblasten-Wachstumsfaktoren (FGFs); Hepatozyten-Wachstumsfaktor (HGF); insulinähnlicher Wachstumsfaktor 1 (IGF-1) und seine Analoga; mechanisch induzierte Wachstumsfaktoren (MGFs); Blutplättchen-Wachstumsfaktor (PDGF); vaskulär-endothelialer Wachstumsfaktor (VEGF) und alle anderen Wachstumsfaktoren, die in Muskeln, Sehnen oder Bändern die Proteinsynthese/den Proteinabbau, die Gefäßbildung/-versorgung, die Energieausnutzung, die Regenerationsfähigkeit oder die Umwandlung des Fasertyps beeinflussen.

Erythropoetin-Rezeptor-Agonisten

Erythropoetin (EPO), ein körpereigenes Glykoprotein, ist das Schlüsselhormon für die Produktion der roten Blutzellen (Erythrozyten). Diese findet hauptsächlich in den Nieren statt und wird im Wesentlichen durch den Sauerstoffgehalt des Blutes gesteuert. Bei Sauerstoffmangel (Hypoxie) wird die Produktion (Erythropoese) gesteigert, um das Defizit an transportiertem Sauerstoff auszugleichen. Für die Stimulation des Knochenmarks zur Produktion der roten Blutzellen, die den Sauerstoff im Körper transportieren, ist EPO unverzichtbar (oAbb. 3.2).

Patienten mit unterschiedlichen Schweregraden der Niereninsuffizienz produzieren entweder zu wenig oder gar kein endogenes Erythropoetin. Vor allem Menschen mit chronischem Nierenversagen (Dialysepflicht) würden ohne Behandlung rasch eine renale Anämie entwickeln. Sie müssen daher EPO von außen zugeführt bekommen. Es wird außerdem bei Blutarmut bei Operationen, bei Schwerstunfallverletzten sowie bei Krebspatienten nach aggressiven Chemotherapie-Zyklen eingesetzt.

Erst durch die Isolierung des EPO-Gens sowie durch seine Klonierung und Expression in Säugerzellen konnte das Hormon mithilfe biotechnologischer Herstellungsverfahren in Mengen produziert werden, die für die Therapie ausreichen. 1989 kam das erste rekombinante EPO-Präparat (Epogen, Epoetin α) auf den Markt.

Nach der INN-Nomenklatur der Weltgesundheitsorganisation für rekombinante EPO-Varianten tragen alle Substanzen mit dem gleichen Wirkmechanismus wie Erythropoetin den Wortstamm „-poetin". „Epoetin" hat die gleiche Aminosäuresequenz inklusive Disulfidbrücken und Glykosylierungsstellen wie natürliches humanes Erythropoetin. Alle rekombinanten EPO-Varianten unterscheiden sich von dem ursprünglichen, endogenen Molekül in der Zusammensetzung der Zuckerstrukturen (Glykosylierungsmuster). Zur Unterscheidung dieser Varianten wird der Bezeichnung „Epoetin" ein griechischer Buchstabe angehängt (z. B. Epoetin alpha (Epoetin α), Epoetin beta (Epoetin β) usw.)

Die übliche galenische Form der durch zuständige Behörden gegenwärtig zugelassenen EPO-Präparate sind Injektionslösungen mit unterschiedlicher Wirkstoffkonzentration (etwa 500 bis 30 000 IE), die entweder subkutan oder intravenös appliziert werden. Je nach Applikation, Wirkstoffkonzentration, Indikation, Wirkungsdauer oder Serumhalbwertszeit des Präparats sind mehrere Injektionen pro Woche oder auch nur eine einmalige Injektion pro Monat erforderlich.

EPO nimmt nicht nur als therapeutisches Biopharmazeutikum, sondern auch im Spektrum der Dopingsubstanzen eine Sonderstellung ein. Die Athleten wollen damit die Masse an roten Blutkörperchen erhöhen und damit die Sauerstofftransportkapazität verbessern. Es könnte deshalb auch unter den Oberbegriff „Blutdoping" gefasst werden (▶ Kap. 3.2.1).

Zu den EPO-Präparaten, die zu diesem Zweck missbräuchlich verwendet werden, gehört die gentechnisch veränderte Weiterentwicklung Darbepoetin alfa (novel erythropoiesis stimulating protein, NESP) mit dem Handelsnamen Aranesp®. Es unterscheidet sich von rekombinant hergestelltem EPO u. a. durch eine erheblich längere Halbwertszeit.

EPO-Mimetika sind nicht mit EPO strukturverwandt. Sie stimulieren den EPO-Rezeptor allosterisch, das heißt außerhalb des aktiven Zentrums. Die dadurch bedingte Konformationsänderung bewirkt aber eine Aktivierung des aktiven Zentrums. Es gibt mehrere Forschungsansätze mit peptidischen (z. B. CNTO 530) und nicht-peptidischen Substanzen. Bei dem EPO-Derivat CERA (Continuous Erythropoiesis Receptor Activator) ist das EPO-Molekül mit einem Methoxypolyethylenglycolpolymer verknüpft ist (PEGylierung).

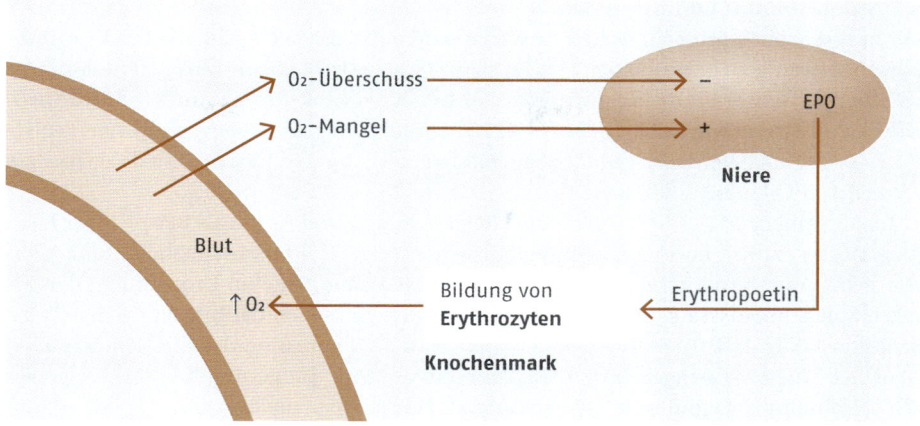

Abb. 3.2 Wirkung von EPO (Erythropoetin). Nach W. Schänzer: Doping im Sport (www.dopinginfo.de)

Dadurch soll die rasche Ausscheidung über die Nieren vermieden werden. Die Serumhalbwertszeit von CERA ist nach i. v. Gabe mehr als fünfmal länger als bei Darbepoetin α. Es braucht nur einmal pro Monat subkutan injiziert zu werden. Seit Juli 2007 ist CERA unter dem Handelsnamen Mircera® in der Europäischen Union zugelassen. Bei der Tour de France 2008 wurden vier Radfahrer mit der Anwendung von CERA überführt.

Neben den Erythropoese-stimulierenden Stoffen (ESA) führt die Verbotsliste auch nicht-erythropoetischen EPO-Rezeptor-Agonisten auf (z. B. ARA-290, asialo-EPO, carbamyliertes EPO).

Asialo-EPO schützt das Gewebe, ohne die roten Blutzellen zu stimulieren. Asialo heißt „ohne Sialinsäuren". Diese Säuren schützen EPO ansonsten vor dem schnellen Abbau in Leber und Nieren. Asialo-EPO dagegen wird so schnell abgebaut, dass keine zusätzlichen Blutkörperchen gebildet werden können. Carbamyliertes EPO (CEPO) hat eine erhöhte Affinität zu spezifischen neuronalen Rezeptoren. Im Gegensatz zum ursprünglichen EPO-Molekül stimuliert CEPO nicht die Bildung von Erythrozyten. Seine Wirkung ist vielmehr antiapoptotisch, d. h., es soll das Absterben von Herz- und Nervengewebe unterbinden.

EPO wird etwa seit Ende der 1980er Jahre des vorigen Jahrhunderts zur Leistungssteigerung missbraucht. Seit 1990 steht es auf der Dopingverbotsliste. Seinen Höhepunkt erreichte das Doping mit EPO Mitte der 1990er-Jahre. Damals gab es weder Nachweisverfahren noch Grenzwerte. Nach verlässlichen Erkenntnissen wurde und wird wahrscheinlich auch heute noch in nahezu allen Ausdauersportarten mit EPO gedopt. Im Profiradsport gehen Dopingexperten von einem flächendeckenden, systematischen Missbrauch aus. Hiervon legen die Festina-Affäre 1998, der Dopingskandal Fuentes 2006 und das Geständnis des ehemaligen US-Radsportstars und mehrmaligen Siegers der Tour de France Lance Armstrong ein beredtes Zeugnis ab. Auch die deutschen Radprofis hatten keine weiße Weste. Nach dem Abschlussbericht zur Dopingaffäre an der Universitätsklinik Freiburg vom 12.05.2009 soll das EPO-Doping im Team Telekom seit 1993 gängige Praxis gewesen sein [7].

HIF-Stabilisatoren und HIF-Aktivatoren

Mit neueren, auch gentechnischen Ansätzen wird außerdem versucht, die EPO-Produktion anderweitig zu beeinflussen. Der Hypoxie-induzierbare Faktor (HIF) ist in der Zelle als Sauerstoffsensor für die Regulation der Aktivität der EPO-Produktion verantwortlich. HIF-Stabilisatoren wie Cobalt oder FG-4592 hemmen das HIF-abbauende Enzym Prolyl-Hydroxylase auch bei ausreichender Sauerstoffversorgung und führen deshalb dazu, dass vermehrt EPO bereitgestellt wird.

Im September 2014 wurden auch die Edelgase Xenon und Argon als Beispiele für HIF-Aktivatoren explizit auf die Dopingverbotsliste gesetzt. Die missbräuchliche Inhalation von Xenon durch russische Athleten war durch Medienberichte im Umfeld der Olympischen Spiele in Sotschi (Russland) publik geworden. Sie sollen bei Inhalation den Transkriptionsfaktor HIF-1α aktivieren, der wiederum die Expression des EPO-codierenden Gens bei Sauerstoffmangel fördert. Das Ergebnis ist eine Steigerung der körpereigenen EPO-Produktion. Xenon ist in Deutschland als Narkosegas zugelassen.

Der Einsatz von EPO und anderen Substanzen, die die Produktion der roten Blutzellen steigern, ist gerade für Ausdauersportler besonders gefährlich. In der Regel haben diese eine niedrige Herzfrequenz, verbunden mit einem niedrigen Blutdruck. Die Anwendung von EPO verschlechtert die Fließeigenschaften des Blutes und kann deshalb vermehrt thromboembolische und andere lebensbedrohliche vaskuläre Ereignisse bis hin zu Herz- und Hirninfarkt, auslösen. Teilweise wird versucht, diesem Risiko durch die Einnahme von Acetylsalicylsäure, einer reichlichen Flüssigkeitsaufnahme oder der Verabreichung von Plasmaexpandern entgegenzuwirken (▶ Kap. 3.1.6).

Als Präventivmaßnahme zum Schutz der Sportler und zur Abschreckung lassen einzelne internationale Sportverbände unmittelbar vor dem Wettkampf den Hämatokrit bzw. die Hämoglobin-Konzentration bestimmen (pre-competition testing). Beim Überschreiten der festgelegten Grenzwerte werden die Sportler nicht zum Wettkampf zugelassen (Schutzsperre, ▶ Kap. 8.2.7).

Da EPO-Rezeptoren auf der Oberfläche verschiedenster Tumorzellen gebildet werden, könnte dessen Verabreichung theoretisch auch das Wachstum von Tumoren jeglicher Art stimulieren.

Auch ohne das Risiko der Tumorprogression steigt das Risiko venöser Thromboembolien bei einer EPO-Therapie von Patienten mit soliden Tumoren (Krebserkrankungen, die in unterschiedlichen Organen ihren Ursprung nehmen können) signifikant an. Im Oktober 2007 gab die Europäische Arzneimittel-Agentur (EMA) deshalb für Erythropoetin-haltige Arzneimittel (Epoetin alfa, beta, delta und Darbepoetin alfa) neue Warnhinweise heraus. Hiernach soll deren Anwendung ausdrücklich auf die Indikationen beschränkt bleiben, für die bislang Zulassungen erteilt wurden, d.h. für die symptomatische Anämie unter Chemotherapie bei Patienten mit soliden lymphatischen Malignomen sowie die Anämie infolge chronischer Niereninsuffizienz. Außerdem werden die Zielwerte des Hämoglobins (Hb) generell auf 10 bis maximal 12 g Hb/dl festgelegt. Damit reagierte die Agentur auf Studien, die auf ein erhöhtes Risiko für Herz-Kreislauf-Zwischenfälle (einschließlich Herz- und Hirninfarkte) und ein erhöhtes Sterblichkeitsrisiko bei niereninsuffizienten Patienten hinweisen, bei denen mit einer Erythropoese-stimulierenden Therapie (ESA) vergleichsweise hohe Hämoglobinkonzentrationen (mindestens 13 g/dl) erreicht wurden. Außerdem soll in der Produktinformation darauf hingewiesen werden, dass in klinischen Studien an Patienten mit Anämien, die mit verschiedenen gängigen

Krebsarten assoziiert waren, diejenigen, die mit Epoetin behandelt wurden, eine erheblich höhere Sterblichkeit zeigten als diejenigen, die kein EPO bekamen [8].

Choriongonadotropin (CG) und Luteinisierendes Hormon (LH)
Humanchoriongonadotropin (human chorion gonadotropin, HCG) ist ein Schwangerschaftshormon, das in der Plazenta produziert wird. Als Arzneimittel wird es zur weiblichen Sterilitätsbehandlung eingesetzt. Nebenwirkungen sind Störungen des Hormonregelkreislaufs, Ovarialzysten, Gynäkomastie und Thromboembolien.

Das Luteinisierende Hormon (LH, Lutropin), ein Hypophysenvorderlappenhormon, bewirkt bei Frauen die Ovulation und Bildung des Gelbkörpers.

Beide Hormone stimulieren bei Männern die Synthese von Testosteron und sind deshalb nur bei Männern verboten.

Corticotropine
Zu den Corticotropinen zählen das körpereigene adrenocorticotrope Hypophysenvorderlappenhormon (ACTH) und Tetracosactid, ein synthetisches Produkt. Corticotropine stimulieren die Synthese und Sekretion von Nebennierenrindenhormonen, vorwiegend die Glucocorticoidsekretion, worauf die missbräuchliche Anwendung beruht. Tetracosactid-Handelspräparate werden diagnostisch bei Verdacht auf Nebennierenrinden-Unterfunktion und therapeutisch bei West-Syndrom (maligne Säuglingsepilepsie) eingesetzt. Durch die Stimulation der Cortisonausschüttung kann es zu Nebenwirkungen kommen, die einer Corticoidtherapie entsprechen.

Wachstumshormon, Wachstumshormon-Skretagoge, Mimetika und Wachstumsfaktoren-Releasing-Peptide
Wachstumshormon (hGH)
Wachstumshormon (human growth hormon [hGH], Synonym: somatotropes Hormon, Somatotropin [STH]) ist ein körpereigenes Peptidhormon, das in der Hypophyse gespeichert und von dort in Schüben in den Blutkreislauf freigesetzt wird. Es ist an Stoffwechsel- und Wachstumsprozessen beteiligt. Ein Mangel verursacht bei Kindern Klein- und Zwergwuchs. Seit Ende der 1980er Jahre ist hGH auch als gentechnisches Produkt auf dem Markt, was seine Anwendungssicherheit, aber auch seine Verfügbarkeit deutlich erhöht hat. Die missbräuchliche Anwendung zu Dopingzwecken gründet sich auf seine anabole Wirkung. hGH stimuliert im Fettgewebe die Lipolyse und führt im Kohlenhydratstoffwechsel zu einer erhöhten Freisetzung von Glucose aus Glykogen (o Abb. 3.3), der Grund für die Anwendung in Sportarten wie Bodybuilding. Daneben kommt es über den insulinartigen Wachstumsfaktor 1 (IGF-1) indirekt zu einem anabolen Effekt, d.h. zu einer Verbesserung des Muskel- und Skelettwachstums. Eine positive Wirkung bei Leistungssportlern ist bislang nicht bewiesen.

Einer der Haupteffekte von Wachstumshormonen ist die Stimulation des Längenwachstums der Knochen. Bei gesunden Kindern mit normaler hGH-Produktion bewirkt die zusätzliche Gabe ein Wachstum über das genetisch vorbestimmte Maß hinaus. Bei Erwachsenen, bei denen ein Wachstum der langen Knochen nicht mehr möglich ist, führen überhöhte Dosen an hGH über längere Zeit zu einem Anbau von Knochensubstanz an den Körperendigungen. Dabei kommt es unter anderem zu sichtbaren Veränderungen der Gesichtsknochen, der Finger und Füße.

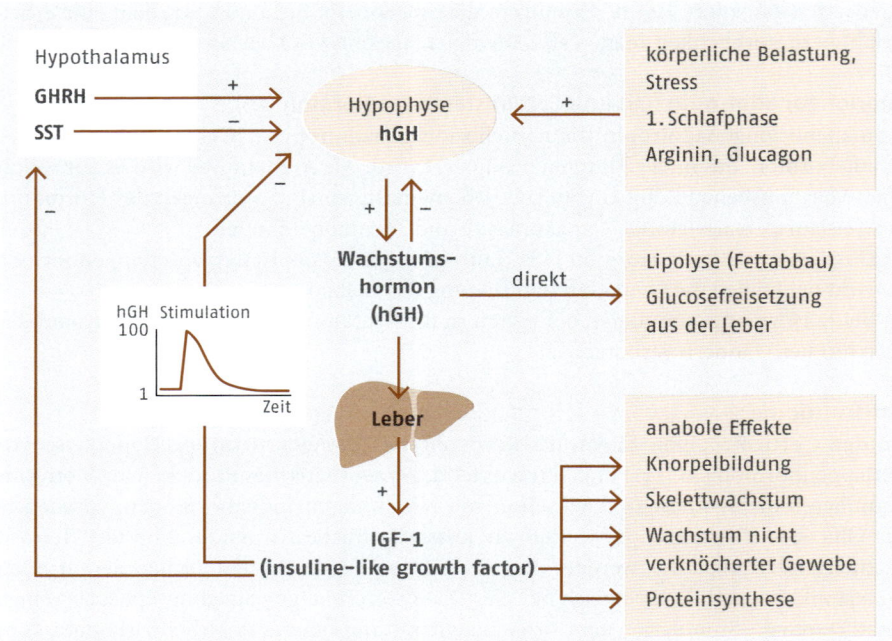

○ **Abb. 3.3** Physiologie des Wachstumshormons (hGH). **SST** Somatostatin, **GHRH** Growth hormon releasing hormon (Somatoliberin), **IFG-1** Insulin-like growth factor 1. Nach W. Schänzer: Doping im Sport, www.dopinginfo.de

Hohe Dosen an Wachstumshormonen führen schon nach wenigen Behandlungstagen zu starken Flüssigkeitsansammlungen in peripheren Geweben bis hin zur Bewegungsunfähigkeit und zur Erhöhung des Blutdrucks. Bereits nach kurzer Applikationsdauer treten Überempfindlichkeit der Haut und Fehlempfindungen auf. Wachstumshormone erhöhen außerdem den Blut-Glucosespiegel. Infolgedessen steigt die Insulinausschüttung an, was bei langfristiger Überdosierung zu einer Glucoseintoleranz und Diabetes mellitus Typ II führen kann. Außerdem beeinflusst hGH den Fettstoffwechsel. Höhere Dosen steigern den Fettumbau, was sowohl zur Veränderung der Blutfettwerte als auch zu Fettablagerungen in der Leber führen kann. Wachstumshormone haben zudem eine tumorstimulierende Wirkung. Eine weitere Gefahr liegt darin, dass auf dem Schwarzmarkt häufig Präparate zweifelhafter Herkunft gehandelt werden, die mit erheblichen Qualitätsmängeln behaftet sein können [9].

Der Missbrauch von Wachstumshormonen im Sport gilt vor allem deswegen als besonders gefährlich, weil seine unerwünschten Folgen im Gegensatz zu denen des Anabolikamissbrauchs erst allmählich eintreten und diese kaum reversibel sind. Auch kann der weitere Verlauf einer solchen Schädigung nicht mehr aufgehalten werden.

Fibroblasten-Wachstumsfaktoren (FGFs)
Die Fibroblasten-Wachstumsfaktoren (FGF, Fibroblast Growth Factor) sind Signalproteine mit einer wichtigen Funktion bei der Regulierung des Zellwachstums und der Differenzierung von Zellen. Störungen der FGF-Funktionen führen zu schweren Entwick-

lungsstörungen in der Embryonalzeit. Im Organismus von Erwachsenen steuern FGF geweberepartive Prozesse. Zudem sind sie aktiv eingebunden in die Wundheilung, die Neubildung von Gefäßen und in die Regeneration von Nerven und Knorpelgewebe.

Insulinähnlicher Wachstumsfaktor (z. B. IGF-1)

Der insulinartige Wachstumsfaktor (Somatomedin, Insulin-like growth factor 1 [IGF-1]), ein dem Insulin nahe verwandtes Polypeptidhormon, hat sowohl wachstumsfördernde als auch insulinähnliche Wirkungen. Er wird therapeutisch angewendet in der Behandlung von zwergwüchsigen Kindern, die auf Wachstumshormon nicht ansprechen, sowie beim insulinresistenten Diabetes mellitus Typ A. Ist die medizinische Indikation nicht gegeben oder wird eine überhöhte Dosis gewählt, so kommt es zu schwerwiegenden Schäden, wie z. B. zu einer Unterzuckerung.

Mechanisch induzierte Wachstumsfaktoren (MGFs)

MGFs sind lokal gebildete Faktoren, die das Wachstum glatter Muskelzellen steuern. Skelettmuskeln setzen insbesondere unter Belastung IGF-1 frei, und zwar in Form von mindestens zwei isoformen Proteinen. Eine Isoform ist ausschließlich nach mechanischer Stimulation (in Experimenten auch nach elektrischer Stimulation) nachweisbar und wurde daher MGF (Mechano Growth Factor) genannt. Sie steigert die lokale Proteinsynthese stark, behindert eine drohende Apoptose (eine Form des programmierten Zelltods) und ist offenbar die treibende Kraft für lokale Gewebereparaturen, den Strukturerhalt und Umbauvorgänge. MGF ist das Bindeglied zwischen einem mechanischen Stimulus und der Aktivierung der Genexpression, die letzten Endes zur Muskelanpassung führt. Die Wirkungen von MGF konzentrieren sich auf die Proliferation (Vermehrung) von Muskelzellvorstufen. Außerdem erhält MGF Satellitenzellen bzw. aktiviert sie. Sie stellen eine Art Stammzellendepot dar, aus dem sich neue Muskelzellen aufbauen lassen. Nachdem Missbrauchstendenzen bekannt geworden sind, wurden die MGFs im Jahr 2005 prophylaktisch in die Dopingliste aufgenommen [10].

Blutplättchen-Wachstumsfaktor (PDGF)

Der Name Platelet-derived growth factor (PDGF) umfasst eine Familie von vier Wachstumsfaktoren (PDGF-A, PDGF-B, PDGF-C und PDGF-D). Sie werden bei Verletzungen von den Blutplättchen freigesetzt und stimulieren die Heilung des Gewebes. Sie spielen auch eine Rolle in dem biologischen Prozess, der zur Bildung des Embryos führt (Embryogenese), besonders bei der Entwicklung der Nieren, Blutgefäßen, Lungen und des Zentralnervensystems, bei der Zellproliferation, Zellmigration, Wundheilung und Angiogenese.

Vaskulär-endothelialer Wachstumsfaktor (VEGF)

Vascular Endothelial Growth Factor (VEGF) ist ein wichtiges Signalmolekül, das sowohl für die Ausbildung des embryonalen Blutkreislaufs als auch in der Angiogenese eine Rolle spielt. Der Faktor stimuliert hauptsächlich das Gefäßendothel, hat aber auch Effekte auf andere Zellen (z. B. Stimulation der Migration von Monozyten und Makrophagen).

3.1.4 Beta-2-Agonisten

Alle selektiven und nicht-selektiven Beta-2-Agonisten (Gruppe S3 der Verbotsliste 2017) einschließlich aller optischen Isomere sind verboten. Als Beispiele werden in der Verbotsliste 2017 die folgenden Substanzen genannt: Fenoterol, Formoterol, Higenamin, Indacaterol, Olodaterol, Procaterol, Reproterol, Salbutamol, Salmeterol, Terbutalin und Vilanterol. Sie wirken stimulierend und bei systemischer Gabe auch anabol. Beta-2-Agonisten sind Mittel der Wahl in der Therapie obstruktiver Lungenerkrankungen sowie des allergischen und des Anstrengungsasthmas. Nachdem Untersuchungen gezeigt haben, dass die Inhalation bestimmter Beta-2-Agonisten keinen relevanten leistungssteigernden Effekt auf lungengesunde Athleten hat, wurden die Verbote für diese Substanzgruppe im Laufe der letzten Jahre nach und nach gelockert.

Von dem Verbot ausgenommen (Stand: 2017) sind drei Wirkstoffe, aber nur zur Inhalation (d. h. als Dosieraerosole, Pulver zur Inhalation, Diskus, Inhalationslösung, Fertiginhalat, Easyhaler® u. Ä.):

- Salbutamol (höchstens 1600 Mikrogramm über 24 Stunden nicht mehr als 800 Mikrogramm alle 12 Stunden),
- Formoterol (abgegebene Dosis höchstens 54 Mikrogramm über 24 Stunden) und
- Salmeterol (höchstens 200 Mikrogramm über 24 Stunden).

Ein Salbutamol-Wert im Urin von mehr als 1000 Nanogramm/ml oder ein Formoterol-Wert im Urin von mehr als 40 Nanogramm/ml wird nicht als beabsichtigte therapeutische Anwendung der Substanz angesehen und gilt als ein von der Norm abweichendes Analyseergebnis (▶ Kap. 9.1.1), es sei denn, der Athlet weist anhand einer kontrollierten pharmakokinetischen Studie nach, dass dieses abnorme Ergebnis die Folge der Anwendung einer therapeutischen inhalierten Dosis bis zu dem oben genannten Höchstwert war.

Da die Inhalation von Glucocorticoiden (Cortison) seit 2011 ebenfalls erlaubt ist, gilt dies auch für sämtliche Kombinationssprays aus erlaubten Beta-2-Agonisten und Cortison.

Alle anderen hier nicht als Ausnahmen genannten Beta-2-Agonisten auch als Inhalation jederzeit verboten.

Sollen sie zur Behandlung eingesetzt werden, so muss ein entsprechender Antrag auf Medizinische Ausnahmegenehmigung (TUE, ▶ Kap. 6.3) gestellt und die Erkrankung durch eine Lungenfunktionsuntersuchung mit und ohne Medikation nachgewiesen werden.

Nebenwirkungen der Beta-2-Agonisten zeigen sich insbesondere bei mangelnder Rezeptorselektivität oder Überdosierung an den Beta-1-Rezeptoren des Herzens, was in einer Erhöhung der Herzfrequenz, Herzrhythmusstörungen oder Angina pectoris resultiert.

3.1.5 Hormon- und Stoffwechsel-Modulatoren

Nach der Gruppe S4 der Verbotsliste sind die im Kasten aufgeführten Substanzen verboten.

> **Verbotene Hormon- und Stoffwechsel-Modulatoren (Verbotsliste 2017)**
> 1. Aromatasehemmer, dazu gehören unter anderem 4-Androsten-3,6,17-trion (6-oxo); Aminoglutethimid; Anastrozol; Androsta-1,4,6-trien-3,17-dion (Androstatriendion); Androsta-3,5-dien-7,17-dion (Arimistan); Exemestan; Formestan; Letrozol; Testolacton.
> 2. Selektive Estrogen-Rezeptor-Modulatoren (SERMs); dazu gehören unter anderem Raloxifen, Tamoxifen, Toremifen.
> 3. Andere antiestrogene Substanzen; dazu gehören unter anderem Clomifen, Cyclofenil und Fulvestrant.

> 4. Substanzen, welche die Myostatinfunktion(en) verändern; dazu gehören unter anderem Myostatinhemmer.
> 5. Stoffwechsel-Modulatoren:
> 5.1 Aktivatoren der AMP-aktivierten Proteinkinase (AMPK), zum Beispiel AICAR; und Peroxisom-Proliferator-aktivierter-Rezeptor-Delta-Agonisten (PPARδ), zum Beispiel GW1516,
> 5.2 Insuline und Insulin-Mimetika,
> 5.3 Meldonium,
> 5.4 Trimetazidin.

Aromatasehemmer
Das Enzym Aromatase (CYP19A1) spielt eine Rolle bei der Biosynthese von Steroidhormonen, besonders bei der Synthese von weiblichen aus männlichen Sexualhormonen, d. h. von Estradiol aus Testosteron bzw. aus Androstendion. Aromatasehemmer können die Bildung von Estrogenen im Muskel- und Fettgewebe blockieren. Bei Frauen werden sie therapeutisch zur Behandlung von hormonempfindlichem Brustkrebs eingesetzt, um eine Rückbildung des Tumors zu bewirken. Es gibt drei Gruppen von Aromatasehemmern:

- Aminoglutethimid,
- nichtsteroidale Aromatasehemmer (Anastrozol, Letrozol und Vorozol),
- steroidale Aromatasehemmer (Exemestan und Formestan).

Für Männer gibt es keine medizinische Indikation. Männliche Doper wollen damit die Nebenwirkungen von Anabolika vermindern. Die künstliche Testosteronzufuhr führt bei ihnen zu einer verstärkten Umsetzung in Estrogene und damit zu einem unnatürlichen Brustwachstum (Gynäkomastie). Außerdem soll bei Männern über die Hemmung der Bildung von Estrogenen gleichzeitig die Testosteronkonzentration im Blut ansteigen. Die Nebenwirkungen sind sehr umfangreich. Näheres hierzu ist den Packungsbeilagen der entsprechenden zugelassenen Arzneimittel zu entnehmen.

Selektive Estrogen-Rezeptor-Modulatoren (SERMs)
Im Körper gibt es verschiedene Typen von Estrogen-Rezeptoren auf verschiedenen Organen. Allgemein wird zwischen Alpha- und Beta-Rezeptoren unterschieden. Alpha-Rezeptoren finden sich auf Zellen des Brust-, Gebärmutter-, Hypophysen- und Hypothalamusgewebes, Beta-Rezeptoren auf den Knochen, Gefäßen, Nervenzellen im Hippocampus und im Zentralnervensystem.

Die selektiven Estrogen-Rezeptor-Modulatoren (SERMs) bilden eine strukturell vielfältige Gruppe von Verbindungen, die mit hoher Affinität sowohl an Alpha- als auch an Beta-Estrogen-Rezeptoren binden, sich auf selektive Weise im Gewebe entweder als Estrogen-Agonist oder als Estrogen-Antagonist verhalten und verschiedene gewebespezifische Reaktionen hervorrufen können.

An den Alpha-Rezeptoren auf der Gebärmutterschleimhaut oder an der Brust wirken SERMs wie Antiestrogene. Sie werden daher zur Nachbehandlung bei Brust- oder Gebärmutterkrebs eingesetzt, um ein Rezidiv zu verhindern. Ihre antiresorptive Wirkung beim Knochenabbau beruht auf einer unmittelbaren Beeinflussung der Estrogen-Rezeptoren an den knochenabbauenden Zellen (Osteoklasten). Diese werden in ihrer Aktivität deutlich vermindert. Als Folge davon wird die krankhaft erhöhte Knochenabbaurate verringert oder normalisiert.

In der Verbotsliste sind die als Arzneimittel zugelassenen Antiestrogene Tamoxifen, Raloxifen und Toremifen beispielhaft aufgeführt. Tamoxifen wird bei Brustkrebs sowohl als primäre Behandlung als auch als langfristige adjuvante Therapie eingesetzt.

Raloxifen ist ein nichtsteroidales Molekül, das zur Benzothiophen-Klasse gehört. Es ist der erste Vertreter dieser therapeutischen Klasse, der zur Behandlung und zur Prävention der Osteoporose bei postmenopausalen Frauen zugelassen wurde. Wegen des besonderen Wirkungsmechanismus darf Raloxifen nicht bei jüngeren Frauen angewendet werden. Aufgrund der estrogenähnlichen Molekülstruktur würde der Wirkstoff mit den in den Eierstöcken gebildeten Estrogenen an den Estrogen-Rezeptoren in Konkurrenz treten, wonach beide sich in ihrer Wirkung gegenseitig abschwächen oder behindern würden. Die Einnahme von Raloxifen ist außerdem mit einem erhöhten Risiko für venöse thromboembolische Ereignisse verbunden.

Die Indikation des nichtsteroidalen Triphenylethylen-Derivats Toremifen ist die First-Line-Behandlung des hormonabhängigen metastasierenden Mammakarzinoms bei postmenopausalen Patientinnen (nicht bei Estrogen-Rezeptor-negativen Tumoren). Die Substanz löst zudem eine mäßige Reduktion des Gesamtcholesterins und der Lipoproteine niedriger Dichte (LDL) aus. Auch hier besteht ein Risiko für venöse thromboembolische Ereignisse.

Als Dopingmittel werden die SERMs wie die Aromatasehemmer zur Unterdrückung der Vergrößerung der Brustdrüsen durch Anabolikamissbrauch eingesetzt. Außerdem soll damit am Ende einer längeren Anwendung anaboler Steroide die aufgrund des körpereigenen Rückkopplungsmechanismus reduzierte körpereigene Testosteronproduktion wieder angekurbelt werden. Eine extreme Variante des Missbrauchs von anabolen Stoffen ist die Kombination von Anabolika mit Aromatasehemmern und SERMs/SARMs, womit der Muskelaufbau maximiert und gleichzeitig die estrogenen verweiblichenden Nebenwirkungen unterdrückt werden sollen. Zusätzlich werden dann noch EPO oder Analoga genommen, um die Muskelmasse besser mit Sauerstoff versorgen zu können [7].

Andere antiestrogene Substanzen

In dieser Gruppe sind Clomifen, Cyclofenil und Fulvestrant beispielhaft angeführt.

Das Triphenylethylen-Derivat Clomifen wird therapeutisch zur Auslösung des Eisprungs bei Frauen mit Sterilität infolge ausbleibender Ovulation eingesetzt. Cyclofenil ist ein Estrogen Agonist/Antagonist und wirkt ähnlich wie Clomifen und Tamoxifen. Fulvestrant ist für die Behandlung postmenopausaler Frauen mit Estrogen-Rezeptor-positivem, lokal fortgeschrittenem oder metastasiertem Mammakarzinom zugelassen, bei einem Rezidiv während oder nach adjuvanter Antiestrogentherapie oder bei einer Progression unter der Behandlung mit einem Antiestrogen. Es bindet kompetitiv an den Estrogen-Rezeptor und blockiert vollständig die trophischen Wirkungen der Estrogene, ohne selbst eine partiell agonistische (estrogenartige) Aktivität zu besitzen. Der Wirkungsmechanismus ist mit einer Downregulation des Estrogen-Rezeptorproteins (ER) verknüpft.

Die Substanzen werden ebenfalls im Zusammenhang mit „Anabolika-Kuren" eingesetzt, sei es, um die durch die exogene Hormonzufuhr verminderte Eigenproduktion von Testosteron am Ende einer Kur schneller zu erhöhen oder auch um das unerwünschte Brustwachstum zu unterdrücken.

Myostatinfunktion verändernde Substanzen

Der Wachstums- und Entwicklungsfaktor Myostatin (MSTN) wird hauptsächlich von Skelettmuskelzellen gebildet und im Blut transportiert. Das Hormon wirkt als Negativregulator der Skelettmuskelwachstums und steuert sowohl, wie viele Muskelfasern gebildet werden, als auch die Größe bestehender Muskelfasern. Funktionsschädigungen des Proteins, wie z. B. durch Mutationen im MSTN-Gen, führen zu einem erheblichen Muskelzuwachs durch Bildung neuer Muskelfasern (Hyperplasie) und einer Vergrößerung der bestehenden Muskelfasern (Hypertrophie). Es gibt verschiedene Möglichkeiten, den Signaltransduktionsweg von Myostatin pharmakologisch zu manipulieren.

So kann die Genexpression von Myostatin neutralisiert werden. Ein weiterer Ansatz, um die spezifische Wirkung von Myostatin im Organismus zu unterdrücken, ist die Blockierung der Synthese von Myostatin, etwa durch Hemmstoffe von Metalloproteasen (HIMPs), die für die Herstellung des funktionellen Myostatinproteins von Bedeutung sind. Solche Hemmstoffe verstärken die Hypertrophie von Muskelfasern. Außerdem besteht die Möglichkeit, die Wirkung von Myostatin durch die Blockierung des Myostatinrezeptors (Activin-Typ-II-Rezeptor) einzuschränken und zu hemmen. Dies kann entweder durch die Expression des Propeptids Follistatin oder durch die Verwendung spezifischer blockierender Antikörper erreicht werden. An Versuchstieren konnte bereits gezeigt werden, dass dieses Prinzip funktioniert, und zwar sowohl bei vorliegenden Muskeldystrophien als auch bei gesunden Tieren.

Es liegt nahe, dass Myostatin-Inhibitoren neben der therapeutischen Anwendung ebenso als „Lifestyledrogen" in „Verjüngungstherapien" oder für Manipulationen des Verhältnisses von Muskel- zu Fettgewebe missbraucht werden könnten. Obwohl entsprechende Zubereitungen heute nicht allgemein erhältlich sind, wird ihr Nutzen bereits in der Bodybuildingszene propagiert. Einige Firmen werben für Nahrungsergänzungsmittel, die angeblich in der Lage sein sollen, als Myostatin-Inhibitoren zu wirken. Ein Beispiel für ein solches Produkt ist CSP-3, ein sulphatisierter Polysaccharidextrakt der Alge Cystoseira carnariensis, der an das Myostatinprotein binden und es somit inaktivieren soll. Wissenschaftliche Belege für diesen Wirkmechanismus und die Wirksamkeit liegen allerdings nicht vor [11].

Stoffwechsel-Modulatoren
AMPK-Aktivatoren und PPARδ-Agonisten

In diese Gruppe gehören Aktivatoren der AMP-aktivierten Proteinkinase (AMPK, z. B. Aminoimidazol-Carboxamid-Ribonukleotid, AICAR). Die AMPK ist ein Masterregulator im Metabolismus (Eiweiß-, Fett- und Kohlenhydratstoffwechsel). Der Peroxisom-Proliferator-aktivierter-Rezeptor-Delta (PPARδ) gehört zur PPAR-Familie, die verschiedenste Prozesse im Fettstoffwechsel vermittelt. Ein Beispiel für PPARδ-Agonisten ist GW1516. Beide Substanzgruppen wurden ursprünglich zur Bekämpfung von Fettleibigkeit und Stoffwechselkrankheiten wie Diabetes mellitus entwickelt. AICAR war im Zusammenhang mit der Tour de France 2014 als potenzielles „Nachfolgemittel" zu EPO verstärkt in die Diskussion geraten.

In wissenschaftlichen Experimenten hat sich gezeigt, dass genmodifizierte Mäuse mit einer veränderten Muskelzusammensetzung doppelt so weit laufen können wie ihre unveränderten Artgenossen (Marathonmäuse). Erreicht wurde dieser Effekt durch die Aktivierung des Gens PPARδ. Die Forscher untersuchten dann, ob auch normale Mäusen eine höhere Ausdauerkraft haben, wenn man medikamentös in die von PPARδ kontrollierten Stoffwechselkreisläufe eingreift. In den Tests mussten die Mäuse über vier Wochen an fünf Tagen eine bestimmte Zeit lang im Laufrad trainieren. Ein Teil der Mäuse erhielt die Prüfsubstanz GW1516. Nach dem Training konnten diese Mäuse im Vergleich zu vorher 68 %

länger und 70 % weiter laufen. Die Substanz GW1516 erhöhte also den Trainingseffekt. Doch auch bei untrainierten Mäusen konnte die Ausdauerleistung um 44 % gesteigert werden, und zwar durch die Gabe von AICAR. Die Muskelzellen der Mäuse begannen, Fett zu verbrennen, ohne dass die Tiere sich stärker bewegten, quasi als Simulation des Trainings, und es wurden vermehrt sogenannte Typ-I-Muskelfasern (Ausdauermuskulatur) ausgebildet [12]. Aus der Sicht potenzieller Doper ist dies eine ideale Kombination.

Im Februar 2013 warnte die Welt Anti-Doping Agentur eindringlich vor der Einnahme der auf dem Schwarzmarkt erhältlichen Substanz GW1516. Während einer Forschungsphase seien in vorklinischen Studien schwerwiegende Vergiftungserscheinungen aufgetreten, sodass die Substanz nicht zur Zulassung kommen würde.

Insuline und Insulin-Mimetika

Insulin induziert eine Stimulation anaboler Stoffwechselwege wie die Glykogen-, Lipid- und die Proteinsynthese. Es wird besonders in der Krafttrainingsszene missbräuchlich eingesetzt, und zwar häufig zusammen mit anabolen Steroiden und Wachstumshormonen. Während letztere den Muskelaufbau fördern, verhindert Insulin deren Abbau. Angeblich lassen sich Energiereserven der Muskeln mit einem speziellen Insulin-Glucogen-Cocktail vor dem Wettkampf gezielt erhöhen.

Ob Insulin tatsächlich leistungssteigernd wirkt, ist umstritten. Im Übrigen kann Insulindoping lebensgefährlich sein, denn bei falscher Dosierung sinkt der Blutzuckerspiegel dramatisch ab und führt zu einer Unterversorgung des Gehirns mit Energie und Sauerstoff bis hin zu Hirnschäden oder gar zum Tod. Insulinpflichtige Diabetiker im Hochleistungssport müssen sich ihre Erkrankung von einem Endokrinologen oder von ihrem Mannschaftsarzt bestätigen lassen (▸ Kap. 6.2).

Meldonium

Das Herzmittel Meldonium steht erst seit 01.01.2016 auf der Verbotsliste. Meldonium, ein Inhibitor der Carnitin-Synthese, soll antiischämische und kardioprotektive Effekte haben. Das Wirkkonzept der Substanz beruht darauf, den Metabolismus des Herzmuskels im Fall einer Sauerstoffunterversorgung, z. B. infolge eines Herzkranzgefäßverschlusses, vom aeroben auf den anaeroben Stoffwechsel umzustellen, um die Herzmuskelzellen trotzdem noch mit der notwendigen Energie zu versorgen. Doper wollen mit Meldonium ihre Belastbarkeit erhöhen und die Regeneration verbessern.

Einer der Hauptanbieter von Meldonium als Arzneimittel ist das lettische Pharmaunternehmen Grindeks (Warenzeichen: Mildronate®). Darüber hinaus gibt es rund zehn Pharmahersteller, vor allem in Russland und der Ukraine, die Meldonium-Generika vermarkten. Zu den Markennamen in Russland gehören Cardionate, Idrinol, Medatern, Melfor, Midolat, Mildronate und Mildroxyn. Vermutlich ist Meldonium aber auch in anderen Ländern leicht zu bekommen, vor allem über Importe via den Internethandel. Meldonium ist in Deutschland nicht als Arzneimittel zugelassen.

Im Jahr 2015 war Meldonium zunächst in das Monitoring-Programm der Welt Anti-Doping Agentur (WADA, ▸ Kap. 12.1.3) aufgenommen worden, nachdem es Berichte über die Verwendung während der Olympischen Spiele 2012 in London gegeben hatte. Einen wesentlichen Beitrag zu der Entscheidung für die Aufnahme in die Verbotsliste hat eine Untersuchung bei den Europaspielen in der aserbaidschanischen Hauptstadt Baku im Juni 2015 geliefert [13]. In 15 der 21 Sportarten während der Spiele wurde der Gebrauch des Herzmittels in den Dopingtests nachgewiesen. 66 analysierte Urinproben waren positiv, unter anderem von 13 Medaillengewinnern. Nach den Analysenergebnissen wagten die Forscher keine Prognose, wie weitverbreitet der Gebrauch von Meldonium tatsächlich ist oder bisher war.

In der ersten Jahreshälfte 2016 wurden zahlreiche Dopingfällen mit Meldonium bekannt. Viele Sportler gaben an, das Mittel genommen zu haben, bevor das Verbot in Kraft war. Tatsächlich scheint Meldonium noch lange nachweisbar zu sein. Die WADA hat daraufhin ihre Regularien gelockert, damit Sportler, die das Mittel bereits vor Inkrafttreten des Verbots genommen hatte, nicht zu Unrecht des Dopings bezichtigt werden.

Trimetazidin
Trimetazidin (Vastarel®) ist ein antiischämischer Wirkstoff zur Behandlung einer stabilen Angina pectoris. Es soll den Energiestoffwechsel bei einer Ischämie (Sauerstoffunterversorgung) aufrechterhalten.

3.1.6 Diuretika und Maskierungsmittel
Diuretika und Maskierungsmittel (Gruppe S5 der Verbotsliste 2017) werden eingesetzt:

- um die Ausscheidung verbotener Wirkstoffe zu behindern,
- um verbotene Wirkstoffe im Urin oder anderen Proben, die in der Dopingkontrolle benutzt werden, zu verdecken,
- um hämatologische Parameter zu verändern.

Diese sind u. a. die in im Kasten aufgeführten Substanzen und Substanzgruppen.

> **Verbotene Diuretika und Maskierungsmittel (Verbotsliste 2017)**
> - Desmopressin, Probenecid, Plasmaexpander, wie z. B. Glycerol und intravenös verabreichtes Albumin, Dextran, Hydroxyethylstärke und Mannitol.
> - Acetazolamid, Amilorid, Bumetanid, Canrenon, Chlortalidon, Etacrynsäure, Furosemid, Indapamid, Metolazon, Spironolacton, Thiazide, z. B. Bendroflumethiazid, Chlorothiazid und Hydrochlorothiazid, Triamteren und Vaptane, wie z. B. Tolvaptan. Verboten sind auch andere Substanzen mit ähnlicher chemischer Struktur oder ähnlichen biologischen Wirkungen.
>
> Hiervon ausgenommen sind:
> - Drospirenon, Pamabrom und ophthalmisch angewandte Carboanhydrasehemmer (z. B. Dorzolamid und Brinzolamid).
> - Die lokale Verabreichung von Felypressin in der Dentalanästhesie.

Desmopressin, Probenecid und Plasmaexpander
Desmopressin, ein synthetisch hergestelltes Strukturanalogon, zu dem körpereigenen Peptidhormon Vasopressin ist, soll die Wasserausscheidung hemmen.

Mit dem Urikosurikum Probenecid soll die Ausscheidung verbotener Substanzen durch die Nieren unterdrückt werden.

Plasmaexpander, z. B. Humanalbumin, Dextrane, Hydroxyethylstärke (HES) und Mannitol werden im Sport missbräuchlich verwendet, um etwa nach Gabe von EPO einen erhöhten Hämatokritwert abzusenken (▶ Kap. 3.1.3). Außerdem können sie die Fließeigenschaften des Blutes verbessern, wobei möglicherweise die Wärmeabgabe des Körpers begünstigt wird.

Nach der Infusion von HES können folgende Nebenwirkungen auftreten: Hautreaktionen in Form eines starken, kaum behandelbaren Juckreizes, Tachykardie, Blutdruckabfall, Schwindel, Übelkeit, Erbrechen, Schock, Bronchospasmen, Atem- und Kreislaufstillstand.

Diuretika
Die Einnahme von Diuretika sorgt, verbunden mit einer erhöhten Flüssigkeitsaufnahme, für einen geringer konzentrierten Urin, wodurch der analytische Nachweis verbotener Substanzen erschwert wird. Außerdem werden sie in Sportarten, in denen die Sportler in Gewichtsklassen starten, zur kurzfristigen Gewichtsreduktion eingesetzt.

Entwässerungsmittel werden zudem im Bodybuilding missbraucht, um eine bessere Darstellung der Muskeln zu erzielen. Nebenwirkungen von Diuretika sind u. a. gastrointestinale und Stoffwechselstörungen, Elektrolytstörungen und lebensbedrohliche Austrocknung (Dehydratation).

Der Nachweis zu jeder Zeit bzw. während eines Wettkampfs jeglicher Menge einer der folgenden Substanzen, die Grenzwerten unterliegen: Formoterol, Salbutamol, Cathin, Ephedrin, Methylephedrin und Pseudoephedrin, in Verbindung mit einem Diuretikum oder Maskierungsmittel, gilt als positive Dopingprobe, es sei denn, der Athlet besitzt eine bestätigte Medizinische Ausnahmegenehmigung (▶ Kap. 6.3) für diese Substanz neben der Medizinischen Ausnahmegenehmigung für das Diuretikum oder Maskierungsmittel.

3.1.7 Stimulanzien

Stimulanzien, die nur im Wettkampf verboten sind (Gruppe S6 der Verbotsliste 2017), sind eine relativ inhomogene Gruppe von chemischen Verbindungen, zu denen sowohl künstlich produzierte als auch natürliche Stoffe gehören. Ihnen ist gemeinsam, dass sie im Organismus eine erhöhte psychische Leistungsbereitschaft und physische Leistungsfähigkeit bewirken [7].

Stimulanzien erweitern die Bronchien (bessere Atmung und damit verbesserte Sauerstoffaufnahme) und erhöhen die Herzkraft und -frequenz (durch einen verbesserten Sauerstofftransport), wodurch der Körper eine höhere Leistung vollbringen kann. Außerdem wird in der Muskulatur Glykogen verstärkt zu Glucose abgebaut und in den Fettzellen werden Fette zu Fettsäuren gespalten. Die Glucose und die Fettsäuren liefern die nötige Energie zur Aufrechterhaltung der körperlichen Arbeit. Im Sport können sie zur Verbesserung der Reaktionsfähigkeit und Schnellkraft missbraucht werden, sowie zur Anhebung der Ermüdungs- und Erschöpfungsgrenze.

Die klassischen Dopingmittel in dieser großen Gruppe sind die strukturell mit den körpereigenen Katecholaminen, wie Adrenalin, Noradrenalin und Dopamin, verwandten Phenylethylamin-Abkömmlinge. Die natürlichen Neurotransmitter (z. B. Dopamin) und die Hormone (z. B. Adrenalin) haben im Organismus wichtige Aufgaben. Während Adrenalin stressbedingte Prozesse fördert, die der Flucht, dem Kampf und der Angst bzw. erhöhter Aufmerksamkeit dienen, wird Dopamin allgemein als Glückshormon bezeichnet. Auch einige im Pflanzenreich vorkommende Phenylethylamin-Alkaloide (z. B. Ephedrin, Cocain) haben eine stimulierende Wirkung. Zu den schwach wirksamen Substanzen gehören die nicht verbotenen Stoffe Coffein (Kaffee, schwarzer Tee) und Theobromin (Kakao, Mate-Strauch, Kolanuss) sowie das verbotene Cathin (Kathstrauch). Zu den stark wirksamen Substanzen gehören Cocain (Coca-Strauch), Ephedrin (Ephedra-Kraut), Ecstasy (künstlich), Amfetamin (künstlich), Fenetyllin (Captagon®), Sibutramin (künstlich), Strychnin (Brechnuss) und Adrenalin [7].

Relativ bekannt und verbreitet ist Methylphenidat (u. a. Ritalin®) zur Behandlung der Aufmerksamkeitsdefizit-/Hyperaktivitätsstörung (ADHS). Daneben verdient das amfetaminartige Stimulanz Modafinil (Vigil®) spezielle Erwähnung. Medizinisch ist Modafinil zur Behandlung der Narkolepsie (Schlafkrankheit) zugelassen. In Deutschland gilt die normale Rezeptpflicht. Der bekannteste Dopingfall mit Modafinil im Sport betrifft die amerikanische Leichtathletin und Sprint-Weltmeisterin Kelli White, deren Fall im Rahmen der Balco-Affäre aufgedeckt wurde [7].

Die in der Verbotsliste beispielhaft angeführten Stimulanzien sind im Kasten wiedergegeben (Verbotsliste 2017). Die Verbote gelten für alle optischen Isomere.

Verbotene Stimulanzien (Verbotsliste 2017)

a: Nichtspezifische Stimulanzien
Adrafinil, Amfepramon, Amfetamin, Amfetaminil, Amiphenazol, Benfluorex, Benzylpiperazin, Bromantan, Clobenzorex, Cocain, Cropropamid, Crotetamid, Fencamin, Fenetyllin, Fenfluramin, Fenproporex, Fonturacetam [4-Phenylpirazetam (Carphedon)], Furfenorex, Lisdexamfetamin, Mefenorex, Mephentermin, Mesocarb, Methamfetamin (D-), p-Methylamfetamin, Modafinil, Norfenfluramin, Phendimetrazin, Phentermin, Prenylamin und Prolintan.
Ein Stimulans, das in diesem Abschnitt nicht ausdrücklich genannt ist, gilt als spezifische Substanz.

b: Spezifische Stimulanzien
Hierzu gehören unter anderem:
4-Methylhexan-2-amin (Methylhexanamin), Benzphetamin; Cathin[1]; Cathinon und seine Analoga, zum Beispiel Mephedron, Methedron und alpha-Pyrrolidinovalerophenon; Dimethylamfetamin; Ephedrin[2]; Epinephrin[3] (Adrenalin); Etamivan; Etilamfetamin; Etilefrin; Famprofazon; Fenbutrazat; Fencamfamin; Heptaminol; Hydroxyamfetamin (Parahydroxyamfetamin); Isomethepten; Levmetamfetamin; Meclofenoxat, Methylendioxymethamfetamin, Methylephedrin[2], Methylphenidat; Nikethamid; Norfenefrin; Octopamin; Oxilofrin (Methylsynephrin); Pemolin; Pentetrazol; Phenethylamin und seine Derivate; Phenmetrazin; Phenpromethamin; Propylhexedrin; Pseudoephedrin[4]; Selegilin; Sibutramin; Strychnin; Tenamfetamin (Methylendioxyamfetamin); Tuaminoheptan und andere Substanzen mit ähnlicher chemischer Struktur oder ähnlicher/n biologischer/n Wirkung(en).
Hiervon ausgenommen sind:
- Clonidin.
- Imidazolderivate für die äußere Anwendung oder an den Augen (topisch oder ophthalmisch) sowie die in das Überwachungsprogramm für 2017 (▶Kap. 12.1.3) aufgenommenen Stimulanzien:
  Bupropion, Coffein, Nicotin, Phenylephrin, Phenylpropanolamin, Pipradol und Synephrin. Diese gelten nicht als verbotene Substanzen.

[1] Cathin: verboten, wenn seine Konzentration im Urin 5 Mikrogramm/ml übersteigt.
[2] Ephedrin und Methylephedrin: verboten, wenn ihre Konzentration im Urin jeweils 10 Mikrogramm/ml übersteigt.
[3] Epinephrin (Adrenalin): nicht verboten bei lokaler Anwendung (zum Beispiel nasal oder ophthalmologisch) oder bei der Verabreichung in Verbindung mit einem Lokalanästhetikum.
[4] Pseudoephedrin: verboten, wenn seine Konzentration im Urin 150 Mikrogramm/ml übersteigt.

Zur Unterscheidung zwischen spezifischen und nichtspezifischen Substanzen siehe
▶ Kap. 3.1.13. In der Kategorie der Stimulanzien lauern auch einige Dopingfallen
(▶ Kap. 8.2.6).

Die Nebenwirkungen der Stimulanzien kommen vor allem dadurch zustande, dass die Sportler missbräuchlich erheblich größere Mengen einnehmen, als therapeutisch vorgesehen ist. Im Einzelnen handelt es sich um Psychosen, Halluzinationen, schwere psychische Abhängigkeit, Verengung der Blutgefäße und Blutdruckanstieg bis hin zum Wärmestau sowie Herzrhythmusstörungen bis hin zum Herzinfarkt. Da unter sportlicher Leistung die Ermüdungsschwelle angehoben wird, ist bei intensivem Training eine völlige körperliche Erschöpfung zu befürchten.

Coffein hilft gegen Ermüdungserscheinungen und verbessert die geistige Aufnahme- und Denkfähigkeit. Im Sport soll es die Ausdauerleistung im mittleren Belastungsbereich (z. B. bei Langstreckenläufern) steigern, indem es den Fettmetabolismus unter Schonung der Glykogenreserven anregt. Von 1962 bis 1971 und von 1984 bis 2003 stand Coffein ebenfalls auf der Dopingliste. Seit 2004 ist es dort nicht mehr benannt, wurde aber in das Monitoring-Programm einbezogen (▶ Kap. 12.1.3). Sportler, die an Wettkämpfen teilnehmen, sollten wissen, dass Coffein in der Nahrung in folgenden Mengen enthalten ist (mg/dl): schwarzer Tee (15–25), Kaffee (40–90), coffeinfreier Kaffee (ca. 3), starker Espresso (bis 120), Colagetränke (7–25), Energiedrinks, z. B. Red Bull® (32), Schokolade (20–30).

3.1.8 Narkotika

Die zentral wirksamen Narkoanalgetika (Gruppe S7 der Verbotsliste 2017, siehe Kasten) werden vor allem in Kampfsportarten eingesetzt, bei denen es leicht zu Schmerzen kommen kann. In geringen Dosen heben sie die Motivation. Zusammen mit den Stimulanzien sollen sie einen Leistungsrausch auslösen und dabei gleichzeitig Schmerzsignale unterdrücken.

> **Verbotene Narkotika (Verbotsliste 2017)**
>
> Buprenorphin, Dextromoramid, Diamorphin (Heroin), Fentanyl und seine Derivate, Hydromorphon, Methadon, Morphin, Nicomorphin, Oxycodon, Oxymorphon, Pentazocin und Pethidin.

Wirkstoffe, die dieser Gruppe angehören, wie Buprenorphin oder Methadon, unterliegen in Deutschland den Vorschriften des Betäubungsmittelgesetzes, was ihren Missbrauch erheblich erschwert. Da hier der Zusatz „und andere Wirkstoffe mit ähnlicher chemischer Struktur oder ähnlicher biologischer Wirkung" fehlt, sind nur diejenigen Stoffe verboten, die dort explizit genannt sind. Das bedeutet, dass einige Opiate, darunter die klassischen Antitussiva Codein, Dextromethorphan, Dextropropoxyphen, Dihydrocodein, Hydrocodon (Dihydrocodeinon), Diphenoxylat, Ethylmorphin, Pholcodin, Propoxyphen und Tramadol, in den jeweiligen zugelassenen Indikationen und Dosierungen erlaubt sind.

Durch Narkotika verursachte Nebenwirkungen sind Übelkeit, Erbrechen, Obstipation, Kopfschmerzen und Benommenheit. Überdosierung kann zu einer lebensgefährlichen Atemlähmung führen. Psychisch können sich Depressionen und Wahnvorstellungen einstellen.

3.1.9 Cannabinoide

Cannabinoide (Gruppe S8 der Verbotsliste 2017, z. B. Haschisch und Marihuana) sind nur im Wettkampf verboten. Hierzu zählen:

- Natürliche Cannabinoide, z. B. Cannabis, Haschisch und Marihuana oder synthetisches Delta-9-Tetrahydrocannabinol (THC),
- Cannabimimetika, z. B. „Spice", JWH-018, JWH-073, HU-210.

Cannabinoide wirken entspannend, stimmungsaufhellend und berauschend. Überdosierungen können Panik, Verwirrtheit und Psychosen auslösen. Achtung: Tetrahydrocannabinol lagert sich aufgrund seiner Lipophilie lange im Gewebe ein und wird über mehrere Tage bis Wochen über den Urin ausgeschieden.

Cannabis (Marihuana, Pflanzen und Pflanzenteile der zur Gattung Cannabis gehörenden Pflanzen), Cannabisharz (Haschisch, das abgesonderte Harz der zur Gattung Cannabis gehörenden Pflanzen) sowie Tetrahydrocannabinole, bestimmte Isomere und ihre stereochemischen Varianten) zählen in Deutschland zu den nicht verkehrsfähigen Betäubungsmitteln (Anlage I zu § 1 Abs. 1 BtMG). Für Cannabis gibt es Ausnahmen für landwirtschaftliche oder bestimmte medizinische Zwecke (gemäß Anlagen II und III BtMG). Dies bedeutet, dass der unerlaubte Umgang mit Cannabis und sein Besitz, sofern er nicht unter die Ausnahmen fällt, auch strafrechtlich verfolgt werden können.

Die medizinischen Zwecke, zu denen Cannabis und Cannabis-Zubereitungen eingesetzt werden dürfen, sind eng begrenzt.

Verschreibungsfähig (auf BtM-Rezept) sind Cannabis (Marihuana, Pflanzen und Pflanzenteile der zur Gattung Cannabis gehörenden Pflanzen), Dronabinol und Nabilon bisher nur in Zubereitungen, die als Fertigarzneimittel zugelassen sind (Anlage III zu § 1 Abs. 1, BtMG). Derzeit betrifft dies die Fertigarzneimittel Dronabinol, Nabilon (beide als Wirkstoff) und Sativex®. Sativex®, das als einziges von den Kassen erstattet wird, wurde im Jahr 2015 knapp 22 000-mal verordnet [14].

Außerdem kann das Bundesinstitut für Arzneimittel und Medizinprodukte (BfArM) nach dem Betäubungsmittelgesetz (§ 3 Abs. 2 BtMG) ausnahmsweise eine Erlaubnis für die in Anlage I zu § 1 BtMG bezeichneten nicht verkehrsfähigen Betäubungsmittel (hier: Cannabis) erteilen. Dies ist aber nur zu wissenschaftlichen oder anderen im öffentlichen Interesse liegenden Zwecken möglich. Dazu gehört auch eine notwendige medizinische Versorgung.

Interessierte Patienten müssen hierzu einen individuellen Antrag auf Erteilung einer Ausnahmeerlaubnis zum Erwerb von Cannabis zur Anwendung im Rahmen einer medizinisch betreuten und begleiteten Selbsttherapie stellen. Ob eine solche Behandlung erforderlich ist, richtet sich nach dem konkreten Krankheitsbild im Einzelfall sowie danach, ob es vergleichbar geeignete und verfügbare zugelassene Therapiealternativen gibt. Ein ärztlicher Bericht soll Auskunft über die für die Entscheidung maßgeblichen Tatsachen geben [15].

In Deutschland haben derzeit (Stand: Juni 2016) rund 780 Patienten eine solche Ausnahmeerlaubnis für den Erwerb und die Verwendung von medizinischen Cannabisblüten oder medizinischen Cannabisextrakten (weitaus überwiegend für Cannabisblüten). Die meisten setzen Cannabis zur Schmerzbehandlung ein. An zweiter Stelle folgt die Diagnose ADHS, aber es sind auch neurologische und psychiatrische Probleme oder Depressionen, Darmerkrankungen sowie Inappetenz und Kachexie darunter. Die Zahl der Anträge ist in den letzten Jahren stetig gestiegen. Gingen 2011 noch 60 Anträge beim BfArM ein, waren es 2013 schon 173 und 2015 schon 434 Anträge [14].

Nach einer Gesetzesinitiative von Januar 2016 soll der Verkauf von Medizinalhanf in der Apotheke in Zukunft einfacher werden [16].

Das geplante Gesetz soll schwerwiegend erkrankten Patienten ermöglichen, neben den zugelassenen Fertigarzneimitteln auf Cannabisbasis auch getrocknete Cannabisblüten und Cannabisextrakte in standardisierter Qualität auf ärztliche Verschreibung (BtM-Rezept) in Apotheken zu erhalten. Voraussetzung ist, dass sie keine Therapiealternative haben und eine entsprechende ärztliche Indikationsstellung vorliegt. Die o. g. Ausnahmeerlaubnis durch das BfArM wird dann nicht mehr notwendig sein. Die Entscheidung über die Verordnung liegt beim Arzt nach strikter Indikation. Da die gesetzlichen Kassen in diesen Fällen in Zukunft auch für die Behandlung zahlen sollen, wird dadurch mit einer Erhöhung des Bedarfs an verschreibungsfähigen Cannabisarzneimitteln gerechnet.

Für die Versorgung mit Cannabisarzneimitteln in standardisierter Qualität soll der Anbau von Cannabis zu medizinischen Zwecken in Deutschland unter Beachtung der völkerrechtlich bindenden Vorgaben des Einheits-Übereinkommens von 1961 über Suchtstoffe ermöglicht werden. Die Aufgaben nach diesen internationalen Vorgaben sollen dem BfArM übertragen werden (staatliche „Cannabisagentur"). Alle Anbauer, die eine Genehmigung der Stelle zum Anbau besitzen, müssten ihre gesamte Ernte dann dort abliefern. Bis der staatlich kontrollierte Anbau in Deutschland, der eine Cannabisagentur voraussetzt, erfolgen kann, soll die Versorgung mit Medizinalcannabis (in Form getrockneter Blüten) über den Import gedeckt werden. Mit dieser Maßnahme soll auch dem Eigenanbau von Cannabis zur Selbsttherapie entgegengewirkt werden.

3.1.10 Glucocorticoide

Glucocorticoide (Gruppe S9 der Verbotsliste 2017) werden zu Dopingzwecken wegen ihrer entzündungshemmenden und die Schmerzgrenze beeinflussenden Wirkung eingesetzt. Sie lassen sich vergleichsweise einfach beschaffen, weil sie auch therapeutisch breit angewendet werden. Ähnlich wie die Regelungen zu den Beta-2-Agonisten (▶ Kap. 3.1.4) wurde auch der Umgang mit den unterschiedlichen Applikationsarten von Cortison gegenüber früher vereinfacht. Derzeit (Verbotsliste 2017) ist nur noch die systemische Anwendung von Corticosteroiden (oral, intravenös, intramuskulär oder rektal) nach den Doping-Bestimmungen verboten, und auch nur im Wettkampf. Für diese Arten der Anwendung ist eine Medizinische Ausnahmegenehmigung (TUE, ▶ Kap. 6.3) erforderlich.

Typische Nebenwirkungen als Folge der direkten Hormonwirkung sind das sogenannte Cushing-Syndrom mit Vollmondgesicht, Stiernacken, Gesichtsrötung und brüchigen Hautgefäßen, Blutdruckanstieg, Blutzuckererhöhung, Erhöhung der Blutfettwerte, gesteigerte Infektanfälligkeit, Gewichtszunahme und Wassereinlagerung im Gewebe. Außerdem wird der Regelkreis der Hormone beeinflusst. Durch die Zuführung des Glucocorticoids von außen wird die eigene Hormonproduktion zurückgefahren, was sogar zum Schwund der Nebennierenrinde führen kann. Da es einige Zeit dauert, bis die eigene Produktion wieder in Gang kommt, darf die Therapie nicht abrupt abgebrochen werden.

3.1.11 Alkohol

Das Verbot von Alkohol (Ethanol) im Sport lässt sich mit dem erheblichen Sicherheitsrisiko begründen, das mit dem Genuss verbunden sein kann. Alkohol setzt die Koordination herab, verlängert die Reaktionszeit und beeinträchtigt die Wahrnehmung. Die missbräuchliche Anwendung ist nur in den bestimmten Sportarten sinnvoll und daher verboten (Gruppe P1 der Verbotsliste 2017), und zwar auch in diesen nur im Wettkampf. Diese sind:

- Bogenschießen (WA),
- Luftsport (FAI),
- Motorbootsport (UIM),
- Motorsport (FIA).

Die Feststellung erfolgt durch Atem- oder Blutanalyse. Der Grenzwert für einen Dopingverstoß liegt bei einer Blutalkoholkonzentration von 0,10 g/l.

3.1.12 Betablocker

Betablocker (Gruppe P2 der Verbotsliste 2017) können in einigen Sportarten, bei denen Konzentration und innere Ruhe gefragt sind, positive Wirkungen haben (siehe Kasten). Das Verbot gilt ebenfalls nur für den Wettkampf, bei einigen Sportarten auch außerhalb des Wettkampfs.

> **Verbotsregelungen für Betablocker (Verbotsliste 2017)**
> - Billard (alle Disziplinen, WCBS),
> - Bogenschießen (WA)[1],
> - Darts (WDF),
> - Golf (IGF),
> - Motorsport (FIA),
> - Schießen (ISSF, IPC)[1],
> - Skifahren/Snowboarding (FIS) im Skispringen, Freistil aerials/halfpipe und Snowboard halfpipe/big air,
> - Unterwassersport (CMAS) wie Free Immersion Apnoea, Jump Blue Apnoea, Speerfischen, Streckentauchen mit und ohne Flossen, Tieftauchen mit konstantem Gewicht mit und ohne Flossen, Tieftauchen mit variablem Gewicht, Zeittauchen und Zielschießen.
>
> [1] Auch außerhalb von Wettkämpfen verboten.

Die in der Verbotsliste 2017 angeführten Beispiele für verbotene Betablocker sind im Kasten wiedergegeben.

> **Verbotene Betablocker (Verbotsliste 2017)**
> Acebutolol, Alprenolol, Atenolol, Betaxolol, Bisoprolol, Bunolol, Carteolol, Carvedilol, Celiprolol, Esmolol, Labetalol, Levobunolol, Metipranolol, Metoprolol, Nadolol, Oxprenolol, Pindolol, Propranolol, Sotalol und Timolol.

3.1.13 Spezifische Substanzen

Spezifische Substanzen (specified substances) sind solche Substanzen, bei denen es besonders leicht zu unbeabsichtigten Verstößen gegen Anti-Doping-Bestimmungen kommen kann, weil sie in Pharmazeutika allgemein vorkommen, oder bei denen die Wahrscheinlichkeit höher ist, dass ein Athlet sie für andere Zwecke als zur Leistungssteigerung verwendet. Ein Dopingvergehen im Zusammenhang mit diesen Substanzen kann bei Sanktionen zu einem verminderten Strafmaß führen, vorausgesetzt, der Athlet kann nachweisen, dass die Anwendung einer spezifischen Substanz nicht der Steigerung der sportlichen

Leistung diente (▸ Kap. 9.3.1). Im Einklang mit Art. 4.2.2 des Welt Anti-Doping Codes (▸ Kap. 8.1.3) gelten alle verbotenen Substanzen auf der Verbotsliste als spezifische Substanzen, mit den folgenden Ausnahmen

Substanzen

- S1. anabole Substanzen,
- S2. Peptidhormone, Wachstumsfaktoren, verwandte Substanzen und Mimetika,
- S4.4 Substanzen, welche die Myostatinfunktion(en) verändern,
- S4.5 Stoffwechsel-Modulatoren,
- S6.a nichtspezifische Stimulanzien.

Methoden

- M1. Manipulation von Blut und Blutbestandteilen,
- M2. chemische und physikalische Manipulationen,
- M3. Gendoping.

3.2 Verbotene Methoden

Die in und außerhalb eines Wettkampfs verbotenen Methoden sind in Gruppe M1 der Verbotsliste 2017 aufgeführt (siehe Kasten).

Verbotene Methoden (Verbotsliste 2017)

M1. Manipulation von Blut und Blutbestandteilen
Folgende Methoden sind verboten:
1. Die Verabreichung oder Wiederzufuhr jeglicher Menge von autologem, allogenem (homologem) oder heterologem Blut oder Produkten aus roten Blutkörperchen jeglicher Herkunft in das Kreislaufsystem.
2. Die künstliche Erhöhung der Aufnahme, des Transports oder der Abgabe von Sauerstoff. Hierzu gehören unter anderem:
   Perfluorchemikalien, Efaproxiral (RSR 13) und veränderte Hämoglobinprodukte, zum Beispiel Blutersatzstoffe auf Hämoglobinbasis und mikroverkapselte Hämoglobinprodukte, ausgenommen ergänzender Sauerstoff zur Inhalation.
3. Jegliche Form der intravaskulären Manipulation von Blut oder Blutbestandteilen mit physikalischen oder chemischen Mitteln.

M2. Chemische und physikalische Manipulation
Folgende Methoden sind verboten:
1. Die tatsächliche oder versuchte unzulässige Einflussnahme, um die Integrität und Validität der Proben, die während der Dopingkontrollen genommen werden, zu verändern. Dazu gehören unter anderem:
   Der Austausch und/oder die Verfälschung von Urin, zum Beispiel mit Proteasen.
2. Intravenöse Infusionen und/oder Injektionen von mehr als 50 ml innerhalb eines Zeitraums von sechs Stunden, es sei denn, sie werden rechtmäßig im Zuge von Krankenhauseinweisungen, chirurgischen Eingriffen oder klinischen Untersuchungen verabreicht.

> **M3. Gendoping**
> Die folgenden Methoden zur möglichen Steigerung der sportlichen Leistung sind verboten:
> 1. die Übertragung von Nukleinsäure-Polymeren oder Nukleinsäure-Analoga;
> 2. die Anwendung normaler oder genetisch veränderter Zellen.

3.2.1 Manipulation von Blut und Blutbestandteilen

Die Ausdauerleistungsfähigkeit des Menschen hängt wesentlich davon ab, wie viel Sauerstoff er aufnehmen kann. Eine wichtige Rolle spielen hierbei das maximale Herzzeitvolumen und die Sauerstofftransportkapazität des Blutes. Derzeit werden im Leistungssport verschiedene Methoden angewandt, um die Ausdauerleistungsfähigkeit zu verbessern. Zulässig sind Maßnahmen wie Höhentraining oder auch Training in der Höhenkammer. Nicht erlaubt sind dagegen die im Folgenden beschriebenen Methoden.

Blutdoping

Nach der WADA-Verbotsliste umfasst das Blutdoping den Gebrauch von eigenem, homologem oder heterologem Blut oder von Produkten aus roten Blutkörperchen jeglicher Herkunft.

Blutdoping kann die Durchführung einer autologen (Eigenbluttransfusion), homologen (Fremdbluttransfusion) oder heterologen Transfusion (der Spender ist ein Lebewesen einer anderen Gattung) von Blut, roten Blutzellen oder anderen Blutzellprodukten bedeuten.

Die Zufuhr von Blut oder Erythrozyten führt zu einem Anstieg der Hämoglobin(Hb)-Konzentration bzw. des Gesamtvolumens der Erythrozyten und damit zu einer gesteigerten Sauerstofftransportkapazität.

Die maximale Sauerstofftransportkapazität (VO_2 max) ist bei Ausdauersportlern eine wichtige sportmedizinische Messgröße zur Bestimmung der Leistungsfähigkeit. Sie gibt die maximale Menge an Sauerstoff an, die der Organismus unter Belastung „verstoffwechseln" kann. Je höher der Wert ist, umso leistungsfähiger ist der Athlet. Zur Bestimmung der maximalen Sauerstofftransportkapazität wird in der Regel ein Belastungsstufentest durchgeführt. Dabei wird der Sportler auf einem Ergometer (Rad-, Ruder- oder Laufbandergometer) stufenförmig an seine Belastungsgrenze herangeführt wird. Er atmet dabei über eine Atemmaske ein, sodass die Sauerstoffaufnahme pro Zeiteinheit genau gemessen werden kann. Die absolute VO_2 max gibt an, wie viel Liter Sauerstoff pro Minute der Körper maximal umsetzen kann. Dividiert man diesen Wert durch das Körpergewicht (KG) des Sportlers, so ergibt sich ein individuell aussagefähiger Wert für VO_2 max, gemessen in ml/min/kg KG.

Unter normalen Bedingungen wird der Sauerstofftransport durch die Menge des Hämoglobins begrenzt, das an die roten Blutzellen (Erythrozyten) gebunden ist. Die VO_2 max ist aber auch noch von anderen Faktoren abhängig, die nicht direkt mit dem Sauerstofftransport verbunden sind, wie etwa dem Herzminutenvolumen, d. h. der Blutmenge, die pro Minute vom Herzen gepumpt werden kann, oder der Aktivität von Enzymen des Energiestoffwechsels. Insgesamt tragen alle Substanzen und Methoden des Blutdopings zur Steigerung der Sauerstofftransportkapazität bei, indem sie die Aufnahme, den Transports oder die Freisetzung von Sauerstoff im Blut direkt oder indirekt erhöhen [7].

Durch Bluttransfusionen steigt außerdem die Größe des Blutvolumens und damit die Wasserreserve an. Dies ist ein weiterer „Wettbewerbsvorteil". Da Sportler bei Belastung stark schwitzen und viel Flüssigkeit verlieren, sind sie dadurch ohne Flüssigkeitsaufnahme länger leistungsfähig. Außerdem kann die Körpertemperatur bei Belastung durch die erhöhte Wasserreserve im Blut besser reguliert werden (verbesserte Thermoregulation) [7].

Beim Eigenblutdoping lässt sich der Sportler einige Wochen vor dem Wettkampf bis zu einem Liter Blut abnehmen, nachdem die Zahl der in seinem Blut enthaltenen Erythrozyten zuvor durch Absolvieren eines Höhentrainings oder Anwendung von EPO erhöht wurde. Die roten Blutkörperchen werden von den restlichen Blutbestandteilen abgetrennt und diese dem Spender umgehend wieder in den Blutkreislauf zurückgeführt. Die Blutkonserve mit den konzentrierten Erythrozyten wird mit einem Gerinnungshemmer/Stabilisator versetzt und gekühlt gelagert. Kurz vor dem Wettkampf wird sie dann dem Sportler per Transfusion zugeführt. Da sein Blut in der Zwischenzeit wieder normale Werte erreicht hat, wird damit die Gesamtzahl der Erythrozyten im Blut des Athleten beträchtlich erhöht.

Die Technik des Blutdopings, die seit den 1970er Jahren des vorigen Jahrhunderts bekannt ist, wird in erster Linie in Ausdauersportarten wie z. B. Biathlon, Triathlon, Langlauf, Eisschnelllauf, Schwimmen, und Radsport durchgeführt. In den 90er Jahren des vorigen Jahrhunderts löste der EPO-Missbrauch das aufwändigere Blutdoping als dominierende Dopingmethode ab, aber durch die Einführung eines EPO-Nachweisverfahrens im Jahr 2000 erlebte es ein Comeback [7]. Eigenblutdoping ist bisher nicht nachweisbar.

Der erste Sportler, dem Fremdblutdoping nachgewiesen werden konnte, war der Radprofi Tyler Hamilton, der am 11.09.2004 bei der Spanien-Rundfahrt überführt wurde. Im Rahmen von Ermittlungen im Umfeld des spanischen Arztes Fuentes beschlagnahmten die Behörden umfangreiche Bestände an Blutkonserven, woraufhin diverse Spitzenfahrer von der Tour de France 2006 ausgeschlossen wurden (Dopingskandal Fuentes).

Ein Indikator für Blutdoping ist der Hämatokritwert, der den Anteil aller festen Blutbestandteile, also der roten und weißen Blutkörperchen (Erythrozyten und Leukozyten) sowie der Blutplättchen (Thrombozyten) am Gesamtblut beschreibt. Zu 99 % handelt es sich dabei um rote Blutkörperchen. Der Hämatokritwert wird in Prozent angegeben und ist ein Maß für die Fließfähigkeit des Blutes. Sinkt der Flüssigkeitsanteil des Blutes, so steigt der Hämatokrit. Das Blut wird zähflüssiger und fließt langsamer, infolgedessen das Herz muss mehr Kraft aufbringen, um das Blut durch den Kreislauf zu pumpen.

Der durchschnittliche Hämatokrit liegt bei Männern um 45 % (37–52 %) bei Frauen um 40 % (35 und 48 %). Die normale Schwankungsbreite ist also relativ groß. Abgesehen davon stellt der Hämatokrit keine Konstante dar, sondern wird von vielen Faktoren beeinflusst, wie etwa dem Anstieg und Abfall des Plasmavolumens.

Ausdauersportler haben in der Regel eher niedrigere Hämatokritwerte. Wird der Wert aber z. B. durch Blut- oder EPO-Doping erhöht, so erleben sie eine deutliche Leistungssteigerung. Physiologisch korreliert eine erhöhte aerobe Leistungsfähigkeit nach Training im Flachland mit einem niedrigeren und nach Aufenthalt im Hochland und nach Blut- und EPO-Doping mit einem höheren Hämatokrit [17].

Es gibt aber auch Sportler, die genetisch bedingt eine erhöhte Erythrozytenanzahl haben und aus diesem „natürlichen Doping" ohne Zweifel einen Leistungsvorteil gegenüber anderen Athleten ziehen können. Ob Blutdoping oder eine genetisch bedingte Ursache vorliegt, ist nicht einfach zu entscheiden. Hierfür sind aufwendige Untersuchungen naher Verwandter (Eltern, Großeltern oder Geschwister) usw. notwendig [7]. Gelingt der Nachweis, so dürfen die betreffenden Athleten mit einer Ausnahmegenehmigung trotzdem am Wettkampfsport teilnehmen (▶ Kap. 8.2.6).

Als Nebenwirkung des Blutdopings kommt es zu einer erhöhten Belastung von Herz und Kreislauf, Bluthochdruck und lebensgefährlichen Thrombosen bzw. Embolien. Bei Fremdblutdoping muss mit zusätzlichen Risiken in Form von Unverträglichkeiten und Allergien sowie mit der Übertragung von Krankheitserregern (z. B. HIV oder Hepatitis) gerechnet werden.

Die Aufnahme, den Transport oder die Abgabe von Sauerstoff erhöhende Produkte

Zu dieser Gruppe zählen laut Verbotsliste 2017 Perfluorchemikalien, Efaproxiral (RSR13) und veränderte Hämoglobinprodukte, z. B. Blutersatzstoffe auf Hämoglobinbasis und Mikrokapseln mit Hämoglobinprodukten. Perfluorkohlenwasserstoffe (Perfluordecalin, Perfluortripropylamin oder Perfluoroctylbromid) binden mit hoher Affinität Sauerstoff und können deshalb die Funktion der roten Blutkörperchen übernehmen. Sie mischen sich allerdings nicht mit Wasser und werden deshalb als Emulsion mit Phospholipiden eingesetzt. Nach ihrer Gabe werden große Mengen Sauerstoff in der Lunge gebunden und an das Gewebe abgegeben. Es kommt zu einem vorübergehenden Fieber und wegen der Reduktion der Thrombozyten zu Blutungsgefahr. Weitere Nebenwirkungen sind Störungen der Leber-, Nieren- und Lungenfunktion oder die Ablagerung der Stoffe in anderen Organen.

RSR13 ist ein Modulator der Sauerstoffaffinität des Hämoglobins. Es führt zu einer erleichterten Abgabe des Hämoglobin-gebundenen Sauerstoffs an das Gewebe. Dadurch wird die Sauerstoffversorgung der Zellen verbessert. Therapeutisch soll die Substanz bei Patienten mit einer verminderten Sauerstoffsättigung des Blutes (Hypoxie), z. B. bei bestimmten Anämieformen, bei kardiopulmonalen Erkrankungen des Herzens oder der Lungen, bei verschiedenen Krebsarten und im Rahmen einer Chemotherapie zur Krebsbehandlung eingesetzt werden.

Bei quervernetzten bzw. polymerisierten Hämoglobinen wird der eigentliche Sauerstoffträger Hämoglobin unabhängig von den Erythrozyten ins Blut injiziert. Damit wird die Gesamtkapazität des Blutes, Sauerstoff zu binden, erhöht. Die zu erwartende Leistungssteigerung ist ähnlich der bei der Anwendung von EPO (▶ Kap. 3.1.3).

Außerdem verboten ist jegliche Form der intravaskulären Manipulation von Blut oder Blutbestandteilen mit physikalischen oder chemischen Mitteln.

Höhentraining

Eine zulässige Maßnahme, mit der ein ähnlicher Effekt wie durch Blutdoping erzielt wird, ist das Höhentraining. In höheren Lagen nimmt der Luftdruck ab und die Luft wird zunehmend sauerstoffärmer (Hypoxie). Beim Training in der Höhe (häufig im Bereich zwischen 1 900 m und 2 500 m) passt sich der Körper an die Mangelsituation an, indem er verstärkt rote Blutkörperchen bildet. Dadurch werden die Sauerstoffaufnahme- und Sauerstofftransportkapazität erhöht. Der Effekt tritt allerdings erst nach längerer Zeit (einer bis mehreren Wochen) ein.

Eine weitere nicht verbotene Maßnahme sind Höhenkammern und -zelte. Mit diesen wird unabhängig vom Aufenthaltsort eine künstliche Höhenumgebung hergestellt. Beides, sowohl das Höhentraining als auch Kammern und Zelte, gelten nicht als Doping, weil der angestrebte Blutbildungseffekt auf natürliche Anpassungsprozesse zurückzuführen ist. Manche Athleten benutzen den Aufenthalt in Höhentrainingslagern aber auch als Erklärung oder Vorwand für die Durchführung und/oder Verschleierung von Blutdoping. Bei auffälligen Blutwerten wird dann behauptet, man sei im Höhentrainingslager gewesen [7].

3.2.2 Chemische und physikalische Manipulation

Unter chemischer und physikalischer Manipulation (Gruppe M2 der Verbotsliste 2017) ist der Gebrauch oder der versuchte Gebrauch von Substanzen und Techniken zu verstehen, um die Unversehrtheit und Gültigkeit von Urinproben bei Dopingkontrollen zu beeinträchtigen. Beispiele sind die Katheterisierung, der Austausch und/oder die Verfälschung des Urins.

Intravenöse Infusionen und/oder Injektionen von mehr als 50 ml innerhalb eines Zeitraums von sechs Stunden sind verboten, es sei denn, sie werden rechtmäßig im Zuge von Krankenhauseinweisungen, chirurgischen Eingriffen oder klinischen Untersuchungen verabreicht.

Mit diesem Verbot soll eine beabsichtigte Blutverdünnung ausgeschlossen werden. Ein weiteres Beispiel für eine verbotene Manipulation von Dopingproben ist die Zugabe von eiweißspaltenden Enzymen (Proteasen), z. B. in Form von Waschmittelkugeln zum Urin. Diese können unter anderem verbotene Substanzen der Kategorie S2 (u. a. EPO oder Wachstumshormon) zersetzen.

Maskierende Substanzen, wie etwa Diuretika (▸ Kap. 3.1.6) oder auch Substanzen zur Unterdrückung der Ausscheidung verbotener Substanzen über die Nieren werden in der Verbotsliste 2017 unter S5 als eigene Kategorie geführt.

3.2.3 Gendoping

Der Begriff „Gendoping" (Gruppe M3 in der Verbotsliste 2017) beschreibt die missbräuchliche Beeinflussung der körpereigenen Genaktivität mit der Absicht, die sportliche Leistungsfähigkeit zu erhöhen. Die Modifikation der Genaktivität ist ein wichtiges Gebiet der modernen Pharmaforschung. Sie umfasst zum einen die eigentliche Gentherapie und zum anderen die hochkomplexen physiologischen Vorgänge rund um die Regulation der Genexpression. Hieraus ergibt sich eine Vielzahl von Ansatzpunkten für pharmakologische und molekularbiologische Eingriffe, die theoretisch in gleicher Weise zu Dopingzwecken genutzt werden können.

Bei der Gentherapie, die vor etwa 40 Jahren entstanden ist, werden Gene bzw. genetische Elemente von außen in Zellen eingebracht (Gentransfer), um genetische Störungen zu beheben. Hierzu werden meist speziell abgewandelte Viren als Vektoren (Genfähren) verwendet, die das therapeutische Genelement tragen (siehe Glossar zum Gendoping im Kasten). Sie bringen die DNA sehr effizient in den Zellkern ein. Methodisch wird zwischen In-vivo- und Ex-vivo-Anwendungen unterschieden. In vivo bedeutet, dass das genetische Material direkt in den Körper injiziert wird. Bei der Ex-vivo-Anwendung werden dem Körper Zellen entnommen, außerhalb des Körpers genetisch verändert und danach wieder in den Organismus eingebracht. Die In-vivo-Form der Gentherapie ist zwar technisch deutlich einfacher umzusetzen, aber die Nebenwirkungen können bedingt durch eine starke Immunreaktion gegen Teile des viralen Vektors deutlich intensiver ausfallen und im schlimmsten Fall zum Tod durch Multiorganversagen führen.

Gentherapie ist noch keine etablierte medizinische Praxis. Sie befindet sich weitgehend im Versuchsstadium. Die bisher am Menschen getesteten Gentherapien richten sich vor allem auf Krebserkrankungen, monogene Erbkrankheiten (Defekte in einem Gen), Infektionskrankheiten (HIV) und Herz-Kreislauf-Erkrankungen, wobei hauptsächlich Ansätze der Genaddition und der Geninaktivierung eingesetzt werden. Verfahren der Genkorrektur, des Genersatzes und der Genaktivierung haben bislang lediglich im Tierversuch zum Erfolg geführt. Als Zielzellen für die Gentherapie kommen derzeit nur ausdifferenzierte (somatische) Zellen in Betracht (somatische Gentherapie). Bislang wurde in der EU erst ein Gentherapeutikum als Arzneimittel zugelassen: Glybera® (Wirkstoff: Alipogen Tiparvovec) zur Behandlung einer schweren Pankreatitis aufgrund eines Lipoproteinlipasedefekts (LDLD).

> **Kleines Glossar zum Gendoping**
> **Gen:** funktioneller Abschnitt der DNA, der eine vererbbare Struktur oder Funktion codiert, d. h. die Produktionsanweisung für ein bestimmtes Protein oder Enzym enthält.
> **Genom:** Gesamtheit aller Gene eines Organismus. Das menschliche Genom gilt seit 2003 offiziell als vollständig entschlüsselt.
> **Genexpression:** alle Prozesse, die zur Bildung eines DNA-kodiereten Genprodukts führen. Bei proteinkodierenden Genen: Bildung der RNA als Kopie der DNA (Transkription), anschließende Modifikationen der RNA (post-transkriptionale Regulation) und Bildung des Proteins an den Ribosomen (Translation). Bei nicht-proteinkodierenden Genen: Translation entfällt, da die RNA bereits das fertige Genprodukt darstellt.
> **Gentechnologie/Gentechnik:** Teilgebiet der Biotechnologie, die Methoden nutzt, mittels derer Erbgut (DNA/RNA) isoliert, analysiert, vervielfältigt und neu zusammengesetzt (rekombiniert) werden kann. Anwendung beispielsweise in der pharmazeutischen Industrie zur Herstellung von Medikamenten (z. B. Insulin).
> **Gentherapie:** Behandlung von Erkrankten, um die Folgen eines genetischen Defekts zu vermindern oder zu beheben durch Einbringen von genetischem Material in den Organismus. Zuführen eines sogenannten Transgens, das die Funktion des defekten Gens mithilfe von Vektoren übernimmt.
> **Gentransfer:** Einbringen von genetischem Material in die Zielzelle, durch verschiedene Techniken (viraler oder nicht-viraler Gentransfer).
> **Vektor (Genfähre):** biologisches Hilfsmittel in der Gentherapie, um ein Genelement in eine Zelle zu transportieren (Unterteilung in virale und nicht-virale Vektoren).
> Quelle: www.gentechnologie-im-sport.de/ueber-gendoping/fragen-antworten/

Beim Gendoping werden dem Körper nicht – wie beim Doping sonst üblich – die leistungssteigernden Substanzen verabreicht, sondern genetisches Material, das für das „Doping-Molekül" kodiert. Auf diese Weise kann der Körper seine Dopingsubstanz, wie etwa EPO, selbst herstellen. Welche Körperzellen sich besonders gut für einen Gentransfer beim Gendoping eignen, hängt davon ab, welcher Aspekt körperlicher Leistungsfähigkeit gesteigert werden soll.

Im März 2008 legte das Büro für Technikfolgen-Abschätzung beim Deutschen Bundestag (TAB) das Ergebnis einer Untersuchung des Themas Gendoping vor [18]. Hiernach liegen die wahrscheinlichsten Ansatzpunkte eines möglichen Gendopings in drei physiologischen Bereichen und deren molekularer Regulation:

- Sauerstoffversorgung,
- Skelettmuskulatur,
- Energiebereitstellung.

◻ Tab. 3.1 fasst wichtige Beispiele pharmazeutischer, aber auch gendoping-relevanter Forschungsansätze und Entwicklungsvorhaben zusammen, die im Rahmen des TAB-Projekts identifiziert wurden. Die meisten befinden sich noch in Stadien der Präklinik.

Tab. 3.1 Ansatzpunkte für Gendoping-Strategien in verschiedenen physiologischen Bereichen. Nach Gerlinger et al. 2008 [18]

Angriffspunkt	Molekulares Ziel	Potenzielle Leistungssteigerung	Methode
Modulation der Sauerstoffversorgung			
Erhöhung der Erythrozytenkonzentration	Erythropoetin (EPO)	Steigerung der Sauerstoff-Transportfunktion	Steigerung der EPO-Produktion im Muskel durch Genaddition (Repoxygen), Stabilisierung des Transkriptionsfaktors HIF mittels kleiner Moleküle, dadurch Überexpression von EPO
Blutgefäßversorgung des Gewebes (Angiogenese)	Wachstumsfaktor VEGF (Vascular Endothelial Growth Factor)	Erhöhung der Sauerstoffaustauschkapazität im Gewebe	Induktion der Expression von VEGF-2 im Herzmuskel mittels „nackter" DNA
Aufbau und Eigenschaften der Skelettmuskulatur			
Muskelwachstum (Masse)	Myostatin (wachstumsbegrenzender Faktor)	Evident u. a. für kraftbetonte Sportarten (natürliche Mutationen beim Menschen und z. B. bei Rindern bekannt)	Hemmung des Myostatins durch Blockade des Gens, Störung der Synthese durch Metalloproteasen, Blockade des Rezeptors oder Hemmung von Myostatin selbst durch Antikörper
Muskelstoffwechsel und Regeneration	hGH (Wachstumshormon) in Verbindung mit IGF bzw. MGF (muskelspezifische Variante)	Kraft- und Massenzuwachs, Fettabbau (Anti-Aging) Bessere Regeneration	Steigerung der hGH sowie IGF Produktion im Muskel durch Genaddition
	Transkriptionsfaktor Pax7 (beeinflusst Muskelregulationsfaktoren)		Pax7-Blockade bewirkt Defekt in Muskelregeneration
Muskelzusammensetzung: Erhöhung von Fasertyp-I-Anteil (langsam, Fettverbrennung)	Rezeptorprotein PPARδ (bewirkt die Umwandlung von Muskelfasern)	Ausdauerzuwachs u. a. durch bessere Fettverwendung	Überexpression von PPARδ durch Genaddition, Aktivierung von PPAδ Agonisten

□ **Tab. 3.1** Ansatzpunkte für Gendoping-Strategien in verschiedenen physiologischen Bereichen. Nach Gerlinger et al. 2008 [18] (Fortsetzung)

Angriffspunkt	Molekulares Ziel	Potenzielle Leistungssteigerung	Methode
Beeinflussung der Energiebereitstellung			
Erhöhte Aufnahmerate von Fettsäuren im Muskel	Fettsäuretransportproteine (FATP1, CD36)	Ausdauerzuwachs durch bessere Fettverwertung	Überexpression von Fettsäuretransportproteinen mittels „nackter" DNA
Erhöhte Abgaberate von Glucose in der Leber, erhöhte Aufnahmerate im Muskel	Glucosetransportproteine (GLUTs)	Leistungszuwachs durch bessere Glucoseverwertung	Überexpression von GLUTs durch Genaddition
	Insulinrezeptor		Hemmung des Enzyms PTP-1B (Protein-Tyrosinase Phosphatase-1B) mittels siRNA (short infering RNA), dadurch Aktivierung des Insulinrezeptors

Die Autoren des TAB-Berichts nehmen an, dass zunächst hauptsächlich zugelassene therapeutische Verfahren und Arzneimittel oder solche aus klinischen Studien für einen Dopingmissbrauch infrage kommen. Es wird aber auch mit einem völlig unkontrollierten Einsatz unter Umgehung sämtlicher Prüfmechanismen der Arzneimittelzulassungsverfahren gerechnet. Die Konstruktion von Genfähren auf viraler Basis, die Produktion und Verabreichung sogenannter „nackter" DNA oder die Konstruktion von Genvakzinen (Impfstoffen) zur Produktion von Antikörpern (z. B. zum Blockieren von Rezeptoren) gehören heute zu den Routineprozeduren der Molekularbiologie, für viele Teilschritte gibt es Standardverfahren und allgemein erhältliche „Bausätze". Im Hinblick auf den Entwicklungsstand einiger Projekte der biotechnologischen und pharmazeutischen Industrie schließen Experten nicht aus, dass derartige Methoden bereits jetzt zum Doping verwendet werden könnten, soweit die „Abuser" Zugangskanäle zu den Substanzen finden [18].

Neben den Risiken, die grundsätzlich aus jedweder missbräuchlichen Anwendung von Arzneimitteln abzuleiten sind, ergeben sich beim Gendoping weitere spezifische Risiken, zum Beispiel durch das Einschleusen des genetischen Materials (mangelnde Gewebespezifität der Vektoren, dadurch unkontrollierte Ausbreitung des Fremdgens im Organismus, Mutationen und Immunreaktionen), oder durch die Folgen einer übermäßigen Expression leistungsrelevanter Biomoleküle (z. B. Förderung unkontrollierten Zellwachstums). Weitere Gefahren kommen hinzu, wenn die Verfahren in unkontrollierten illegalen Laboratorien ohne Einhaltung der hohen Sicherheitsstandards für die Gentherapie eingesetzt werden.

Die Frage, wie lange Gendoping wirkt, lässt sich derzeit weder wissenschaftlich noch aus der Erfahrung heraus beantworten. In Tierversuchen blieb der gewünschte Effekt mehrere Jahre bestehen. Wenn kranke Menschen durch die Gentherapie für den Rest ihres Lebens geheilt sind, muss das noch lange nicht für das Gendoping bei gesunden Menschen gelten.

Bislang gibt es noch keine belegten Gendoping-Fälle. Dass Befürchtungen, Gendoping könne bereits in einigen Jahren Realität sein, vielleicht nicht ganz unbegründet sind, soll am Beispiel Repoxygen verdeutlicht werden, das bereits mit Dopingfällen in Verbindung gebracht wurde [7]. Repoxygen wurde zur Behandlung der Anämie entwickelt. Sein gentherapeutisches Prinzip, das bislang nur im Tierexperiment getestet wurde, beruht auf der Übertragung des menschlichen EPO-Gens in den Zellkern von Muskelzellen mithilfe eines viralen Vektors. Die Muskelzelle produziert daraufhin vermehrt EPO, das im Knochenmark die Synthese von Erythrozyten (rote Blutkörperchen) stimuliert. Würde die EPO-Produktion nicht kontrolliert, so könnte eine Überproduktion von Erythrozyten die Viskosität des Blutes stark erhöhen und durch Thrombosen einen lebensgefährlichen Zustand auslösen. Deshalb wurde gleichzeitig ein sauerstoffempfindlicher Faktor als sogenanntes Hypoxie-Kontrollelement (HRE) entwickelt, der die Aktivität des EPO-Gens reguliert. Bei Sauerstoffmangel im Blut aktiviert er das EPO-Gen, bei physiologisch normalen Erythrozytenwerten und Sauerstoffgehalten im Blut schaltet er es ab. Die missbräuchliche Anwendung von Repoxygen im Sport wäre als Gendoping anzusehen und daher als Dopingmethode verboten [19].

Ein vom Bundesministerium für Bildung und Forschung (BMBF) im Zeitraum von 2012 bis 2013 gefördertes Diskursprojekt mit dem Titel „Aktionsprogramm Gentechnologie im Leistungssport (AGIL) – Urteilskompetenz für Nachwuchssportler" hat sich speziell dem Problembereich Gendoping gewidmet. Kooperationspartner sind die Abteilung molekulare und zelluläre Sportmedizin am Institut für Kreislaufforschung und Sportmedizin der Deutschen Sporthochschule Köln, das Institut für Sportmedizin, Prävention und Rehabilitation der Johannes-Gutenberg Universität Mainz und die Bundeszentrale für politische Bildung. Mit dem Projekt sollten Nachwuchssportler frühzeitig über die Praktiken und Gefahren des Gendopings aufgeklärt werden. Das Projekt beinhaltete auch die Errichtung eines Internetportals (www.gentechnologie-im-sport.de/startseite) als interdisziplinäre Informations- und Wissensplattform für Sportler, Trainer, Sportinstitutionen, Schüler, Lehrer, Wissenschaftler und die interessierte Öffentlichkeit.

3.3 Verbote für die einzelnen Substanzklassen

Die Verbote für die einzelnen Substanzklassen laut Verbotsliste 2017 sind in ◘ Tab. 3.2 noch einmal zusammengefasst.

◘ **Tab. 3.2** Übersicht über die Verbote[1] nach der Verbotsliste 2017

Gruppe		In und außerhalb von Wettkämpfen	Zusätzlich im Wettkampf	Nur im Wettkampf
Verbotene Wirkstoffe				
S0	Nicht zugelassene Substanzen	+		
S1	Anabole Substanzen	+		
S2	Peptidhormone, Wachstumsfaktoren, verwandte Substanzen und Mimetika	+		
S3	Beta-2-Agonisten	+		
S4	Hormon- und Stoffwechsel-Modulatoren	+		
S5	Diuretika und Maskierungsmittel	+		
S6	Stimulanzien		+	
S7	Narkotika		+	
S8	Cannabinoide		+	
S9	Glucocorticoide		+	
In bestimmten Sportarten verbotene Wirkstoffe				
P1	Alkohol			+
P2	Betablocker			+
Verbotene Methoden				
M1	Manipulation von Blut und Blutbestandteilen	+		
M2	Chemische und physikalische Manipulationen	+		
M3	Gendoping	+		

[1] Ausnahmen und Grenzwerte sind hier nicht ausgewiesen

3.4 Sportlernahrung und Nahrungsergänzungsmittel

Nährstoffbedarf und Bedarfsdeckung spielen im Leistungs- und auch im regelmäßigen intensiven Freizeitsport eine große Rolle. Produkte, die der Zusatzernährung zuzurechnen sind, haben im Sport aber nur dann einen Sinn, wenn ein Zustand der Unterversorgung oder ein erhöhter Bedarf vorliegt. Substitution bedeutet in diesem Zusammenhang, dass etwas Fehlendes oder Verlorengegangenes ergänzt wird, Supplementierung bezeichnet in diesem Zusammenhang eine über den durchschnittlichen Normalbedarf hinausgehende Versorgung.

Bei der Ausübung von Sport spielen neben der Energiebilanz vor allem diejenigen Stoffgruppen eine Rolle, die unter Belastung entweder über den Schweiß verloren gehen oder vermehrt verbraucht werden. Das sind Nährstoffe, Flüssigkeit, Mineralstoffe, Kohlenhydrate und Vitamine. Bei den Kohlenhydraten kommt eine ergogene Komponente hinzu, da eine Zufuhr unter Belastung die körpereigenen Glykogenvorräte schont und so die Leistungsreserven ausdehnt.

Sowohl gegenüber Leistungs- als auch Freizeitsportlern werden im Zuge der allgemeinen Fitnesswelle zunehmend Nährstoffkonzentrate unterschiedlicher Zusammensetzung mit Attributen wie „Turbo-Diät" oder „Power-Gainer" beworben [20], z. B.:

- Präparate mit Mineralstoffen und Spurenelementen, entweder als Instantware oder als Fertiggetränk,
- Kohlenhydratpräparate zum raschen Wiederauffüllen der Energiedepots in Form von Energiebarren oder -riegeln oder als Getränk,
- Kohlenhydrat-Mineralstoff-Gemische,
- Eiweißkonzentrate auf Milchpulver- und/oder Sojaeiweißbasis mit allen essenziellen Aminosäuren als Pulver, die anderen Nahrungsmitteln zugesetzt werden,
- multiple Nährstoffkombinationen.

Auch wenn viele dieser Produkte unter Sicherheitsaspekten möglicherweise als harmlos angesehen werden können, so ist ihr wissenschaftlicher Hintergrund oft doch fragwürdig.

Nach Auffassung der Nationalen Anti Doping Agentur Deutschland ist eine sportartgerechte Ernährung auch für Leistungs- und Hochleistungssportler in der Regel ausreichend, um den Energie- und Nährstoffbedarf zu decken. In Sportarten mit sehr hohem Energieumsatz und langen Belastungszeiten in Training und Wettkampf könne es allerdings gelegentlich vorkommen, dass eine Versorgung mit energiereichen Nahrungsergänzungsmitteln (NEM, z. B. als Riegel, Getränke, Gels) angebracht ist. Außerdem kann in bestimmten Situationen, z. B. bei Auslandsaufenthalten in Ländern mit geringen Hygienestandards oder bei einseitiger, kalorienreduzierter Ernährung, eine Versorgung mit ausgewählten Nahrungsergänzungsmitteln erforderlich sein. In jedem Fall sollte eine Verwendung von solchen Präparaten immer in Absprache mit Ernährungsberatern und/oder Ärzten durchgeführt werden, rät die NADA.

3.4.1 Rechtliche Einordnung

Nahrungsergänzungsmittel sind Lebensmittel. Diese müssen nach der Lebensmittel-Basis-Verordnung (Art. 14 Verordnung (EG) Nr. 178/2002) in erster Linie sicher sein, was die Hersteller garantieren müssen (Art. 17 Verordnung (EG) Nr. 178/2002). Über die allgemeinen Vorschriften des Lebensmittelrechts hinaus gibt es für Nahrungsergänzungsmittel weitere spezielle Vorschriften.

Mit der Richtlinie 2002/46/EG vom 10.06.2002 wurde die Produktgruppe der Nahrungsergänzungsmittel auf europäischer Ebene erstmals konkreter gefasst [21]. Sie ist im August 2002 in Kraft getreten. Die Richtlinie erkennt grundsätzlich an, dass Nahrungsergänzungsmittel eine breite Palette von Nährstoffen und anderen Zutaten enthalten können, z. B. Vitamine, Mineralstoffe, Aminosäuren, essenzielle Fettsäuren, Ballaststoffe sowie verschiedene Pflanzen und Kräuterextrakte. Die allgemeinen Regelungsinhalte der Richtlinie (Definition, Kennzeichnungsvorgaben u. a.) gelten für alle Nahrungsergänzungsmittel. Die europäische Harmonisierung der zulässigen Inhaltsstoffe ist aber nur für die Vitamine und Mineralstoffe realisiert worden (Anhang I zur Richtlinie in den in Anhang II aufgeführten Formen). Welche anderen Inhaltsstoffe für Nahrungsergänzungen zulässig sind, wird weiterhin in nationalen Vorschriften geregelt.

Die Richtlinie 2002/46/EG wurde in Deutschland mit der Verordnung über Nahrungsergänzungsmittel (NemV) in nationales Recht umgesetzt [22]. Die NemV ist seit dem 28.05.2004 in Kraft. Ein Nahrungsergänzungsmittel i. S. dieser Verordnung ist – in Übereinstimmung mit der Richtlinie – ein Lebensmittel, das

1. dazu bestimmt ist, die allgemeine Ernährung zu ergänzen (Zweckbestimmung),
2. ein Konzentrat von Nährstoffen oder sonstigen Stoffen mit ernährungsspezifischer oder physiologischer Wirkung allein oder in Zusammensetzung darstellt (Zusammensetzung) und
3. in dosierter Form, insbesondere in Form von Kapseln, Pastillen, Tabletten, Pillen und anderen ähnlichen Darreichungsformen, Pulverbeuteln, Flüssigampullen, Flaschen mit Tropfeinsätzen und ähnlichen Darreichungsformen von Flüssigkeiten und Pulvern zur Aufnahme in abgemessenen kleinen Mengen, in den Verkehr gebracht wird (Darreichungsform).

Anders als Arzneimittel brauchen Nahrungsergänzungsmittel keine Zulassung. Sie müssen aber, bevor sie in den Verkehr gebracht werden, beim Bundesamt für Verbraucherschutz und Lebensmittelsicherheit (BVL) gemeldet werden. Das BVL leitet die erhaltene Information an die für die Lebensmittelüberwachung zuständigen Behörden der Bundesländer weiter, damit die Produkte von der Lebensmittelüberwachung erfasst und überwacht werden können [23].

Welche Vitamine und Mineralstoffe verwendet werden dürfen, ist in den Anhängen der europäischen Richtlinie bzw. den Anlagen der NemV detailliert geregelt. Die Dosierung orientiert sich an den Stellungnahmen der Europäischen Behörde für Lebensmittelsicherheit (EFSA). Für viele Vitamine und Mineralstoffe hat die EFSA bereits einen Wert festgelegt, bei dem auch bei täglicher und langfristiger Aufnahme aus allen Quellen nicht mit negativen Wirkungen gerechnet werden muss (Tolerable Upper Intake Level, UL). Dieser Wert ist noch nicht gleichzusetzen mit dem Höchstgehalt, der für Nahrungsergänzungsmittel zulässig ist. Es muss auch die Zufuhr über die normale Nahrung und über angereicherte Lebensmittel berücksichtigt werden [23].

Wie bereits oben erwähnt, sind die sonstigen Stoffe mit ernährungsspezifischer oder physiologischer Wirkung, die in Nahrungsergänzungen ebenfalls enthalten sein dürfen, bislang in der NemV und in der Richtlinie 2002/46/EG nicht im Detail definiert. Anders als bei Vitaminen und Mineralstoffen gibt es für diese keine Positivliste. In den Erwägungsgründen zu der Richtlinie 2002/46/EG werden beispielhaft die folgenden Kategorien genannt: Aminosäuren, essenzielle Fettsäuren, Ballaststoffe und verschiedene Pflanzen und Kräuterextrakte. Das sind im Wesentlichen die Kategorien von Substanzen, die auch gegenüber Sportlern mit einer leistungsfördernden „Wirkkomponente" beworben werden. Nach der Richtlinie sollen sie für den Einsatz in NEM nicht zugelassen sein, wenn Sicherheitsbedenken bestehen.

Bedeutsam ist hierfür die Stellungnahme (Nr. 2015/31) zu Nahrungsergänzungsmitteln mit sonstigen Stoffen im Regelungsbereich von NemV, HCV und LMIV, die durch die Arbeitsgruppe „Diätetische Lebensmittel, Ernährungs- und Abgrenzungsfragen" des Arbeitskreises Lebensmittelchemischer Sachverständiger der Länder und des Bundesamtes für Verbraucherschutz und Lebensmittelsicherheit (BVL, ALS) erarbeitet und vom ALS im April 2015 verabschiedet wurde [24]. Der Arbeitskreis geht hierin speziell auch auf die gesundheitsbezogenen Angaben zu solchen Produkten ein, die für Sportler, wenn sie mit solchen Produkten in Berührung kommen, sehr bedeutsam sein dürften.

Die Stellungnahme verweist auf die sogenannte Health-Claims-Verordnung (HCV) der Europäischen Union (VO (EG) Nr. 1924/2006) [25]. Diese regelt alle nichtobligatorischen Angaben, mit denen erklärt, suggeriert oder auch nur mittelbar zum Ausdruck gebracht wird, dass

- ein Lebensmittel besondere positive Nährwerteigenschaften besitzt (nährwertbezogene Angaben) oder
- ein Zusammenhang zwischen einem Lebensmittel oder einem seiner Bestandteile einerseits und der Gesundheit andererseits besteht (gesundheitsbezogene Angaben).

Die nach der HCV zugelassenen nährwertbezogenen Angaben sind abschließend im Anhang der Verordnung gelistet. Sie dürfen verwendet werden, wenn die für die jeweilige Angabe festgelegten Bedingungen erfüllt sind.

Die zugelassenen gesundheitsbezogenen Angaben gelten für Lebensmittel allgemein und damit auch für Nahrungsergänzungsmittel. Nach Inkrafttreten der Health-Claims-Verordnung haben die Mitgliedstaaten eine Vielzahl von Anträgen für Formulierungen auf Aufnahme in den Anhang gestellt, und zwar sowohl für die klassischen Nährstoffe i. S. der NemV (Vitamine, Mineralstoffe und Spurenelemente) als auch für eine Reihe von „sonstigen Stoffen mit ernährungsspezifischer oder physiologischer Wirkung", die häufig in Nahrungsergänzungsmitteln eingesetzt und entsprechend beworben wurden. Inzwischen ist die Bewertung durch die EFSA mit Ausnahme der „Botanicals" weitestgehend abgeschlossen und die Kommission hat eine (Teil-)Liste der zugelassenen gesundheitsbezogenen Angaben verabschiedet (VO (EU) Nr. 432/2012) [26].

Die meisten Zulassungen von Health Claims, die für NEMs interessant sind, betreffen Vitamine, Mineralstoffe und Spurenelemente und nur sehr wenige sonstige Stoffe. Für Substanzen wie Aminosäuren, L-Carnitin, Glucosamin, Chondroitin, d. h. Substanzen, die auch zur Leistungssteigerung im Sport verwendet werden, wurden bisher sämtliche gesundheitsbezogenen Angaben abgelehnt. Die konkreten positiven Wirkaussagen, die die Präparate über viele Jahre getragen haben, dürfen damit ab dem Geltungsbeginn der VO (EU) Nr. 432/2012 nicht mehr verwendet werden. Beispielhaft sind hier zu nennen:

- Aminosäuren: zur Verbesserung der körperlichen Leistungsfähigkeit, Immunsystem, Blutzirkulation,
- L-Carnitin: zur Steigerung der Fettverbrennung, schnellere Regeneration nach sportlicher Betätigung,
- Glucosamin bzw. Chondroitin: Gelenkgesundheit.

Trotzdem werden die Ansprüche teilweise quasi „durch die Hintertür" weiterhin aufrechterhalten. Da das direkt nicht möglich ist, werden die vormals entsprechend ausgelobten Substanzen (Zutaten) plakativ (optisch, bildlich und textlich) hervorgehoben. Im gleichen Sichtfeld werden die vormals für diese zulässigen gesundheitsbezogenen Angaben nun zu Nährstoffen (in der Regel zu Vitaminen und Mineralstoffen) gemacht, die damit sozusagen als „Platzhalter" fungieren. Beispielhaft nennt die Stellungnahme hier Gelenkpräparate mit Glucosamin und Chondroitin, die z. B. aufgrund der enthaltenen Nährstoffe Vitamin C und Zink weiterhin mit einem positiven Effekt auf die Kollagenbildung und damit auf die normale Knorpelfunktion sowie den Erhalt normaler Knochen beworben werden. Verbraucher, die solche Produkte verwenden, sollten sie kritisch betrachten, da die Angaben nach der Datenlage vielfach irreführend sind [24].

Darüber hinaus hat die Europäische Kommission im Juni 2016 in einem Bericht ausführlich zur Regulierung von Lebensmitteln für Sportler Stellung genommen [27]. Diese waren bisher im Wesentlichen nach der Richtlinie 2009/39/EG über Lebensmittel für eine besondere Ernährung reguliert [28].

Mit der neuen Verordnung (EU) Nr. 609/2013 über „Speziallebensmittel", die seit dem 20.07.2016 gilt, wird das Konzept der „Lebensmittel für eine besondere Ernährung" abgeschafft [29]. Sie zielt vielmehr darauf ab, bestimmte, gefährdete Konsumentengruppen zu schützen, indem sie den Inhalt und die Werbung der für diese Gruppen „besonders" angebotenen Lebensmittel reguliert. Mit der Verordnung wird gleichzeitig eine Reihe von Richtlinien und Verordnungen, die diesen Bereich bis dato geregelt haben, aufgehoben und durch den neuen Rechtsakt ersetzt. Hierzu gehören auch die Richtlinie 2009/39/EG vom 06.05.2009 über Lebensmittel, die für eine besondere Ernährung bestimmt sind, und die Kommissions-Verordnung (EG) Nr. 953/2009 vom 13.10.2009 über Stoffe, die Lebensmitteln für eine besondere Ernährung zu besonderen Ernährungszwecken zugefügt werden dürfen.

Da die Rechtsgrundlage der Richtlinie 2009/39/EG für Sportlernahrung damit wegfällt, sollte die Kommission dem Europäischen Parlament und dem Rat bis zum 20.07.2015 einen Bericht zu der Frage vorlegen, ob gegebenenfalls besondere Vorschriften für Lebensmittel für Sportler erforderlich sind (Art. 13 der Verordnung (EU) Nr. 609/2013). Damit würden für Sportlernahrung nur die horizontalen Bestimmungen über Lebensmittel des normalen Verzehrs gelten.

Der Bericht der Kommission basiert auf Ergebnissen von Konsultationen mit nationalen Behörden sowie einer Marktstudie des Food Chain Evaluation Consortiums (FCEC Study), die die aktuelle Marktsituation für Sportlernahrung und mögliche Entwicklungen beschreibt [30]. Außerdem wird eine Stellungnahme der Europäischen Agentur für Lebensmittelsicherheit (EFSA) berücksichtigt, die bestehende, wissenschaftliche Ratschläge zu Ernährungs- und Gesundheitsangaben sowie zu Referenzwerten für die Nahrungszufuhr bei Erwachsenen zusammenstellt, die für Sportler relevant sind [31].

Hierauf aufbauend beschreibt und analysiert der Bericht den Markt für Sportler-Lebensmittel inklusive seiner Größe, Wertschöpfung und Preisentwicklungen sowie die Marketinginstrumente des Sektors für Sporternährung, das Konsumentenwissen und die Konsumgewohnheiten bezüglich Sportlernahrung.

Die Kommission kommt zu dem Schluss, dass Sportler keine eigenständige, schützenswerte Gruppe seien, da sportliche Betätigung als für die allgemeine Bevölkerung üblich anzusehen sei. Aus diesem Grund seien neue, spezifische Reglungen für diese Lebensmittelkategorie nicht notwendig. Das horizontale Lebensmittelrecht biete ausreichende

Schutzmechanismen hinsichtlich Lebensmittelsicherheit, -zusammensetzung, Verbraucherinformationen und Rechtssicherheit. Besonderheiten könne es allerdings geben, die die Kommission bei der Überwachung der angemessenen Anwendung der horizontalen Rechtsvorschriften in diesem Bereich angemessen im Auge behalten will [27].

3.4.2 Spezielle Nahrungsergänzungsmittel

Vitamine, Mineralstoffe, Spurenelemente

Nach dem derzeitigen Stand der Erkenntnisse bringt die zusätzliche Supplementierung mit Vitaminen, Mineralstoffen und Spurenelementen keinen weiteren leistungssteigernden Effekt, sofern die geltenden Empfehlungen der Deutschen Gesellschaft für Ernährung bzw. internationaler Fachgesellschaften eingehalten werden.

Eiweißkonzentrate und Aminosäuren

Die Aufnahme bestimmter Proteine bzw. Aminosäuren soll der Förderung des Muskelaufbaus in der Regeneration, d. h. dem „Masseaufbau" dienen. Zu den Aminosäuren, die einen Einfluss auf den Muskelproteinstoffwechsel haben, gehören Arginin, Ornithin, Glutamin, Tryptophan und verschiedene verzweigtkettige Aminosäuren. Auf dem Markt sind zahlreiche Produkte mit wechselnden Zusammensetzungen, auf die hier nicht näher eingegangen werden soll. Einige Aminosäuren werden auch als isolierte Einzelstoffe angeboten.

Bei der Supplementierung einzelner freier Aminosäuren muss stets berücksichtigt werden, dass diese in der Nahrung kaum frei vorkommen, sondern in der Regel als Bestandteile der Proteine. Bei der Einnahme größerer Mengen (einige Gramm) kommt es zumindest im Blut zu einer Störung der üblicherweise vorhandenen Konzentration aller Aminosäuren. Ob und in welchem Ausmaß dieser Effekt einen Einfluss auf physiologische Funktionen hat, ist nicht bekannt.

L-Carnitin: Die Aminosäure L-Carnitin spielt eine wichtige Rolle im Lipidmetabolismus. Sie ist verantwortlich für den Transport langkettiger Fettsäuren, dem Substrat der aeroben Energiegewinnung, in die Mitochondrien. Bei gesunden Personen wird der Bedarf durch körpereigene Synthese aus Lysin und Methionin gedeckt. 95 % des körpereigenen L-Carnitins sind in der Skelettmuskulatur gespeichert. Die zusätzliche Einnahme von L-Carnitin soll die sportliche Leistungsfähigkeit des Ausdauersportlers durch eine Erhöhung der Fettsäure-Oxidationsrate verbessern. Hierbei wird die anaerobe Energiegewinnung aus Kohlenhydraten geschont und damit auch der Muskel-Laktatspiegel gesenkt. Um dieses Ziel zu erreichen, ist jedoch nach dem Stand des Wissens ein ausgeklügeltes, individuell angepasstes Fettstoffwechseltraining erforderlich, wobei die Intensität der körperlichen Belastung eine entscheidende Rolle spielt (▶ Kap. 3.4.1).

Glutamin: Die Aminosäure Glutamin ist in zahlreichen Nahrungssupplementen zu finden, die dem Aufbau von Muskelmasse dienen sollen. Sie scheint ein wichtiger metabolischer Nährstoff zu sein, der die Proteinbiosynthese durch eine Erhöhung des Zellvolumens und des osmotischen Drucks beeinflusst. Ihr wird außerdem ein Effekt auf die Lymphozytenfunktion zugeschrieben (▶ Kap. 3.4.1).

Beta-Hydroxy-beta-Methylbutyrat (HMB): HMB ist ein Metabolit der Aminosäure Leucin, der den Proteinverlust mindern soll, der normalerweise aus einer intensiven körperlichen Anstrengung resultiert. Die Supplementierung mit HMB soll zu einer Verbesserung der Muskelmasse und -leistung führen und den Fettabbau durch intensives Training forcieren.

Verzweigtkettige Aminosäuren: Auch die verzweigtkettigen essenziellen Aminosäuren (Branched-Chain Amino Acids, BCAA) Leucin, Isoleucin und Valin werden als Dreierkombination in Form spezieller Produkte angeboten. Sie sind Hauptbestandteil der Skelettmuskulatur. Verzweigtkettige Aminosäuren finden sich darüber hinaus auch im Blut. Das Absinken des BCAA-Spiegels im Blut wird als wichtiger Faktor der zentralen Ermüdung angenommen. BCAA und die Aminosäure Tryptophan durchdringen die Bluthirnschranke über den gleichen Transportmechanismus auf kompetitive Weise. Sinkt das Verhältnis von BCAA zu Tryptophan im Blut, so kann mehr Tryptophan ins Gehirn gelangen. Es wird dort in Serotonin umgewandelt, das seinerseits mit der zentralen Ermüdung in Verbindung gebracht wird. Die Zufuhr von BCAA soll daher die Ermüdung hinauszögern.

Taurin: Die aminosäureähnliche Verbindung Taurin ist ein Endprodukt im Stoffwechsel der Aminosäuren Cystein und Methionin. Im Körper dient es u. a. der Stabilisierung des Flüssigkeitshaushalts in den Zellen. Es wird aus diesem Grund von Kraftsportlern verwendet, um dadurch in den Muskelzellen günstige Voraussetzungen für eine effektive Proteinsynthese zu schaffen. Ausdauersportler nutzen Taurin, um das Schlagvolumen des Herzens zu erhöhen und damit die Herzarbeit ökonomischer zu gestalten. Außerdem werden Taurin zellmembranschützende und antioxidative Eigenschaften zugeschrieben.

Kreatin

Das Nahrungsergänzungsmittel Kreatin erfreut sich wegen seines „legalen" Einsatzes sowohl bei Leistungs- als auch bei ambitionierten Freizeitsportlern großer Popularität. Obwohl seine Verwendung erst Anfang der 1990er Jahre bekannt wurde, nehmen Schätzungen von Experten zufolge heute mindestens 70–80 % der Athleten in Schnellkraftsportarten Kreatin. Auch im Breitensport, vor allem in der Bodybuildingszene, hat die Substanz mit rasantem Tempo und in besorgniserregendem Ausmaß Fuß gefasst. Die physiologische Bedeutung des Kreatins, das zugleich Energiespeicher und -lieferant der Zelle ist, wird aus ○ Abb. 3.4 ersichtlich.

Die für die Muskelkontraktion notwendige Energie wird durch Abspaltung eines Phosphatrestes aus Adenosintriphosphat (ATP) gewonnen. Da der ATP-Vorrat der Muskelzelle schnell erschöpft ist, muss ständig neues ATP gebildet werden. Dies geschieht sowohl durch aerobe als auch durch anaerobe Energiegewinnung.

1. Beim aeroben Weg werden als Substrate hauptsächlich Kohlenhydrate und Fette genutzt. Die Kapazität des Systems ist groß, allerdings geht die ATP-Produktion relativ gesehen langsamer vonstatten als beim anaeroben Weg. Er hat daher bei Ausdauerleistungen, wie etwa beim Marathonlauf, den größeren Anteil.
2. Der anaerobe Weg ermöglicht eine schnelle Energiebereitstellung, wie sie bei kurzzeitigen, intensiven Belastungen, z. B. beim Sprint, erforderlich ist. In diesem Fall wird ATP durch die Übertragung eines Phosphatrestes von Kreatinphosphat auf ADP gebildet. Der Vorrat an Kreatinphosphat ist allerdings begrenzt, sodass je nach Belastung nur Energie für 30 Sekunden zur Verfügung steht.

Der Kreatinpool eines Menschen umfasst etwa 120 g. Er ist zu 95 % in der Skelettmuskulatur gespeichert. Pro Tag verliert der Körper ungefähr 2 g Kreatin durch die Ausschei-

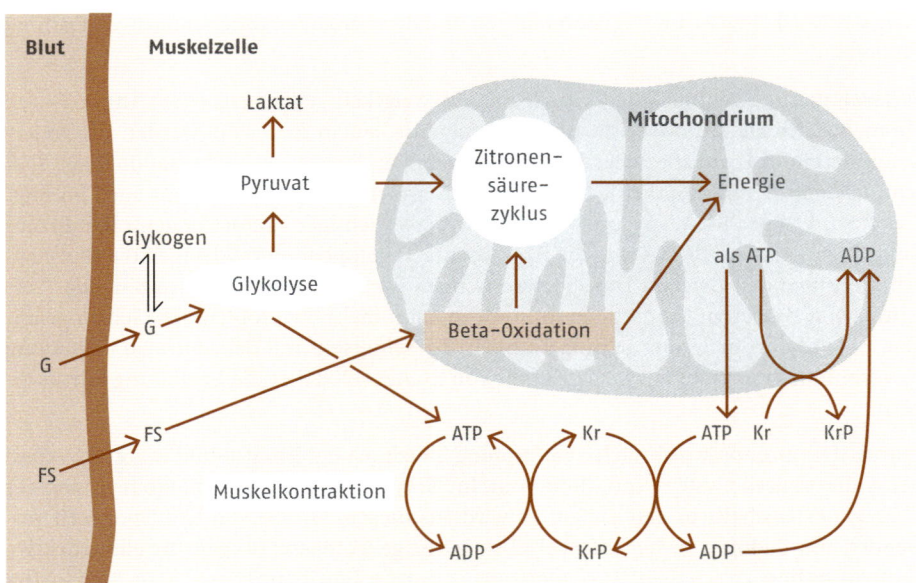

○ **Abb. 3.4** Biologische Funktion des Kreatins. **ADP** Adenosindiphosphat, **ATP** Adenosintriphosphat, **Kr** Kreatin, **KrP** Kreatinphosphat, **FS** Fettsäure, **G** Glucose. Nach www.dshs-koeln.de/Biochemie

dung des Abbauprodukts Kreatinin über den Urin. Diese Menge wird etwa zu gleichen Teilen über die Nahrungsaufnahme sowie über die körpereigene Synthese in der Leber, den Nieren bzw. in der Bauchspeicheldrüse aus den Aminosäuren Arginin, Glycin und Methionin wieder ersetzt. Mit der Nahrung aufgenommenes Kreatin wird über die Leber schnell in die Skelettmuskulatur transportiert und dort zu zwei Dritteln zu Kreatinphosphat phosphoryliert.

Durch Erhöhung des Kreatingehalts in der Muskulatur soll die maximale Leistung während der Belastung länger aufrechterhalten werden bzw. der Zeitpunkt der Ermüdung verzögert werden. Eine mehrtägige Supplementierung mit Kreatin (ca. 20 g/d) führte in kontrollierten Studien sowohl zu einer Erhöhung der Plasmakonzentration als auch zu einem Anstieg des Gesamtkreatins (freies und phosphoryliertes Kreatin) in der Muskulatur. Das Ausmaß der Erhöhung ist abhängig vom Ausgangswert; je niedriger das Gesamtkreatin vor der Gabe war, desto höher war der beobachtete Anstieg. Weist ein Sportler bereits hohe Kreatinwerte vor der Supplementierung auf, sind diese Effekte kaum nachweisbar [32].

Im Übrigen limitieren bestimmte Rückkopplungsmechanismen die maximale Beladung der Zellen mit Kreatin: Je höher die Aufnahme, desto geringer die Eigensynthese (Downregulation). Außerdem wird der Transport von Kreatin in die Muskelzelle bei länger andauernden erhöhten Kreatinblutspiegeln vermindert. Ob sich diese Mechanismen durch ein ausgeklügeltes Einnahmeregime „überlisten" lassen, ist fraglich [32].

Zudem ist zu bedenken, dass Kreatin als Stoff in Nahrungsergänzungsmitteln synthetisch hergestellt wird und durch Ausgangsstoffe verunreinigt sein kann, die Leber- oder auch Kreislaufschäden (Cyanamid) auslösen können [33–35]. Anwender, die entsprechende Produkte in Sportstudios, über den Versandhandel oder über das Internet erwerben, sollten sich genau über die einzelnen Substanzen und Stoffe informieren. Besondere Vorsicht ist bei Billigprodukten geboten.

Glucosaminsulfat

Der Aminozucker Glucosaminsulfat, der vom gesunden und jugendlichen Organismus selbst aus der Nahrung synthetisiert wird, ist als Grundbaustoff für Knorpel, Sehnen, Bänder und Knochenstrukturen von essenzieller Bedeutung. Das Molekül ist etwa 250-mal kleiner als das des Chondroitinsulfats, des Hauptbestandteils aller Knorpel, und kann deshalb im Verdauungstrakt besser resorbiert werden. Verschiedene klinische Untersuchungen haben gezeigt, dass die Substanz nicht nur abschwellende und schmerzlindernde Eigenschaften hat, sondern auch bereits geschädigte Knorpel- und Sehnengewebe wiederherstellen kann. Die Belege reichen aber offenbar nicht aus (▶ Kap. 3.4.1).

Mittelkettige Triglyceride (MCT)

„Medium-Chain Triglycerides" bezeichnen eine Esterverbindung aus mittelkettigen Fettsäuren und Glycerol. Die Fettsäuren sind gesättigt und bestehen aus einer Kette von 6 bis 12 C-Atomen (Capronsäure, Caprylsäure, Caprinsäure und Laurinsäure). Verglichen mit langkettigen Triglyceriden (LCT) kommen MCTs in der täglichen Nahrung nur in sehr geringer Konzentration vor. In der Sportlerernährung sind sie vor allem deswegen von Bedeutung, weil sie gegenüber LCT hydrophiler sind und damit besser resorbiert werden, weil sie im Blut freier zirkulieren und weil sie direkt in die Mitochondrien der Muskelzellen eingeschleust werden. MCTs werden unter Belastung als zusätzliche Energiequelle zu den Kohlenhydraten gebraucht, was zu einem geringeren Abbau an Muskelglykogen führen soll (glykogensparender Effekt). Inwieweit MCTs tatsächlich zur gesamten Energiebereitstellung beitragen ist jedoch unklar. Demgegenüber verursachen größere Mengen oft gastrointestinale Beschwerden.

Weitere Nahrungsergänzungsmittel

Bicarbonat: Die „Beladung" des Körpers mit Bicarbonat soll dazu dienen, durch körperliche Anstrengung erzeugtes Laktat abzufangen und damit die Laktatspiegel im Muskel zu senken. Nach den geltenden Doping-Bestimmungen könnte die Verabreichung als Blutdoping einzustufen sein. Explizit ist die Gabe nicht verboten.

Glycerin: Der dreiwertige Alkohol wird bei Sportlern eingesetzt, um über eine osmotische Wirkung das Blutvolumen zu erhöhen, was wiederum der Dehydrierung bei lang andauernden Belastungen entgegenwirken soll. Er soll außerdem die Belastbarkeit erhöhen und sich positiv auf die Thermoregulation auswirken.

Ginseng: Viele Athleten glauben – und die therapeutische Indikation legt dies ebenfalls nahe – dass Zubereitungen aus der Ginsengwurzel die Belastbarkeit im Training verbessern und die Ermüdbarkeit verringern können. Nach den geltenden Doping-Bestimmungen ist die Einnahme entsprechender Zubereitungen nicht verboten.

Tribulus terrestris: Die aktiven Wirkstoffe der Pflanze Tribulus terrestris sind Steroidsaponine mit der Hauptkomponente Protodioscin. Tribulus-terrestris-Präparate werden in der Bodybuilding- und Fitnessszene wegen ihrer angeblich anabolen Wirkung beworben. Ihre Verwendung muss daher als dopingähnliche Maßnahme angesehen werden.

Chrysin: Das Isoflavon aus Passiflora caerula erhöht den Testosteronspiegel, indem es die Umwandlung von Testosteron in Estrogen und Dihydroestrogen hemmt. Seine Einnahme dürfte damit ebenfalls gegen die Doping-Bestimmungen verstoßen.

Ma-Huang: Die Zubereitung aus der traditionellen chinesischen Medizin enthält Ephedrin. Der Einsatz im Leistungssport verstößt damit gegen die Doping-Bestimmungen. Das Bundesinstitut für Arzneimittel und Medizinprodukte (BfArM) und das Bundesinstitut für gesundheitlichen Verbraucherschutz und Veterinärmedizin (BgVV) haben im April 2002 vor dem unkontrollierten Verzehr von Produkten, die Ephedrakraut enthalten, gewarnt. Nach dem Verzehr solcher Produkte kann es zu schweren Gesundheitsschäden kommen, z. B. zu Pupillenerweiterung, Nervosität, Zittern, Schweißausbrüchen, Herzrhythmusstörungen, erhöhtem Blutdruck und bei hoher Dosierung zu Krampfanfällen sowie psychischen Veränderungen [36].

CLA: Konjugierte Linolsäure (conjugated linoleic acid [CLA]) wird von Kraftsportlern eingenommen. Sie soll zu einer verstärkten Synthese von „Magermasse" bei gleichzeitiger Abnahme des Fettgehalts des Körpers sorgen, indem sie die Fettsäureoxidation im Fettgewebe steigert.

Gamma-Oryzanol: Gamma-Oryzanol kommt hauptsächlich in der Fettfraktion der Reiskleie (Oryza sativa) vor. Besonders hohe Konzentrationen sind im Reiskeimöl zu finden. Es besteht aus einem Teil Ferulasäure und einem Teil eines Pflanzensterins. Es wird spekuliert, dass der Phytosterinanteil von Gamma-Oryzanol den Testosteronspiegel erhöhen und die Ausschüttung von Wachstumshormonen stimulieren könnte. Ihm wird daher eine anabole Wirkung zugeschrieben. Da die Aufnahme der Phytosterine aus dem Darm sehr gering ist, ist es jedoch fraglich, ob diese tatsächlich eintritt [37].

Octacosanol: Die wachsartige Substanz Octacosanol ist die Hauptkomponente des Policosanols, eines Zuckerrohrextrakts. Sie kommt in verschieden Pflanzenfetten und -ölen vor, hauptsächlich im Weizenkeimöl. Über physiologische Funktionen beim Menschen ist nichts bekannt. Hinsichtlich sportrelevanter Faktoren werden eine Steigerung der körperlichen Leistungsfähigkeit, die Bereitstellung zusätzlicher Energiereserven sowie eine Steigerung der Reaktionsfähigkeit und der Greifkraft reklamiert.

Cholin: Cholin ist der Hauptbestandteil von Lecithin. Es gilt als essenzieller Nährstoff, obwohl es in geringen Mengen vom Körper selbst synthetisiert werden kann. Mit der Nahrung wird Cholin meist in Form von Lecithin eingenommen. Gute Quellen sind Eigelb, Leber, Hefe, Weizenkeime und Sojabohnen. Cholin ist essenziell für die Herstellung von Phosphatidylcholin, einem wichtigen Bestandteil der Zellmembranen, des Betains und des Neurotransmitters Acetylcholin. Weiterhin spielt es eine wichtige Rolle bei der Regeneration von Methionin aus Homocystein. Im Sport soll es die Energiebereitstellung fördern und die Ermüdung verzögern.

Pyruvat: Salze der Brenztraubensäure (Pyruvate) werden zur Steigerung der Ausdauerleistungsfähigkeit beworben. Sie sollen soll unter Belastung eine gesteigerte Glucoseaufnahme in die Muskulatur bewirken. Wissenschaftliche Belege dafür fehlen.

Methylhexanamin: Methylhexanamin wird häufig in Nahrungsergänzungsmitteln gefunden, die für extremen Fettabbau (engl. fatburner), Muskelaufbau oder Verbesserung der Sauerstoffkapazität bei harten Belastungen werben. Die NADA rät von derart beworbenen Mitteln strikt ab. Methylhexanamin gehört zur Gruppe der Stimulanzien und ist ausschließlich im Wettkampf verboten (▶ Kap. 3.1.7). Die Substanz ist auch unter verschiedenen anderen Namen zu finden: 1,3-Dimethylamylamin; Dimethylpentylamin; Geranamin; Forthan; Floradren; Geraniumöl; Geraniumwurzelextrakt; 4-Methyl-2-hexanamin; 4-Methyl-2-hexylamin; 2-Amino-4-methylhexan und Pentylamin (▶ Kap. 3.4.3) wird dann häufig übersehen und kann deshalb zur „Dopingfalle" werden (▶ Kap. 8.2.6).

3.4.3 Warnung vor kontaminierten Nahrungsergänzungsmitteln

Die Herstellungskriterien für Nahrungsergänzungsmittel sind deutlich weniger streng als für Präparate mit Arzneimittelzulassung, sodass immer wieder Produkte gefunden werden, die für Sportler verbotene Substanzen wie Steroidhormone oder deren Vorläufer enthalten. Je nach Herkunft können diese gezielt beigefügt worden sein oder als Rückstände beim Abfüllprozess in Präparate gelangen. Aufgrund dieser Gefahr warnt die Nationale Anti Doping Agentur Deutschland grundsätzlich immer wieder vor der Einnahme von Nahrungsergänzungsmitteln.

Nach Untersuchungen des Instituts für Biochemie der Deutschen Sporthochschule Köln aus dem Jahr 2001/2002 wiesen von 634 untersuchten Nahrungsergänzungsmitteln 94 (14,8 %) positive Befunde für verbotene anabol-androgene Steroide (sog. Prohormone) auf, die nicht auf der Packung deklariert waren. Ausscheidungsversuche mit solchen kontaminierten NEM führten zu positiven Dopingbefunden, vor allem für den Nandrolonmetaboliten Norandrosteron [39–40].

Die NADA informiert in ihren Nachrichten regelmäßig über aktuelle Forschungsergebnisse und Befunde hinsichtlich verunreinigter Nahrungsergänzungen. Generell wird besonders vor Präparaten gewarnt, die mit enormen Wirkversprechen wie Muskelwachstum oder Gewichtsverlust werben. Konsumieren Athleten entsprechende Mittel mit den beschriebenen Verunreinigungen, ohne davon zu wissen, so erfüllt dies den Tatbestand des Dopings (▶ Kap. 8.2.6). Das Risiko trägt der Sportler.

Auch das Bundesinstitut für Arzneimittel und Medizinprodukte (BfArM) sowie das Bundesinstitut für Risikobewertung (BfR) haben im August 2006 in einer gemeinsamen Presseerklärung zur Vorsicht beim Kauf von Muskelaufbaupräparaten geraten [41].

Die NADA warnt zudem vor der Einnahme von überhöhten Mengen, ebenso wie vor der gleichzeitigen Einnahme mehrerer Nahrungsergänzungsmittel und rät insgesamt dazu, diese nur unter professioneller Betreuung zu verwenden. Außerdem sollte, sofern vorhanden, auf entsprechende Präparate mit Arzneimittel-Status ausgewichen werden, da für diese die Kontaminationsgefahr sehr gering ist. Vor dem Konsum eines Nahrungsergänzungsmittels sollte unbedingt überprüft werden, ob das gewünschte Produkt von einer unabhängigen Institution auf das Vorhandensein von verbotenen Substanzen getestet wurde. So kann zumindest die Gefahr, ein gefälschtes oder verunreinigtes Produkt einzunehmen, verringert werden. Die NADA verweist in diesem Zusammenhang auf die Informationsbroschüre des DOSB zu Nahrungsergänzungsmitteln.

Die NADA selbst stellt zudem einen Informationsfilm zum Umgang mit diesen Substanzen zur Verfügung. Damit sollen vor allem junge Athleten schon zu Beginn ihrer leistungssportlichen Karriere darüber informiert werden, welche Risiken die Einnahme von Nahrungsergänzungsmitteln mit sich bringen kann (▶ Kap. 13.3.1).

○ **Abb. 3.5** DOSB-Broschüre „Nahrungsergänzungsmittel" 1. Auflage Juni 2014

3.4.4 Kölner Liste

Der Olympiastützpunkt (OSP) Rheinland führt seit dem Jahr 2003 die „Kölner Liste" mit bestimmten „positiv bewerteten" Nahrungsergänzungsmitteln (www.koelnerliste.com). Die Veröffentlichung eines Produkts auf der Kölner Liste bedeutet nicht, dass ein Präparat grundsätzlich frei von Prohormonen bzw. Anabolika oder Stimulanzien ist. Es bedeutet lediglich, dass das Dopingrisiko minimiert ist. Sie nennt auch Produkte, die mindestens einmal am Zentrum für präventive Dopingforschung der Deutschen Sporthochschule Köln (▶ Kap. 8.2.6) unabhängig getestet wurden [42].

Der Olympiastützpunkt Rheinland bemüht sich nach eigenem Bekunden, im Rahmen seiner Möglichkeiten in seinem Internetangebot richtige, vollständige und aktuelle Informationen zur Verfügung zu stellen. Dennoch kann für die Richtigkeit der Informationen keinerlei Gewähr übernommen werden. Jede Haftung bleibt ausgeschlossen. Außerdem wird ausdrücklich darauf hingewiesen, dass die Liste keine Empfehlung an die Sportler beinhaltet, ein Nahrungsergänzungsmittel zu nutzen.

In den Niederlanden wird mit der NZVT-Datenbank (Netherlands Security System Nutritional Supplements Elite Sports) ein ähnlicher Service angeboten (www.dopingautoriteit.nl/nzvt).

Literatur

[1] Designer Steroid Control Act aus dem Jahr 2014 (H. R. 4771) Public Law No: 113–260 (12/18/2014)
[2] Controlled Substances Act. www.fda.gov/regulatoryinformation/legislation/ucm148726.htm
[3] Guddat S, Fußhöller G, Geyer H et al. Clenbuterol – regional food contamination a possible source for inadvertent doping in sports. Drug Test Anal, 4: 534–538, 2012
[4] Thevis M, Geyer L, Geyer H et al. Adverse analytical findings with clenbuterol among U-17 soccer players attributed to food contamination issues. Drug Test Anal, 5: 372–376, 2013

[5] Thevis M, Schänzer W. Doping mit neuen Medikamenten. Medical Sports Network, 3: 56–58, 2007
[6] Thevis M et al. Selektive Androgenrezeptor-Modulatoren (SARMs) und Erythropoetin-Mimetika. Neue Therapeutika und deren Potenzial zum Missbrauch im Sport. DZKF, (9/10): 65–69, 2007
[7] Schöffel N, Groneberg DA, Thielemann H et al. Schwarzbuch Doping. Methoden, Mittel, Machenschaften. Medizinisch-Wissenschaftliche Verlagsgesellschaft, Berlin 2015
[8] European Medicines Agency. Public Statement: Epoetins and the risk of tumour growth progression and thromboembolic events in cancer patients and cardiovascular risks in patients with chronic kidney disease. 23.10.2007, Doc. Ref. EMEA/496188/2007
[9] Jung F, Scherges M, Fürst P. Illegale und gefälschte Wachstumshormonpräparate. Dtsch Apoth Ztg, 142 (45): 50–61, 2002
[10] Riedl T. Doping 2005. ÖAZ Aktuell, 26, 2004
[11] Hertrampf T et al. Der Wachstumsfaktor Myostatin. Ein Schlüsselmolekül bei Entwicklung und Adaption der Skelettmuskulatur. F.i.t., 9 (1): 8–11, 2004
[12] Narkar VA, Downes M, Yu RT et al. AMPK and PPARdelta agonists are exercise mimetics. Cell, 134 (3): 405–415, 2008
[13] Stuart M, Schneider C, Steinbach K. Meldonium use by athletes at the Baku 2015 European Games. Br J Sports Med, 50 (11): 694–698, 2016
[14] Antwort der Bundesregierung auf die Kleine Anfrage der Abgeordneten Dr. Harald Terpe, Maria Klein-Schmeink, Kordula Schulz-Asche, weiterer Abgeordneter und der Fraktion BÜNDNIS 90/DIE GRÜNEN zur Versorgung mit Cannabis als Medizin vom 28.06.2016, Drucksache 18/8775
[15] Hinweise für Patientinnen und Patienten sowie für Ärztinnen und Ärzte. Antrag auf Erteilung einer Ausnahmeerlaubnis nach § 3 Absatz 2 BtMG zum Erwerb von Cannabis zur Anwendung im Rahmen einer medizinisch betreuten und begleiteten Selbsttherapie (Stand: 14.09.2009)
[16] Entwurf eines Cannabiskontrollgesetzes (CannKG). Drucksache 18/4204 vom 04.03.2015, http://dip21.bundestag.de/dip21/btd/18/042/1804204.pdf
[17] Schmidt W. Hämatokrit. Deutsche Zeitschrift Für Sportmedizin, 53 (11): 325–326, 2002
[18] Gerlinger K et al. TAB (Büro für Technikfolgen-Abschätzung beim Deutschen Bundestag) – Projekt Gendoping – Dokumentation zentraler Ergebnisse, 15.02.2008
[19] Institut für Biochemie der Deutschen Sporthochschule Köln. Repoxygen. www.dopinginfo.de
[20] Schek A. Sport und Ernährung. Nahrungsergänzungen für Kraftsportler unter der Lupe. Dtsch Apoth Ztg, 142 (31): 47–54, 2002
[21] Richtlinie 2002/46/EG des Europäischen Parlamentes und des Rates vom 10.06.2002 über die Angleichung der Rechtsvorschriften der Mitgliedstaaten über Nahrungsergänzungsmittel. ABl. EG Nr. L 183/51 vom 12.07.2002
[22] Verordnung über Nahrungsergänzungsmittel (Nahrungsergänzungsmittelverordnung – NemV) vom 24. Mai 2004 (BGBl. I S. 1011), zuletzt geändert durch Artikel 64 der Verordnung vom 31. August 2015 (BGBl. I S. 1474)
[23] Bund für Lebensmittelrecht und Lebensmittelkunde e. V., BLL, www.bll.de
[24] Stellungnahme Nr. 2015/31: Nahrungsergänzungsmittel mit sonstigen Stoffen im Regelungsbereich von NemV, HCV und LMIV, erarbeitet durch die ALS-Arbeitsgruppe „Diätetische Lebensmittel, Ernährungs- und Abgrenzungsfragen". Verabschiedet vom Arbeitskreis Lebensmittelchemischer Sachverständiger der Länder und des BVL (ALS) auf der 105. Sitzung 14./15.04.2015

[25] Verordnung (EG) Nr. 1924/2006 des Europäischen Parlaments und des Rates vom 20.12.2006 über nährwert- und gesundheitsbezogene Angaben über Lebensmittel. ABl. EU Nr. L 404/9 vom 30.12.2006

[26] Verordnung (EU) Nr. 432/2012 der Kommission vom 16. Mai 2012 zur Festlegung einer Liste zulässiger anderer gesundheitsbezogener Angaben über Lebensmittel als Angaben über die Reduzierung eines Krankheitsrisikos sowie die Entwicklung und die Gesundheit von Kindern. ABl. EU Nr. L 136/1 vom 25.05.2012

[27] Report from the Commission to the European Parliament and the Council on food intended for sportspeople. 15.06.2016, COM (2016) 402 final, http://ec.europa.eu/transparency/regdoc/rep/1/2016/EN/1-2016-402-EN-F1-1.PDF

[28] Richtlinie 2009/39/EG des Europäischen Parlaments und des Rates vom 06.05.2009 über Lebensmittel, die für eine besondere Ernährung bestimmt sind (Neufassung). ABl. EU L 124/21 vom 20.05.2009

[29] Verordnung (EU) Nr. 609/2013 des Europäischen Parlaments und des Rates vom 12.06.2013 über Lebensmittel für Säuglinge und Kleinkinder, Lebensmittel für besondere medizinische Zwecke und Tagesrationen für gewichtskontrollierende Ernährung und zur Aufhebung der Richtlinie 92/52/EWG des Rates, der Richtlinien 96/8/EG, 1999/21/EG, 2006/125/EG und 2006/141/EG der Kommission, der Richtlinie 2009/39/EG des Europäischen Parlaments und des Rates sowie der Verordnungen (EG) Nr. 41/2009 und (EG) Nr. 953/2009 des Rates und der Kommission. ABl. EU L 181/35 vom 29.06.2013

[30] European Commission. Directorate General for Health and Food Safety. Study on food intended for Sportspeople. Final Report. Framework Contract for evaluation and evaluation related services – Lot 3: Food Chain. Prepared by Agra CEAS Consulting. Juni 2015, http://ec.europa.eu/food/safety/docs/fs_labelling-nutrition_special_study.pdf

[31] EFSA (European Food Safety Authority), 2015. Scientific and technical assistance on food intended for sportspeople. EFSA supporting publication 2015: EN-871. 32 pp. Published: 29 September 2015. http://onlinelibrary.wiley.com/doi/10.2903/sp.efsa.2015.EN-871/pdf

[32] Hückel T. Nutzen und Grenzen einer Kreatin-Supplementierung. Pharm Ztg, 148 (41): 36–37, 2003

[33] Hoffmann U. Creatin – Plazebo oder nützliches Supplement? Med Mo Pharm, 7: 228–231, 2000

[34] Gröber U. Kreatin – der Muskelenergator. Dtsch Apoth Ztg, 141 (48): 51–60, 2001

[35] BfArM und BgVV warnen: Schwere Gesundheitsschäden durch Ephedra-Kraut. Pressemitteilung vom 08.04.2002, siehe auch: www.fda.gov/ohrms/dockets/dailys/01/Sep01/091001/cp00001.pdf

[36] www.dopinginfo.ch

[37] www.dshs-koeln.de/biochemie

[38] Geyer H, Schänzer W. Dopingrisiken durch Nahrungsergänzungsmittel. Leistungssport, 32: 54–55, 2002

[39] Schänzer W. Untersuchung von nichthormonellen Nahrungsergänzungsmitteln (NEM) auf nicht deklarierte anabol-androgene Steroide. Olympiastützpunkt Köln/Bonn/Leverkusen. OSP News, (1): 19, 2002

[40] Geyer H, Bredehöft M, Mareck M et al. Hohe Dosen des Anabolikums Metandienon in Nahrungsergänzungsmitteln gefunden. Dtsch Apoth Ztg, 142 (29): 50–52, 2002

[41] BfArM und BfR warnen: Vorsicht beim Kauf von Muskelaufbaupräparaten. Pressemitteilung 10/06 vom 28.08.2006, www.bfarm.de

[42] www.osp-rheinland.de

Literaturtipps
- Berg A, König D. Optimale Ernährung des Sportlers, 4. Aufl., S. Hirzel Verlag, Stuttgart 2008
- Gröber U. Metabolic Tuning statt Doping. Mikronährstoffe im Sport. 1. Aufl., S. Hirzel Verlag, Stuttgart 2008
- Hanssen HP, Koch A, Richter R. Biogene Nahrungsergänzungsmittel. Wissenschaftliche Verlagsgesellschaft Stuttgart, 2008
- May-Manke A (Redakt.), Saur R (Redakt.), Scholz E (Redakt.). NEM-Liste 2010/2011. Nahrungsergänzungsmittel – Ergänzende bilanzierte Diäten – Diätetische Lebensmittel. NEM – Nahrungsergänzungsmittel-Verzeichnis. Wissenschaftliche Verlagsgesellschaft Stuttgart, 2009

4 Doping im Spitzensport

4.1	Entwicklung des Dopings im Spitzensport	66
4.2	Organisierter Sport in Deutschland	68
4.3	Organisation des Fördersystems im deutschen Sport	69
4.4	Das Kadersystem	71
4.5	Staatliche Sportförderung und Dopingbekämpfung	71
4.6	Anti-Doping in der Deutschen Sporthilfe	72
4.7	Die „Psyche" des Spitzensportlers	73
4.8	Persönlichkeitsrechte und Spitzensport	75
4.9	Datenschutz	75

4.1 Entwicklung des Dopings im Spitzensport

In dem Sinne, wie es heute verstanden wird, hat sich das Doping im Spitzensport bereits im 19. Jahrhundert etabliert. Die ersten Substanzen, die eingesetzt wurden, waren Coca-Blätter, Coca-Weine und Cocain. Zu Beginn des 20. Jahrhunderts kamen Strychnin und Ephedrin als neue „Akteure" in der Doping-Szene hinzu. Die Olympischen Spiele 1936 in Berlin werden häufig als Beginn des Amfetamin-Gebrauchs erwähnt. Der verbreitete Einsatz von Amfetaminen vor allem in Ausdauersportarten wie dem Radsport zusammen mit der geringen therapeutischen Breite der Substanzen führte in den 1960er-Jahren zu verheerenden Doping-(Todes)fällen [1]. In den 1950er Jahren begann der Gebrauch anaboler Steroide bei Gewichthebern und anderen Kraftsportlern in der Leichtathletik. Seit den 1970er Jahren wird das Blutdoping praktiziert, seit Ende der 1980er Jahre auch mit rekombinantem Human-EPO.

In den letzten Jahren hat das Doping neuartige, bedeutend gefährlichere Formen gefunden. Die Schlagworte heißen: Wachstums- und andere Hormone sowie Gendoping. Vor allem das Gendoping birgt einen revolutionären Ansatz, weil es auf eine Umprogrammierung des menschlichen Körpers hin zu einer optimalen Leistungsausprägung individueller Funktionen abzielt.

Die rasante Zunahme und das Bewusstwerden des Dopings führten dazu, dass das Internationale Olympische Komitee (IOC) erstmals im Jahr 1967 eine Liste verbotener Substanzen erstellte und veröffentlichte (▶ Kap. 12). Verbindliche Dopingkontrollen wurden bei den Olympischen Winterspielen 1968 in Grenoble und im selben Jahr bei den Sommerspielen in Mexiko eingeführt. Seither wurde die Dopingliste stetig erweitert und die Methoden für Dopingkontrollen immer weiter verfeinert.

Viele Jahre war es zumindest in der öffentlichen Wahrnehmung relativ ruhig an der „Dopingfront", von einigen spektakulären Einzelfällen vor allem in der Leichtathletik und im Radsport abgesehen. Erst in den Jahren 2015 und 2016 nahmen die Enthüllungen richtig Fahrt auf.

Für viele Furore und erhebliche Konsequenzen für die Sportler sorgte Ende 2014 der Film der ARD-Doping-Redaktion „Geheimsache Doping – Wie Russland seine Sieger macht." Im August 2015 folgte die TV-Doku „Geheimsache Doping: Im Schattenreich der Leichtathletik" über verbotene Praktiken in Russland und Kenia.

Im Nachgang zu der ersten ARD-Dokumentation gründete die Welt Anti-Doping Agentur (WADA, ▶ Kap. 8.1.1) die unabhängige Kommission bestehend aus drei Mitgliedern: dem ehemaligen Präsidenten der Welt Anti-Doping Agentur Richard W. Pound, dem kanadischen Sportrechts-Experten Prof. Richard H. McLaren und dem deutschen Kriminalbeamten Günter Younger. Sie sollte den Informationen des ARD-Berichts nachgehen und die Missstände aufklären. Das Mandat der Kommission wurde nach der zweiten Dokumentation der ARD im August 2015 verlängert. Der erste Bericht der Kommission wurde im November 2015 veröffentlicht, Teil 2 Mitte Januar 2016 [2, 3].

Die Ergebnisse offenbarten, dass es in der russischen Leichtathletik systematisches Doping und Sportbetrug gegeben hat. Zudem gab es Hinweise, dass der Internationale Leichtathletikverband IAAF bereits seit 2009 von dem systematischen Doping in Russland gewusst habe. Er soll eine große Zahl von auffälligen Blutproben verheimlicht und nicht sanktioniert zu haben. Außerdem ist dort von einem „kompletten Zusammenbruch der Führungsstrukturen und Fehlen von Verantwortlichkeit innerhalb der IAAF" die Rede. Unter anderem soll es ermöglicht worden sein, dass russische Athleten trotz positiver Dopingtests bei den Olympischen Spielen 2012 in London und bei den Weltmeisterschaften 2013 in Moskau an den Start gehen konnten.

Im Januar 2014 setzte der Radsportweltverband UCI eine unabhängige Untersuchungskommission (CIRC) zum Doping im Radsport ein. In dem 227-seitigen Ergebnisbericht der Kommission, der im März 2015 vorgelegt wurde, werden schwere Versäumnisse des Weltverbands im Anti-Doping-Kampf festgestellt [4]. Unter anderem soll die UCI den mehrfach zum Sieger der Tour de France gekürten Dopingsünder Lance Armstrong über Jahre geschützt haben, obwohl er längst unter Verdacht stand.

Licht in die deutsche Dopingvergangenheit brachte die im Jahr 2008 vom DOSB initiierte Studie „Doping in Deutschland von 1950 bis heute aus historisch-soziologischer Sicht im Kontext ethischer Legitimation", die vom Bundesinstitut für Sportwissenschaft (BISp, ▶ Kap. 10.3.1) an zwei Forschungsgruppen in Auftrag gegeben wurde. Mit dem Projekt sollten die Entwicklungen bis zur Herstellung der Deutschen Einheit und anschließend im wiedervereinigten Deutschland mit einem Schwerpunkt in der Dopinggeschichte Westdeutschlands aufgearbeitet werden.

Die Forschungsgruppe von der Berliner Humboldt-Universität legte ihre Schlussberichte für die Forschungszeiträume 1950 bis 1972 und 1972 bis 1990 im Jahr 2013 vor (Berliner Teilprojekt) [5, 6].

Eine Forschungsgruppe aus Münster erarbeitete die Themenkomplexe „Doping im Verhältnis von Staat und Sport von 1950 bis 2007" [7] sowie die „Rezeptionsgeschichte des Dopings in Deutschland von 1950 bis 2009" (Münsteraner Teilprojekt) [8].

Die Studien, insbesondere die Ergebnisse der Humboldt-Universität haben über die Medien in der deutschen Öffentlichkeit hohe Aufmerksamkeit gefunden [9].

Im Nachgang dazu setzte das Präsidium des DOSB im Herbst 2013 die Kommission „Doping in Deutschland" ein. Sie sollte das Präsidium dahingehend beraten, welche Konsequenzen aus den Ergebnissen der Studie gezogen werden sollten. Die von dem ehemaligen Bundesverfassungsrichter Prof. Dr. Udo Steiner geleitete und mit sieben Experten besetzte unabhängige Kommission (Steiner-Kommission) legte im Juni 2014 ihren Abschlussbericht vor. Eine der Kernforderungen des Abschlussberichts lautet, die Anti-Doping-Arbeit mit Nachdruck fortzusetzen. Außerdem sprach sich die Steiner-Kommission dafür aus, den von der Berliner Forschungsgruppe nicht abgedeckten Untersuchungszeitraum ab 1990 zusätzlich zu bearbeiten [10].

4.2 Organisierter Sport in Deutschland

Den Sportverbänden und -vereinen kommt in Deutschland eine sehr starke und autonome Stellung zu. Von besonderer Relevanz für die Vereinsstruktur in Deutschland ist die in der deutschen Verfassung, dem Grundgesetz (GG), vorgeschriebene Trennung zwischen Staat und Sport.

Zum besseren Verständnis des Umfelds eines Menschen, der leistungsorientiert Sport treibt, soll die strukturelle Organisation des Leistungssports in Deutschland kurz umrissen werden.

Die Organisationsstruktur des (Wettkampf-)Sports wird auf nationaler und internationaler Ebene weitgehend von denselben Prinzipien bestimmt und ist geprägt von einer vertikalen und horizontalen Gliederung. Die Vertikale folgt einem pyramidenförmigen Aufbau. Damit soll sichergestellt werden, dass die Regeln innerhalb der jeweiligen Sportart einheitlich gebildet und durchgesetzt werden, was für die Durchführung von Wettkämpfen auf weltweiter, nationaler oder regionaler Ebene unabdingbar ist.

Neben dieser vertikalen Struktur innerhalb der jeweiligen Fachsportart existieren auch horizontale Organisationsstrukturen für die Verfolgung überfachlicher Aufgaben, wie etwa der Deutsche Olympische Sportbund (DOSB) [11].

Die Dachorganisation des organisierten Sports in Deutschland (DOSB) wurde am 20.05.2006 gegründet und ging aus dem Deutschen Sportbund (DSB) und dem Nationalen Olympischen Komitee für Deutschland (NOK) hervor, dessen Aufgaben er in der weltweiten olympischen Bewegung weiterhin wahrnimmt. Durch die Zusammenführung sollte eine schlankere Struktur, eine effizientere Organisation und eine größere Nähe zu den Mitgliedsorganisationen hergestellt werden. Der deutsche Sport spricht damit mit einer Stimme gegenüber Politik, Wirtschaft und Medien, um die Interessen der Sportbewegung insgesamt zu vertreten.

Dem DOSB gehören insgesamt 62 Bundessportfachverbände (34 olympische und 28 nichtolympische) an (siehe Text im Kasten). Sie sind für die Organisation des Spitzensports in den von ihnen betriebenen Sportarten und Disziplinen zuständig und regeln alle Angelegenheiten ihrer Sportart (z. B. Aufstellung der Nationalmannschaften, Teilnahme an internationalen Wettkämpfen, Durchführung von deutschen Meisterschaften, Länderkämpfen, Europa- und Weltmeisterschaften). Sie vertreten ihre Sportart auch in den internationalen Sportfachverbänden, z. B. ist der Deutsche Leichtathletikverband Mitglied des Europäischen Leichtathletikverbands EAA (European Athletics Association) und des Weltleichtathletikverbands IAAF (International Association of Athletics Federations). Die Grundlage ihrer Arbeit sind verbandseigene Regelwerke.

Zudem sind 20 Verbände mit besonderen Aufgaben, darunter u. a. die Deutsche Gesellschaft für Sportmedizin und Prävention (DGSP), der Deutsche Jugendkraft Sportverband (DJK), der Christliche Verein Junger Menschen (CVJM), der Allgemeine Deutsche Hochschulsportverband (adh), Special Olympics Deutschland (SOD) und die Deutsche Vereinigung für Sportwissenschaft (dvs) Mitglied im DOSB.

Im organisierten Sport in Deutschland gilt wie im politischen System das Prinzip des Föderalismus. Jedes Bundesland hat für festgelegte Bereiche die Entscheidungsgewalt [1].

Deshalb gibt es in den 16 Bundesländern noch eigene Dachorganisationen, die Landessportbünde (LSB), die jeweils alle Sportarten vereinen und besonders im Breiten- und Nachwuchssport aktiv sind. Die LSB nehmen eine Reihe überfachlicher Aufgaben wahr, u. a. die Vertretung der Interessen der Sportvereine auf Landesebene, Förderung des Sportstättenbaus oder dem Versicherungsschutz der Vereine. Die LSBs sind ebenfalls Mitglieder im DOSB. Auch die nationalen Sportfachverbände haben in den 16 Bundesländern jeweils einen eigenen Landesfachverband (LFV).

Für den Breitensport sind die Sportvereine die wichtigsten Träger des organisierten Sports; sie sind überwiegend eingetragene, gemeinnützige Vereine. Die meisten Vereine sind Mitglieder in Kreis-, Bezirks- und Landesfachverbänden (für die einzelnen Sportarten) [12, 13].

Daten und Fakten zum DOSB

Der Deutsche Olympische Sportbund ist mit mehr als 27 Millionen Mitgliedschaften in über 90 000 Turn- und Sportvereinen die größte Bürgerbewegung und somit auch die größte Sportfamilie Deutschlands.

In den Sportvereinen engagieren sich 8,6 Millionen Freiwillige, davon 740 000 Amtsträger auf der Vorstandsebene (z. B. Vorsitzender) und 1 Million auf der Ausführungsebene. Rund 6 Millionen helfen bei Veranstaltungen, im Spiel- und Wettkampfbetrieb.

Unter Sportfamilie versteht der DOSB die 98 Mitgliedsorganisationen sowie deren Untergliederungen, die den Sport in Deutschland gestalten und organisieren.

Zu den Mitgliedern im Deutschen Olympischen Sportbund gehören:
- 16 Landessportbünde,
- 62 Spitzenverbände (34 olympische und 28 nichtolympische),
- 20 Verbände mit besonderen Aufgaben,
- 2 IOC-Mitglieder (Thomas Bach, Claudia Bokel),
- 15 Persönliche Mitglieder.

Quelle: www.dosb.de (Zugriff 14.06.2016)

4.3 Organisation des Fördersystems im deutschen Sport

Kaum ein Sportler kann sein langjähriges Aufbautraining und seine Karriereplanung aus eigener Tasche finanzieren. Bei vielen bleibt die schulische Ausbildung oder die Berufsausbildung auf der Strecke und wird schließlich auf das „Leben nach dem Sport" verschoben.

Um die großen Opfer, die jeder junge Sportler für sein Weiterkommen aufbringen muss, etwas abzufedern oder um dieses überhaupt zu ermöglichen, bietet der Staat über das System des organisierten Sports eine finanzielle Förderung an [14]. Die Organisation und Entwicklung der Förderstrukturen liegen im Zuständigkeitsbereich des Deutschen Olympischen Sportbunds (DOSB) und der Spitzenverbände der jeweiligen Sportarten. Mit der Förderung des Spitzensports wollen der Staat und der DOSB die Chancen für ein erfolgreiches Abschneiden deutscher Spitzensportler bei internationalen Wettkämpfen wie etwa den Olympischen Spielen erhalten und den Stellenwert des Spitzensports in Deutschland sichern.

Unter Förderung wird hierbei nicht nur die finanzielle Unterstützung durch den Staat oder die Wirtschaft verstanden, sondern das Gesamtsystem, in dem Sportler, Trainer und weitere Personengruppen in einem spezifischen Bedingungsgefüge interagieren. Wesentliche Bausteine des Fördersystems in Deutschland sind:

- das Kadersystem (◘ Tab. 4.1),
- das Trainerwesen,
- das Stützpunktsystem,
- die Regionalisierung.

Innerhalb dieser Bausteine bzw. Einzelsysteme müssen alle Fördermaßnahmen koordiniert werden. Hierzu gehören z. B. auch die Kooperationen zwischen Schule und Verein sowie die Talentsichtung. Unter Regionalisierung ist die Wahrnehmung der Verantwortung für die Entwicklung der Sportarten durch die Landesfachverbände (LFV) und Landessportbünde (LSB) zu verstehen.

◘ **Tab. 4.1** Das Kadersystem der deutschen Sportförderung. Nach DOSB, Anpassung der Kadersystematik zum 01.01.2015

Kader	Mitglieder und Inhalt
A	Athleten/innen, die aufgrund ihrer erbrachten Leistungen der Weltspitze angehören. Der A-Kaderstatus wird in der Regel für ein Jahr anerkannt und orientiert sich an den Kaderüberprüfungsterminen des jeweiligen Spitzenverbands.
B	Athleten/innen, die die Altersgrenze des C-Kaders in der jeweiligen Sportart überschritten haben und die sportartspezifischen Leistungskriterien der Spitzenverbände für die Aufnahme in den B-Kader im Hinblick auf eine deutliche mittelfristige Perspektive zum Erreichen von internationalen Spitzenleistungen (A-Kaderkriterien) erfüllen.
C	Bundes-Nachwuchskader eines Spitzenverbands. Er orientiert sich am gültigen Juniorenalter in der jeweiligen Sportart und unterliegt einer zeitlichen Begrenzung. Er umfasst Athlet/innen eines Verbands mit der höchsten mittel- bzw. langfristigen Erfolgsperspektive für den internationalen Spitzensport sowie Teilnehmer/innen an den internationalen Wettkampfhöhepunkten im Juniorenbereich.
DC	Einzelne, vom Spitzenverband aufgrund besonderer Spitzensportperspektive ausgewählte Athlet/innen aus dem D-Kader. Als Landeskader bleibt er/sie weiterhin in der Förderkompetenz der Bundesländer, kann aber in Fördermaßnahmen des Spitzenverbands eingebunden werden. Schnittstelle zwischen Landes- und Bundeskader.
D	Erste offizielle Stufe im Kadersystem Schwerpunkt in der Landesförderung.
Sonderkader	Kaderathleten/innen, die temporär die erforderlichen Leistungsnachweise für die Aufnahme in die jeweiligen Kadergruppen (A-, B-, C-, oder DC-Kader) aufgrund von verletzungs-, krankheits- und/oder beruflichen Umständen nicht erbringen können.

4.4 Das Kadersystem

Das Kadersystem bildet den organisatorischen Rahmen zur Auswahl von Sportlerinnen und Sportlern für eine gezielte Förderung, verbunden mit einer effektiven Gestaltung der Trainingsetappen (Grundlagen-, Aufbau-, Anschluss- und Hochleistungstraining). Seit dem 01.01.2015 gilt im DOSB eine aktualisierte Kadersystematik als Grundlage für die gezielte Förderung von Athletinnen und Athleten (◘ Tab. 4.1).

4.5 Staatliche Sportförderung und Dopingbekämpfung

Direkte Zuwendungen des Bundes werden im Bereich des Spitzensports an Bundessportfachverbände sowie Olympiastützpunkte und Bundesleistungszentren gewährt. Eine Förderung kann haushaltsrechtlich nur dann gewährt werden, wenn die Zuwendungsempfänger ihre eigenen finanziellen Möglichkeiten voll ausgeschöpft haben (Subsidiarität der Sportförderung) [13].

Die Förderung von Maßnahmen der Bundessportfachverbände im Bereich des Spitzensports nimmt in der Sportförderung des BMI eine zentrale Stellung ein. Nach dem 13. Sportbericht der Bundesregierung von 2014 werden 31 Bundessportfachverbände mit olympischen Sportarten unmittelbar gefördert, darüber hinaus erstreckt sich die Spitzensportförderung des BMI auf 15 Bundessportfachverbände mit nichtolympischen Sportarten. Der Förderumfang orientiert sich an Zielvereinbarungen zwischen dem DOSB und den Bundessportfachverbänden sowie an der jährlichen Überprüfung des Zielerreichungsprozesses in „Meilensteingesprächen".

Das Stützpunktsystem besteht aus den Strukturelementen Olympiastützpunkte (OSP), Bundesleistungszentren (BLZ), Bundesstützpunkte (BSP) und Bundesstützpunkt-Nachwuchs (BSP-N).

- Olympiastützpunkte sind Betreuungs- und Serviceeinrichtungen für Athleten der olympischen Disziplinen (Olympia-Top-Team und A- bis C-Kader der Spitzenverbände) und deren verantwortliche Trainer. Zurzeit (Juli 2016) gibt es 19 OSP.
- Bundesleistungszentren sind vom BMI im Einvernehmen mit dem DOSB und den Bundessportfachverbänden anerkannte Sportstätten mit Unterbringungs- und Verpflegungsmöglichkeiten, in denen zentrale Lehrgangs- und Schulungsmaßnahmen der Bundessportfachverbände stattfinden. Sie dienen primär der Ausbildung und Förderung von Bundeskadern der Bereiche A, B und C sowie der Durchführung anderer in die Zuständigkeit von Bundessportfachverbänden fallender Fördermaßnahmen für den Hochleistungssport. Aktuell (Juli 2016) existieren vier BLZ: BLZ Duisburg (Kanu-Rennsport), BLZ Hennef (Boxen, Ringen), BLZ Kienbaum (sportartübergreifend), BLZ Wiesbaden (Schießen).
- Bundesstützpunkte (BSP): Die BSP und die BSP-N sind für die Spitzensportfachverbände die zentralen Elemente des Stützpunktsystems zur Umsetzung ihrer Leistungssportkonzeption im täglichen Training vor Ort. An den BSP arbeiten die Partner Verein, Landesfachverband und Bundessportfachverband eng und zielorientiert zusammen [13].

Der Staat kann die finanzielle Sportförderung mit Auflagen verknüpfen, die erfüllt werden müssen, um Fördergelder zu erhalten bzw. um diese nicht rückerstatten zu müssen. Seit Jahren enthalten die Förderbescheide für deutsche Sportverbände auch Anti-Doping-Klauseln. Mit diesen wird den Verbänden unter anderem konkret aufgegeben, den Nationalen Anti-Doping Code (NADC, ▶ Kap. 8.2.3) umzusetzen und Verstöße gegen diesen Code zu sanktionieren.

Als Reaktion auf die zahlreichen öffentlichen Geständnisse von Athleten, Ärzten und Trainern im Spitzensport richtete das BMI am 30.05.2007 die „Projektgruppe Sonderprüfung Doping im BMI" ein. Sie sollte überprüfen, inwieweit die Auflagen, die den Zuwendungsempfängern in den Zuwendungsbescheiden für Fördergelder in Bezug auf die Dopingbekämpfung gemacht wurden, eingehalten wurden. Die Projektgruppe überprüfte 31 Spitzenverbände, 20 Olympiastützpunkte und 4 Bundesleistungszentren und legte am 19.12.2007 ihren Abschlussbericht vor [14]. Der Bericht kam zu dem Ergebnis, dass es keine unmittelbare Verwendung von Fördergeldern des Bundes für Zwecke des Dopings gegeben hat, wohl aber strukturelle Defizite in der Förderung bzw. bei den Verbänden.

Als Konsequenz aus dem Ergebnisbericht müssen die Verbände seit 2008 als Grundlage für eine effektivere Prüfung der Auflagen für die Fördergelder im Hinblick auf die Dopingbekämpfung einen jährlichen Anti-Doping-Bericht vorlegen. Die Antworten werden von der NADA und vom Bundesverwaltungsamt (BVA) ausgewertet und überprüft. Sofern hierbei Verfehlungen oder Missstände zu Tage kommen, kooperieren die Anti-Doping-Organisationen, um den Verband zur Behebung des Defizits zu bewegen. Sollte dies nicht erfolgreich sein, leitet das Bundesinnenministerium zuwendungsrechtliche Schritte gegen den Verband ein.

Als Ergebnis der zuwendungsrechtlichen Auswertung der Anti-Doping-Berichte für das Jahr 2008 wurden insgesamt 117 000 Euro an Fördermitteln bestandskräftig zurückgefordert. Im Jahr 2013 wurde einem Verband ein Betrag in Höhe von 85 000 Euro nicht bewilligt, weil dieser zwei Anti-Doping-Verfahren nicht hinreichend aktiv betrieben hatte [12, 13].

4.6 Anti-Doping in der Deutschen Sporthilfe

Eine andere Fördermöglichkeit für Spitzensportler ist die Stiftung Deutsche Sporthilfe (DSH). Sie wurde im Jahr 1967 gegründet und finanziert sich ausschließlich durch Spenden und eigene Aktivitäten. Seit ihrer Gründung hat die Deutsche Sporthilfe rund 47 000 Nachwuchs- und Spitzensportler mit 390 Mio. Euro Fördergeldern unterstützt. Derzeit werden rund 3800 Athleten in über 50 Sportarten mit bis zu 12,5 Mio. Euro pro Jahr gefördert. Zusätzlich unterstützt die DSH rund 600 Nachwuchstalente in Internaten der Eliteschulen des Sports. Die Förderungsleistungen setzen sich aus verschiedenen Förderbausteinen wie z. B. Grundförderung, leistungsabhängige Förderung und Prämien, berufliche Förderung (Stipendium, Nachhilfe oder Verdienstausfall), sportfachliche und technische Fördermaßnahmen (Trainingslager oder Materialbeihilfen) und Vorteilsangeboten von Wirtschaftspartnern zusammen [13].

Wer gefördert werden will, muss die Athletenvereinbarung mit der Sporthilfe anerkennen und den im Jahr 2007 eingeführten Sporthilfe-Eid leisten (Auszüge siehe Kasten).

> **Sporthilfe-Eid**
> - Mir ist bewusst, dass ich als Geförderter der Deutschen Sporthilfe zu einer Elite gehöre.
> - Mir ist bewusst, dass ich selbst mithelfen muss, Gegenwart und Zukunft des Sports und der Deutschen Sporthilfe durch mein Zutun und meine Hilfe abzusichern.
> - Auf dieser Grundlage erkläre ich, dass ich mich mit den Grundsätzen „Leistung. Fairplay. Miteinander." der Deutschen Sporthilfe und mit ihrem Leitbild identifiziere. Ich verspreche, mein Handeln und Auftreten als Sportler und Mensch an diesen Grundsätzen auszurichten.
> - Ich weiß und akzeptiere, dass mich die Deutsche Sporthilfe bei Verstößen gegen die oben genannten Prinzipien und Grundsätze von der Förderung ausschließen kann.
> - Insbesondere akzeptiere ich das Recht der Deutschen Sporthilfe, Zahlungen an mich zurückzufordern, wenn ich gegen das Anti-Doping-Regelwerk der NADA (NADA-Code) und die Anti-Doping-Bestimmungen des zuständigen nationalen und internationalen Fachverbands verstoßen habe. Die Deutsche Sporthilfe kann Förderungszahlungen für einen Zeitraum von bis zu zwei Jahren zurückfordern.
>
> Quelle: www.sporthilfe.de (Zugriff Juli 2016)

4.7 Die „Psyche" des Spitzensportlers

Moderne Spitzensportler sind unentwegt im „Dauerstress", und das nicht nur auf dem Platz, in der Schwimmhalle oder auf der Bahn, sondern auch im privaten Bereich. Nur herausragende Leistungen finden bei Zuschauern, Medien und Sponsoren Interesse. So ist ihre Psyche nicht nur durch den Anreiz stattlicher Belohnungen für Siege und Medaillen geprägt, sondern auch durch die Möglichkeit, mit einem spektakulären Sieg quasi „über Nacht" zum Star zu werden. „Gewinnen um jeden Preis" heißt vor diesem Hintergrund die Devise. So mag der Griff zu leistungsfördernden Substanzen zwar mit einem gewissen Unrechtsbewusstsein verbunden sein, doch wird dieses, sollte sich der gewünschte Erfolg tatsächlich einstellen, nur allzu gerne wieder verdrängt [15].

Der Bericht der Steiner-Kommission aus dem Jahr 2014 (▶ Kap. 4.1, [10]) bringt das Problem auf den Punkt (siehe Kasten: „Spitzensport absorbiert Athleten vollständig").

Auch der Tübinger Sportwissenschaftler Prof. Dr. Ansgar Thiel hat die Situation in einem Fachartikel von Anfang 2016 treffend charakterisiert (siehe Kasten : Gespaltener „Sports-Geist").

Insgesamt scheint die Motivation für Doping von den Anfangsjahren bis heute einen Wandel durchgemacht zu haben. Früher wurde „offensives Doping" betrieben: Doping, um sich einen Vorteil zu verschaffen. Heute, so meinen viele Athleten, gelte eher das „defensive Doping": Doping, um einen Nachteil auszugleichen. Dabei wird vorausgesetzt, dass die Konkurrenten überwiegend ebenfalls dopen.

Spitzensport absorbiert Athleten vollständig

„Das Zusammenspiel von Publikum, Massenmedien und Politik führt zu einer Entfesselung und Radikalisierung des Sieges-Codes: noch bessere Leistungen, noch schneller, noch höher, noch weiter. Hinzu kommt, dass Verlieren und Gewinnen existentiell bedeutsamer werden, wobei auch die Sportverbände Teil dieser spezifischen Akteurskonstellation sind. Denn auch sie sind ebenso abhängig von Sponsoren, also von wirtschaftlichen Zuwendungen, wie von der Politik und deren Unterstützung, die wiederum in Abhängigkeit von sportlichen Erfolgen und damit verbundenen Publikumsinteressen erfolgt. Inso-fern haben auch die Sportverbände ein großes Interesse an sportlichen Erfolgen und tun alles, um diese zu ermöglichen. Für die Athleten aber bedeutet all dies zusammengenommen, dass deren Inklusion in den Spitzensport immer totaler wird. Der Spitzensport absorbiert die Athleten vollständig, Schule, Studium, Beruf werden immer schwerer vereinbar mit Spitzensport. Die Trainingsumfänge steigen, die Zahl der Wettkämpfe ebenso.

Dass aufgrund der Totalisierung der Sportlerrolle und des damit einhergehenden enormen Erfolgsdrucks eine „Doping-Neigung" in nicht wenigen Sportarten entstehen kann, erscheint daher nur allzu verständlich.

Die Sportverbände tragen zum Dopingrisiko implizit bei, wenn sie die Normen für die Teilnahme an internationalen Wettkämpfen so hoch ansetzen, dass sie mit „normalen" Mitteln kaum zu erreichen sind, vielmehr geradezu nach „heimlicher Unterstützung" verlangen. Damit aber ist Doping [...] stets als Systemproblem zu verstehen. Dies sollte man wissen, wenn man nach „Lösungen" sucht [10]."

Quelle: Bericht der Steiner-Kommission, 2014

Gespaltener „Sports-Geist"

„Innerhalb der offiziellen Programmatik des modernen organisierten Sports weht ein gespaltener „Sports-Geist", angesiedelt zwischen Doping begünstigender Höchstleistungserwartung und einer Doping verbietenden Fairness-Moral. [...] Alle entscheidenden Anreizstrukturen des modernen Spitzensports prämieren Leistung, nicht Moral oder bloße Teilnahme. Im nationalen Fördersystem bekommt ein Verband nicht deshalb mehr oder weniger Geld, weil seine Athleten mehr oder weniger Fair Play an den Tag legen. [...] Das Prämiensystem berücksichtigt Rangplätze, Titel und Rekorde. [...] Aus soziologischer Perspektive liegt die These nahe: Manipulationen im Spitzensport sind eine fast zwangsläufige Erscheinung in einem System, das immer mehr Steigerung verlangt, obwohl eigentlich kaum mehr Steigerung möglich ist. [...] Eine wesentliche Ursache von Dopinghandlungen liegt also in den Strukturzwängen, in den „Fallen des Spitzensports" [...] Vor diesem Hintergrund ist es zu einfach, nur mit dem Finger auf die Dopingtäter zu zeigen und es dabei zu belassen. Es sind eben nicht nur die Athleten, die schuld am Doping sind. Vielmehr werden Athleten durch ihr sportliches Umfeld zu extrem risikobereiten Personen sozialisiert [16]."

Quelle: A. Thiel, 2016

4.8 Persönlichkeitsrechte und Spitzensport

Spitzensportler opfern nicht nur ein Höchstmaß an Zeit, Energie und auch Geld für ihren Sport, sie müssen auch hinnehmen, dass sie sich selbst im Alltag nicht so frei bewegen können wie jeder andere normale Bürger. Dopingkontrollen schränken die Freiheit des Athleten in beachtlichem Maße ein (▶ Kap. 8.2.6), zum einen durch die strengen Meldepflichten über den Aufenthalt im Voraus, zum anderen durch die Kontrollen durch Dritte bei der Entnahme von Blut und Urin zur Verhinderung von Manipulationen. Eine weitere Einschränkung der Persönlichkeitsrechte besteht in der Speicherung von Gesundheitsdaten und Kontrollergebnissen über einen längeren Zeitraum sowie die Lagerung von Proben der Körperflüssigkeiten.

Die Athletenvereinbarung, die das Rechtsverhältnis zwischen den Athleten und den jeweiligen Sportverbänden regelt, enthält neben dem sportrechtlichen (▶ Kap. 8.2.3) auch einen wirtschaftlichen Teil, in dem es um die Verwertung von Persönlichkeitsrechten des Athleten durch die Verbände geht. Um Verträge mit Sponsoren und Ausrüstern schließen zu können, brauchen die Verbände einen Teil der Werberechte und -flächen der Athleten (z. B. für Trikotwerbung) und dessen Erlaubnis, dies zu tun. Gerade bei Einzelsportlern können Einnahmen aus der Vermarktung ihrer Persönlichkeitsrechte eine wichtige oder sogar die wichtigste Einnahmequelle darstellen. Aus der Sicht der Verbände ist zu berücksichtigen, dass diese erst die Plattform bieten, durch die der jeweilige Athlet gefördert wird und an Wettbewerben teilnehmen und sich damit idealerweise auch vermarkten kann [17].

Zwar muss der Athlet im Interesse der Bekämpfung des Dopings im Sport bestimmte Einschränkungen hinnehmen, jedoch sollte hierbei seine Menschenwürde nicht vollkommen aus dem Blickfeld geraten. Die Tatsache allein, dass ein Athlet sich den Anti-Doping-Regeln freiwillig unterwirft, rechtfertigt nicht die Verletzung seiner Menschenwürde, denn es bleibt ihm schließlich nichts anderes übrig, als sich zu unterwerfen, wenn er in dem System mitmachen will.

4.9 Datenschutz

Die Erhebung, Verarbeitung und Nutzung personenbezogener Daten sind für die Arbeit der NADA in der Dopingbekämpfung von maßgeblicher Bedeutung. Grundsätzlich gelten hierfür die allgemeinen datenschutzrechtlichen Vorschriften. Nach § 4 des Bundesdatenschutzgesetzes (BDSG) [18] sind die Erhebung, Verarbeitung und Nutzung personenbezogener Daten nur zulässig, soweit die allgemeinen datenschutzrechtlichen Vorschriften oder andere Rechtsvorschriften dies erlauben bzw. anordnen oder der Betroffene eingewilligt hat. Die NADA und die Anti-Doping-Organisationen sind gemeinsam dafür verantwortlich, den Schutz personenbezogener Daten, die im Zusammenhang mit Anti-Doping-Maßnahmen verarbeitet werden, gemäß den Vorschriften des Bundesdatenschutzgesetzes (BDSG) zu gewährleisten.

Das Anti-Doping-Gesetz (▶ Kap. 10.3.3) enthält bereichsspezifische Vorschriften zum Umgang mit personenbezogenen Daten (§ 9 AntiDopG), insbesondere zum Umgang mit sensiblen Gesundheitsdaten (§ 10 AntiDopG), jeweils im Rahmen des von der NADA genutzten Dopingkontrollsystems [19]. Nach der Gesetzesbegründung soll die Erhebung, Verarbeitung und Nutzung personenbezogener Daten durch die NADA aufgrund der

Bedeutung der Dopingbekämpfung nach dem Anti-Doping-Gesetz unabhängig von einer datenschutzrechtlichen Einwilligung des Betroffenen zulässig sein. Im Übrigen bleibt die NADA an die geltenden allgemeinen datenschutzrechtlichen Bestimmungen gebunden.

Gesundheitsdaten sind besondere Arten von personenbezogenen Daten, deren Verarbeitung nach EU-Vorgaben und Vorgaben des Datenschutzgesetzes nur in gesetzlich geregelten Ausnahmefällen erlaubt ist. Nach der relevanten EU-Richtlinie können die Mitgliedstaaten vorbehaltlich angemessener Garantien aus Gründen eines wichtigen öffentlichen Interesses im Wege einer nationalen Rechtsvorschrift Ausnahmen vorsehen. Von dieser Ermächtigung wird im Hinblick auf die Bedeutung eines effektiven Dopingkontrollsystems mit § 10 Anti-Doping-Gesetz Gebrauch gemacht.

Zu den gesundheitsbezogenen Daten gehören Blut- und Urinwerte sowie aus anderen Körperflüssigkeiten und Gewebe gewonnene Werte, die erforderlich sind, um die Anwendung verbotener Dopingmittel oder Dopingmethoden nachzuweisen und die für die Erteilung einer Medizinischen Ausnahmegenehmigung (▶Kap. 6.3) für die erlaubte Anwendung verbotener Dopingmittel oder Dopingmethoden erforderlichen Angaben (§ 10 Abs. 1 Satz 1 AntiDopG). Der Absatz erlaubt auch die weitergehende Nutzung der aufgrund von Urin- und Blutproben gewonnenen Daten im Zusammenhang mit der Langzeitlagerung oder für den biologischen Athletenpass (▶Kap. 8.2.6).

Auch die Datenübermittlung durch die NADA an Dritte im Hinblick auf besonders sensible Daten wird im Anti-Doping-Gesetz geregelt (§ 10 Abs. 2 AntiDopG) [19]. Hiernach darf die NADA Ergebnisse von Dopingproben und Disziplinarverfahren im Rahmen des Dopingkontrollsystems sowie eine erteilte Medizinische Ausnahmegenehmigung an eine andere nationale Anti-Doping-Organisation, einen internationalen Sportfachverband, einen internationalen Veranstalter von Sportwettkämpfen oder die Welt Anti-Doping Agentur übermitteln, soweit diese für die Dopingbekämpfung nach dem Dopingkontrollsystem der NADA und der WADA zuständig sind und die Übermittlung zur Durchführung dieses Dopingkontrollsystems erforderlich ist. Gesundheitsdaten, die die NADA bei der Beantragung von Medizinischen Ausnahmegenehmigungen erhält, dürfen ausschließlich auf gesonderten Antrag der WADA an diese übermittelt werden.

Auch im sportrechtlichen Regelwerk wird der Datenschutz angesprochen. Nach dem NADA-Code (Art. 14.6 Datenschutz) darf die NADA personenbezogene Daten von Athleten und von anderen am Dopingkontrollverfahren beteiligten Personen erheben, verarbeiten oder nutzen, soweit dies zur Planung, Koordinierung, Durchführung, Auswertung und Nachbearbeitung von Dopingkontrollen und zum Zweck einer effektiven Dopingbekämpfung erforderlich ist [20].

Hinsichtlich der Dopingkontrollen und Ermittlungen fordert der NADC (Art. 5.4.3 NADC), dass die personenbezogenen Daten der Athleten stets vertraulich behandelt werden und ausschließlich für die Planung, Koordinierung und Durchführung von Dopingkontrollen, zur Bereitstellung von Informationen für den Biologischen Athletenpass oder anderen Analyseergebnissen, im Rahmen von Ergebnismanagement- und/oder Disziplinarverfahren aufgrund eines (oder mehrerer) möglicher Verstöße gegen Anti-Doping-Bestimmungen verwendet werden dürfen.

Die WADA hat einen Internationalen Standard zum Schutz von Persönlichkeitsrechten und persönlichen Daten (International Standard for the Protection of Privacy and Personal Information (ISPPI) entwickelt (▶Kap. 8.1.4), der in Deutschland durch den NADA-Standard Datenschutz (Version 3.0 von 01.01.2015) umgesetzt wurde.

Die personenbezogenen Daten müssen vernichtet werden, sobald sie für diese Zwecke nicht mehr benötigt werden. Mit Wirkung ab 01.01.2013 sind Speicherfristen für personenbezogene Daten bei der NADA in Kraft getreten. Damit hat die NADA die Vorgaben der WADA nach dem ISPPI umgesetzt. Entsprechend den Forderungen der nationalen und europäischen Datenschutz-Aufsichtsbehörden werden in der Anlage zum „Standard für Datenschutz" der NADA differenzierende Speicherfristen für die verschiedenen Kategorien von Personen (z. B. Athleten, Betreuer) und für Aufenthaltsdaten und Daten über Dopingverstöße, auch TUE festgelegt.

Die Nationale Anti Doping Agentur Deutschland hat das Amt eines externen Beauftragten für Datenschutz installiert. Ein unabhängiger Ombudsmann für Datenschutz und Fragen zu Vorgaben der WADA/NADA fungiert als Ansprechpartner für Athleten und Betreuer.

Ab 2018 wird die neue Datenschutz-Grundverordnung den Datenschutz in der EU verbindlich regeln. Sie wird auch den Datenschutz bei der Dopingbekämpfung mitbestimmen [21].

Literatur

[1] Haupt O, Friedrich C. Zur Geschichte der Dopingmittel. Pharmakon, 4 (1): 8–16, 2016
[2] THE INDEPENDENT COMMISSION REPORT. 1. FINAL REPORT. 09.11.2015, https://wada-main-prod.s3.amazonaws.com/resources/files/wada_independent_commission_report_1_en.pdf
[3] THE INDEPENDENT COMMISSION REPORT. 2. 14.01.2016, amended 27.01.2016, https://wada-main-prod.s3.amazonaws.com/resources/files/wada_independent_commission_report_2_2016_en_rev.pdf
[4] Cycling Independent Reform Commission. Report to the President of the Union Cycliste Internationale. Lausanne, Februar 2015. www.uci.ch/mm/Document/News/CleanSport/16/87/99/CIRCReport2015_Neutral.pdf
[5] Spitzer G, Eggers E, Schnell HJ et al. Siegen um jeden Preis. Doping in Deutschland: Geschichte, Recht, Ethik 1972–1990, Verlag Die Werkstatt, 2013
[6] Spitzer G (Hrsg), Doping in Deutschland. Geschichte, Recht, Ethik 1950–1972, Sportverlag Strauß, Bd. 7, 2013
[7] Krüger M, Becker C, Nielsen S et al. Doping und Anti-Doping in der Bundesrepublik Deutschland 1950 bis 2007: Genese – Strukturen – Politik. Arte Verlag Christian Becker, Hildesheim 2014
[8] Meier HE, Rose A, Woborschil S et al. Rezeptionsgeschichte des Dopings in Deutschland von 1950 bis 2009. www.bisp.de
[9] 13. Sportbericht der Bundesregierung. Drucksache 18/3523, 05.12.2014
[10] Steiner U. DOSB-Beratungskommission. Doping in Deutschland. Abschlussbericht, 04.06.2014
[11] Senkel K. Wirksamkeitschancen des „Anti-Doping-Rechts". Eine interdisziplinäre Analyse zu den Anforderungen an Dopingbekämpfungsmechanismen und deren Umsetzung. Dissertation, Saarbrücken 2014
[12] 12. Sportbericht der Bundesregierung. Drucksache 17/2880, 03.09.2010
[13] 13. Sportbericht der Bundesregierung. Drucksache 18/3523, 05.12.2014
[14] Bundesministerium des Innern. Abschlussbericht Projektgruppe Sonderprüfung Doping. 19.12.2007, www.bmi.bund
[15] Bamberger M, Yaeger D. Over the edge. Sports illustrated, April 14: 62–70, 1997

[16] Thiel A. Leistungsmanipulation im Spitzensport aus soziologischer Sicht. Pharmakon, 4 (1): 54–59, 2016
[17] Athleten- und Schiedsvereinbarungen. Fragen- und Antwort-Katalog der Athletenkommission im DOSB. In Zusammenarbeit mit dem Institut für Deutsches und Internationales Sportrecht e. V. in Leipzig – IDIS
[18] Bundesdatenschutzgesetz (BDSG) in der Fassung der Bekanntmachung vom 14. Januar 2003 (BGBl. I S. 66), zuletzt geändert durch Artikel 1 des Gesetzes vom 25. Februar 2015 (BGBl. I S. 162)
[19] Gesetz gegen Doping im Sport (Anti-Doping-Gesetz – AntiDopG) vom 10. Dezember 2015 (BGBl. I S. 2210), geändert durch Artikel 1 der Verordnung vom 8. Juli 2016 (BGBl. I S. 1624)
[20] Nationale Anti Doping Agentur Deutschland (Hrsg). Nationaler Anti-Doping Code 2015. www.nada.de/fileadmin/user_upload/nada/Downloads/Regelwerke/NADA-Code_2015.pdf
[21] NADA Jahresbericht 2015. www.nada.de

5 Medikamentenmissbrauch im Breitensport

5.1 Fitnessstudios und Marathonszene 79
5.2 Erhebungen zum Missbrauch von Arzneimitteln im Freizeit- und Breitensport 80
5.3 Beschaffung von Dopingmitteln im Breitensport 82

Der Spitzensport übt mit seiner medienwirksamen Vermarktung eine ungeheure Faszination auf alle Schichten der Bevölkerung aus. Deutsche und internationale Sportidole bewegen immer mehr Menschen dazu, in ihrer Freizeit Sport zu treiben.

Der Begriff „Breitensport" erfasst die unterschiedlichsten organisierten Sportangebote für die breite Bevölkerung. Dabei zielt die Motivation für die sportliche Betätigung in Sportvereinen auch auf die Teilnahme an Wettkämpfen ab. Demgegenüber ist der Freizeitsport nicht auf Wettkämpfe ausgerichtet, sondern auf sportliche Freizeitbeschäftigung, Wohlfühlen, ein positives Körpergefühl (Wellness) sowie auf Gesundheitsaspekte [1].

5.1 Fitnessstudios und Marathonszene

Seit Mitte der 1970er Jahre hat sich die Breiten- und Freizeitsportszene auch kommerziell entwickelt, und zwar im Wesentlichen durch die Fitnessstudios. Derzeit gibt es in Deutschland weit mehr als 8000 Studios, in denen sich rund 9 Millionen Bundesbürger in Form bringen und halten.

Ein Beispiel für die Verbindung von Leistungs-, Breiten- und Freizeitsport sind die heute in fast jeder deutschen Großstadt ausgetragenen Marathon- und immer mehr Halbmarathonläufe, die sich großer Beliebtheit erfreuen. Hier treffen Sportler aus allen Leistungsklassen zusammen, einige, um ganz vorne mitzulaufen, andere aus Spaß oder um sich der Herausforderung zur Bewältigung einer außergewöhnlichen Leistung zu stellen. Schließlich gilt der Marathon als der „Mount Everest des kleines Mannes". Nicht nur jüngere Leute, sondern auch Senioren haben im Breitensport Spaß daran, sich in der jeweiligen Altersklasse in ähnlicher Weise wie die Topstars miteinander zu messen, wobei ein Ehrgeiz entwickelt werden kann, der dem eines Spitzensportlers durchaus gleichzusetzen ist.

5.2 Erhebungen zum Missbrauch von Arzneimitteln im Freizeit- und Breitensport

So kommt es auch in Fitnessclubs, bei Hobby-Radrennfahrern, Hobbyläufern und selbst auf Schulhöfen in nicht zu unterschätzendem Umfang zum Handel und zur missbräuchlichen Anwendung verbotener Substanzen zur Leistungssteigerung [2]. Im Gegensatz zum Profisport wird im Freizeit- und Breitensport offiziell nicht von Doping, sondern von Medikamentenmissbrauch gesprochen [3–5].

Der Begriff beschreibt die Einnahme eines Arzneimittels ohne medizinische Notwendigkeit oder die Anwendung in höherer als der empfohlenen Dosis sowie einen Gebrauch außerhalb der zugelassenen Bedingungen (Off-label). Vor allem Nutzer von Fitnessstudios setzen illegale Mittel vielfach unreflektiert und unkontrolliert ein, und zwar nicht nur zur Verbesserung von Kraft und Ausdauer, sondern auch für ein perfektes äußeres Erscheinungsbild (Körperkult). Bodybuilder stehen in den Regel für den angeprangerten Anabolikamissbrauch, wobei häufig darüber hinaus noch andere verbotene Mittel konsumiert werden [6, 7].

Es gibt bislang nicht viele Erhebungen zu Doping und Arzneimittelmissbrauch bei sportlicher Betätigung. Eine umfangreiche Zusammenstellung von Umfragen in Europa wurde in Frankreich veröffentlicht [8]. Die in Deutschland bisher auf diesem Sektor durchgeführten Studien sind in ◘ Tab. 5.1 aufgelistet.

◘ **Tab. 5.1** In Deutschland durchgeführte Studien zur Häufigkeit des Medikamentenmissbrauchs beim Freizeit- und Breitensport inklusive des Jahres der Veröffentlichung

Jahr	Publikation
1994	Melchinger H, Nolting S, Wiegmann C. Strategien der Leistungssteigerung bei Schülern in Niedersachsen [10]
1997	Melchinger H, Schwetje U, Wiegmann C. Einstellung junger Menschen zum Doping im Sport [11]
1997	Wulff P. Medikamentenmissbrauch bei Fitnesssportlern (Dissertation) [12]
1998	Boos C, Wulff P, Kujath P et al. Medikamentenmissbrauch beim Freizeitsportler im Fitnessbereich [13], „Lübecker Studie"
2001	Boos C, Wulff P. Der Medikamentenmissbrauch beim Freizeitsportler im Fitnessbereich [14], „Multicenter-Studie"
2001	Surmann A, Bringmann H, Delbeke F et al. Dopingbekämpfung in kommerziell geführten Fitnessstudios [15]
2006	Striegel H, Simon P, Frisch S et al. Anabolic ergogenic substance users in fitnesssports: A distinct group supported by the health care system [16]
2011	Hoebel J, Kamtsiuris P, Lange C et al. Kolibri – Studie zum Konsum leistungsbeeinflussender Mittel im Alltag und Freizeit [6], Kolibri-Studie
2013	Raschka C, Chmiel C, Preiss R et al. Doping bei Freizeitsportlern. Eine Untersuchung in 11 Fitnessstudios im Raum Frankfurt am Main [17]

Der Medikamentenmissbrauch außerhalb von Fitnessstudios ist bislang wenig untersucht, sodass hierzu keine validen Aussagen getroffen werden können. Insbesondere liegen nur marginale Daten zum Medikamentenmissbrauch bei Wettkämpfen des Breitensports wie z. B. Marathonläufen oder Radrennen vor [3, 9].

Im Rahmen der „Lübecker Studie" hatten Wissenschaftler an der Universität der Hansestadt im Jahr 1998 eine Befragung in 24 kommerziellen Sportstudios in Schleswig-Holstein und Hamburg durchgeführt [13, 14]. Von den 204 Männern, die den anonymisierten Fragebogen ausgefüllt haben, gaben 24 % an, aktuell oder früher Medikamente zur Förderung des Muskelwachstums eingenommen zu haben, bei den Frauen waren es 8 %. Die Gruppe der Abuser war am größten unter den 21- bis 25-Jährigen. 94 % der Sportler hatten anabole Steroide eingenommen (Stanozolol, Methandrostenolon, Oxandrolon bzw. den Beta-2-Agonisten Clenbuterol) und 18 % Stimulanzien. Die überwiegende Zahl hatte verschiedene Präparate als „Kur" über eine Einnahmeperiode von durchschnittlich 7,5 Wochen konsumiert.

Der Ansatz der Lübecker Studie wurde anschließend auf verschiedene Städte im Bundesgebiet zu einer Multicenter-Studie erweitert [14] und die Ergebnisse der Lübecker in die Studie einbezogen. Bezüglich der Missbrauchshäufigkeit zeigte sich eine zweigipflige Altersstruktur, mit Spitzen im Alter zwischen 20–25 Jahren und über 30 Jahren. 88 % der Befragten mit Arzneimittelmissbrauch gaben den Konsum anaboler Steroide zu, 22 % den von Stimulanzien, zwei Sportler setzten Wachstumshormone ein. 78 % der Sportler mit Arzneimittelmissbrauch trainierten bereits länger als drei Jahre. Beide Geschlechter unter den Anabolika-Abusern griffen auch zu einem deutlich höheren Prozentsatz auf andere Genussmittel oder gelegentlich auf Drogen (Ecstasy, Amfetamine und Cocain) zu [14].

Im Auftrag und finanziert durch das Bundesministerium für Gesundheit führte das Robert Koch-Institut (RKI) im Jahr 2010 die Studie zum „Konsum leistungsbeeinflussender Mittel in Alltag und Freizeit" (KOLIBRI) durch [6]. Insgesamt 6142 Personen im Alter von 19–97 Jahren gaben in dieser Datenerhebung zwischen März 2010 und Juli 2010 detailliert Auskunft über die Anwendung entsprechender Präparate und die Art und Häufigkeit ihrer Sportausübung.

Weniger als 1 % der Befragten gab an, Dopingmittel im Sinne der WADA-Definition zu verwenden. 6,4 % hatten zumindest einmal innerhalb der letzten zwölf Monate verschreibungspflichtige Mittel (einschließlich Dopingmittel) außerhalb einer medizinischen Notwendigkeit verwendet und 2,9 % regelmäßig nichtrezeptpflichtige Mittel zum Muskelaufbau. Die berichtete Gesamtprävalenz zur Verwendung von Mitteln, die zur Leistungsbeeinflussung eingesetzt werden können (nicht rezeptpflichtige und rezeptpflichtige Mittel sowie und Dopingmittel zusammen), lag bei 9,5 %. Die Ergebnisse von KOLIBRI bestätigen somit nicht die Vermutung, der Gebrauch leistungssteigernder Substanzen sei mittlerweile ein weit verbreitetes Phänomen in der Allgemeinbevölkerung [6].

Daten aus einer sportwissenschaftlichen Umfrage zeigten allerdings eine eindeutige Zunahme des User-Gesamtanteils [17]. Bei einer Befragung von 484 Freizeitsportlern in elf Fitnessstudios im Großraum Frankfurt am Main gaben 12,9 % der befragten Männer und 3,6 % der Frauen den Gebrauch anabol wirksamer Medikamente an. Konsumiert wurden zu 100 % Anabolika (35 % peroral, 71 % parenteral), zu 14 % Stimulanzien und zu 5 % Wachstumshormone. Als Bezugsquellen fungierten Bekannte (39 %), Mitsportler und Ärzte (jeweils 28 %) sowie Trainer (6 %). Aufklärung über Nebenwirkungen des Dopings fanden sie durch das Literaturstudium (67 %), den Arzt (38 %), Mitsportler und das sogenannte Schwarze Buch [18] (jeweils 14 %) sowie Trainer, Bekannte und das Internet (jeweils 5 %). Als vorrangiges Trainingsziel gaben 86 % der Dopingmittelkonsumenten Muskelaufbau und 61 % Kraftzuwachs an. Damit hat sich der Anteil der ärztlich verschriebenen Dopingmittel mehr als zehn Jahre nach Publikation der norddeutschen Vergleichsstudie (Lübecker Studie) offensichtlich verdoppelt [17].

Im Jahr 2013 wurde die Datenlage im Rahmen der DOSB-Expertise „Zum Medikamentenmissbrauch im Breiten- und Freizeitsport. Entstehung – Entwicklung – Prävention. Schwerpunkt: Fitnessstudios" aufgearbeitet. Hiernach soll der Anteil an überwiegend Anabolika-Nutzern mit Bezug auf Fitnessstudios 13–16 % betragen. Die Dunkelziffer schätzen Experten sogar auf 20 %. Geschluckt werde alles, was stärker, schlanker oder muskulöser mache, heißt es [4].

Die Einnahme unerlaubter Mittel im Breiten- und Freizeitsport ist deswegen besonders gefährlich, weil die Substanzen meist in weit überhöhten Dosen (bis zum Hundertfachen der therapeutischen Dosis!) und ohne jegliche ärztliche Kontrolle eingenommen werden, obwohl sie weitgehend verschreibungspflichtig sind. Im Hinblick auf die Bedrohung der Volksgesundheit ist der Medikamentenmissbrauch daher noch kritischer zu sehen als die Anwendung unerlaubter Mittel und Methoden im Leistungssport.

Die von Dopingkonsumenten selbst beobachteten und dokumentierten Nebenwirkungen werden in einer Vielzahl zusammenfassender internationaler Studien genannt [3]. Außerdem finden sich in zahlreichen wissenschaftlichen Zeitschriften wie auch im Internet Fallberichte, meist über Bodybuilder, die durch den Missbrauch von Steroiden und weiteren Arzneimitteln sowie wegen ungesunder Ernährung akut oder chronisch erkrankt sind. Siehe auch ▶ Kap. 10.2.2. Zu Dopingkontrollen im Breitensport siehe ▶ Kap. 8.2.19.

5.3   Beschaffung von Dopingmitteln im Breitensport

Nach den Angaben der im Rahmen der Lübecker Studie befragten Freizeitsportler ist der Erwerb der unerlaubten Präparate (vorwiegend anabole Steroide) relativ problemlos. 14 % gaben als Bezugsquelle für die Präparate den Arzt an (nach der DOSB-Expertise aus 2013 sollen es sogar 30 % sein [4]). 12 % der Befragten hatten die unerlaubten Mittel vom Trainer, 16 % aus der Apotheke, 56 % von Bekannten und 53 % von Mitsportlern bekommen. Die Beschaffung der anabolen Steroide erfolgt im Wesentlichen über den Schwarzmarkt. Zum Teil enthalten als Arzneimittel verpackte Substanzen auf diesem grauen Markt jedoch nicht den angegebenen Wirkstoff, sind verunreinigt, schwanken in den angegebenen Mengen stark oder es sind gar keine Wirkstoffe enthalten [19–21].

Die breite Palette der Aktivitäten reicht vom Handel in großem Stil mit lukrativen Verdienstmöglichkeiten, über „Housedealer", die ein oder mehrere Fitnesscenter bedienen, bis zu Anwendern, die sich ihren eigenen Bedarf mit dem Weiterverkauf finanzieren wollen. Meist bestehen Verflechtungen mit anderen Bereichen der Kriminalität. Eingeführt werden sie vorwiegend über die osteuropäischen Staaten und China. Im Übrigen sind Informationen über die Zugänglichkeit der Präparate, über deren korrekte Einnahme sowie Hinweise zum Vermeiden von bzw. Betrügen bei Dopingkontrollen im Internet allenthalben verfügbar [22]. Besondere Schwierigkeiten bei der Aufdeckung und der Verfolgung von gesetzwidrigen Handlungen vor allem in Umfeld des Freizeitsports (Fitnessstudios) liegen darin begründet, dass weder bei den Verkäufern noch bei den Käufern und Anwendern der unerlaubten Mittel ein Interesse an Aufklärung besteht (▶ Kap. 11.3).

Literatur

[1] Kommission Gesundheit des Deutschen Sportbundes und des Deutschen Sportärztebundes. Ein Vorschlag zur Definition des Begriffs „Gesundheitssport". In: Deutsche Zeitschrift für Sportmedizin, 46: 228–230, 1995

[2] Bräutigam B. Arzneimittelmissbrauch und Dopingverhalten im Freizeitsport – am Beispiel der Fitnessstudios. Masterarbeit im Weiterbildungsstudiengang Public Health an der Universität Bielefeld, 2004

[3] Müller-Platz C, Boos C, Müller RK. Doping beim Freizeit- und Breitensport, Gesundheitsberichterstattung des Bundes Heft 34, Robert Koch-Institut, Berlin 2006

[4] Kläber M. Zum Medikamentenmissbrauch im Breiten- und Freizeitsport. Entstehung – Entwicklung – Prävention. Schwerpunkt: Fitness-Studios. 3. Aufl., Deutscher Olympischer Sportbund, 2014

[5] Winterhagen I. Fit um jeden Preis? Medikamentenmissbrauch im Freizeitsport. Dtsch Apoth Ztg, 156 (19): 57–61, 2016

[6] Hoebel J, Kamtsiuris P, Lange C et al. KOLIBRI – Studie zum Konsum leistungsbeeinflussender Mittel im Alltag und Freizeit. Ergebnisbericht. Robert Koch-Institut, Berlin 2011, www.rki.de

[7] Siegmund-Schultze N. Leistungsbeeinflussende Substanzen im Breiten- und Freizeitsport: Trainieren mit allen Mitteln. Dtsch Arztebl, 110: 29–30, 2013

[8] Laure P. Le dopage: données épidémiologiques. La Presse Médicale, 29: 1365–1372, 2000

[9] Nieß A, Wiesing U, Striegel H. Doping und Medikamenten-Missbrauch im Breiten- und Freizeitsport. Pharmakon, 4 (1): 60–65, 2016

[10] Melchinger H, Nolting S, Wiegmann C. Strategien der Leistungssteigerung bei Schülern in Niedersachsen. Institut für Entwicklungsplanung und Strukturforschung (IES). IES-Bericht 215.94: 26–27

[11] Melchinger H, Schwetje U, Wiegmann C. Einstellung junger Menschen zum Doping im Sport. Institut für Entwicklungsplanung und Strukturforschung (IES). IES-Bericht 202.97

[12] Wulff P. Medikamentenmissbrauch bei Fitnesssportlern. Inauguraldissertation zur Erlangung der Medizinischen Doktorwürde an der Medizinischen Fakultät der Medizinischen Universität zu Lübeck 1997

[13] Boos C, Wulff P, Kujath P et al. Medikamentenmissbrauch beim Freizeitsportler im Fitnessbereich. Dtsch Arztebl, 95 (16): 95–957, 1998

[14] Boos C, Wulff P. Der Medikamentenmissbrauch beim Freizeitsportler im Fitnessbereich. Öffentliche Anhörung zum Doping im Freizeit- und Fitnessbereich. Protokoll der 38. Sitzung des Sportausschusses, 14. Wahlperiode, 115–152, 2001

[15] Surmann A, Bringmann H, Delbeke F et al. Dopingbekämpfung in kommerziell geführten Fitnessstudios, 2001

[16] Striegel H, Simon P, Frisch S et al. Anabolic ergogenic substance users in fitness-sports: a distinct group supported by the health care system. Drug Alcohol Depend, 81 (1): 11–19, 2006

[17] Raschka C, Chmiel C, Preiss R et al. Doping bei Freizeitsportlern. Eine Untersuchung in 11 Fitnessstudios im Raum Frankfurt am Main. MMW Fortschr Med, 155 Suppl 2: 41–43, 2013

[18] Sinner D. Anabole Steroide. Das Schwarze Buch 2010. BMS Verlag, Gronau 2010

[19] Mußhoff F, Daldrup T, Ritsch M. Anabole Steroide auf dem deutschen Schwarzmarkt. Archiv für Kriminologie, 199: 152–158, 1997

[20] Schludi H, Wolferseder E, Zeitler K. Arzneimittelfälschungen. Dtsch Apoth Ztg, 140: 4971–4978, 2000

[21] Ritsch M, Mußhoff F. Gefahren und Risiken von Schwarzmarktanabolika im Sport – Eine gaschromatographisch-massenspektrometrische Analyse. Sportverletzung und Sportschaden, 14: 1–11, 2000

[22] Siegmund-Schultze N. Anabolika per Mausklick. Dtsch Arztebl, 104 (27): C 1671, 2007

6 Arzneimittel in der Sportmedizin

6.1	Therapiemöglichkeiten bei Leistungssportlern	85
6.2	Was tun im Krankheitsfall?	85
6.3	Medizinische Ausnahmegenehmigung (TUE)	86
6.4	Beispielliste zulässiger Medikamente	89
6.5	NADA-Med-Datenbank	90
6.6	Medikamentenanfrage bei der NADA	91
6.7	MediCard	92
6.8	Krank im Ausland – und dann?	92
6.9	Zur Konfliktsituation des Sportmediziners	93

6.1 Therapiemöglichkeiten bei Leistungssportlern

Viele der in der europäischen Dopingliste enthaltenen Substanzen sind in erster Linie wichtige Medikamente, die zur Vorbeugung oder zur Behandlung von Krankheiten eingesetzt werden. Auch kranken Sportlern und Sportlerinnen dürfen diese Therapiemöglichkeiten nicht vorenthalten werden, nur weil die Stoffe auf der Verbotsliste stehen. Die Anwendung zu therapeutischen Zwecken darf durch das Dopingverbot nicht beeinträchtigt werden [1]. Problematisch wird es erst, wenn ein Spitzensportler, der mit einem Arzneimittel oder mit einer Methode, die auf der Dopingverbotsliste steht, behandelt wird, in eine Trainingskontrolle gerät oder an einem Wettkampf teilnehmen will.

Beispiele für häufig verordnete verbotene Wirkstoffe sind Arzneimittel, die zur Behandlung von akutem schwerem Asthma eingesetzt werden.

6.2 Was tun im Krankheitsfall?

Die Nationale Anti Doping Agentur Deutschland (NADA) gibt auf ihrer Website Hinweise für Leistungssportler, wie sie sich im Krankheitsfall verhalten sollten. Sie empfiehlt als Ansprechpartner bei Erkrankungen immer zuerst den Hausarzt. Leistungssportler sollten diesen darüber informieren, wenn sie dem Doping-Kontroll-System (DKS) unterliegen (▶ Kap. 8.2.6). In Trainingslagern und auf Wettkampfreisen ist der zuständige Arzt am Olympiastützpunkt oder der Mannschaftsarzt der Ansprechpartner. Die behandelnden Ärzte sollten über das aktuelle Doping-Reglement informiert sein. Weiterführende Informationen, vor allem auch für das Vorgehen bei chronischen Erkrankungen (z.B. Asthma) oder bei anzeigepflichtigen Behandlungen finden sich ebenfalls auf der Internetseite der NADA [2].

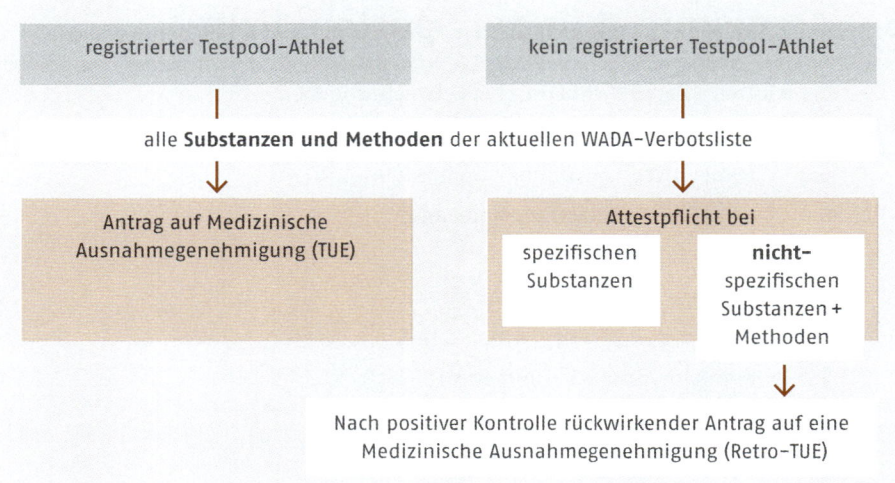

○ **Abb. 6.1** Wann ist eine TUE erforderlich? Nach Nationale Anti Doping Agentur Deutschland, www.nada.de (Stand: 01.07.2016)

6.3 Medizinische Ausnahmegenehmigung (TUE)

In diesem Fall besteht die Möglichkeit, bei der Nationalen Anti Doping Organisation eine Medizinische Ausnahmegenehmigung (Therapeutic Use Exemption, TUE) zu beantragen (Art. 4.4 NADC, ○ Abb. 6.1).

Die näheren Modalitäten für TUE sind in Form eines „International Standard" (▸ Kap. 8.1.4) der WADA geregelt (International Standard for Therapeutic Use Exemptions, Standard für Medizinische Ausnahmegenehmigungen der NADA, ▸ Kap. 8.2.3). Damit wird die Erteilung von Medizinischen Ausnahmegenehmigungen für alle Sportarten und Länder harmonisiert. Die Befolgung des Standards ist zwingende Voraussetzung für die Einhaltung des WADA-Codes. In gleicher Weise ist der Standard auch in das Internationale Übereinkommen der UNESCO gegen Doping (▸ Kap. 10.1.2, ▸ Kap. 15.1) eingeflossen (Anlage II zum Übereinkommen).

Der Standard beinhaltet die Kriterien für die Bewilligung einer Medizinischen Ausnahmegenehmigung, die Vertraulichkeit von Informationen, die Zusammensetzung des Komitees für Medizinische Ausnahmegenehmigungen und das Antragsverfahren. Darüber hinaus regelt er die Zuständigkeiten von Anti-Doping-Organisationen (▸ Kap. 8.1.7) im Antragsverfahren.

Athleten, die keine internationalen Spitzenathleten sind, beantragen Medizinische Ausnahmegenehmigungen bei der NADA (Art. 4.4.2 NADC). Für Athleten, die auf internationaler Ebene starten oder die einem internationalen Testpool angehören, ist im Regelfall der internationale Sportfachverband zuständig. Die NADA stellt auf ihrer Website eine Übersicht über die TUE-Antragsverfahren in Abhängigkeit vom Testpool zur Verfügung. Dieser gibt Aufschluss darüber, wo eine TUE (für welche verbotenen Stoffe oder Methoden und unter welchen Vorraussetzungen für welchen Testpool) beantragt werden muss.

Die Anti-Doping-Organisationen der Länder müssen für die Bewilligung von TUE spezielle Ausschüsse einrichten. Zur Zusammensetzung der Komitees macht die WADA

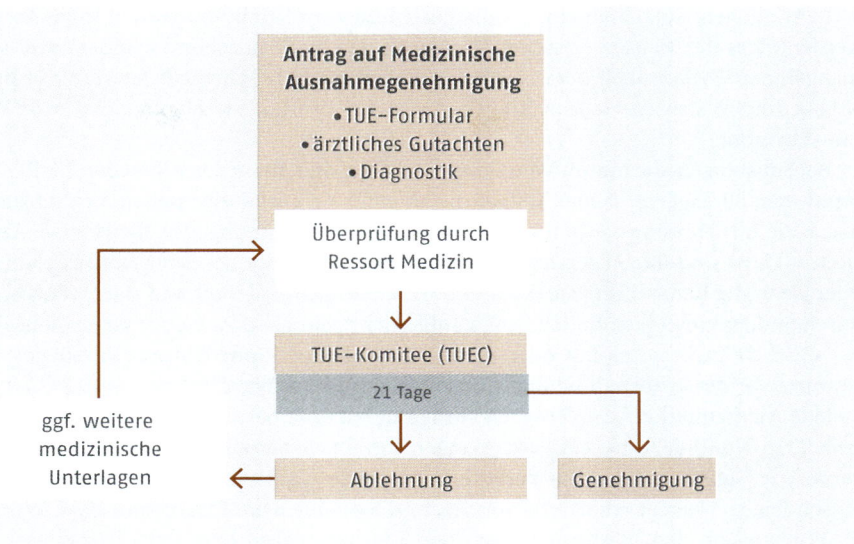

Abb. 6.2 Ablauf des TUE-Verfahrens. Nach Nationale Anti Doping Agentur Deutschland (Stand: 01.07.2016)

präzise Vorgaben. In Deutschland ist das TUE-Komitee bei der NADA für alle TUE-Anträge zuständig. Im Jahr 2015 hat das Komitee 51 TUE-Anträge genehmigt. Sechs wurden abgelehnt.

Für eine TUE muss ein spezielles Antragsformular eingereicht werden. Eine Ausnahmegenehmigung wird nur erteilt, wenn eine Reihe von Kriterien strikt eingehalten wird (siehe Kasten).

Kriterien für die Erteilung Medizinischer Ausnahmegenehmigungen (TUE)
- Der Athlet würde eine wesentliche gesundheitliche Beeinträchtigung erfahren, wenn ihm die verbotene Substanz oder die verbotene Methode bei der Behandlung einer akuten oder chronischen Krankheit vorenthalten würde.
- Der medizinische Gebrauch der verbotenen Substanz oder der verbotenen Methode würde keine zusätzliche Leistungssteigerung bewirken außer derjenigen, die durch Wiedererlangen eines Zustands normaler Gesundheit nach Behandlung einer bestätigten Krankheit zu erwarten wäre.
- Es gibt keine angemessene therapeutische Alternative zur Anwendung der verbotenen Substanz oder der verbotenen Methode.
- Die Notwendigkeit des Gebrauchs einer verbotenen Substanz oder verbotenen Methode ist weder vollständig noch teilweise Folge eines vorausgegangenen Gebrauchs einer Substanz oder einer Methode ohne Medizinische Ausnahmegenehmigung, die zum Zeitpunkt der Anwendung verboten war.

Nach Standard für Medizinische Ausnahmegenehmigungen der NADA (Version 5.1, 01.03.2016)

Zum Ablauf des TUE-Verfahrens siehe ○ Abb. 6.2.

In ärztlichen Gutachten zur Erstdiagnose und zum Krankheitsverlauf muss dargelegt werden, dass der Einsatz erlaubter Wirkstoffe aus medizinischen Gründen, z. B. wegen mangelnder Wirksamkeit oder Nebenwirkungen, nicht möglich ist. Auf der Website der NADA finden sich spezielle Antragskriterien für Insulin, Methylphenidat und Wachstumshormone.

Bei Substanzen, die nur im Wettkampf verboten sind, muss der Athlet den TUE-Antrag mindesten 30 Tage vor seiner Teilnahme an einer Veranstaltung stellen, bei Substanzen, die auch im Training verboten sind, vor deren Anwendung. Rückwirkende Anträge (Retro-TUE) sind nur in Ausnamefällen möglich, wie etwa bei einer Notfallbehandlung oder wenn die Behandlung einer akuten Erkrankung erforderlich war oder wenn bedingt durch andere außergewöhnliche Umstände nicht genügend Zeit oder keine Gelegenheit für die TUE-Antragstellung oder für die Bearbeitung eines Antrags durch das TUE-Komitee vor der Probenahme war. Auch hierfür gilt eine Frist.

Jede Medizinische Ausnahmegenehmigung hat eine bestimmte Gültigkeitsdauer, die vom TUE-Komitee festgelegt wird. Danach verfällt sie automatisch. Muss der Athlet die verbotene Substanz oder die verbotene Methode nach Ablauf der Gültigkeit weiter anwenden, so muss er rechtzeitig vor deren Ablauf eine neue TUE beantragen. Wird eine TUE entgegen den Bestimmungen des Internationalen Standards verweigert oder gewährt, so kann dieser Bescheid gemäß dem Internationalen Standard von der WADA einer Überprüfung unterzogen werden.

Für Sportler, die keinem Testpool angehören, reicht für nationale Wettkämpfe in Deutschland ein fachärztliches Attest über die Behandlung mit dem verbotenen Wirkstoff oder der verbotenen Methode zur Vorlage bei möglichen Dopingkontrollen aus (o Abb. 6.1). In bestimmten Fällen muss nach einer positiven Dopingkontrolle nachträglich eine TUE bei der NADA beantragt werden.

Eine von der NADA erteilte TUE gilt nur auf nationaler Ebene. Wenn der Athlet ein internationaler Spitzenathlet wird oder an einer internationalen Wettkampfveranstaltung teilnimmt, muss er die TUE von dem zuständigen internationalen Sportfachverband bzw. dem Veranstalter großer Sportwettkämpfe anerkennen lassen. Auch eine von einem internationalen Sportfachverband erhaltene TUE muss von dem jeweilgen Veranstalter großer Sportwettkämpfe anerkannt werden.

Beta-2-Agonisten (Asthmasprays): Während die inhalative Anwendung der Substanzen Salbutamol, Salmeterol und Formoterol unter Berücksichtigung bestimmter Grenzwerte (▶ Kap. 3.1.4) nach der Verbotsliste 2017 nicht verboten ist, sind alle anderen Beta-2-Agonisten zunächst jederzeit verboten. Hierzu gehören z. B. die Substanzen Terbutalin, Fenoterol oder Reproterol. Je nach Testpoolzugehörigkeit bzw. Inlands- oder Auslandsstart muss ein TUE-Antrag mit einer vollständigen Krankenakte oder ein Attest vorliegen. Für Clenbuterol kann keine TUE erteilt werden (▶ Kap. 3.1.4).

Glucocorticoide: Die systemische Gabe von Glucocorticoiden (▶ Kap. 3.1.10) durch orale, rektale, intravenöse oder intramuskuläre Gabe ist nur im Wettkampf verboten. Allerdings können manche Glucocorticoide unter Umständen lange nachgewiesen werden. Im Zweifel sollte der Athlet sich mit dem behandelnden Arzt beraten und ggf. nicht an einem Wettkampf teilnehmen.

Für eine durchgehend erforderliche systemische Behandlung chronischer Erkrankungen, wie z. B. von Morbus Crohn, Colitis ulcerosa oder rheumatischen Erkrankungen ist eine Medizinische Ausnahmegenehmigung (TUE) nötig.

Die Anwendung auf der Haut und die lokale Anwendung von Glucocorticoiden an den Augen, im Gehörgang, in der Mundhöhle und in der Nase muss nicht bei der NADA angezeigt werden.

Die Regelungen zu den Beta-2-Agonisten und den Glucocorticoiden geben den Stand am 01.01.2017 wieder.

6.4 Beispielliste zulässiger Medikamente

Um den Sportlern im Alltag eine kleine Hilfestellung zu geben, gibt die NADA eine regelmäßig aktualisierte „Beispielliste zulässiger Medikamente" heraus (o Abb. 6.3). Sie enthält eine Auswahl von Arzneimitteln, deren Gebrauch mit den Anti-Doping-Bestimmungen vereinbar ist. Die Beispielliste ist nach Anwendungsbereichen gegliedert (siehe Kasten).

o **Abb. 6.3** Beispielliste zulässiger Medikamente der NADA

> **Aufbau der Beispielliste zulässiger Medikamente der NADA (Stand 2016)**
> Krankheit und Sport – Hinweise für Athleten, Angehörige, Ärzte und Apotheker (alle Medikamente alphabetisch):
> 1. akute Verletzungen (siehe auch Schmerzen),
> 2. Allergien, Heuschnupfen (siehe auch grippale Infekte, Fieber und Schnupfen),
> 3. asthmatische Beschwerden,
> 4. Augen- und Ohrenbeschwerden,
> 5. bronchitische Beschwerden, Husten,
> 6. Gallen- und Nierenkoliken,
> 7. Infekte, Fieber und Schnupfen,
> 8. Hauterkrankungen (inkl. Nagelerkrankungen),
> 9. Herz-Kreislauf-Erkrankungen,
> 10. Hormonbehandlung und Verhütung,
> 11. Immunstimulation,
> 12. Impfungen (inkl. Antimalariamittel),
> 13. Magen- und Darmbeschwerden,
> 14. Mund- und Rachenerkrankungen,
> 15. neurologische Beschwerden (inkl. Psychopharmaka, Antiepileptika und Schlafmittel),
> 16. orthopädische Beschwerden,
> 17. Schmerzen (inkl. Migränemittel),
> 18. Stoffwechselstörungen (Lipidsenker),
> 19. Vitamin-, Mineralstoff- und Spurenelementpräparate,
> 20. sonstige Arzneimittel.

Die NADA weist darauf hin, dass die Auswahl der Medikamente subjektiv ist. Sie soll vor allem die Präparate erfassen, die bei Sportlern häufiger zur Anwendung kommen. Die Nennung eines Präparats in der Liste bedeutet weder Werbung noch Empfehlung hinsichtlich seiner Wirksamkeit. Durch die Nennung eines Wirkstoffes ist es im Analogieschluss in vielen Fällen möglich, weitere in dieser Liste nicht aufgeführte Präparate auszuwählen. Wenn alle Darreichungsformen und Kombinationen, die den gleichen Handelsnamen tragen, erlaubt sind, wird lediglich dieser Hauptname genannt (z. B. Loperamid oder Diclofenac). Die Darreichungsform wird genannt, wenn es für das Verständnis wichtig erscheint oder nur bestimmte Darreichungsformen erlaubt sind.

Die Beispielliste zulässiger Medikamente wird jedes Jahr aktualisiert. Sie ist von der NADA-Website unter der Rubrik „Service & Infos", „Downloads" abrufbar und steht auch als Print-Broschüre zur Verfügung (▶ Kap. 13.3.1).

6.5 NADA-Med-Datenbank

Eine weitere Informationsquelle hinsichtlich der Dopingrelevanz von Arzneimitteln ist die NADAmed Medikamenten-Datenbank [3]. Dort kann online rund um die Uhr recherchiert werden. Sie enthält eine Auswahl häufig verschriebener oder angefragter Medikamente, umfasst zurzeit (Mitte 2016) knapp 3000 in Deutschland zugelassene oder als Homöopathika registrierte Arzneimittel und wird ständig erweitert. Die Datenbank kann auch über die kostenlose NADA-App für iPhone und Androids abgerufen werden.

6.6 Medikamentenanfrage bei der NADA

Sollte ein infrage kommendes Arzneimittel dort nicht aufgeführt sein, besteht die Möglichkeit, mithilfe eines speziellen Formulars (◯ Abb. 6.4) schriftlich, per Fax oder E-Mail (medizin@nada.de) eine Medikamentenanfrage bei der NADA zu stellen.

In ◯ Abb. 6.5 ist das Vorgehen zur Ermittlung der Dopingrelevanz einer Substanz noch einmal zusammen gefasst.

◯ **Abb. 6.4** Formular für Medikamentenanfragen bei der NADA

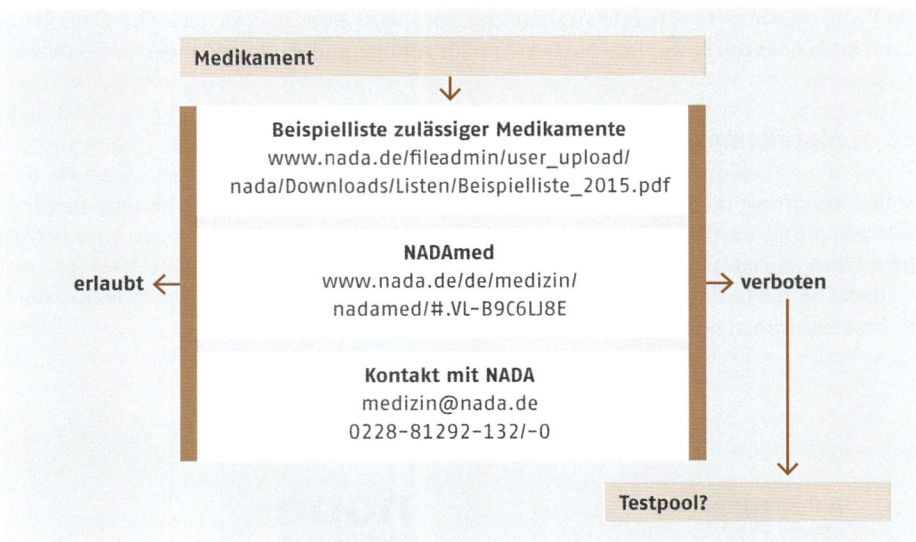

Abb. 6.5 Vorgehen zur Ermittlung der Dopingrelevanz einer Substanz. Nach Nationale Anti Doping Agentur Deutschland (Stand: 01.07.2016)

6.7 MediCard

Zudem gibt die handliche MediCard der NADA einen Überblick über die verbotenen Substanzen und eine Auswahl erlaubter Medikamente.

6.8 Krank im Ausland – und dann?

In Bezug auf Wettkampfreisen weist die NADA darauf hin, dass manche Arzneimittel im Ausland zwar den gleichen Namen wie in Deutschland tragen, jedoch andere Wirkstoffe enthalten. In manchen Ländern (z. B. in Frankreich) sind Medikamente mit Dopingrelevanz bereits gekennzeichnet (▶ Kap. 10.3.3).

In einigen Ländern bieten die dortigen Anti-Doping-Agenturen ebenfalls entsprechende Abfragen im Internet an. Britische, US-amerikanische und kanadische Präparate können in der Datenbank GlobalDRO unter www.globaldro.com abgefragt werden. Eine Übersicht weiterer Datenbank finden Sie auf der NADA-Homepage (www.nada.de/de/medizin/im-krankheitsfall).

Eine Datenbank für Medikamentenchecks international findet sich auf der Website der iNADO (Institute of National Anti-Doping Organisations, ▶ Kap. 8.2.2) [4].

Sollten der behandelnde Arzt, der Arzt der Veranstaltung oder der Apotheker im Reiseland nicht in der Lage sein, eine ausreichende Auskunft zu erteilen, so rät die NADA dazu, ein anderes Medikament einzusetzen.

6.9 Zur Konfliktsituation des Sportmediziners

Die zunehmende Kommerzialisierung des Sports erschwert es auch dem Sportmediziner, das Wohl, d. h. den Gesundheitsschutz des Athleten, an die erste Stelle zu stellen und nicht den sportlichen Erfolg seines Schützlings. Schließlich hat er nicht nur die Aufgabe, den Athleten im Krankheitsfall oder bei Verletzungen zu behandeln, sondern auch, ihn medizinisch so zu unterstützen, dass er das Maximum an Leistung erzielen kann.

Teamärzte sind in vielen Fällen selbst sportbegeistert und lassen sich deswegen nur allzu gerne als „Mannschaftskollegen" integrieren. Dies macht es ihnen nicht unbedingt leichter, die nötige berufliche Unabhängigkeit zu wahren, die für eine eigenverantwortliche medizinische Entscheidung erforderlich ist. Unter einer Niederlage oder dem Verzicht eines Sportlers auf die Teilnahme an einem Wettbewerb aus Verletzungsgründen werden sie vor diesem Hintergrund ebenso leiden als der Sportler selbst.

So verwundert es nicht, dass in dokumentierten Dopingfällen Sportärzte häufig eine zentrale Rolle gespielt haben. Nach einer aktuellen Auseinandersetzung mit dem Thema „Doping und ärztliche Ethik" in der Deutschen Zeitschrift für Sportmedizin ist davon auszugehen, dass Ärzte heute wie früher an Dopingpraktiken direkt oder indirekt beteiligt sind [5]. Begründet scheint das u. a. in dem Rollenkonflikt zwischen Arztethos und Erwartungen von Publikum, Verbänden, Sponsoren und Managern, in dem sich der einen Leistungssportler betreuende Arzt befindet. So kommt es dazu, dass Ärzte gelegentlich Therapeutika zu Dopingzwecken verschreiben oder Diagnosen fälschen, um für einen Sportler eine objektiv nicht indizierte Medizinische Ausnahmegenehmigung (TUE) zu beantragen, oder sogar Anleitungen zur Verfälschung diagnostischer Tests geben. Der Druck, unerlaubte Mittel anzuwenden, kann sowohl vom Athleten in Richtung seines medizinischen Betreuers gehen, wie auch umgekehrt. Schließlich definiert der Sportarzt sich und seinen beruflichen Erfolg im Wesentlichen über den Erfolg seines Schützlings. In gleicher Weise kann von Funktionären und Sponsoren zusätzlicher Druck auf ihn ausgeübt werden. So wird es dem Sportmediziner schwer gemacht, im Interesse der Gesundheit des von ihm betreuten Sportlers „unpopuläre" Entscheidungen zu treffen und diese auch durchzuhalten.

Hinzu kommt, dass eine umfassende medizinische Betreuung ein ebenso umfassendes Vertrauensverhältnis zwischen Athlet und Arzt voraussetzt. Ein Arzt, der nicht in vollem Umfang darüber aufgeklärt ist, welche therapeutischen Behandlungen der Athlet außerdem von Dritten in Anspruch nimmt, kann vor unerwünschten Wechselwirkungen (vor allem bei Arzneimitteln!) nie sicher sein. So hat der Sportarzt die Verpflichtung, den Sportler über den Nutzen und die Risiken seiner Behandlung aufzuklären, auch im Hinblick auf eine mögliche Kollision mit den Doping-Bestimmungen. Er sollte seinerseits im umgekehrten Fall zudem darauf dringen bzw. sich auch unter dem haftungsrechtlichen Aspekt absichern, dass er alle Informationen bekommt, die für eine ordnungsgemäße medizinische Betreuung erforderlich sind.

Sportärzte sollten im Rahmen ihrer Aus- und Weiterbildung besser auf die zu erwartende Konfliktsituationen im Zusammenhang mit Doping vorbereitet werden (▶ Kap. 11.5) [5].

Literatur

[1] Ausschussbericht zum Achten Gesetz zur Änderung des Arzneimittelgesetzes. BT-Drucksache 13/11020, abgedruckt in: Kloesel/Cyran. Arzneimittelrecht. Kommentar. Deutscher Apotheker Verlag, Stuttgart 2016
[2] www.nada.de
[3] www.nada.de/de/medizin/nadamed/#.V4JCOKIauno
[4] www.inado.org/members.html?tx_inadomembers_members%5B%40widget_0%5D%5BcurrentPage%5D=2&cHash=3acffc4c3e35ba1adff778b2e94c1bb3
[5] Birnbacher D. Doping und ärztliche Ethik. Dtsch Z Sportmed, 64: 73–76, 2013

7 Bekämpfung des Dopings – Arbeitsteilung zwischen Sport und Staat

Das Übereinkommen des Europarats (▶ Kap. 10.1.1) sowie das Internationale Übereinkommen der UNESCO gegen Doping im Sport (▶ Kap. 10.1.2) verpflichten die Vertragsstaaten, Maßnahmen gegen Doping auszuarbeiten und anzuwenden.

Die Frage, welche Maßnahmen konkret in die Zuständigkeit der staatlichen Organe und welche in die Zuständigkeit der Sportverbände fallen, lässt das Übereinkommen offen. Dies hängt in erster Linie von der Ausgestaltung der individuellen nationalen Rechtssysteme der Vertragsstaaten und außerdem von der Leistungsfähigkeit der beiden Systeme im Hinblick auf die Dopingbekämpfung ab.

In den verschiedenen Vertragsstaaten sind die Zuständigkeiten im Hinblick auf die Bekämpfung von Doping recht unsystematisch verteilt, da der Sport unterschiedlich organisiert ist und der Grad der Autonomie der Sportorganisationen variiert. Einige Staaten haben eigenständige Anti-Doping-Gesetze, wie etwa Frankreich, Italien, Österreich und Schweden, andere nicht. Außerdem werden in den europäischen Ländern sehr unterschiedliche nationale Strategien verfolgt. So existieren in den Mitgliedstaaten zum Beispiel divergierende Vorstellungen bei der Frage, ob der Besitz bzw. der Konsum von Dopingsubstanzen bei Sportlern sport- oder strafrechtlich zu ahnden ist. Sie reichen von eindeutigen strafrechtlichen Verboten des Besitzes von Dopingsubstanzen bis hin zur vollständigen Ablehnung der Strafbarkeit [1].

In Deutschland bestand lange Zeit eine Übereinkunft darüber, dass der Sport das Dopingproblem in erster Linie in eigener Verantwortung lösen sollte. Dies steht im Einklang mit der verfassungsrechtlich verbürgten Autonomie des Sports. Die Sportverbände tragen daher im Rahmen der Dopingbekämpfung im Hochleistungssport eine hohe Verantwortung. Die letzten Jahrzehnte haben allerdings gezeigt, dass die Ansätze des Sports ohne Unterstützung durch den Staat zu kurz greifen.

Wie aus der Begründung zum Anti-Doping-Gesetz von 2015 (▶ Kap. 10.3.2) hervorgeht, werden die Maßnahmen des organisierten Sports allein angesichts der Dimension, die das Doping im Sport und in der hierauf bezogenen organisierten Kriminalität sowohl quantitativ wie auch qualitativ angenommen hat, als nicht ausreichend erachtet. Schließlich habe sich die Bundesrepublik Deutschland völkervertraglich durch das UNESCO-Übereinkommen verpflichtet, die nationalen Anti-Doping-Organisationen in ihrer Arbeit zu unterstützen, wird dort als Beweggrund für die verstärkten staatlichen Eingriffe gegen das Doping angeführt. Außerdem will der Staat mit dem neuen Gesetz erstmals auch zum Schutz der Integrität des Sports beitragen [2].

Basierend auf der Arbeitsteilung zwischen dem staatlichen und dem sportlichen Rechtssystem umfassen die Vorschriften zur Bekämpfung des Dopings im Sport zum einen die von den internationalen und nationalen Sportverbänden im Rahmen ihrer Autonomie erlassenen Regelungen als „lex sportiva" (▶Kap. 8) und zum anderen eine Reihe gesetzlicher und staatlicher materieller Bestimmungen (▶Kap. 10). So hat sich das Bild von den zwei Säulen des „Sportrechts" etabliert [1].

Vor allem bedingt durch die Organisationsstrukturen des Sports (▶Kap. 4.2) ist das Anti-Doping-Recht durch eine enorme Regelungsdichte gekennzeichnet. Auf den verschiedenen Ebenen sind zahlreiche Akteure mit der Durchführung von verschiedenen Anti-Doping-Maßnahmen betraut. Die Flut der Regelungen, die Senkel in einer Dissertation aus dem Jahr 2014 detailliert analysiert hat, kann dazu führen, dass die Normen unter anderem durch eine Überforderung der Informationsaufnahmekapazität nicht mehr adäquat befolgt werden. Außerdem steigt die Gefahr von Regelungswidersprüchen. Trotzdem werden in der umfangreichen Analyse auch Mängel hinsichtlich der (formalen) Vollständigkeit der Regelwerke ausgemacht [1].

Das staatliche „Anti-Doping-Recht" (▶Kap. 10) umfasst zum einen die internationale Zusammenarbeit über die Anti-Doping-Konvention des Europarats (▶Kap. 10.1.1) und das UNESCO-Übereinkommen (▶Kap. 10.1.2) und zum anderen die legislativen Bemühungen der Staaten auf nationaler Ebene. Hierzu zählen, sofern vorhanden, spezielle Anti-Doping-Gesetze, wobei damit nicht nur eigenständige, in sich geschlossene Gesetze gemeint sind, sondern auch sog. Artikelgesetze, mit denen durch die Änderung verschiedener, bereits bestehender Gesetze entsprechende Anti-Doping-Bestimmungen integriert werden. Daneben sind auch finanzielle und politische Maßnahmen zum staatlichen „Anti-Doping-Recht" zu zählen (▶Kap. 4.5). Schließlich können auch allgemeine Normen des staatlichen Rechts ein Anti-Doping-Recht darstellen, wenn sie auf Sachverhalte des internationalen Sports Anwendung finden. Hierzu gehören strafrechtliche Normen ebenso, wie sonstige Rechtsnormen aus dem Bereich des Öffentlichen Rechts und auch des Zivilrechts [1].

Grundsätzlich gilt, dass „lex sportiva" staatliches Recht nicht brechen darf. Bei der Bestrafung von Doping zum Beispiel muss die Sportgerichtsbarkeit staatliches Recht beachten [1].

Literatur

[1] Senkel K. Wirksamkeitschancen des „Anti-Doping-Rechts". Eine interdisziplinäre Analyse zu den Anforderungen an Dopingbekämpfungsmechanismen und deren Umsetzung. Dissertation, Saarbrücken 2014

[2] Gesetzentwurf der Bundesregierung. Entwurf eines Gesetzes zur Bekämpfung von Doping im Sport. Drucksache 18/4898 vom 13.05.2015

8 Bekämpfung des Dopings auf der Ebene des Sports

8.1 Internationale Bekämpfung des Dopings 98
8.2 Nationale Bekämpfung des Dopings 102

Das Geflecht der Regelungen der Sportverbände ist in ○ Abb. 8.1 dargestellt.

international	national
Welt Anti-Doping Code (WADC) **Internationale Standards der WADA** – Verbotsliste – Kontrollen und Ermittlungen – Laboratorien – Medizinische Ausnahmegenehmigungen (TUE) – Schutz von Persönlichkeitsrechten und persönlichen Daten	**Nationaler Anti-Doping Code (NADC)** **(inkl. Verbotsliste)** **Standards der NADA** – Dopingkontrollen und Ermittlungen – Meldepflichten – Medizinische Ausnahmegenehmigungen (TUE) – Datenschutz – Annex zum Standard für Datenschutz – Medikationskontrollen bei Pferden
Anti-Doping-Regelwerke der internationalen Sportfachverbände	**Anti-Doping-Regelwerke** der nationalen Sportfachverbände
Dopingkontrollen der WADA/ internationalen Sportfachverbände	**nationales Dopingkontrollsystem** – Trainingskontrollen – Wettkampfkontrollen
	Athletenvereinbarung zur Anerkennung der Doping-Bestimmungen
	Doping-Beauftragte der Sportverbände
	Förderbedingungen der Deutschen Sporthilfe

○ **Abb. 8.1** Bekämpfung des Dopings auf der Ebene des Sports. **WADA** Welt Anti-Doping Agentur, **NADA** Nationale Anti Doping Agentur Deutschland (Stand: 01.01.2017)

8.1 Internationale Bekämpfung des Dopings

Ein wichtiger Meilenstein auf dem langen Weg der internationalen Dopingbekämpfung war die Weltkonferenz gegen Doping im Sport im April 1999 in Lausanne. Dort wurde der Anti-Doping-Code der Olympischen Bewegung (IOC-Anti-Doping-Code) verabschiedet und der Beschluss über die Errichtung einer Welt Anti-Doping Agentur (WADA) gefasst. Der IOC-Anti-Doping-Code ersetzte als Bezugsgröße den „Medical Code" des IOC, in dem vorher bereits erste Regeln gegen das Doping im internationalen Sport niedergelegt waren [1]. Mit der Einrichtung der Welt Anti-Doping Agentur ging die Zuständigkeit für die internationale Dopingbekämpfung auf die WADA über.

8.1.1 Welt Anti-Doping Agentur (WADA)

Die Welt Anti-Doping Agentur (WADA, www.wada-ama.org) wurde im November 1999 auf Initiative des Internationalen Olympischen Komitees mit internationaler Unterstützung in der Rechtsform einer Stiftung schweizerischen Rechts ins Leben gerufen. Ihr Sitz ist in Montreal in Kanada. Dem Stiftungsrat gehören Vertreter der Regierungen, Akteure des Sports, des Europarats und der Europäischen Union an. Zu den Hauptaufgaben der WADA zählen die:

- Entwicklung und Koordinierung der Durchführung eines Anti-Doping-Programms auf grenzüberschreitender Ebene,
- Erstellung eines Ethik- und Verhaltenscodex zur Dopingbekämpfung und Dopingprävention,
- Entwicklung und Aktualisierung einer gemeinsamen Liste verbotener Substanzen und Methoden, die für alle Sportarten verbindlich sein soll,
- Schaffung gemeinsamer Disziplinarverfahren und Sanktionen,
- Festlegung einheitlicher Mindeststandards für weltweite Kontrollen in und außerhalb von Wettkämpfen in den verschiedenen Sportarten in enger Zusammenarbeit mit den für die Durchführung der Kontrollen verantwortlichen Stellen,
- Festlegung von Normen und technischen Kriterien für die Durchführung der Tests und die Zulassung von Labors zur Dopinganalytik,
- Unterstützung internationaler Verbände und nationaler Sportorganisationen bei der Einführung von Dopingkontrollsystemen und vorgegebenen Standards,
- Erstellung von Forschungsprogrammen, z. B. zur Entwicklung neuer Analyse- und Nachweisverfahren,
- Koordinierung bestehender Programme und Ausarbeitung von Aufklärungs-, Präventions- und Informationsprogrammen zum Thema Doping im Sport,
- Zusammenarbeit mit den Medien.

8.1.2 Welt-Anti-Doping-Programm

Das Welt-Anti-Doping-Programm umfasst alle Elemente, die zur Sicherstellung einer optimalen Harmonisierung und optimaler Verfahren („Best Practice") in internationalen und nationalen Anti-Doping-Programmen notwendig sind. Die wichtigsten Elemente sind:

- Ebene 1: Welt Anti-Doping Code (WADC),
- Ebene 2: Internationale Standards,
- Ebene 3: Best-Practice-Modelle und Leitlinien.

8.1.3 Welt Anti-Doping Code (WADC)

Der Anti-Doping Code der WADA ist das grundlegende und allgemeingültige Dokument, auf dem das Welt-Anti-Doping-Programm im Sport basiert [2]. Er soll detailliert genug sein, um eine vollständige Harmonisierung in den Bereichen zu erzielen, die einheitlich geregelt werden müssen, aber auch allgemein genug, um in anderen Bereichen eine flexible Umsetzung zu ermöglichen.

Der WADC bildet die Grundlage für sämtliche nationale Anti-Doping-Regelwerke. Die erste Fassung des Codes wurde am 05.03.2003 bei der Welt-Konferenz zum Doping im Sport in Kopenhagen von den Regierungen und internationalen Sportverbänden per Akklamation angenommen. Bis Ende 2004 nahmen nahezu alle internationalen Sportfachverbände der olympischen Bewegung, die Nationalen Olympischen Komitees und die nationalen Anti-Doping-Organisationen den WADC an.

Auf der Welt-Anti-Doping-Konferenz im November 2007 in Madrid wurde die zweite Version des Codes verabschiedet, die zum 01.01.2009 in Kraft trat. Eine erneute Revision des Codes begann im Jahr 2011. In einem umfassenden Überarbeitungs- und Abstimmungsprozess innerhalb von drei Jahren wurde der WADC 2015 erarbeitet und anlässlich der Welt-Anti-Doping-Konferenz im November 2013 in Südafrika verabschiedet. Er trat am 01.01.2015 in Kraft (◘ Tab. 8.1).

Der WADC richtet sich zunächst unmittelbar nur an die Unterzeichner, zu denen auch die nationalen Anti-Doping-Organisationen (► Kap. 8.1.7) gehören. Diese sind verpflichtet, eigene Anti-Doping-Bestimmungen und -Strategien aufzustellen, die dem Code entsprechen. Dies ist in Deutschland durch den NADA-Code geschehen (► Kap. 8.2.3). Die internationalen Sportfachverbände müssen von den nationalen Sportfachverbänden als Bedingung für die Aufnahme als Mitglied fordern, dass sie den Code in ihren Regeln und Programmen einhalten. Außerdem müssen sie die Anti-Doping-Programme der Mitglieder überwachen. Das Internationale Olympische Komitee erarbeitet für Olympische Spiele jeweils eigene, auf dem WADC basierende Anti-Doping-Regeln.

Während einige Bestimmungen des Codes von den einzelnen Anti-Doping-Organisationen im Wesentlichen wortgetreu übernommen werden müssen, stellen andere lediglich verbindliche Grundsätze auf, die noch eine gewisse Flexibilität bei der Formulierung der Regeln einräumen.

Auf jeden Fall müssen alle Unterzeichner des Codes ihre Entscheidungen auf dieselbe Liste von Verstößen gegen Anti-Doping-Bestimmungen gründen, dieselben Beweislastregelungen anwenden und für dieselben Verstöße gegen Anti-Doping-Bestimmungen dieselben Sanktionen verhängen. Diese wesentlichen Regeln müssen identisch sein, unabhängig davon, ob eine Anhörung vor einem internationalen Sportfachverband, auf nationaler Ebene oder vor dem internationalen Sportschiedsgericht (CAS, ► Kap. 9) erfolgt. Der Code verlangt aber nicht, dass das Ergebnismanagement und die Anhörungsverfahren (► Kap. 9.1) absolut identisch sind, solange sie den im Code aufgeführten Grundsätzen entsprechen (Art. 7.1 WADC 2015).

Um bei gemeinsamen Bemühungen zur Bekämpfung des Dopings auch die Regierungen mit „ins Boot" zu bekommen, wurde im Nachgang zur Annahme des Welt Anti-Doping Codes das Internationale Übereinkommen gegen Doping der UNESCO beschlossen (► Kap. 10.1.2).

◘ **Tab. 8.1** Aufbau des Welt Anti-Doping Codes (Stand: 01.01.2015)

Anwendungsbereich und Organisation des Welt-Anti-Doping-Programms und des Codes

Grundlegende Rationale für den Welt Anti-Doping Code

Artikel	
Teil I: Dopingkontrollverfahren	
1	Definition des Begriffs Doping
2	Verstöße gegen Anti-Doping-Bestimmungen
3	Dopingnachweis
4	Die Verbotsliste
5	Dopingkontrollen und Ermittlungen
6	Analyse von Proben
7	Ergebnismanagement
8	Recht auf ein faires Anhörungsverfahren
9	Automatische Annullierung von Einzelergebnissen
10	Sanktionen gegen Einzelpersonen
11	Konsequenzen für Mannschaften
12	Sanktionen gegen Sportorganisationen
13	Rechtsbehelfe
14	Vertraulichkeit und Berichterstattung
15	Anwendung und Anerkennung von Entscheidungen
16	Dopingkontrollverfahren bei Tieren, die an sportlichen Wettkämpfen teilnehmen
17	Verjährung
Teil II: Aufklärung und Forschung	
18	Aufklärung
19	Forschung
Teil III: Aufgaben und Zuständigkeiten	
20	Zusätzliche Aufgaben und Zuständigkeiten der Unterzeichner
21	Zusätzliche Aufgaben und Verantwortlichkeiten der Athleten und anderer Personen
22	Beteiligung der Regierungen

◘ **Tab. 8.1** Aufbau des Welt Anti-Doping Codes (Stand: 01.01.2015, Fortsetzung)

Artikel	
Teil IV: Annahme, Einhaltung, Änderung und Auslegung	
23	Annahme, Einhaltung und Änderung
24	Auslegung des Codes
25	Übergangsbestimmungen
Anhang	
1	Begriffsbestimmungen
2	Anwendungsbeispiele für Artikel 10

8.1.4 Die Internationalen Standards der WADA

Neben dem Code gibt die WADA die sogenannten „International Standards" heraus (Stand: Juli 2016, siehe Kasten). Sie sind Bestandteil des Codes und deswegen für dessen Unterzeichner ebenso verbindlich. Die Standards enthalten einen Großteil der technischen Details, die zur harmonisierten Umsetzung des Codes erforderlich sind. Hierzu gehören beispielsweise die detaillierten Anforderungen für die Probenahme, die Laboranalyse und die Akkreditierung von Labors. Die internationalen Standards werden in Absprache mit den Unterzeichnern und den Regierungen von Experten entwickelt und bei Bedarf aktualisiert. Die Umsetzungen der internationalen Standards für Deutschland (▸ Kap. 8.2.3) stehen als Download auf der NADA-Homepage zur Verfügung.

Internationale Standards der WADA (Stand: Juli 2016)
- Prohibitetd List (Verbotsliste),
- International Standard for Testing and Investigation (ISTI, Kontrollen und Ermittlungen),
- International Standard for Laboratories (ISL, Laboratorien),
- International Standard for Therapeutic Use Exemptions (ISTUE, Medizinische Ausnahmegenehmigungen),
- International Standard for the Protection of Privacy and Personal Information (ISPPPI, Schutz von Persönlichkeitsrechten und persönlichen Daten).

8.1.5 Best-Practice-Modelle und Leitlinien

Hierbei handelt es sich um Verfahrensmodelle für größere Gruppen der Unterzeichner, z. B. internationale Sportfachverbände für Einzelsportarten, internationale Sportfachverbände für Mannschaftssportarten und nationale Anti-Doping-Organisationen. Sie sind Empfehlungen der WADA und nicht zwingend. Die Muster für Anti-Doping-Regelwerke entsprechen dem Code, auf dem sie basieren. Sie sind Beispiele für „Best Practice" auf dem neuesten Stand und enthalten alle zur Durchführung eines wirkungsvollen Anti-Doping-Programms notwendigen Einzelheiten. Die Leitlinien der WADA befassen sich mit verschiedenen Aspekten zur Umsetzung des Anti-Doping-Programms.

8.1.6 WADA-Verbotsliste
Einzelheiten zur Verbotsliste (▶ Kap. 12.1.1).

8.1.7 Rolle der Anti-Doping-Organisationen
Eine tragende Rolle bei der Bekämpfung des Dopings haben die Anti-Doping-Organisationen. Hier müssen einige Begriffe klar unterschieden werden.

Eine Anti-Doping-Organisation ist nach der Definition des WADA-Codes eine Organisation, die für die Annahme von Regeln zur Einleitung, Umsetzung oder Durchführung des Dopingkontrollverfahrens zuständig ist. Dazu zählen besonders

- das Internationale Olympische Komitee,
- das Internationale Paralympische Komitee,
- die WADA,
- Internationale Sportfachverbände,
- Veranstalter großer Sportwettkämpfe, die bei ihren Wettkampfveranstaltungen Dopingkontrollen durchführen und
- Nationale Anti-Doping-Organisationen.

Nationale Anti-Doping-Organisationen sind nach dem WADA-Code die von einem Land eingesetzten Einrichtungen, die die primäre Verantwortung und Zuständigkeit für die Einführung und Umsetzung von Anti-Doping-Bestimmungen, die Steuerung der Entnahme von Proben, für das Management der Kontrollergebnisse und für die Durchführung von Verfahren auf nationaler Ebene besitzen. In Deutschland hat diese Funktion die Nationale Anti Doping Agentur Deutschland (NADA, ▶ Kap. 8.2.2). Hiermit wird die zentrale Zuständigkeit der NADA für das Dopingkontrollsystem in Deutschland zementiert.

Wird in einem Land keine entsprechende Einrichtung eingesetzt, so fungiert das jeweilige Nationale Olympische Komitee oder eine von diesem eingesetzte Einrichtung als Nationale Anti-Doping-Organisation. Wichtig ist, dass die nationalen Sportfachverbände keine Nationalen Anti-Doping-Organisationen sind. Sie werden im NADA-Code aber unter dem Begriff „Organisation" erfasst.

Diese feinen Unterscheidungen sind für das richtige Verständnis der Aufgaben und Zuständigkeiten innerhalb der Dopingbekämpfung auf der Ebene des Sports von erheblicher Bedeutung.

8.2 Nationale Bekämpfung des Dopings

8.2.1 Rahmen-Richtlinien des DSB, Anti-Doping-Kommission
Bereits 1970 konzipierte der Deutsche Sportbund (DSB) erstmals Rahmen-Richtlinien zur Bekämpfung des Dopings. Sie wurden seither regelmäßig aktualisiert und verpflichteten alle im Deutschen Sportbund zusammengeschlossenen Turn- und Sportverbände, die Verwendung von Dopingsubstanzen für ihren Bereich zu verbieten und das Doping mit allen ihnen zu Gebote stehenden Mitteln zu bekämpfen. Die Dopingverbotsliste des Internationalen Olympischen Komitees war Bestandteil der Rahmen-Richtlinien. Im Januar 1991 richteten der DSB und das Nationale Olympische Komitee (NOK) drei Kommissionen ein:

- die „Unabhängige Doping-Kommission" mit dem Auftrag, Handlungskonzepte zur Bekämpfung des Dopings zu entwickeln,
- die „ad-hoc-Kommission zur Beratung in Doping-Fragen", die die vorliegenden Einzelfälle analysieren und den Spitzenverbänden auf dieser Grundlage Rat geben sollte,
- die „Ständige Kommission zur Überwachung der Dopingkontrollen außerhalb des Wettkampfs", die das Anfang 1992 in Kraft getretene Doping-Kontroll-System (DKS) außerhalb des Wettkampfs entwickelte.

Mit der Überführung der „Ständigen Kommission" in die Anti-Doping-Kommission des Deutschen Sportbundes und des Nationalen Olympischen Komitees (ADK DSB/NOK) im Jahr 1992 begann eine neue Ära in der Dopingbekämpfung in Deutschland. Die Arbeit der Anti-Doping-Kommission legte den wesentlichen Grundstein für eine wirksame Eindämmung des Gebrauchs unerlaubter Mittel im Leistungssport. Bis Ende 2002 wurden unter der Verantwortung der ADK DSB/NOK insgesamt rund 45 000 Trainingskontrollen durchgeführt. Die Zahl der Wettkampfkontrollen in der Zuständigkeit der Verbände stieg über die Jahre hinweg kontinuierlich an und lag im Jahr 2000 erstmals bei über 4000. Im internationalen Vergleich hatte der DSB zu diesem Zeitpunkt – insbesondere im Hinblick auf die Trainingskontrollen – eine Spitzenstellung inne [3]. Zum Jahresende 2002 wurde die ADK DSB/NOK aufgelöst. Sie übergab ihre Aufgaben an die im Sommer 2002 gegründete Nationale Anti Doping Agentur Deutschland (NADA).

8.2.2 Nationale Anti Doping Agentur Deutschland (NADA)

Mit der Einrichtung der Nationalen Anti Doping Agentur Deutschland (NADA) schlugen der Staat und die Sportverbände in Anlehnung an internationale Entwicklungen gemeinsam einen neuen Weg ein. Die Gründung im Sommer 2002 stand im Kontext mit der kurz zuvor erfolgten Gründung der Welt Anti-Doping Agentur WADA (▶ Kap. 8.1.1). Die NADA mit Sitz in Bonn nahm ihre Arbeit im Januar 2003 auf und ist seitdem die zentrale Anlaufstelle für alle Fragen der Dopingbekämpfung. Sie erfüllt ein breites Spektrum an Aufgaben, z. B. die Aufklärung der Athleten, die Koordinierung des Doping-Kontroll-Systems (DKS) in und außerhalb von Wettkämpfen oder in Fragen der Dopingprävention.

Die NADA ist eine rechtsfähige Stiftung des öffentlichen Rechts und verfolgt ausschließlich und unmittelbar gemeinnützige Zwecke. Die Form einer wurde Stiftung gewählt, um eine Institution zu schaffen, die weder an den organisierten Sport noch an den Staat angegliedert ist.

Der Aufsichtsrat der NADA besteht aus Vertretern aus Politik, Sport (mit der Athletenkommission) und Gesellschaft (mindestens neun Personen). Für das operative Geschäft ist der Stiftungsvorstand der NADA zuständig. Seit 15.09.2011 bilden Dr. Andrea Gotzmann und Dr. Lars Mortsiefer den NADA-Vorstand. Der Aufsichtsrat der NADA überwacht die Tätigkeiten des Vorstands als unabhängiges Kontrollorgan.

Die NADA unterhält vier Kommissionen als ehrenamtliche Gremien für die Bereiche Recht, Dopingkontrollen, Medizin und Prävention (Stand: Juli 2016). Sie sind mit ausgewiesenen Experten aus Wissenschaft, Politik, Lehre, staatlicher Gerichtsbarkeit (Recht), Vertretern der Athleten (DKS) und Sportverbänden (Recht) sowie Medizin besetzt. Diese kommen in der Regel ein- bis zweimal im Jahr zusammen, sind nicht entscheidungsbefugt und beschränken sich auf Empfehlungen und Beratungen. Ein weiteres ehrenamtliches Gremium ist das Komitee für Medizinische Ausnahmegenehmigungen (TUE-Komitee, ▶ Kap. 6.3).

Ein wichtiger Schwerpunkt der Arbeit der NADA ist die internationale Zusammenarbeit. In Europa arbeitet die NADA traditionell eng mit den ebenfalls deutschsprachigen nationalen Anti-Doping-Organisationen aus Österreich und der Schweiz zusammen. Auf europäischer Ebene ist sie in der Beobachtenden Begleitgruppe (Monitoring Group) des Europarats aktiv, die die Umsetzung der Maßnahmen des Übereinkommens des Europarats gegen Doping vom 16.11.1989 überwacht (▶ Kap. 10.1.1). Ein wichtiger Partner der NADA ist außerdem das Institute of National Anti-Doping Organisations (iNADO), das die Interessen von nunmehr 59 nationalen Anti-Doping-Organisationen weltweit gegenüber der WADA vertritt (▶ Kap. 10.2.3).

Nach vielen Jahren finanzieller Unsicherheit ist es auf der Grundlage des Koalitionsvertrags der Bundesregierung gelungen, die NADA seit dem Jahr 2015 finanziell zu stabilisieren. Das Gesamtbudget des operativen Geschäfts der NADA belief sich im Jahr 2015 auf rund 9,1 Mio. Euro, davon kommen rund 6 Mio. Euro aus Bundesmitteln (66 %) [4]. Vor allem zur Stärkung des nationalen Dopingkontrollsystems (▶ Kap. 8.2.6) wurde es notwendig, die personelle und finanzielle Ausstattung der NADA nachhaltig zu verbessern. Die NADA stellt auf ihrer Website ein umfangreiches Informationsangebot zur Verfügung (▶ Kap. 13.3.1).

8.2.3 NADA-Code

Das Anti-Doping-Regelwerk der Nationalen Anti Doping Agentur Deutschland, der Nationale Anti-Doping Code (NADC), ist für den deutschen Sport das wichtigste sportartenübergreifende Regelwerk im Bereich des Dopings [5]. Es basiert auf dem Code der Welt Anti-Doping Agentur (WADC, ▶ Kap. 8.1.3) und den für die Praxis relevanten „International Standards" (▶ Kap. 8.1.4), zu deren Umsetzung sich Deutschland verpflichtet hat.

Der erste Nationale Anti-Doping Code wurde 2004 verabschiedet und umgesetzt. Die überarbeitete Fassung trat 2006 in Kraft. Die weitere Revision des WADA-Codes führte ab dem 01.01.2009 zum NADC 2009 (Version 2.0). Dieser war vom 01.07.2010 bis zum 31.12.2014 gültig.

Im Zuge einer weiteren Revision des WADA-Codes wurde der NADA-Code ebenfalls grundlegend überarbeitet. Die Fassung Nationaler Anti-Doping Code 2015 (◻ Tab. 8.2) ist seit dem 01.01.2015 in Kraft.

Der NADC 2015 brachte einige wesentliche Änderungen [6]

- Unter anderem wurden zwei neue Dopingtatbestände eingeführt, die Beihilfe (Art. 2.9) und der verbotene Umgang der Athleten mit Athletenbetreuern, die (selbst) einen Verstoß gegen Anti-Doping-Bestimmungen begangen haben (Art. 2.10).
- Außerdem ist die NADA seit dem Jahr 2015 auch zuständig für die Organisation und Durchführung der Wettkampfkontrollen bei allen Athleten, die dem Anwendungsbereich des NADC unterliegen.
- „Intelligence & Investigations" werden neben den Dopingkontrollen und der Prävention zu einem weiteren zentralen Bestandteil des NADA-Codes.
- Die Ausweitung der „intelligenten Kontrollen" auf die Kontrollplanung sowie auf die Analytik wird festgelegt.
- Ein neues technisches Dokument regelt die Mindestzahl an Zusatzuntersuchungen aus Blut und Urin verbindlich.

☐ **Tab. 8.2** Nationaler Anti-Doping Code 2015 (Übersicht)

Artikel	Nationaler Anti-Doping Code 2015
	Vorwort NADC 2015
Artikel 1 Definition des Begriffs Doping	
	Doping wird definiert als das Vorliegen eines oder mehrerer der nachfolgend in Artikel 2.1 bis Artikel 2.10 festgelegten Verstöße gegen Anti-Doping-Bestimmungen.
Artikel 2 Verstöße gegen Anti-Doping-Bestimmungen	
2.1	Vorhandensein einer verbotenen Substanz, ihrer Metaboliten oder Marker in der Probe eines Athleten
2.2	Der Gebrauch oder der Versuch des Gebrauchs einer verbotenen Substanz oder einer verbotenen Methode durch einen Athleten
2.3	Umgehung der Probenahme oder die Weigerung oder das Unterlassen, sich einer Probenahme zu unterziehen
2.4	Meldepflichtverstöße
2.5	Die unzulässige Einflussnahme oder der Versuch der unzulässigen Einflussnahme auf irgendeinen Teil des Dopingkontrollverfahrens
2.6	Besitz einer verbotenen Substanz oder einer verbotenen Methode
2.7	Das Inverkehrbringen oder der Versuch des Inverkehrbringens von einer verbotenen Substanz oder einer verbotenen Methode
2.8	Die Verabreichung oder der Versuch der Verabreichung an Athleten von verbotenen Substanzen oder verbotenen Methoden innerhalb des Wettkampfs oder außerhalb des Wettkampfs die Verabreichung oder der Versuch der Verabreichung von verbotenen Methoden oder verbotenen Substanzen, die außerhalb des Wettkampfs verboten sind
2.9	Tatbeteiligung
2.10	Verbotener Umgang
Artikel 3 Dopingnachweis	
3.1	Beweislast und Beweismaß
3.2	Verfahren zur Feststellung von Tatsachen und Vermutungen
Artikel 4 Die Verbotsliste	
4.1	Veröffentlichung und Verbindlichkeit der Verbotsliste
4.2	In der Verbotsliste aufgeführte verbotene Substanzen und verbotene Methoden
4.3	Verbindlichkeit der Festlegungen der WADA (gekürzt)
4.4	Medizinische Ausnahmegenehmigungen

◘ **Tab. 8.2** Nationaler Anti-Doping Code 2015 (Übersicht, Fortsetzung)

Artikel	Nationaler Anti-Doping Code 2015
Artikel 5 Dopingkontrollen und Ermittlungen	
5.1	Zweck von Dopingkontrollen und Ermittlungen
5.2	Zuständigkeit für die Organisation und Durchführung von Dopingkontrollen
5.3	Testpool und Pflicht der Athleten, sich Dopingkontrollen zu unterziehen
5.4	Meldepflichten der Athleten und der Organisationen
5.5	Durchführung von Dopingkontrollen
5.6	Auswahl der Athleten für Dopingkontrollen
5.7	Rückkehr von Athleten, die ihre aktive Laufbahn beendet hatten
5.8	Ermittlungen und Informationsbeschaffung
Artikel 6 Analyse von Proben	
6.1	Beauftragung akkreditierter und anerkannter Labors
6.2	Zweck der Probenanalyse
6.3	Verwendung von Proben zu Forschungszwecken
6.4	Durchführung der Analyse und Berichterstattung
6.5	Weitere Analyse von Proben
6.6	Eigentumsverhältnisse
Artikel 7 Ergebnismanagement	
7.1	Allgemeines
7.2	Erste Überprüfung und Mitteilung bei von der Norm abweichenden Analyseergebnissen
7.3	Überprüfung und Mitteilung bei atypischen Analyseergebnissen
7.4	Überprüfung und Mitteilung atypischer Ergebnisse des Biologischen Athletenpasses
7.5	Überprüfung von Meldepflichtverstößen
7.6	Überprüfung und Mitteilung bei anderen Verstößen gegen Anti-Doping-Bestimmungen, die nicht von Artikel 7.2 bis Artikel 7.5 erfasst sind
7.7	Feststellung früherer Verstöße gegen Anti-Doping-Bestimmungen
7.8	Vorläufige Suspendierung
7.9	Mitteilung von Entscheidungen des Ergebnismanagements

◘ **Tab. 8.2** Nationaler Anti-Doping Code 2015 (Übersicht, Fortsetzung)

Artikel	Nationaler Anti-Doping Code 2015
7.10	Beendigung der aktiven Laufbahn
7.11	Abgekürztes Verfahren
Artikel 8 Analyse der B-Probe	
8.1	Recht, die Analyse der B-Probe zu verlangen
8.2	Anwesenheitsrecht bei der Analyse der B-Probe
8.3	Durchführung der Analyse der B-Probe
8.4	Kosten der Analyse der B-Probe
8.5	Benachrichtigung über das Analyseergebnis der B-Probe
8.6	Vorgehen, falls das Analyseergebnis der B-Probe das von der Norm abweichende Analyseergebnis der A-Probe nicht bestätigt
Artikel 9 Automatische Annullierung von Einzelergebnissen	
Artikel 10 Sanktionen gegen Einzelpersonen	
10.1	Annullierung von Ergebnissen bei einer Wettkampfveranstaltung, bei der ein Verstoß gegen Anti-Doping-Bestimmungen erfolgt
10.2	Sperre wegen des Vorhandenseins, des Gebrauchs oder des Versuchs des Gebrauchs oder des Besitzes einer verbotenen Substanz oder einer verbotenen Methode
10.3	Sperre bei anderen Verstößen gegen Anti-Doping-Bestimmungen
10.4	Absehen von einer Sperre, wenn kein Verschulden vorliegt
10.5	Herabsetzung der Sperre aufgrund „Kein signifikantes Verschulden"
10.6	Absehen von, Herabsetzung oder Aussetzung einer Sperre oder anderer Konsequenzen aus Gründen, die nicht mit dem Verschulden zusammenhängen
10.7	Mehrfachverstöße
10.8	Annullierung von Wettkampfergebnissen nach einer Probenahme oder einem Verstoß gegen Anti-Doping-Bestimmungen
10.9	Verteilung der CAS-Prozesskosten und des aberkannten Preisgeldes
10.10	Finanzielle Konsequenzen
10.11	Beginn der Sperre
10.12	Status während einer Sperre
10.13	Veröffentlichung einer Sanktion

◻ **Tab. 8.2** Nationaler Anti-Doping Code 2015 (Übersicht, Fortsetzung)

Artikel	Nationaler Anti-Doping Code 2015
Artikel 11 Konsequenzen für Mannschaften	
11.1	Dopingkontrollen bei Mannschaftssportarten
11.2	Konsequenzen bei Mannschaftssportarten
11.3	Wettkampfveranstalter können strengere Konsequenzen für Mannschaftssportarten festlegen
Artikel 12 Disziplinarverfahren	
12.1	Allgemeines
12.2	Verfahrensgrundsätze
12.3	Absehen von einer mündlichen Verhandlung
12.4	Säumnis
Artikel 13 Rechtsbehelfe	
13.1	Anfechtbare Entscheidungen
13.2	Rechtsbehelfe gegen Entscheidungen über Verstöße gegen Anti-Doping-Bestimmungen, Konsequenzen, vorläufige Suspendierungen, Anerkennung von Entscheidungen und Zuständigkeit
13.3	Keine rechtzeitige Entscheidung des Disziplinarorgans
13.4	Rechtsbehelfe bezüglich Medizinischer Ausnahmegenehmigungen
13.5	Benachrichtigung über Entscheidungen im Rechtsbehelfsverfahren
Artikel 14 Information und Vertraulichkeit	
14.1	Information anderer Organisationen
14.2	Meldung staatlicher Ermittlungsbehörden
14.3	Information der Öffentlichkeit
14.4	Jahresbericht
14.5	Vertraulichkeit
14.6	Datenschutz
Artikel 15 Dopingprävention	
15.1	Ziel der Dopingprävention
15.2	Präventionsprogramme
15.3	Koordinierung und Zusammenarbeit

◻ **Tab. 8.2** Nationaler Anti-Doping Code 2015 (Übersicht, Fortsetzung)

Artikel	Nationaler Anti-Doping Code 2015
Artikel 16 Dopingkontrollverfahren bei Tieren in sportlichen Wettkämpfen	
	▶ Kap. 14
Artikel 17 Verjährung	
Artikel 18 Schlussbestimmungen	
18.1	Der NADC tritt am 1. Januar 2015 in Kraft. Er setzt den Code der WADA (Fassung 2015) für den Zuständigkeitsbereich der NADA um und ersetzt den bis zum 31. Dezember 2014 geltenden NADC (Version 2.0, Fassung 2010).
18.2	Die Begriffsbestimmungen, die Kommentare, die Verbotsliste sowie die Standards und International Standards sind Bestandteil des NADC.
18.3	Die nationalen Sportfachverbände nehmen den NADC durch Zeichnung der Vereinbarung über die Organisation und Durchführung von Dopingkontrollen an. Sie setzen den NADC sowie zukünftige Änderungen unverzüglich nach deren Inkrafttreten um. Sie haben durch geeignete, insbesondere rechtliche und organisatorische Maßnahmen dafür Sorge zu tragen, dass eine Anpassung ihrer entsprechenden Regelwerke an die geänderten Fassungen unverzüglich erfolgt und die ihnen angehörigen beziehungsweise nachgeordneten Verbände, Vereine, Athleten und sonstigen Beteiligten über die Änderungen informiert und daran gebunden werden.
18.4	Der NADC ist ein unabhängiger und eigenständiger Text und stellt keinen Verweis auf bestehendes Recht oder bestehende Satzungen der Organisationen dar. In Zweifelsfragen sind die Kommentare und der Code in seiner englischen Originalfassung zur Auslegung heranzuziehen.
18.5	Anerkennung und Kollision
18.6	Rückwirkung und Anwendbarkeit
Anhang 1 Begriffsbestimmungen	
	Siehe Auszug im Anhang, ▶ Kap. 15.6
Anhang 2 Anwendungsbeispiele für Artikel 10	

- Die Zuständigkeiten für die Erteilung und Anerkennung von Medizinischen Ausnahmegenehmigungen (TUE) werden neu geregelt.
- Mit dem neuen Code führen drei Meldepflicht- und Kontrollversäumnisse innerhalb von 12 Monaten zu einem Verstoß und nicht wie bislang innerhalb von 18 Monaten.
- Die Regelsperre für Erstverstöße beträgt vier Jahre,
  - wenn der Dopingverstoß keine spezifische Substanz (▶ Kap. 3.1.13) betrifft, es sei denn, der Athlet oder eine andere Person weist nach, dass der Verstoß nicht absichtlich begangen wurde,
  - wenn der Dopingverstoß eine spezifische Substanz betrifft und die Anti-Doping-Organisation nachweist, dass der Verstoß absichtlich begangen wurde.

- Es wird die Möglichkeit des „abgekürzten Verfahrens" (Art. 7.11) für Athleten eingeführt, die eine Sanktionierung wegen eines Dopingverstoßes unmittelbar anerkennen oder eine anderweitige außergerichtliche Einigung erfolgt.
- Die Voraussetzungen der „Kronzeugenregelung" (Art. 10.6) wurden weiter modifiziert. In Abstimmung mit der WADA kann die NADA bei rechtzeitigen und umfassenden Geständnissen eine Reduzierung der Sperre festlegen.
- Die Datenschutzbestimmungen im Welt Anti-Doping Code sowie der Schutz von Minderjährigen wurden gestärkt.

Auf der Website der NADA steht ein Erklärungsfilm zum NADA-Code 2015 zur Verfügung (▶ Kap. 13.3.1). Zusätzlich stellt die NADA zur Umsetzung der WADA-Vorgaben (▶ Kap. 8.1.3, ▶ Kap. 8.1.4) die folgenden Standards bereit:

- Verbotsliste,
- Standard für Dopingkontrollen und Ermittlungen,
- Standard für Meldepflichten,
- Standard für Medizinische Ausnahmegenehmigungen,
- Standard für Datenschutz,
- Annex-Standard für Datenschutz,
- Standard für Medikationskontrollen bei Pferden.

Umsetzung des NADA-Codes durch die Sportfachverbände

Der NADA-Code ist kein unmittelbar gültiges Regelwerk. Um wirksam zu werden, muss er von den nationalen Sportfachverbänden angenommen und in deren Rechtsgrundlagen umgesetzt werden (Art. 18.3 NADC). Erst hiermit werden Anti-Doping-Maßnahmen der Verbände, z. B. Sanktionen bei Dopingverstößen, möglich. Verbindlichkeit erlangt der NADC für die deutschen Sportfachverbände durch vertragliche Vereinbarungen mit der NADA (sog. Dopingkontrollvereinbarungen, Art. 18.3 NADC). Bei der Umsetzung in die verbandseigenen Anti-Doping-Regelwerke können die Sportverbände entweder pauschal auf den NADA-Code verweisen oder diesen als Minimalstandard in ein eigenes Anti-Doping-Regelwerk integrieren.

Bei jeder Revision des WADA- bzw. des NADA-Codes sind erhebliche Anstrengungen erforderlich, bis alle nationalen Sportfachverbände, Landesverbände und teilweise auch Ligen ihre Regelwerke und Vereinbarungen entsprechend angepasst haben. Als Hilfestellung für die Sportfachverbände hat die NADA deswegen einen Muster-Anti-Doping-Code erstellt, der als Grundlage und Hilfestellung zur Umsetzung des NADA-Codes 2015 in die Verbandsregelwerke dienen soll.

Bindung an den NADA-Code

Im zweiten Schritt müssen auch die Athleten, Trainer, Ärzte, Betreuer und sonstiges Hilfspersonal explizit zur Einhaltung des NADA-Codes verpflichtet werden. Für die Sportler geschieht dies im Rahmen der Athletenvereinbarung, für die Beschäftigten durch arbeits- oder dienstrechtliche Vereinbarungen. Mit dem Instrument der Athletenvereinbarung wird das Rechtsverhältnis zwischen dem Athleten und seinem jeweiligen Sportverband geregelt. Sie beinhaltet einen sportrechtlichen und einen wirtschaftlichen Teil (▶ Kap. 4.8). Der sportrechtliche Teil umfasst u. a. die Bindung an die nationalen und internationalen Verbandsregelungen, wie z. B. Satzungen, Wettkampf- und Anti-Doping-Ordnungen sowie an die Nominierungskriterien [7].

Bei den inhaltlichen Anforderungen einer „Anti-Doping-Klausel" für Beschäftigte wird unterschieden zwischen „Athletenbetreuern" im Sinne des NADA-Codes und den übrigen Verbandsmitarbeitern. Zu den Athletenbetreuern zählen Trainer, sportliche Betreuer, Manager, Vertreter, Teammitglieder, Funktionäre, medizinisches Personal, medizinisches Hilfspersonal, Eltern oder andere Personen, die mit Athleten, die an Sportwettkämpfen teilnehmen oder sich auf diese vorbereiten, zusammenarbeiten, sie unterstützen oder behandeln. Sie unterliegen in vollem Umfang dem NADA-Code, d. h., auch sie können Dopingverstöße begehen und hierfür sanktioniert werden.

Demgegenüber richtet sich der Code nicht an Verwaltungsangestellte, die gegenüber Athleten keine unmittelbare Betreuungsfunktion ausüben. Auch bei diesen Personen kann jedoch eine Beteiligung oder Unterstützung des Dopings eine grobe Verletzung ihres Arbeitsvertrags darstellen und arbeitsrechtliche Folgen nach sich ziehen [3].

8.2.4 Funktion des Anti-Doping-Beauftragten

Der nationale Sportfachverband bestellt einen Anti-Doping-Beauftragten und meldet diesen der NADA. Der Anti-Doping-Beauftragte ist Ansprechpartner für Athleten und die NADA (Art. 15.3 NADC). Seine Befugnisse orientieren sich in der Regel an seiner Qualifikation und reichen von der Beratung in medizinischen Fragen über die Umsetzung des NADA-Codes in die Verbandsregelwerke bis hin zur Koordinierung der Dopingbekämpfung insgesamt. Zum Teil wird diese Position auch von Ehrenamtlichen wahrgenommen, die generell nur zeitlich eingeschränkt zur Verfügung stehen, was ihren Einfluss naturgemäß mindert. Um die Position des Anti-Doping-Beauftragten in Zukunft besser zu nutzen, müssten dessen Befugnisse und Aufgaben dringend vereinheitlicht und die Kommunikation untereinander gestärkt werden [3].

8.2.5 Weitere Initiativen des DOSB

Eine spezielle Maßnahme des Deutschen Olympischen Sportbunds (DOSB) in der Dopingbekämpfung ist der im Dezember 2006 verabschiedete „Anti-Doping-Aktionsplan – zehn Punkte für Sport und Staat" [8]. Auch darüber hinaus hat sich der DOSB mit einzelnen Initiativen nachhaltig für den Kampf gegen Doping eingesetzt, so z. B. durch die Einberufung der „Rechtskommission des Sports gegen Doping" (ReSpoDo) im Juni 2004. Die Aufgabe der Kommission bestand darin, einen Forderungskatalog des Sports zur härteren Bekämpfung des Dopings zu erarbeiten, der dem DSB und dem NOK sowie dem Sportausschuss des Deutschen Bundestags und der Sportministerkonferenz der Länder vorgelegt werden sollte. Insbesondere sollte die ReSpoDo die Frage beantworten, ob eine effektive Dopingbekämpfung ohne den Staat möglich ist, und gegebenenfalls konkrete Vorschläge für den Gesetzgeber machen. Der Abschlussbericht der ReSpoDo vom Juni 2005 [9] bildete eine wesentliche Grundlage für das Gesetzgebungsverfahren zur Verbesserung der Bekämpfung des Dopings im Sport (DSVG, ▶Kap. 10.3.2).

8.2.6 Doping-Kontroll-System (DKS)

Die wesentlichen Vorgaben für Dopingkontrollen und Ermittlungen sind in Artikel 5 des NADA-Codes enthalten. Sie werden im Einklang mit den Vorschriften des International Standards for Testing and Investigations der WADA (▶Kap. 8.1.4) und/oder dem Standard für Dopingkontrollen und Ermittlungen der NADA durchgeführt. Mit den Dopingkontrollen soll analytisch nachgewiesen werden, ob die Athleten das strenge Verbot der Einnahme bzw. Anwendung verbotener Substanzen oder Methoden einhalten (Artikel

◻ **Tab. 8.3** Entwicklung des Doping-Kontroll-Systems (DKS) in Deutschland. Nach NADA-Jahresbericht 2015 [4]

Bereiche	2004	2015
Trainingskontrollen	Rund 4000 Proben	Rund 8000 Proben
Wettkampfkontrollen	Nicht durch die NADA durchgeführt	Durch die NADA durchgeführt
Medikationskontrollen bei Pferden	Nicht vorhanden	Durch die NADA durchgeführt
Kontrollplanung	Manuelle Auslosung	Intelligente Kontrollplanung
Meldepflichten	Abmeldung ab 24 bzw. 72 Stunden per Fax	Jederzeit per ADAMS oder Athleten-Meldeformular
Langzeitlagerung	Nicht vorhanden	Etabliert
Biologischer Athletenpass	Nicht vorhanden	Etabliert

2.1 und/oder Artikel 2.2 NADC). Zusätzlich können Ermittlungen durchgeführt werden, die solche vermuteten Verstöße betreffen oder auch, um Informationen oder Beweise zusammenzutragen, die sich auf andere Verstöße gegen Anti-Doping-Bestimmungen (Artikel 2.2–2.10 NADC) beziehen (▸ Kap. 2).

In Deutschland wird die Durchführung von Dopingkontrollen nach Maßgabe des Doping-Kontroll-Systems (DKS) geregelt. Dopingkontrollen finden statt:

- bei Wettkämpfen (In-competition Testing),
- außerhalb der Wettkämpfe als Trainingskontrollen (Out-of-competition Testing).

Die Zuständigkeit für die Organisation und Durchführung von Dopingkontrollen ist in Artikel 5.2 NADC geregelt. Mit dem NADA-Code 2015 hat die NADA alle Wettkampfkontrollen bei Athleten, die dem Anwendungsbereich des NADC unterliegen, in Deutschland übernommen.

Bei Nationalen Wettkämpfen und/oder Wettkampfveranstaltungen erfolgt die Organisation und Durchführung der Dopingkontrollen durch die NADA.

Die WADA und der internationale Sportfachverband des Athleten sind ebenfalls berechtigt, Trainings- und Wettkampfkontrollen organisieren und durchführen. Außerdem dürfen Veranstalter großer Sportwettkämpfe im Zusammenhang mit der jeweiligen Sportgroßveranstaltung Wettkampfkontrollen organisieren und durchführen.

Bei internationalen Wettkämpfen und/oder Wettkampfveranstaltungen werden Dopingkontrollen an der Wettkampfstätte und während der Veranstaltungsdauer von dem jeweiligen Internationalen Sportfachverband oder dem internationalen Veranstalter des Wettkampfs bzw. der Wettkampfveranstaltung (z. B. IOC für die Olympischen Spiele, ein internationaler Sportfachverband für eine Weltmeisterschaft) organisiert und durchgeführt.

◻ Tab. 8.3 gibt einen Überblick über die rasante Entwicklung des Dopingkontrollsystems in Deutschland. Über Einzelheiten geben die Jahresberichte der NADA Aufschluss.

◻ Tab. 8.4 gibt einen Überblick über die im Rahmen des DKS im Jahr 2015 durchgeführten Dopingkontrollen. Zu den Verstößen und Sanktionen im Jahr 2015 siehe ▸ Kap. 9.3.

Tab. 8.4 Bilanz Doping-Kontroll-System (DKS) 2015. Nach NADA-Jahresbericht 2015 [4]

Art	Anzahl	Urinproben	Blutproben
Kontrollen gesamt	12 425		
Proben gesamt	14 746	12 261 (83 %)	2485 (17 %)
Trainingskontrollen gesamt	7835		
Proben in Trainingskontrollen	9830	7785 (79 %)	2045 (21 %)
Wettkampfkontrollen gesamt	4590		
Proben in Wettkampfkontrollen gesamt	4916	4476 (91 %)	440 (9 %)
Proben bei Kontrollen deutscher Athleten im Ausland	395		
Kontrollierte Wettkämpfe	617		
Proben mit Zusatzanalysen gemäß TDSSA auf ESA	3784		
Proben mit Zusatzanalysen gemäß TDSSA auf GH und GHRF	2724		
Proben mit Zusatzanalysen auf spezielle Stanozolol-Metaboliten	1553		
Proben mit Zusatzanalysen auf HBOC	1478		
Proben für den ABP (hämatologisch)	980		
Proben mit Zusatzanalysen auf Insuline	641		
Proben zusätzlich mittels IRMS analysiert	78		
Proben mit Zusatzanalysen auf ITPP	73		
Proben mit Zusatzanalysen auf Kobalt	61		
Proben mit Zusatzanalysen auf Hematide	43		
Medikationskontrollen bei Pferden, gesamt	148		
Proben in Medikationskontrollen bei Pferden, gesamt	188	42 (23 %)	146 (77 %)

TDSSA Technical Document for Sport Specific Analysis (WADA), ESA Erythropoiesis Stimulating Agents, GH Growth Hormone, GHRF Growth Hormone Releasing Factors, IRMS Isotope Ratio Mass Spectrometry, ITPP Myo-Inositol tris Pyrophosphat, ABP Athlete Biological Passport, HBOC Haemoglobin-Based Oxygen Carriers

8.2.7 Wettkampfkontrollen (In-competition Testing)

Sämtliche Wettkampfkontrollen der im DOSB vertretenen Spitzenverbände werden im Ressort Doping-Kontroll-System (DKS) der NADA zentral koordiniert und organisiert. In der Auswahl der Wettkämpfe und der zu kontrollierenden Athleten ist die NADA unabhängig.

Bei Wettkämpfen in Einzelsportarten werden in der Regel die ersten drei Platzierungen kontrolliert sowie mindestens ein weiterer Athlet, der aus dem gesamten Feld zufällig ermittelt wird und bei Wettkämpfen in Mannschaftssportarten in der Regel je drei zufällig ermittelte Spieler der beiden Mannschaften (Art. 5.6.3 NADC).

Wettkampfkontrollen finden grundsätzlich nach Beendigung des Wettkampfs statt. Ist der Wettkampf am betreffenden Tag für den ausgewählten Athleten beendet, wird er von einem „Chaperon" über die Dopingkontrolle informiert. Hierbei werden ihm seine Rechte und Pflichten vorgetragen und zur Unterschrift ausgehändigt. Der Athlet muss – unter ständiger Begleitung durch den Chaperon – unverzüglich die Dopingkontrollstation aufsuchen. Die Kontrollen finden in einem eigens hierfür eingerichteten Dopingkontrollraum statt.

In einigen Ausdauersportarten werden unmittelbar vor dem Wettkampf Blutproben zur Bestimmung des Hämoglobinwerts (z. B. Skilanglauf, Biathlon) bzw. des Hämatokrits (z. B. Radsport) genommen. Bei einer Überschreitung bestimmter Grenzwerte (je nach Maßgabe der einzelnen Sportfachverbände) wird aus Gründen des Gesundheitsschutzes eine vorübergehende Wettkampfsperre ausgesprochen (Schutzsperre, ▶ Kap. 3.2.1).

> **Der Fall Evi Sachenbacher-Stehle**
> Ein Beispiel ist die Skilangläuferin Evi Sachenbacher-Stehle. Bei einer Blutprobe im Vorfeld der Olympischen Winterspiele 2006 in Turin war bei der Sportlerin ein erhöhter Hämoglobinwert von 16,4 g/dl festgestellt worden. Daraufhin wurde eine Schutzsperre verhängt, wodurch die Sportlerin nicht an einem Rennen teilnehmen konnte, bei dem sie als eine der Favoritinnen gehandelt worden war. Eine Klage des Deutschen Skiverbands gegen diese Entscheidung durch den internationalen Sportgerichtshof (CAS) wurde abgelehnt. Bei einem weiteren Test fünf Tage später lag der Hämoglobinwert unter dem Grenzwert, sodass die Athletin wieder an den noch anstehenden Wettkämpfen teilnehmen durfte.

8.2.8 Trainingskontrollen (Out-of-competition Testing)

Viele verbotene Substanzen, wie etwa die anabolen Steroide oder EPO, werden zu Dopingzwecken lediglich während des Trainings eingenommen, weil ihre erwünschte leistungssteigernde Wirkung länger vorhält. Entsprechende „Dopingsünder" fallen daher bei Wettkampfkontrollen in der Regel nicht auf. Dort wird sich auch kaum jemand erwischen lassen, denn Spitzensportler, ob sauber oder gedopt, werden heute durchweg medizinisch exzellent überwacht. Die Kontroll-Lücke soll durch das „Out-of-competition Testing" geschlossen werden. Heute sind die Trainingskontrollen der Hauptbestandteil des Dopingkontrollsystems.

Die Diskussion um Kontrollen während der Trainingsphasen setzte im internationalen Sport Mitte der 1980er Jahre ein. Gründe waren der Dopingfall Ben Johnson bei den Olympischen Spielen von Seoul 1988 sowie die Erkenntnisse über das flächendeckende Dopingsystem in der ehemaligen DDR im Zuge der Wiedervereinigung.

Trainingskontrollen wurden in Deutschland erstmals im Jahr 1989/90 in einem Pilotprojekt praktiziert. Seit 1992 werden mit Inkrafttreten des Dopingkontrollsystems jährlich rund 4000 Trainingskontrollen durchgeführt. Heute sind es rund 8000 pro Jahr, womit Deutschland weltweit führend ist. Bei Trainingskontrollen wird nach Vorgabe der Dopingverbotsliste auf Substanzen und Methoden geprüft, die zu allen Zeiten (in und außerhalb von Wettkämpfen) verboten sind (◻ Tab. 3.2).

Die Durchführung von Trainingskontrollen wird in Deutschland von der NADA organisiert. Da die WADA, das Internationale Olympische Komitee und der internationale Sportfachverband des jeweiligen Athleten ebenfalls berechtigt sind, Trainingskontrollen zu organisieren und durchzuführen, werden diese von der WADA koordiniert, um mehrfache Kontrollen zu vermeiden.

Voraussetzung für ein effektives Kontrollsystem ist eine intelligente Kontrollplanung. Hierbei wird unter Berücksichtigung von sportartspezifischen und trainingswissenschaftlichen Kriterien ein Kontrollnetz für jeden Athleten aufgebaut. Kontrollen finden dann verstärkt in den Phasen statt, in denen die Gefahr am größten ist, dass der Athlet möglicherweise zu Dopingmitteln greift, wie etwa in Vorwettkampf- oder harten Trainingsphasen. Aus der Sammlung und Auswertung von Daten und Hinweisen werden Erkenntnisse gewonnen, die sehr gezielte Kontrollen ermöglichen. Hiermit können Verstöße manchmal auch ohne positives Analyseergebnis aufgedeckt werden. Bereits Mitte 2011 hatte die NADA zu diesem Zweck die sogenannte interne Task-Force (seit Einführung des revidierten Codes „Bereich Intelligence & Investigations") etabliert. Das interdisziplinäre Gremium besteht aus NADA-Experten aus den Ressorts Doping-Kontroll-System (DKS), Medizin und Recht. In der I&I-Arbeit werden alle der NADA vorliegenden Anti-Doping-Informationen zusammengetragen und ausgewertet. Diese Informationen werden zur Entwicklung eines zweckmäßigen, intelligenten und angemessenen Dopingkontrollplans und/oder zur Planung von Zielkontrollen genutzt. Außerdem dienen sie zur Aufdeckung von Doping durch die Ermittlung möglicher Verstöße gegen Anti-Doping-Bestimmungen [10].

Grundsätzlich können ausschließlich Sportler zu Trainingskontrollen aufgefordert werden, die einem Testpool angehören. Die Verteilung des Gesamtvolumens an Trainingskontrollen auf einzelne Sportler basiert auf dem Grundgedanken, sich auf die Sportarten zu konzentrieren, die einer hohen Dopinggefährdung ausgesetzt sind, und auf die Sportler, die auf (inter-)nationalem Leistungsniveau konkurrieren. Unter Berücksichtigung physiologischer, empirischer und medialer Risikofaktoren werden alle Sportarten einer der drei Risikogruppen (A = hohes Dopingrisiko, B = mittleres Dopingrisiko, C = geringes Dopingrisiko) zugeordnet.

Ferner melden die nationalen Sportfachverbände einmal im Jahr alle ihre Kaderathleten. Auf Grundlage des jeweiligen Kaderstatus und der Risikobewertung der Sportart werden die Athleten in die verschiedenen Testpools eingeteilt (◘ Tab. 8.5).

8.2.9 Meldepflichten und Kontrollversäumnisse

Testpool-Athleten können an 365 Tagen des Jahres zu jeder Zeit und an jedem Ort im In- und Ausland kontrolliert werden. In der Regel finden Dopingkontrollen zwischen 6 und 23 Uhr statt. Um unangekündigte Dopingkontrollen durchführen zu können, müssen die Athleten für Trainingskontrollen erreichbar sein. Sie sind daher verpflichtet, ständig Informationen über ihren Aufenthaltsort und ihre Erreichbarkeit zu liefern („Whereabout-Information", Art. 5.4 NADC). Hierzu müssen sie Daten zum Wohnsitz, Zweitadresse oder Arbeitsplatz, Rahmentrainingsplan und Wettkampf- oder Urlaubsterminen zur Verfügung stellen und diese bei Änderungen aktualisieren.

Die Athleten nutzen hierfür das Onlinesystem der WADA mit der Bezeichnung „ADAMS" (Anti-Doping Administration and Management System). ADAMS ist ein webbasiertes Datenmanagementsystem für die Dateneingabe, Datenspeicherung, den Daten-

Tab. 8.5 Testpool-System der NADA (Stand: Juli 2016)

Art des Testpools	Einbezogene Athleten
Registered Testing Pool (RTP)	▪ Athleten, die einem internationalen Registered Testing Pool angehören (iRTP), ▪ A-Kader-Athleten der Sportarten der Risikogruppe A
Nationaler Testpool (NTP)	▪ A-Kader-Athleten der Sportarten der Risikogruppen B und C, ▪ B-Kader-Athleten der Sportarten der Risikogruppe A, ▪ alle Athleten des erweiterten Kreises der Mannschaft für die Olympischen Spiele
Allgemeiner Testpool (ATP)	▪ Alle anderen Bundeskaderathleten, die nicht bereits Mitglied des RTP oder NTP sind
Team-Testpool (TTP)	▪ Alle spielberechtigten Fußballspieler der 1. und 2. Bundesliga, die nicht bereits Mitglied des NTP sind, ▪ alle spielberechtigten Eishockeyspieler der DEL, die nicht bereits als Mitglied des RTP, NTP oder ATP gemeldet wurden

austausch und die Berichterstattung, das die WADA und sonstige Berechtigte bei ihren Anti-Doping-Maßnahmen unter Einhaltung des Datenschutzrechts unterstützen soll.

Die Meldepflichten variieren je nach Testpoolzugehörigkeit (Stand: Juli 2016):

- Athleten im NADA-RTP unterliegen den strengsten Meldepflichten. Sie müssen ihre Aufenthaltsdaten über ADAMS vierteljährlich im Voraus abgeben und zusätzlich für jeden Tag ein 60-minütiges Zeitfenster, in dem sie an einem bestimmten Ort für Dopingkontrollen zur Verfügung stehen (Ein-Stunden-Regel). Trifft der Kontrolleur den Athleten in dieser Stunde nicht am angegebenen Ort, erhält dieser einen sogenannten „Strike" für sein Kontrollversäumnis.
- Für Mitglieder des NADA-NTP entfällt die Angabe des 60-minütigen Zeitfensters, die vierteljährlichen Angaben in ADAMS sind jedoch auch für sie Pflicht.
- Die Mitglieder des NADA-ATP müssen der NADA ihren gewöhnlichen Aufenthalt, Anschrift und Telefonnummer mitteilen. Weitere An- oder Abmeldepflichten bestehen nicht.

Meldepflicht- und Kontrollversäumnisse (sog. „Strikes") können für versäumte Kontrollen innerhalb des 60-minütigen Testzeitfensters (betrifft nur den RTP) sowie für Meldepflichtversäumnisse (RTP und NTP), also die unvollständige oder falsche Angabe der Aufenthaltsorte, festgestellt werden. Mögliche Versäumnisse werden von der NADA geprüft. Sie erteilt auch die „Strikes".

Werden gegenüber einem Athlet innerhalb von zwölf Monaten drei „Strikes" festgestellt, so wird durch den jeweiligen Sportfachverband oder die NADA ein Verfahren wegen eines Dopingverstoßes eingeleitet, das in der Regel zu einer Sperre von zwei Jahren mit der Möglichkeit der Herabsetzung der Sperre je nach Grad des Verschuldens des Athleten führen kann (▶ Kap. 9.3.1). Die Sperre beträgt jedoch mindestens ein Jahr. Liegen „Strikes" von verschiedenen Organisationen (WADA, NADA sowie dem zuständigen internationalen Verband) vor, so werden diese addiert.

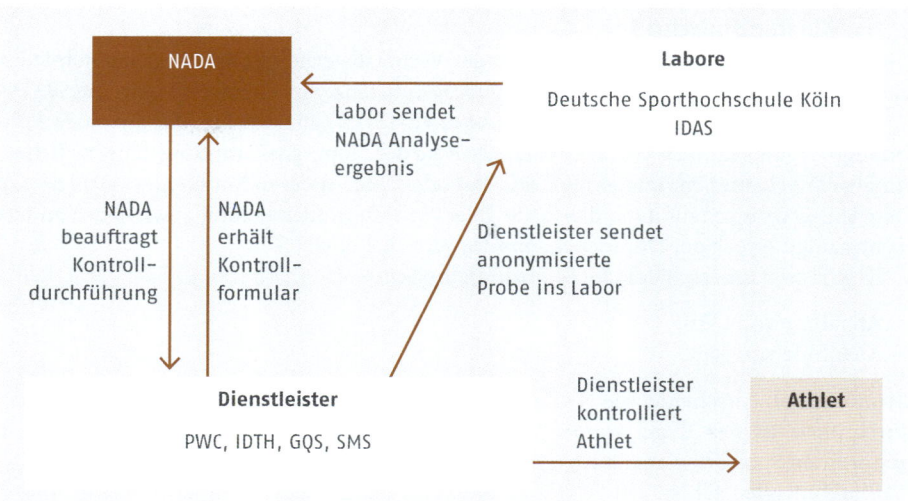

◦ **Abb. 8.2** Beteiligte am Verfahren der Dopingkontrolle. **GQS** Global Quality Sports GmbH, **IDAS** Institut für Dopinganalytik und Sportbiochemie Dresden, **IDTM** International Doping Tests & Management, **PWC** Professional Worldwide Controls GmbH, **SMS** Sports Medical Services GmbH. Nach Nationale Anti Doping Agentur Deutschland 2016 (Stand: 01.07.2016)

Mit dem Infoblatt Ablauf Meldepflicht- und Kontrollversäumnis veröffentlichte die NADA auf ihrer Website eine detaillierte Information für Athletinnen und Athleten der Testpools. Sie enthält die wichtigsten Punkte zum Ablauf des Ergebnismanagementverfahrens beim Verdacht auf ein Meldepflicht- und Kontrollversäumnis.

8.2.10 Beteiligte am Kontrollprozess

Die NADA hat keine eigenen Dopingkontrolleure. Nach der Planung von Zeitpunkt, Ort, sowie Proben- und Analyseart einer Dopingkontrolle beim ausgewählten Athleten beauftragt die Agentur externe Dienstleister mit der Probenahme, derzeit (Stand: 2015/2016): Professional Worldwide Controls GmbH (PWC) und International Doping Tests & Management (IDTM), Global Quality Sports GmbH (GQS), Sports Medical Services GmbH (SMS) [4].

Nach Durchführung der Kontrolle erhalten die NADA und der Athlet jeweils eine Kopie des Dopingkontrollformulars. Der Dienstleister versendet die Urin- und Blutproben anonymisiert an ein WADA-akkreditiertes Labor (Art. 6.1 NADC). Die von der NADA genommenen Urin- und Blutproben werden in den beiden WADA-akkreditierten deutschen Labors in Köln und Kreischa analysiert (siehe Ende dieses Kapitels). Dort finden – ebenfalls anonymisiert – die von der NADA beauftragten Analysen statt. Wird ein Athlet von der NADA im Ausland kontrolliert, kann die Probe in einem WADA-akkreditieren Labor im Ausland analysiert werden.

Nach erfolgter Analyse berichtet das Labor das Ergebnis an die NADA. Die Zuordnung des Analyseergebnisses zu dem kontrollierten Athleten findet am Ende ausschließlich in der NADA statt (◦ Abb. 8.2).

8.2.11 Kontrollmethoden

Die Proben werden analysiert, um die in der Verbotsliste aufgeführten verbotenen Substanzen und verbotenen Methoden oder andere Substanzen nachzuweisen, die die WADA im Rahmen ihres Monitoring-Programms (▶Kap. 12.1.3) überwacht, oder um einer Anti-Doping-Organisation (▶Kap. 8.1.7) zum Zwecke der Dopingbekämpfung dabei zu helfen, ein Profil relevanter Parameter im Urin, Blut oder einer anderen Matrix eines Athleten zu erstellen. Darunter fällt auch die DNS- oder Genomprofilerstellung sowie jeder andere rechtmäßige Zweck der Dopingbekämpfung (Art. 6.2 NADC).

Es gibt zwei unterschiedliche Kontrollmethoden:

- Abnahme von Urin,
- Abnahme von Blut.

Grundsätzlich entscheidet die NADA, in welcher Sportart sie welche Art von Kontrollen durchführt. In der Regel werden Urinproben auf unerlaubte Mittel untersucht, in bestimmten Sportarten aber auch vermehrt Blutproben (◘ Tab. 8.4).

Blutkontrollen zählen seit 2007 zum Standard in den Sportarten der Risikogruppe A (◘ Tab. 8.5). Teilweise wurden sie aber auch in anderen Disziplinen vorgenommen. Seit 2013 gehören Blutkontrollen in den Mannschaftssportarten Basketball, Eishockey, Fußball und Handball zum Standardprogramm.

Die verschiedenen Formen von Blutkontrollen (Serum oder Vollblut) sind eine notwendige Ergänzung zu den Urinkontrollen. Aus Blutproben ist der direkte Nachweis von Wachstumshormon (hGH), des EPO-Derivats CERA (Continuous Erythropoiesis Receptor Activator), von Hematide (TM), sowie homologer Bluttransfusionen und Haemoglobin-based Oxygen Carriers (HBOC) möglich. Die Blutkontrolle kann die Urinkontrolle aber nicht ersetzen. Im Urin sind immer noch die meisten verbotenen Substanzen und deren Abbauprodukte direkt nachweisbar. Durch beide Kontrollarten werden alle biochemischen Analysemöglichkeiten ausgeschöpft. Eine sinnvolle Kombination von Urin- und Blutkontrollen macht das Kontrollsystem noch variabler [4].

> **Ablauf einer Dopingkontrolle (Urinprobe)**
> - In der Vorbereitung der Entnahme der Probe stellt der Kontrolleur (Doping Control Officer, DCO) sicher, dass der Athlet über seine Rechte und Pflichten aufgeklärt wurde.
> - Bei der Probenahme wird eine Reihe von Mindestinformationen erfasst: z. B. Datum, Uhrzeit und Art der Benachrichtigung, Zeit der Ankunft in der Dopingkontrollstation, Datum und Uhrzeit der Beendigung der Probe, persönliche Daten des Athleten, Sportart und Disziplin, Trainer, Probenart (z. B. Urin oder Blut), Art der Dopingkontrolle (Trainings- oder Wettkampfkontrolle), Informationen über innerhalb der letzten sieben Tagen eingenommene Medikamente und Nahrungsergänzungsmittel.
> - Der Athlet wählt aus mehreren in Folie verpackten Urinbechern einen Sammelbehälter aus und prüft, ob alle Siegel der ausgewählten Ausrüstung intakt sind und ob die Ausrüstung zur Probenahme nicht manipuliert wurde.
> - Der DCO und der Athlet begeben sich zur Abgabe der Probe in einen Bereich, in dem die Privatsphäre des Athleten gewahrt bleibt. Der DCO sorgt für einen ungehinderten Blick darauf, wie der Urin den Körper des Athleten verlässt und beobachtet die Probe nach der Abgabe, bis sie sicher versiegelt ist. Jegliche Kleidung, die den ungehinderten Blick auf die Abgabe der Probe verdeckt, muss abgelegt oder entsprechend gerichtet werden.

- Sobald das vom Athleten abgegebene Urinvolumen ausreichend ist, wählt der Athlet die Ausrüstung zur Probenahme. Das Probekit besteht aus zwei viereckigen Glasflaschen A und B, die in einer zum Transport wieder verwendbaren Box verpackt sind.
- Der Athlet füllt die Mindestmenge des geeigneten Urinvolumens für die Analyse in die Flasche B (mindestens 30 ml) und den übrigen Urin in die Flasche A (mindestens 60 ml). Beide werden mit einem Schraubdeckel, der in die Verzahnung am Glaskörper einrastet, verschlossen. Bei korrektem Verschluss können sie nur durch Zerstören des Deckels wieder geöffnet werden.
- Der DCO untersucht den Resturin im Sammelbehälter, um festzustellen, ob die Probe eine für die Analyse geeignete spezifische Dichte aufweist.
- Der DCO prüft vor den Augen des Athleten, ob die Flaschen ordnungsgemäß versiegelt sind. Die Urinproben werden in die Transportbox verpackt. Auf der Box und den Glasflaschen befinden sich identische Codenummern. Der DCO und der Athlet prüfen ob alle Code-Nummern übereinstimmen und vom DCO richtig auf dem Dopingkontrollformular festgehalten werden. Der Container wird verschlossen.
- Am Ende der Probenahme unterzeichnen der Athlet und der DCO die entsprechenden Unterlagen, um zu bestätigen, dass die Dokumentation den Ablauf der Probenahme sowie die geäußerten Anliegen des Athleten korrekt wiedergibt. Nach Abschluss der Probenahme schickt der DCO alle dazugehörigen Unterlagen an die NADA. Der Athlet erhält einen Durchschlag des Protokolls.
- Die Proben werden so bald wie möglich an das Labor zur Analyse geschickt. Sie werden so transportiert, dass die Gefahr einer Beeinträchtigung durch Faktoren wie zeitliche Verzögerungen und extreme Temperaturschwankungen so gering wie möglich gehalten wird. Das Labor bekommt auch die dazugehörigen Unterlagen, aber keine Information zur Identifizierung des Athleten.
- Zuerst wird die A-Probe analysiert. Liefert diese ein positives Ergebnis, so wird der zuständige Sportverband benachrichtigt. Er vereinbart mit dem Athleten einen Termin für die Analyse der B-Probe. Bei der Analyse der B-Probe kann der Sportler entweder persönlich anwesend sein und/oder einen Gutachter bestellen. Bestätigt die Analyse der B-Probe das Ergebnis der A-Probe, so gilt die Probe als positiv.

Nach Standard für Dopingkontrollen und Ermittlungen der NADA, Stand: 01.01.2015.

Die Durchführung der Dopingkontrollen richtet sich nach dem International Standard for Testing and Investigations der WADA bzw. dem Standard für Dopingkontrollen und Ermittlungen der NADA, Stand: 01.01.2015 [11].

Die NADA stellt in ihrer Mediathek zwei Filme zur Aufklärung über den Ablauf von Urin- und Blutkontrollen zur Verfügung.

8.2.12 Biologischer Athletenpass

Seit Anfang 2009 hat die WADA mit dem neuen Anti-Doping-Code die Möglichkeit geschaffen, Verlaufskontrollen von Blutwerten anzulegen. Die Profile dienen dem Dopingnachweis auf zwei Arten: Zum einen werden bei Auffälligkeiten im Profil eines Athleten gezielte Kontrollen veranlasst. Zum anderen können unter bestimmten Voraussetzungen Profilschwankungen zum Nachweis eines möglichen Verstoßes gegen Anti-Doping-Bestimmungen herangezogen werden. Anfang 2010 legte die WADA erstmals Empfehlungen (Guidelines) dazu vor (Athletes Biological Passport Operating Guidelines), die zwischenzeitlich aktualisiert wurden [12].

Der Biologische Athletenpass besteht aus den Modulen Blutprofil und Steroidprofil. Vor allem im Ausdauerbereich werden verschiedene Blutparameter für das Modul Blutprofil ausgewertet, durch die Veränderungen und mögliche Verdachtsmomente erkennbar sind.

Die NADA führte Blutkontrollen im Jahr 2007 ein und begann mit dem Anlegen von Blutprofilen. 2013 konnte sie mit Blutprofilen von ca. 700 Athleten arbeiten.

Daneben liefert die Urin-Analyse Informationen über körpereigene Substanzen, die für den biologischen Athletenpass (Modul Steroidprofil) wichtig sind.

Die Daten für den biologischen Athletenpass werden in ADAMS (Anti-Doping Administration and Management System) verwaltet. Dabei wird die internationale Zusammenarbeit immer wichtiger, denn das Ziel heißt: ein Athlet, ein Pass. Dafür müssen Informationen zwischen den Institutionen ausgetauscht werden können. Seit 2016 kann das Programm in Deutschland so umgesetzt werden, wie es von der WADA gefordert wird [4].

8.2.13 Blutstropfenanalyse

Zur Erleichterung von Blutproben wird am Zentrum für präventive Dopingforschung der Deutschen Sporthochschule (ZePräDo) Köln an der Entwicklung der sogenannten Blutstropfen-Analyse (DBS, Dried Blood Spot Testing) gearbeitet, einer Technik mit einer langen Tradition beim Neugeborenen-Screening zur Erkennung von Stoffwechselstörungen. Vorteile hierbei sind der minimal invasive Eingriff und die verhältnismäßig geringen Volumina (Blutstropfen), die für eine Analyse notwendig sind. Derzeit konzentriert sich der Test per Blutstropfen im Rahmen der Forschungsphase u. a. auf anabole Steroide, Stimulanzien sowie Cannabinoide. Er ist noch nicht so weit ausgefeilt, dass er von der Welt Anti-Doping Agentur (WADA) anerkannt werden könnte. Die NADA zieht Einsatzmöglichkeiten des Blutstropfentests im Breiten- und Freizeitsport in Betracht.

8.2.14 Haaranalyse

Seit einigen Jahren wird auch über die Einführung von Haaranalysen diskutiert. Diese bieten eine hohe Sicherheit, vor allem für den langfristigen Nachweis „harter Drogen" wie Cocain, Cannabis, Ecstasy oder auch von Psychopharmaka. Die Stoffe gelangen über den Blutkreislauf in die Haare und „wachsen dort mit". Unter der Annahme, dass Haare pro Monat etwa einen Zentimeter wachsen, lässt sich aus einem zwölf Zentimeter langen Haarstrang theoretisch der „Konsum" eines ganzen Jahres ablesen. Ein weiterer Vorteil von Haaranalysen liegt darin, dass die Möglichkeiten der Manipulation von Proben gering sind.

Haarproben eignen sich aber nur eingeschränkt als Alternativmatrix für die Dopinganalytik, da methodisch bedingt kein allumfassendes Screening durchführbar ist, nicht alle verbotenen Substanzen in die Haare eingelagert werden und keine Unterscheidung zwischen Wettkampf- und Trainingsphasen erfolgen kann. Für die Zielanalytik auf eine begrenzte Anzahl spezifischer Substanzen wäre sie jedoch nutzbar. Am Institut für Dopinganalytik in Kreischa (siehe Ende dieses Kapitels) wurde ein akkreditiertes Analysenverfahren entwickelt, mit dem zahlreiche anabole Substanzen nachgewiesen werden können [13].

8.2.15 Methoden und Schwierigkeiten beim Nachweis von Dopingmitteln

> **Wann ist eine Probe positiv?**
> - Beim Dopingnachweis wird genau differenziert, ab wann eine Probe „positiv" ist.
> - Stellt ein hierzu autorisiertes Labor in einer Körpergewebs- oder Körperflüssigkeitsprobe das Vorhandensein einer verbotenen Substanz, seiner Metaboliten oder Marker (einschließlich erhöhter Werte endogener Substanzen) oder die Anwendung einer verbotenen Methode fest, so wird dies als „von der Norm abweichendes Analyseergebnis" bezeichnet. Die Probe ist „positiv".
> - Sofern noch weitere Untersuchungen nötig sind, um dies abzusichern, spricht man zunächst von einem „atypischen Analyseergebnis".
>
> Näheres siehe „International Standard for Laboratories".

In der Dopinganalytik wurden in den letzten rund fünfzehn Jahren erhebliche Fortschritte erzielt. Sie arbeitet mit einer Screening- und einer Identifizierungsmethode. Das Screening dient zunächst dazu, mit möglichst wenig Aufwand alle Substanzen zu erfassen und dabei gleichzeitig empfindlich, schnell (mit einem hohen Probendurchsatz) und kostengünstig zu arbeiten. Um die nötige Empfindlichkeit für alle Verbindungen zu gewährleisten, müssen für jede Substanzgruppe spezielle Methoden eingesetzt werden.

Werden mit der Screeningmethode verdächtige Substanzen gefunden, so werden die Wirkstoffe nach einer zweiten Isolierung mithilfe einer Identifizierungsmethode eindeutig nachgewiesen (o Abb. 8.3).

Ein Missbrauch von Testosteron ist nur sehr schwer nachzuweisen, denn seine Konzentration im Urin schwankt in einem großen Bereich, und von außen zugeführtes Testosteron ist von körpereigenem nicht zu unterscheiden. Deshalb werden Testosteron und andere anabole Steroide in der Dopinganalytik vielfach über ein verändertes Steroidprofil nachgewiesen, denn das natürliche Gleichgewicht der Hormone im Körper wird durch die Einnahme der Steroide gestört.

So wird der Nachweis des körperidentischen Steroidhormons Testosteron seit 1984 mit einer Methode vorgenommen, die als Indikator für eine mögliche exogene Zufuhr – soweit diese nicht anderweitig nachweisbar ist – hilfsweise das Verhältnis Testosteron zu Epitestosteron heranzieht. Beide Steroidhormone werden beim Mann normalerweise in einem Verhältnis von 1:1 ausgeschüttet. Dieses Verhältnis (T/E-Quotient) schwankt aufgrund der physiologischen Regulationsmechanismen intraindividuell kaum. Durch Zufuhr von Anabolika wird die körpereigene Produktion vermindert oder sogar gestoppt, was sich in einem veränderten Steroidprofil manifestiert. Der T/E-Quotient erhöht sich, da die Produktion von Epitestosteron stärker unterdrückt wird als die des Testosterons. Um diese Verschiebung auszugleichen, nehmen die Doper zusätzlich auch noch Epitestoren.

Die T/E-Methode kann durch eine neue Methode, die Kohlenstoffisotopen-Massenspektrometrie (IRMS, isotope ratio mass spectrometry), abgesichert werden. Dabei macht man sich die unterschiedlichen Synthesewege von körpereigenem Testosteron und medizinisch verwendetem Testosteron zunutze, das aus pflanzlichen Vorläufern (hauptsächlich Soja) gewonnen wird. Mit dieser Technik kann neben Testosteron auch die Anwendung weiterer verbotener körperidentischer Steroidhormone wie DHEA, Androstendion und Androstendiol kontrolliert werden [15].

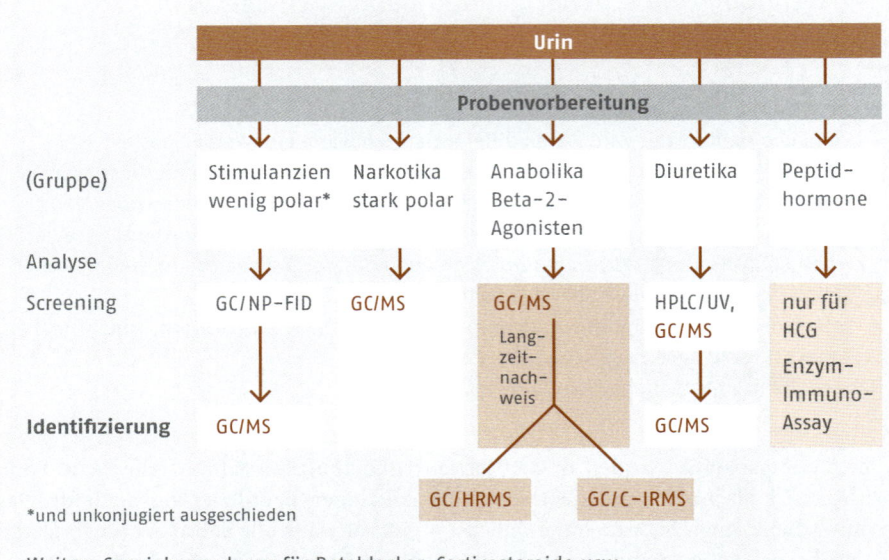

○ **Abb. 8.3** Dopinganalytik – Bestimmung nach Substanzgruppen. **C-IRMS** Kohlenstoffisotopen-Massenspektrometrie, **GC** Gaschromatogaphie, **HCG** humanes Choriongonadotropin, **HPLC** Hochdruckflüssigkeitschromatographie, **HRMS** hochauflösende Massenspektrometrie, **MS** Massenspektrometrie, **NP-FID** Stickstoff/Phosphor-Flammenionisationsdetektion, **UV** Ultraviolett-Detektion.Nach W. Schänzer, www.dshs-koeln.de

Ein Durchbruch bezüglich des Nachweises von Anabolika gelang unlängst den Analyselabors in Köln und Moskau. In Köln wurde eine Nachweismethode entwickelt, mit der das Anabolikum Stanozolol bis zu sechs Monate nach der Einnahme nachzuweisen ist. Davor galt ein Zeitfenster von etwa drei bis vier Wochen. Parallel hat das Moskauer Labor eine Methode entwickelt, mit der das heute vorwiegend in Osteuropa genutzte Oral-Turinabol ebenfalls bis zu sechs Monate lang nachgewiesen werden kann. Mit den Verfahren wurden im Jahr 2013 im Kölner Doping-Analyselabor bereits 266 Dopingproben positiv getestet (184 mit Stanozolol und 82 mit Oral-Turinabol) [16].

Der Nachweis von EPO musste bis zum Jahr 2000 indirekt geführt werden, weil das vom Organismus produzierte nicht vom synthetischen, gentechnisch hergestellten EPO zu unterscheiden war. Beim indirekten Nachweis wurde auf bestimmte Blutparameter zurückgegriffen, die sich nach kurz- und langfristiger EPO-Anwendung verändern. Hierzu zählen die Gesamtzahl an Erythrozyten, der Hämatokritwert, die Gesamtzahl an Hämoglobin, die Hämoglobinkonzentration, die Anzahl an Retikulozyten, Makrozyten, die Konzentration an Eisentransferrin-Rezeptor und die Serumkonzentration von EPO selber. Für die Methode muss über Referenzwerte der Parameter zuerst aus einer möglichst großen und repräsentativen Kontrollpopulation von Nicht-Verwendern ein Normbereich ermittelt werden, und eine EPO-Applikation muss signifikante Änderungen der ausgewählten Blutparameter hervorrufen, die quantitativ erfassbar sind.

Nach Einschätzung von Dopinganalytikern birgt ein solcher indirekter Nachweis immer das Risiko, dass einzelne von dieser Norm abweichende Werte physiologische

Ursachen haben können und dennoch zu einem positiven Befund führen (falsch positiver Befund). Auch der umgekehrte Fall, in dem trotz EPO-Applikation die Blutparameter innerhalb des Normbereichs liegen, ist möglich, was zu falsch negativen Ergebnissen führt [15].

> **Der Fall Claudia Pechstein**
> Der indirekte Beweis führte im Jahr 2009 zu dem spektakulären Präzedenzfall der Eisschnellläuferin Claudia Pechstein. Die fünffache Olympiasiegerin war im Juli 2009 aufgrund auffällig hoher Retikulozytenwerte als Indiz für Blutdoping während der Mehrkampf-Weltmeisterschaften in Hamar durch die Internationale Eislaufunion (ISU) für zwei Jahre gesperrt worden. Retikulozyten sind unreife Vorläuferzellen von roten Blutkörperchen. Die Sperre wurde im November 2009 durch den internationalen Sportgerichtshof CAS bestätigt. Der CAS folgte dabei wesentlichen Argumenten der ISU. Erhöhte Retikulozytenwerte seien ein hartes Indiz für Doping, selbst wenn Hämatokrit- und Hämoglobinwerte nicht auffällig stiegen.
> Durch einen Einspruch per Eilantrag vor dem Schweizer Bundesgericht konnte Pechstein zunächst eine Aufhebung des CAS-Urteils erwirken, aber auch ein medizinisches Gutachten der Deutschen Gesellschaft für Hämatologie und Onkologie (DGHO), das Claudia Pechstein eine seltene, vererbte Blutanomalie mit einer milden Form der Kugelzellenanämie (Sphärozytose) bescheinigte, die für die veränderten Blutwerte verantwortlich sei, half ihr nicht weiter.
> Mit Urteil vom 28.09.2010 wies das Schweizer Bundesgericht Pechsteins Revision gegen die Entscheidung des CAS ab und bestätigte die Sperre endgültig. Revisionsrechtlich bedeutsam seien nur neue Tatsachen und Beweismittel, die im vorherigen CAS-Verfahren nicht hätten beigebracht werden können und nicht solche, die erst später entstanden seien.
> Am 30.06.2011 gab Claudia Pechstein bekannt, dass sie sich ihre Blutwerte privat habe untersuchen lassen. Dabei seien aufgrund ihrer Blutanomalie in 24 von 75 Fällen erneut erhöhte Werte festgestellt worden. Sie habe deshalb Selbstanzeige erstattet. Die Nationale Anti Doping Agentur Deutschland eröffnete kein Verfahren gegen die Eisschnellläuferin, und auch von juristischer Seite wurden Zweifel laut, ob das beim sportrechtlichen Dopingnachweis angewendete Beweismaß, das eine Verurteilung Pechsteins trotz verbleibender Restzweifel an einem Dopingverstoß erlaubte, angemessen gewesen sei [17].

Seit 2000 kann EPO durch ein mehrstufiges Verfahren, das im französischen Anti-Doping-Labor entwickelt wurde, im Urin direkt nachgewiesen werden. Grundlage des Tests ist die Unterscheidung von humanem EPO (hEPO), das der menschliche Organismus selber synthetisiert (körpereigenes bzw. endogenes EPO) und rekombinantem EPO (rEPO), das gentechnisch hergestellt wird und als körperfremdes EPO zu betrachten ist. Der direkte Nachweis von rEPO basiert auf der isoelektrischen Fokussierung (IEF) von Urinkonzentraten [15]. Seit September 2014 steht ein Technisches Dokument der WADA zum Nachweis von Erythropoese-stimulierenden Substanzen durch Elektrophorese-Techniken zur Verfügung.

Ein Problem für den Nachweis von EPO-Missbrauch ist die deutlich kürzere Halbwertszeit des Hormons im Blut im Vergleich zur Dauer der künstlichen Leistungssteigerung. Das verabreichte EPO ist bereits nach wenigen Tagen völlig abgebaut und nicht mehr nachweisbar, während der Dopingeffekt zur Leistungssteigerung noch etliche Tage oder sogar Wochen anhält.

Zum Nachweis von Wachstumshormon stehen der Isoformentest (◘ Tab. 8.6) und der sogenannte Marker-Test zur Verfügung. Mit der Markermethode wurden längere Nachweisfenster für den Missbrauch von Wachstumshormonen eröffnet. Den Test haben weltweit nur zwei Labors akkreditiert, darunter das Labor in Kreischa [6].

Gendoping könnte theoretisch direkt nachgewiesen werden, sofern das eingebrachte genetische oder genregulierende Element sich von körpereigenen Stoffen klar unterscheidet. Die meisten Experten halten allerdings direkte Nachweisverfahren für nicht sehr bedeutsam, denn es wäre ein erheblicher Aufwand, auf alle möglichen Manipulationen zu testen. Auch der Nachweis der Vektoren ist problematisch. Als Genfähren werden meist abgeschwächte humane Viren verwendet, die von natürlich auftretenden Viren möglicherweise nicht zu unterscheiden sind. Außerdem werden virale Vektoren bei gentherapeutischen Ansätzen lediglich in geringer Menge und wenn möglich nur lokal eingesetzt, um Abwehrreaktionen zu vermeiden. Der Nachweis nichtviraler Vektoren wird angesichts der kurzen Halbwertszeit der Nukleinsäuren noch als um einiges schwieriger eingeschätzt [18].

Die meisten Forschungsprojekte zielen daher auf Abweichungen vom normalen physiologischen Zustand ab. Hierzu müssen hoch differenzierte Profile verschiedenster Moleküle in Blut- und Gewebeproben von Athleten im Sinne „molekularer Fingerabdrücke" erstellt werden, ein Aufwand, der die derzeitige Dopinganalytik um ein vielfaches übersteigt.

Im März 2009 gelang es Forschern des Zentrums für Präventive Dopingforschung der Deutschen Sporthochschule Köln, das erste Nachweisverfahren für eine Gendoping-Substanz (GW1516) zu entwickeln [19]. Der PPARδ-Agonist steht seit 2009 auf der Verbotsliste (▶Kap. 3.1.5).

Für die Analytik bestimmter problematischer Substanzgruppen, z. B. anabole Steroide, EPO oder Wachstumshormone gibt die WADA eine Reihe von Technischen Dokumenten heraus (◘Tab. 8.6).

Zum 01.01.2015 hat die WADA ein neues Technisches Dokument für sportartspezifische Analysen eingeführt (◘Tab. 8.6). Das Dokument schreibt für jede Sportart individuell eine bestimmte Prozentzahl an Zusatzanalysen vor, die nicht zum Teststandard gehören. Dieses Minimumlevel an Zusatzanalysen von Erythropoese stimulierenden Substanzen (ESA), Wachstumshormon (GH) und Wachstumshormon-Releasing-Faktoren (GHRF) wird entsprechend der physiologischen Risikobewertung der Sportart auf wissenschaftlicher Grundlage festgelegt und variiert deshalb je nach Sportart [4, 20]. Die NADA erfüllt die Mindestanforderungen dieses Technischen Dokuments bei ihren Trainingskontrollen, teilweise sogar mit deutlich höheren prozentualen Anteilen. Sie wendet nicht nur die dort geforderten, sondern auch noch andere Zusatzanalysen routinemäßig an. Seit dem 01.01.2015 wird das „Technische Dokument für Sportartspezifische Analysen" (TDSSA) von der NADA auch im Bereich der Wettkampfkontrollen umgesetzt [4].

Nach Einschätzung von Dopingexperten des Kölner Laboratoriums werden potenziell leistungssteigernde Wirkstoffe und Methoden immer schneller weiterentwickelt. Bei gleichbleibender Analysenzeit sind die Zahl der Proben und vor allem die Zahl der verbotenen Substanzen stetig gestiegen. Trotzdem müssen die Nachweise in jedem Fall hochselektiv und hochspezifisch sein, um falsch positive Ergebnisse vollkommen auszuschlie-

◻ **Tab. 8.6** Technische Dokumente der WADA (Auswahl). Nach WADA, Technical Document – TD2016INDEX (Stand: Juli 2016) [14]

Titel	Nummer
Blood Analytical Requirements for the Athlete Biological Passport	TD2015BAR
Decision Limits for the Confirmatory Quantification of Threshold Substances	TD2014DL
Detection of synthetic forms of Endogenous Anabolic Androgenic Steroids	TD2016IRMS
Endogenous Anabolic Androgenic Steroids, Measurement and Reporting	TD2016EAAS
Harmonization of Analysis and Reporting of 19-Norsteroids Related to Nandrolone	TD2016NA
Harmonization of Analysis and Reporting of Erythropoiesis Stimulating Agents (ESA) by Electrophoretic Techniques	TD2014EPO
Human Growth Hormone (hGH) Isoform Differential Immunoassays for Doping Control Analyses	TD2015GH
Minimum Criteria for Chromatographic-Mass Spectrometric Confirmation of the Identity of Analytes for Doping Control	TD2015IDCR
Minimum Required Performance Levels for Detection and Identification of Non-Threshold Substan bezüglich des Nachweises von Anabolika ces	TD2015MRPL
Sport Specific Analysis	D2014SSA

ßen. Deshalb muss auch die Empfindlichkeit der bestehenden Methoden weiter verbessert werden, um gegebenenfalls die verbotenen Substanzen noch länger und in noch kleineren Dosierungen nachweisen zu können. Zudem werden stets neue Wirkstoffe und Methoden des Dopings „kreiert", für die die entsprechenden analytischen Verfahren erst entwickelt und validiert werden müssen. Dies kann durchaus einige Jahre dauern [21].

So wird immer wieder darüber diskutiert, ob ein Verbot sinnvoll ist, solange eine Substanz nicht sicher nachgewiesen werden kann. Prof. Dr. Wilhelm Schänzer, Leiter des WADA-akkreditierten Dopingkontrolllabors in Köln und einer der führenden Dopinganalytiker in Deutschland, vertritt hierzu eine klare Auffassung (siehe Kasten).

Am 01.09.2002 wurde an der Deutschen Sporthochschule Köln auf der Grundlage der dort schon vorhandenen Kompetenz im Bereich Dopingforschung das Zentrum für präventive Forschung (ZePräDo) gegründet. Seit der Gründung des ZePräDo konnte das wissenschaftliche Spektrum der Dopingforschung an der Deutschen Sporthochschule Köln deutlich erweitert werden [22].

Eine große Rolle bei der präventiven Dopingforschung spielt zudem die erste Europäische Beobachtungsstelle für neue Dopingsubstanzen (European Monitoring Center for Emerging Doping Agents, EuMoCEDA), die im Juni 2011 auf Initiative des Bundesinnenministeriums am ZePräDo zum frühzeitigen Erkennen von Methoden und Medikamenten mit Missbrauchspotenzial zum Doping eingerichtet wurde. Durch die Zusammenarbeit mit der pharmazeutischen Industrie, mit internationalen Patentämtern, mit nationalen und internationalen Zoll und Polizeibehörden und mit verschiedenen Wissenschaftszweigen ist es dieser Beobachtungstelle seit 2011 gelungen, zahlreiche neue Dopingsubstanzen zu identifizieren [23].

> **Ist ein Verbot nicht nachweisbarer Substanzen sinnvoll?**
> Die Geschichte des Dopings ist, seitdem es Doping-Regeln gibt und Doping nicht akzeptiert wird, deutlich geprägt von den Möglichkeiten der Analytik. Solange der analytische Nachweis einer verbotenen Substanz nicht möglich ist, entsteht eine Grauzone, die von Athleten genutzt werden kann, um sich unfaire Leistungsvorteile zu verschaffen. Wenn der Nachweis möglich ist, wird von Athleten, die dopen wollen, auf neue Substanzen ausgewichen, von denen man annimmt, dass sie leistungssteigernde Effekte haben und dass sie von den Kontrollen nicht erfasst werden. Auch wenn Substanzen kontrollierbar sind, bedeutet dieses noch lange nicht, dass damit ihr Missbrauch vollkommen ausgeschlossen ist.
> Eine Substanz sollte verboten werden, wenn ihr Missbrauch als Dopingsubstanz bekannt ist und dies nicht erwünscht ist. Ein Verbot sollte auch erfolgen, wenn noch kein befriedigender Nachweis vorliegt. Ein fehlendes Verbot zur Anwendung einer Substanz könnte dahingehend fehlgedeutet werden, dass die Verbindung zur Leistungssteigerung verwendet werden kann, auch wenn gesundheitliche Risiken zu erwarten sind. Ein klar definiertes Verbot gibt darüber hinaus eindeutige Vorgaben für die Sportler, ihre Trainer und medizinischen Betreuer.
> Prof. Dr. Wilhelm Schänzer, Leiter des WADA-akkreditierten Dopingkontrolllabors im Institut für Biochemie der Deutschen Sporthochschule Köln

8.2.16 Nachanalysen von Dopingproben

Seit 2008 lässt die NADA ausgewählte Proben von Athleten langzeitlagern, um die Fortschritte in der Analytik auch später noch nutzen zu können. Auf diese Weise können Substanzen, die zum Zeitpunkt der Probenahme nicht nachweisbar sind, auch später noch detektiert werden. Nach dem WADA-Code können Proben zehn Jahre lang aufbewahrt und neu analysiert werden.

Im ersten Halbjahr 2016 gab es bei Nachtests von Dopingproben der Olympischen Spiele 2008 in Peking und 2012 in London nach Angaben des Internationalen Olympischen Komitees bislang insgesamt 98 positive Fälle. Im Mai waren 30 Sportler bei den Spielen 2008 und 23 bei denen im Jahr 2012 nachträglich überführt worden. Im Juli kamen weitere 45 positive Fälle hinzu, 30 davon aus Peking und 15 aus London. Unter den 30 überführten Dopingsündern von Peking befinden sich 23 Medaillengewinner, in London betrifft es acht Medaillengewinner. Nach den Sommerspielen in Rio soll es zwei weitere Nachtests der Spiele 2008 und 2012 geben. Insgesamt wurden bislang 1243 eingefrorene Dopingproben neu untersucht [24].

8.2.17 Dopingfallen

Nicht alle überführten Dopingsünder haben wissentlich und willentlich gedopt. Aus der umfassenden Dopingdefinition (▶ Kap. 2) wird deutlich, dass ein Sportler ohne Weiteres in die „Dopingfalle tappen" kann, ohne selbst aktiv etwas Unrechtes im Sinn zu haben. In erster Linie sollten Spitzensportler sorgfältig darauf achten, dass sie sich vor der unbeabsichtigten Einnahme verbotener Substanzen schützen, denn es obliegt dem Athleten selbst, sicherzustellen, dass keine solche Substanz in sein Körpergewebe oder seine Körperflüssigkeit gelangt. Die Verantwortung im Fall, dass bei einer Dopingprobe eine verbotene Substanz gefunden wird, kann der Sportler auf niemanden abwälzen (strict liability, ▶ Kap. 9.3.1).

Beispiele für Arzneimittel, die zu den Dopingfällen zählen, sind das bei der Aufmerksamkeitsdefizit(hyperaktivitäts)störung (ADHS) eingesetzte Methylphenidat und eine Reihe von Stimulanzien, z. B. Oxilofrin. Ephedrin und Pseudoephedrin kommen in apothekenpflichtigen Erkältungspräparaten und einigen Antiallergika vor und Etilefrin in Antihypotonika. Wer einen positiven Nachweis dieser Substanzen in einer Wettkampfkontrolle vermeiden will, sollte derartige Arzneimittel unbedingt einige Tage vorher absetzen. Hier ist auch die Wachsamkeit der Apotheker gefordert, denn sie sollten bei der Abgabe entsprechender Arzneimittel an Spitzensportler darauf hinweisen. Außerhalb des Wettkampfs sind Stimulanzien nicht verboten. Risiken bergen auch Nahrungsergänzungsmittel (NEM), die nachgewiesenermaßen verbotene, oftmals nicht deklarierte Inhaltsstoffe, wie etwa Anabolika, enthalten können. Besonders groß ist das Risiko kontaminierter oder gefälschter Nahrungsergänzungsmittel beim Bezug über das Internet von nicht identifizierbaren Herstellern [25] (▶ Kap. 3.4.3).

8.2.18 Dopingkontrollen bei minderjährigen Athleten

Bei Dopingkontrollen gibt es kein Mindestalter, es können auch minderjährige Athleten kontrolliert werden. Diese genießen aber einen besonderen Schutz. So muss bei Minderjährigen eine zusätzliche Person den Prozess einer Dopingkontrolle begleiten. Die Begleitperson fungiert als Zeuge und ist entweder eine ausgewählte Vertrauensperson des Athleten oder eine durch den Kontrolleur benannte Person, wie etwa der Trainer, Betreuer oder auch ein Elternteil. Bei Athleten unter 16 Jahren gibt es zudem die Sichtkontrolle. Die NADA stellt auf ihrer Website ein zusammenfassendes Fact-Sheet zu Dopingkontrollen bei Minderjährigen zur Verfügung.

8.2.19 Dopingkontrollen im Breitensport

Dopingkontrollen im Breiten- und Freizeitsport sind im Rahmen nationaler Anti-Doping-Maßnahmen bislang nicht vorgesehen, weil die rechtlichen Voraussetzungen hierfür fehlen. Die Tätigkeit der WADA bzw. NADA sowie die sportrechtlichen Anti-Doping-Codes (WADC bzw. NADC) sind auf die Dopingbekämpfung im Spitzensport ausgelegt. Die Fachverbände binden sich durch die Umsetzung des WADA-Codes in ihren eigenen Anti-Doping-Regelwerken an die Bestimmungen gegen Doping. Die Athleten binden sich über die Athletenvereinbarung an das jeweilige Regelwerk ihres Verbands (▶ Kap. 8.2.3). Im Breitensport gibt es diese Bindung in der Regel nicht. Deshalb müssen Sportler im Breiten- und Freizeitsport auch nicht mit sportrechtlichen Sanktionen rechnen [26].

Auch das strafrechtlich relevante Verbot des Selbstdopings sowie des Erwerbs oder des Besitzes von Dopingmitteln nach dem Anti-Doping-Gesetz (§ 3 AntiDopG) gilt nur dann, wenn das Selbstdoping dazu dient, sich in einem Wettbewerb des organisierten Sports einen Vorteil zu verschaffen (§ Abs. 1 Satz 2 und Abs. 4 AntiDopG). Was unter einem Wettbewerb des organisierten Sports zu verstehen ist, wird in § 3 Abs. 3 abgegrenzt.

Nach der Begründung zu den Strafvorschriften im Anti-Doping-Gesetz, speziell § 4 Abs. 7 AntiDopG (▶ Kap. 11.1), sollen reine Freizeitsportler – selbst wenn sie an Wettkämpfen des organisierten Sports (z. B. an einer größeren Laufveranstaltung) teilnehmen – nicht von der Strafnorm erfasst werden. Für den Schutz der Integrität des organisierten Sports sei es nicht erforderlich, Sportler zu bestrafen, die ihren Sport nur freizeitmäßig und ohne größere öffentliche Wahrnehmung ausüben, heißt es dort. Zu einem Vertrauensverlust in das Sportsystem und zu relevanten Schäden führten Manipulationen durch Doping nur bei den Spitzensportlern des organisierten Sports, die als Mitglied eines Testpools im Rahmen des Dopingkontrollsystems Trainingskontrollen unterliegen oder aus der sportlichen Betätigung unmittelbar oder mittelbar Einnahmen von erheblichem Umfang erzielen.

8.2.20 WADA-akkreditierte Kontrolllabors

Dopingproben zu untersuchen ist, wie aus den vorangegangenen Ausführungen deutlich geworden sein sollte, ein „heikles Geschäft". Positive Ergebnisse haben je nach Bekanntheitsgrad des Sportlers einen hohen Aufmerksamkeitswert in der Öffentlichkeit, sie können nicht nur seine Karriere, sondern im schlimmsten Fall sein Leben ruinieren. Im Umkehrschluss bedeutet dies, dass ein Anti-Doping-Labor eine immens hohe Verantwortung hat und dass Qualitätssicherung auf diesem Gebiet oberstes Gebot ist.

Dies ist auch der Grund, warum „offizielle" Dopingkontrolllabors von der WADA akkreditiert werden müssen, wobei die Anforderungen außerordentlich hoch sind. In Deutschland sind zwei Labors für die Untersuchung von Doping-Kontrollproben von der WADA akkreditiert: das Institut für Biochemie der Deutschen Sporthochschule Köln und das Institut für Dopinganalytik und Sportbiochemie Dresden in Kreischa. An eines dieser beiden Labors werden sämtliche Proben aus Wettkampf- und Trainingskontrollen zur Analyse geschickt. Beide genießen international eine hohe Reputation. Weltweit gibt es 35 WADA-akkreditierte Dopingkontrolllabors.

WADA-akkreditierte Dopingkontrolllabors in Deutschland

Labor Köln
Deutsche Sporthochschule Köln
Institut für Biochemie
Leitung: Prof. Dr. Wilhelm Schänzer
Am Sportpark Müngersdorf 6
50933 Köln
Internet: www.dopinginfo.de

Labor Kreischa bei Dresden
Institut für Dopinganalytik und Sportbiochemie Dresden
Leitung: Dr. Detlef Thieme
Dresdner Straße 12
01731 Kreischa b. Dresden
Internet: www.idas-kreischa.de

Literatur

[1] Anti-Doping-Code der Olympischen Bewegung (Stand: 01.09.2001)
[2] World Anti-Doping Agency. World Anti-Doping Code. 2015. https://wada-main-prod.s3.amazonaws.com/resources/files/wada-2015-world-anti-doping-code.pdf
[3] DOSB. Die Anti-Doping-Aktivitäten des DOSB. Bericht für die BMI-Projektgruppe Sonderprüfung Doping. Pressemitteilung vom 28.05.2007. www.dosb.de/fileadmin/fm-dsb/downloads/DOSB-Textsammlung/Bericht_Anti_Doping_Aktivitaeten_Ringbuch.pdf
[4] NADA Jahresbericht 2015. www.nada.de
[5] Nationale Anti Doping Agentur Deutschland (Hrsg). Nationaler Anti-Doping Code 2015. www.nada.de/fileadmin/user_upload/nada/Downloads/Regelwerke/NADA-Code_2015.pdf
[6] www.nada.de
[7] Athleten- und Schiedsvereinbarungen. Fragen- und Antwort-Katalog der Athletenkommission im DOSB. In Zusammenarbeit mit dem Institut für Deutsches und Internationales Sportrecht e. V. in Leipzig – IDIS
[8] Anti-Doping-Aktionsplan – zehn Punkte für Sport und Staat. www.dosb.de/fileadmin/fm-dosb/downloads/Anti-Doping-Aktionsplan.pdf
[9] Abschlussbericht der Rechtskommission des Sports gegen Doping (ReSpoDo) zu möglichen gesetzlichen Initiativen für eine konsequentere Verhinderung, Verfolgung und Ahndung des Dopings im Sport vom 15.06.2005
[10] 13. Sportbericht der Bundesregierung. Drucksache 18/3523, 05.12.2014
[11] Standard für Dopingkontrollen und Ermittlungen der NADA, Stand: 01.01.2015, www.nada.de
[12] World Anti-Doping Agency. Athlete Biological Passport Operating Guidelines & Compilation of Required Elements. Version 5.0., October 2014, www.wada-ama.org
[13] www.idas-kreischa.de/38.html
[14] World Anti-Doping Agency. WADA Technical Document – TD2016INDEX, Document Number: TD2016INDEX Version Number: 2.0, 01.09.2016, wada-ama.org
[15] www.dopinginfo.de
[16] Bislang 266 positive Dopingproben. www.sport1.de/de/mehrsport/newspage_814652.html
[17] https://de.wikipedia.org/wiki/Claudia_Pechstein, Zugriff 01.07.2016
[18] Gerlinger K et al. TAB (Büro für Technikfolgen-Abschätzung beim Deutschen Bundestag) – Projekt Gendoping – Dokumentation zentraler Ergebnisse, 15.02.2008
[19] Thevis M, Beuck S, Thomas A et al. Doping control analysis of emerging drugs in human plasma – identification of GW501516, S-107, JTV-519, and S-40503. Rapid Commun Mass Spectrom, 23 (8): 1139–1146, 2009
[20] NADA Jahresbericht 2014. www.nada.de
[21] Thomas A, Piper T, Schänzer W et al. Aspekte der modernen Dopinganalytik. Pharmakon, 4 (1): 17–21, 2016
[22] www.dshs-koeln.de/visitenkarte/einrichtung/zepraedo/
[23] 13. Sportbericht der Bundesregierung. Drucksache 18/3523, 05.12.2014
[24] IOC: 45 weitere Nachtests von Peking und London positiv. www.sport1.de/olympia/2016/07/ioc-45-weitere-nachtests-von-peking-und-london-positiv
[25] Scheiff A. Arzneimittel und Doping. Pharmakon, 4 (1): 22–29, 2016
[26] Müller-Platz C, Boos C, Müller RK. Doping im Freizeit- und Breitensport. Gesundheitsberichterstattung des Bundes, Heft 34, Robert Koch-Institut, Berlin 2006

9 Verfahren für Sanktionen bei Dopingverstößen

9.1 Ergebnismanagement 130

9.2 Disziplinarverfahren 131

9.3 Sanktionen gegen Einzelpersonen 136

9.1 Ergebnismanagement

An das Dopingkontrollverfahren schließt sich nach Erhalt eines positiven Testergebnisses das Dopingsanktions- bzw. Disziplinarverfahren an. Bevor es jedoch zu Sanktionen kommen kann, muss jeder Einzelfall erst einmal analysiert und der vermeintliche Dopingsünder überführt werden, wenn er sein Vergehen nicht selbst zugibt.

Der Vorgang ab Kenntnis von einem möglichen Verstoß gegen Anti-Doping-Bestimmungen bis zur Durchführung eines Disziplinarverfahrens wird als Ergebnismanagement bezeichnet (Art. 7.1.1 NADC). Zuständig für das Ergebnismanagement bei Trainingskontrollen ist der jeweilige nationale Sportfachverband, bei Wettkampfkontrollen die Organisation, die den Wettkampf veranstaltet. Hiervon ausgenommen ist die erste Überprüfung, die in der Zuständigkeit der NADA liegt. Sonderregelungen für die Zuständigkeit gelten, wenn die WADA oder zum Beispiel das Internationale Olympische Komitee oder ein anderer Veranstalter großer Sportwettkämpfe auf eigene Initiative eine Dopingkontrolle durchgeführt oder selbst einen möglichen Verstoß gegen Anti-Doping-Bestimmungen entdeckt hat.

Die Zuständigkeit für das Ergebnismanagement kann mittels schriftlicher Vereinbarung auf die NADA übertragen werden. Im Zuge der Übernahme der Wettkampfkontrollen hat die NADA allen Spitzenverbänden die Übernahme der Ergebnismanagements- und Sanktionsverfahren als Komplettpaket angeboten. Mit Abschluss des Jahresberichts 2015 der NADA führt die Agentur das Ergebnismanagement- und Sanktionsverfahren für insgesamt 33 Verbände durch [1].

Die Beweislast für das Vorliegen eines Verstoßes gegen Anti-Doping-Bestimmungen tragen die Organisationen (Art. 3 NADC). Sie müssen gegenüber dem Disziplinarorgan überzeugend darlegen, dass ein Verstoß gegen Anti-Doping-Bestimmungen vorliegt, wobei die Schwere des Vorwurfs zu berücksichtigen ist.

9.1.1 Erste Überprüfung

Bei der ersten Überprüfung prüft die NADA nach Feststellung eines von der Norm abweichenden oder atypischen Analyseergebnisses (▶ Kap. 8.2.6) in der A-Probe und Decodierung der Probe zunächst, ob eine Medizinische Ausnahmegenehmigung (TUE) vorlag und ob die Kontrolle regelkonform durchgeführt wurde. Kann der Dopingverdacht hiernach nicht ausgeräumt werden, so teilt die NADA dem Sportfachverband unverzüglich die Identität des Athleten und das Ergebnis schriftlich mit. Der betroffene Athlet wird ebenfalls informiert. Er kann dann spätestens innerhalb von sieben Werktagen, die Analyse der B-Probe verlangen und gegenüber der für das Ergebnismanagement zuständigen Anti-Doping-Organisation Stellung nehmen. Bestätigt die Analyse der B-Probe (Art. 8 NADC) das von der Norm abweichende (positive) Analyseergebnis der A-Probe nicht, so werden keine weiteren Disziplinarmaßnahmen durchgeführt.

Auch bei anderen Verstößen gegen Anti-Doping-Bestimmungen werden zunächst der Athlet und sein Verband informiert. Der Athlet wird auch diesbezüglich um eine Stellungnahme gebeten.

Ein Dopingverstoß kann auch durch Meldepflicht- und Kontrollversäumnisse ausgelöst werden. Solche Versäumnisse werden von der NADA geprüft. Sie erteilt auch die „Strikes". Näheres siehe ▶ Kap. 8.2.9.

9.1.2 Vorläufige Suspendierung

Wird in der A-Probe ein positives Analyseergebnis festgestellt, das auf einer verbotenen Substanz, die keine spezifische Substanz ist (▶ Kap. 3.1.13), oder einer verbotenen Methode beruht, so muss die für das Ergebnismanagement zuständigen Organisation nach Anhörung des Athleten unverzüglich eine vorläufige Suspendierung aussprechen, nachdem die erste Überprüfung abgeschlossen ist. Eine an sich zwingend zu verhängende vorläufige Suspendierung kann abgewendet werden, wenn der Athlet oder eine andere Person gegenüber dem Disziplinarorgan überzeugend darlegt, dass der Verstoß wahrscheinlich auf ein kontaminiertes Produkt zurückzuführen ist. Auch bei anderen Verstößen gegen Anti-Doping-Bestimmungen kann eine vorläufige Suspendierung des Athleten oder einer anderen Person ausgesprochen werden.

Bestätigt die Analyse der B-Probe das Ergebnis der A-Probe nicht, was jedoch selten vorkommt, so darf der vorläufig suspendierte Athleten, soweit es die Umstände zulassen, an nachfolgenden Wettkämpfen einer Wettkampfveranstaltung teilnehmen.

9.2 Disziplinarverfahren

Kommt die für das Ergebnismanagement zuständige Organisation zu dem Ergebnis, dass ein Verstoß gegen Anti-Doping-Bestimmungen des Athleten oder der anderen Person nicht auszuschließen ist, so leitet sie bei dem zuständigen Disziplinarorgan ein Disziplinarverfahren ein (Art. 12 NADC). Dies kann das Deutsche Sportschiedsgericht als Erstinstanz oder ein anderes Schiedsgericht sein, soweit die Schiedsvereinbarung ein solches vorsieht, oder das gemäß der Verfahrensordnung des Sportverbands zuständige Organ (Art. 12.1.3 NADC).

Die NADA setzt sich dafür ein, dass die Disziplinarverfahren von einer unabhängigen Institution durchgeführt werden. Sie strebt deshalb an, neben sämtlichen Dopingkontrollen auch alle Disziplinarverfahren der deutschen Sportfachverbände zu übernehmen [2].

Wenn die NADA nicht für die Eröffnung des Disziplinarverfahrens zuständig ist und die für das Ergebnismanagement zuständige Organisation innerhalb der hierfür vorgegebenen Frist kein Verfahren einleitet, obwohl ein Verstoß gegen Anti-Doping-Bestimmungen nicht auszuschließen ist, kann sie auch selbst ein Disziplinarverfahren einleiten (Art. 12.1.2 NADC).

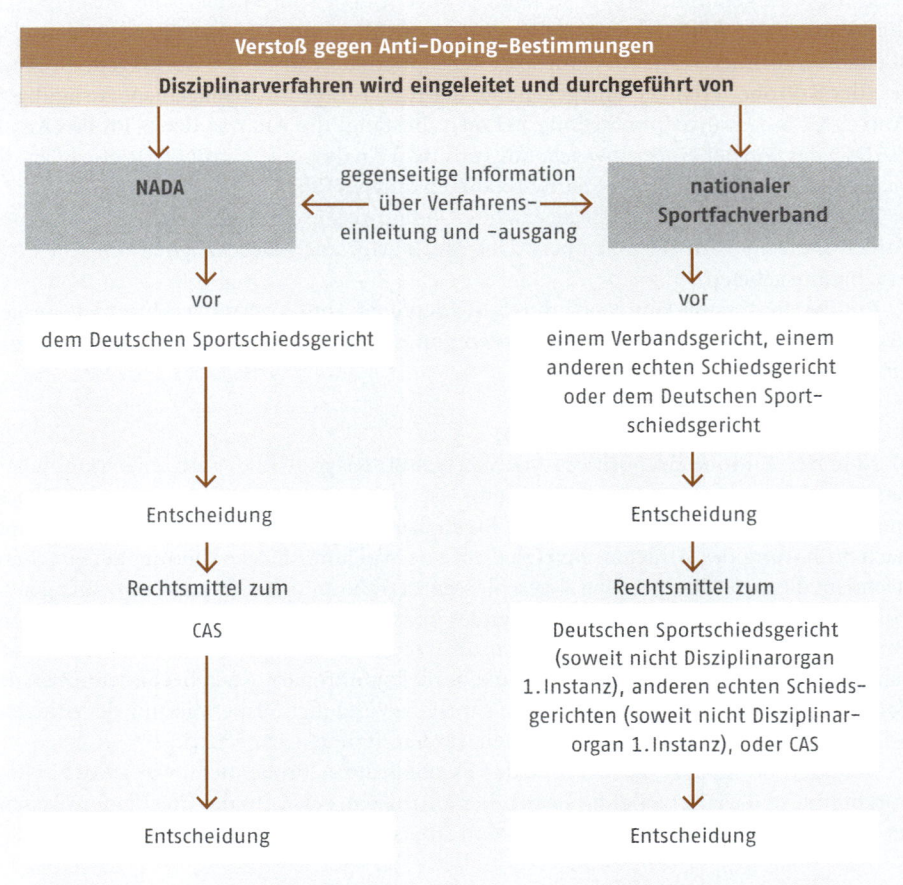

Abb. 9.1 Ablauf des Disziplinarverfahrens. Nach Nationale Anti Doping Agentur Deutschland (NADA) (Stand: Juli 2016)

Das Disziplinarorgan informiert den angeschuldigten Athleten über die Einleitung des Verfahrens (Abb. 9.1). Der Athlet kann sich durch einen Vertreter, z. B. einen Rechtsanwalt, verteidigen lassen sowie Beweismittel zu seiner Entlastung anführen.

Nicht alle Verfahren, die von Anti-Doping-Organisationen aufgrund von Verstößen gegen Anti-Doping-Bestimmungen eingeleitet werden, müssen zu einem Disziplinarverfahren führen. Auf Vorschlag der zuständigen Organisation kann der Athlet bzw. eine andere Person, die einen Dopingverstoß begangen hat, der Sanktion zustimmen, die im Code vorgeschrieben ist oder die die Organisation für angemessen hält, sofern flexible Sanktionen erlaubt sind.

9.2.1 Sportgerichtsbarkeit und Schiedsvereinbarung

Der Begriff Sportgerichtsbarkeit, der die für Verfolgung von Dopingvergehen zuständigen Disziplinarorgane beschreibt, umfasst drei zunächst voneinander unabhängige Verfahrenswege:

- die verbandsinterne Gerichtsbarkeit, in der Organe des Verbands auf Grundlage des Verbandsregelwerks und einer ggf. vorhandenen Verfahrensordnung eine sportrechtliche Streitigkeit entscheiden,
- die staatliche Gerichtsbarkeit, in der die Zivilgerichte auf Grundlage des Bürgerlichen Gesetzbuchs (BGB) oder anderer Gesetze unter Zugrundelegung der Verbandsregelwerke eine Entscheidung treffen,
- die Schiedsgerichtsbarkeit, die als gleichwertiger Ersatz der staatlichen Gerichtsbarkeit eine sportrechtliche Streitigkeit abschließend beurteilt.

Welches Disziplinarorgan im Einzelfall zuständig ist, wird zwischen dem Athleten und seinem Verband in einer Schiedsvereinbarung (siehe unten) festgelegt

In der Regel ist die verbandsinterne Gerichtsbarkeit die erste Verfahrensstufe, bei der sich der Athlet (oder auch ein Dritter) vor einem Verbandsorgan für einen Verstoß gegen Anti-Doping-Bestimmungen zu verantworten hat [3]. Im Rahmen ihrer Verbandsautonomie dürfen Sportverbände zur Rechtsdurchsetzung und zur Überprüfung von Entscheidungen sportverbandsrechtlicher Streitigkeiten eigene Verbands- und Schiedsgerichte einrichten. Verbandsgerichte sind in die Organisationsstruktur und Verwaltungstätigkeit eines Verbands eingebunden und stellen auf der Basis entsprechender Satzungsbestimmungen gewissermaßen die Rechtsorgane des jeweiligen Verbands dar. Das Hauptfeld der Verbandsgerichte ist die interne Disziplinargerichtsbarkeit. Sie befasst sich mit Disziplinarmaßnahmen, die durch andere Verbandsorgane verhängt werden und somit auch Dopingsanktionen [4]. Üblicherweise besteht die Möglichkeit eines Rechtsbehelfs (Art. 13 NADC) gegen eine Entscheidung dieses Organs beim nächsthöheren Verbandsgericht.

Schiedsgerichte sind nach der Zivilprozessordnung nichtstaatliche Gerichte, die Rechtsstreitigkeiten im Rahmen von Schiedsverfahren beilegen. Sie sprechen Urteile aus, die als Schiedssprüche bezeichnet werden. Schiedsgerichte treten allein auf der Basis einer „Abrede" der jeweiligen Streitparteien zusammen. Diese Abrede erfolgt im Allgemeinen in Form eines Vertrags zwischen den Parteien (Schiedsvereinbarung). Die Entscheidungen echter Schiedsgerichte (mit Neutralität und Unabhängigkeit) entfalten grundsätzlich die gleichen Wirkungen wie diejenigen der staatlichen Gerichtsbarkeit, weshalb sie als gleichwertiger Ersatz zur staatlichen Gerichtsbarkeit eingeordnet werden [3]. Im Gegensatz dazu sind Verbandsgerichte als Organ eines Verbands weder neutral noch unabhängig und können deshalb keine Gerichtsbarkeit ausüben („unechte" Schiedsgerichte).

Entscheidungen von Verbandsgerichten sind im Gegensatz zu den Urteilen und Schiedssprüchen der staatlichen und der Schiedsgerichtsbarkeit nicht endgültig, denn sie können zumindest vor der staatlichen Gerichtsbarkeit angefochten werden. Dabei wird geprüft, ob der Betroffene überhaupt der Ordnungsgewalt des Vereins oder Verbands unterliegt, ob die jeweilige Satzung eine ausreichende Grundlage für die verhängte Maßnahme bietet, ob sie auf einem fehlerfreien Verfahren der jeweils zuständigen Vereinsinstanz beruht und ob allgemeingültige Verfahrensgrundsätze eingehalten wurden.

Ein Urteil eines Verbandsgerichts ist also durch ein staatliches Gericht überprüfbar. Ein Schiedsspruch kann dagegen durch ein staatliches Gericht lediglich aufgehoben werden. Zudem können Entscheidungen von Verbandsgerichten von staatlichen Gerichten nicht vollstreckt werden, wohingegen Schiedsurteile, wie etwa zur Zulassung zu einem Wettkampf, die Anordnung des Suspensiveffekts einer Sperre, ihre Aufhebung oder Aussetzung der Vollstreckbarkeit unterliegen [3].

Die Erfahrungen der letzten Jahre haben gezeigt, dass die Verbandsgerichtsbarkeit allein zur Ahndung von Dopingvergehen häufig nicht ausreicht. Mehr und mehr Sportler verfolgen ihre Ansprüche häufig aufgrund von wirtschaftlichen Interessen bis zur letzten Instanz. Außerdem nutzen immer mehr Athleten das einstweilige Rechtsschutzverfahren der staatlichen Gerichtsbarkeit, etwa, um sich im Eilverfahren doch noch eine Startgenehmigung für einen bevorstehenden Wettkampf zu erstreiten [4].

Die Grundsätze und Verfahren für Rechtsbehelfe sind in Artikel 13 des NADC niedergelegt. Im Bereich der Ahndung von Dopingverstößen verlangt der NADC in Einklang mit dem Welt Anti-Doping Code von den Sportverbänden, dass für das Rechtsbehelfsverfahren auf jeden Fall die Zuständigkeit eines Schiedsgerichts begründet wird. Es kann aber anstelle der Disziplinarorgane der nationalen Bundessportfachverbände auch bereits bei erstinstanzlichen Verfahren in Anspruch genommen werden. Der NADA-Code lässt den Verbänden diesbezüglich eine Wahlmöglichkeit und schreibt die Inanspruchnahme eines Schiedsgerichts nur für das Rechtsbehelfsverfahren zwingend vor (Art. 13 NADC).

Um die Sportler und die Sportverbände zu diesem sportrechtlich vorgegebenen Verfahrensweg zu verpflichten, muss zwischen beiden eine Schiedsvereinbarung geschlossen werden. Diese führt de facto zum Ausschluss eines unabhängigen staatlichen Richters [3].

In letzter Zeit wurde vereinzelt die Unwirksamkeit solcher Schiedsvereinbarungen reklamiert, so zum Beispiel im Fall Claudia Pechstein. Dabei machten die Athleten geltend, dass sie sich gegenüber den Verbänden in einer unterlegenen Stellung befänden und weil ihnen die schiedsrichterliche Streitbeilegung „aufgezwungen" werde.

Die Zweifel an der Zulässigkeit und Wirksamkeit des Abschlusses von Schiedsvereinbarungen wurden jedoch mit dem Anti-Doping-Gesetz ausgeräumt. Hiernach können Sportverbände und Sportler als Voraussetzung für die Teilnahme an der organisierten Sportausübung Schiedsvereinbarungen über die Beilegung von Rechtsstreitigkeiten mit Bezug auf diese Teilnahme schließen, wenn diese die Sportverbände und Sportler in die nationalen oder internationalen Sportorganisationen einbinden und die organisierte Sportausübung insgesamt ermöglichen, fördern oder sichern. Das ist besonders dann der Fall, wenn mit den Schiedsvereinbarungen die Vorgaben des Welt Anti-Doping Codes der Welt Anti-Doping Agentur umgesetzt werden sollen (§ 11 AntiDopG).

Ob diese Schiedsvereinbarungen einer umfassenden Inhaltskontrolle standhalten und damit nicht gegen ein gesetzliches Verbot (§ 134 BGB) verstoßen, solle durch diese Vorschrift nicht entschieden werden. Eine funktionierende Sportschiedsgerichtsbarkeit, die den allgemeinen rechtsstaatlichen Anforderungen entspricht und damit solche Verstöße ausschließt, werde vielmehr vorausgesetzt, heißt es in der Gesetzesbegründung.

Die Athletenkommission des DOSB hat gemeinsam mit dem Institut für Deutsches und Internationales Sportrecht e. V. (IDIS) in Leipzig einen Fragen- und Antwortkatalog erstellt, der Grundfragen zu Athleten- und Schiedsvereinbarungen erklären soll [5].

Nach der Begründung zum Anti-Doping-Gesetz ist die Schiedsgerichtsbarkeit als Streitbeilegungsmechanismus für die Teilnahme an der organisierten Sportausübung erforderlich, gängige Praxis und hat sich weltweit bewährt. Hierfür werden vielfältige Gründe angeführt. Zum einen setzt die sachgerechte Behandlung der Strafverfahren ein erhebliches Spezialwissen voraus. Das gilt zum einen hinsichtlich der Dopingmittel und Dopingmethoden und zum anderen hinsichtlich der organisatorischen Umstände und Abläufe im organisierten Sport. Zum anderen können Schiedsgerichte Verfahren zeitnah auch in der Hauptsache einer endgültigen Entscheidung zuführen, was im Hinblick auf die

Schnelllebigkeit des Sports besonders wichtig ist. Langandauernde Verfahren oder nachträgliche Annullierungen verbandsgerichtlicher Entscheidungen vor staatlichen Gerichten werden damit vermieden. Außerdem verhindern sie durch einheitliche Zuständigkeiten und Verfahrensgestaltung, dass in gleichgelagerten Fällen divergierende Entscheidungen getroffen werden. Sie können auch nur begrenzt infrage gestellt werden. Für den weltweiten Gleichklang der Entscheidungen sorgt am Ende das internationale Sportschiedsgericht CAS (▶ Kap. 9.2.2) [6]. Auch die Nationale Anti Doping Agentur Deutschland präferiert diesen Ansatz im Sinne einer harmonisierten Sportrechtsprechung.

Beim einstweiligen Rechtsschutz ist eine Parallelität von schiedsgerichtlicher und staatlicher Gerichtsbarkeit möglich. Sportrechtler vertreten die Auffassung, dass sich die bessere Sachkompetenz des Schiedsgerichts auch hier positiv auswirken und die Chancengleichheit unter den Sportlern fördern könnte und stellen deshalb die Forderung, den Zugang zu den staatlichen Gerichten auch beim einstweiligen Rechtsschutz gänzlich auszuschließen. Hierdurch könnten Wettbewerbsverzerrungen durch Entscheidungen staatlicher Gerichte vermieden werden. Im Hinblick auf die Unabhängigkeit der Schiedsgerichtsbarkeit und die Gleichwertigkeit mit einem staatlichen Gericht sollten die Athleten dadurch hinsichtlich der Effektivität des Rechtsschutzes keine nachteiligen Effekte zu befürchten haben [4].

9.2.2 Deutsches Sportschiedsgericht und CAS

1984 wurde in Lausanne der Court of Arbitration for Sport (CAS) gegründet, eine Institution, die seither alternativ zur staatlichen Gerichtsbarkeit Streitigkeiten im Zusammenhang mit dem Sport abschließend entscheiden kann. Mit der Einrichtung des CAS verloren die staatlichen Gerichtsbarkeiten nicht nur zunehmend an Bedeutung, sie war zugleich auch Initialzündung für die Entstehung weiterer Schiedsgerichte auf nationaler Ebene.

Als deutsche „Entsprechung" zum Internationalen Sportgerichtshof (CAS) nahm das Deutsche Sportschiedsgericht zum 01.01.2008 seine Tätigkeit auf [7]. Die Instanz wird von der Deutschen Institution für Schiedsgerichtsbarkeit (DIS) in Köln betrieben. Sie sichert zum einen die von vielen Seiten geforderte Unabhängigkeit in sport- und dopingrechtlichen Verfahren und gewährleistet zum anderen gerechte und einheitliche Sanktionierungen. Die Geschäftsstelle kümmert sich rund um die Uhr sofort nach Einleitung eines Schiedsverfahrens um sämtliche administrative Aufgaben und steht den Parteien bei einem Verfahren beratend zur Seite [7].

Die NADA und die DIS haben eine Sportschiedsgerichtsordnung (DIS-SportSchO) verabschiedet, die speziell für die Erledigung von Fällen mit Bezug zum Sport (u. a. Verstöße gegen Doping-Regeln) erarbeitet wurde. Zum 01.04.2016 ist die überarbeitete Fassung der DIS-SportSchO in Kraft treten [8]. Sie bildet die prozessuale Grundlage von sportschiedsgerichtlichen Streitigkeiten und Anti-Doping-Verfahren vor dem Deutschen Sportschiedsgericht. Neu sind vor allem die stärkeren Mitwirkungsmöglichkeiten der Athleten bei der Gestaltung der Schiedsrichterliste in Anti-Doping-Streitigkeiten sowie bei der Auswahl der Schiedsrichter. Zudem werden die Transparenz und die Übersichtlichkeit der einschlägigen Bestimmungen für schiedsgerichtliche Verfahren erhöht. Schiedssprüche in Anti-Doping-Verfahren werden in Zukunft grundsätzlich veröffentlicht (außer bei Verfahren mit Beteiligung von Minderjährigen, ▶ Kap. 9.3.3) [3].

Athleten oder Athletenbetreuer können seit dem 01.04.2016 im Rahmen eines Verfahrens in Anti-Doping-Angelegenheiten vor dem Deutschen Sportschiedsgericht Verfahrenskostenhilfe beantragen.

Dem internationalen Sportgerichtshof (CAS) kommt bei der Harmonisierung der Dopingbekämpfung als letzter Instanz eine wichtige Rolle zu. In allen Doping-Streitigkeiten ist die Überprüfung einer Entscheidung des Deutschen Sportschiedsgerichts durch den Court of Arbitration for Sport (CAS) möglich.

9.3 Sanktionen gegen Einzelpersonen

Das Sanktionssystem ist so gestaltet, dass eine flexible, dem Einzelfall möglichst gerecht werdende, Sanktionierung möglich ist. Dabei wird differenziert nach der Art und Häufigkeit des Verstoßes sowie nach dem Vorsatz und der Schwere der Schuld (Möglichkeit des Absehens von Sanktionen, Milderung oder Verschärfung). Grundsätzlich sind folgende Sanktionen vorgesehen: vorläufige Suspendierung, Disqualifikation/Annullierung, Sperre sowie finanzielle Sanktionen [9].

Sanktionen bei Verstößen gegen die Anti-Doping-Bestimmungen werden abgesehen von der Überwachung der Einhaltung von Meldepflichten (▶ Kap. 8.2.6), für die die NADA zuständig ist, in der Regel durch die zuständigen Sportverbände verhängt (▶ Kap. 8.2.3).

Die Sanktionen gegen Einzelpersonen sind in dem umfangreichen Artikel 10 des NADA-Codes geregelt. Wesentliches Element neben der Annullierung von Ergebnissen ist die Verhängung von Sperren. Nach dem Kommentar der NADA zu Artikel 10 des Codes ist die Harmonisierung von Sanktionen eine der am meisten diskutierten Fragen im Bereich der Dopingbekämpfung. Gegen eine Harmonisierung von Sanktionen sprechen die Unterschiede zwischen den Sportarten. Bei einigen sind die Athleten Profisportler, die mit dem Sport ein beträchtliches Einkommen erzielen, bei anderen handelt es sich um Amateure. Bei den Sportarten, in denen die Laufbahn eines Athleten kurz ist, hat eine zweijährige Sperre viel schwerwiegendere Auswirkungen als in Sportarten, in denen sich diese üblicherweise über einen längeren Zeitraum erstreckt. Trotzdem wäre es nicht richtig, dass gegen zwei Athleten aus demselben Land, deren Dopingkontrollen im Hinblick auf dieselbe verbotene Substanz „positiv" waren, unter ähnlichen Umständen unterschiedliche Sanktionen verhängt werden, nur weil sie verschiedene Sportarten ausüben.

Die Konsequenzen für Mannschaften sind in Artikel 11 NADC geregelt. Hierauf wird in diesem Buch der Übersichtlichkeit halber nicht näher eingegangen.

9.3.1 Sperren

Dauer von Sperren
Die nach dem NADA-Code (▶ Kap. 8.2.3) bei Verstößen gegen Anti-Doping-Bestimmungen (Art. 2 NADC) zu verhängenden Sperren sind in Art. 10.2 und 10.3 geregelt (◘ Tab. 9.1). Sonderregelungen wie das Absehen von einer Sperre, Gründe für das Herabsetzen oder die Aussetzung, sowie in Bezug auf Mehrfachverstöße finden sich in den Artikeln 10.4 bis 10.7 NADC.

Absehen, Herabsetzen und Aussetzen von Sperren
Von einer Sperre kann abgesehen werden, wenn ein Athlet bzw. eine andere Person im Einzelfall nachweist, dass ihn „Kein Verschulden" trifft (Art. 10.4 NADC). Dies greift allerdings nur unter bestimmten Umständen, z. B. wenn ein Athlet beweisen kann, dass er trotz gebührender Sorgfalt Opfer eines Sabotageaktes eines Konkurrenten wurde. Kein

Grund wäre jedoch, dass der Athlet z. B. ein kontaminiertes Nahrungsergänzungsmittel zu sich genommen hat, die verbotene Substanz ihm ohne sein Wissen durch den eigenen Arzt oder Trainer verabreicht worden ist oder bei Sabotage der Speisen und Getränke des Athleten durch Ehepartner, Trainer oder eine andere Person in seinem engeren Umfeld (strict liability). In Abhängigkeit von den Umständen des Einzelfalls kann jedoch jedes dieser Beispiele zu einer Herabsetzung der Sanktion in Form einer Verwarnung oder einer kürzeren Sperre führen, sofern „Kein signifikantes Verschulden" vorliegt.

Kronzeugenregelung und Geständnis

Außerdem kann auch auf eine Sperre verzichtet oder sie kann herabgesetzt oder ausgesetzt werden, wenn der Athlet oder die andere Person (▸ Kap. 8.2.3) einer Organisation, einer Strafverfolgungsbehörde oder einem Berufs-Disziplinargericht substanzielle Hilfe bei der Aufdeckung eines Dopingvergehens oder einer Straftat geleistet oder diese voran gebracht hat (Kronzeugenregelung; Art. 10.6.1 NADC).

Der Umfang, in dem die ansonsten zu verhängende Sperre ausgesetzt werden darf, richtet sich nach der Schwere des Verstoßes und nach der Bedeutung der geleisteten substanziellen Hilfe für die Dopingbekämpfung. Von der ansonsten zu verhängenden Sperre dürfen nicht mehr als drei Viertel ausgesetzt werden. Wenn die Sperre ansonsten lebenslang wäre, darf der nicht ausgesetzte Teil nicht unter acht Jahren liegen.

Tab. 9.1 Sperren laut NADA-Code (Stand: 01.01.2015)

Artikel	Verstoß	Sperre
2.1	Vorhandensein einer verbotenen Substanz, ihrer Metaboliten oder Marker in der Probe eines Athleten	Erstverstoß: 4 Jahre,
2.2	Der Gebrauch oder der Versuch des Gebrauchs einer verbotenen Substanz oder einer verbotenen Methode durch einen Athleten	- soweit keine spezifische Substanz[1], es sei denn, der Athlet oder eine andere Person weist nach, dass der Verstoß nicht absichtlich begangen wurde[2], soweit nachweislich nicht absichtlich: 2 Jahre,
2.6	Besitz einer verbotenen Substanz oder einer verbotenen Methode	- soweit spezifische Substanz und die Anti-Doping-Organisation nachweist, dass der Verstoß absichtlich begangen wurde, soweit die Organisation dies nicht nachweist: 2 Jahre
2.3	Umgehung der Probenahme oder die Weigerung oder das Unterlassen, sich einer Probenahme zu unterziehen	4 Jahre, es sei denn, ein Athlet, der es unterlässt, sich einer Probenahme zu unterziehen, weist nach, dass der Verstoß nicht absichtlich begangen wurde, in diesem Fall: 2 Jahre
2.5	Die unzulässige Einflussnahme oder der Versuch der unzulässigen Einflussnahme auf irgendeinen Teil des Dopingkontrollverfahrens	
2.4	Meldepflichtverstöße	2 Jahre mit der Möglichkeit der Herabsetzung[3] je nach Grad des Verschuldens des Athleten, aber mindestens ein Jahr

◻ **Tab. 9.1** Sperren laut NADA-Code (Stand: 01.01.2015, Fortsetzung)

Artikel	Verstoß	Sperre
2.7	Das Inverkehrbringen oder der Versuch des Inverkehrbringens von einer verbotenen Substanz oder einer verbotenen Methode	Mindestens 4 Jahre bis hin zu einer lebenslangen Sperre, je nach Schwere des Verstoßes[4]
2.8	Die Verabreichung oder der Versuch der Verabreichung an Athleten von verbotenen Substanzen oder verbotenen Methoden innerhalb des Wettkampfs oder außerhalb des Wettkampfs die Verabreichung oder der Versuch der Verabreichung von verbotenen Methoden oder verbotenen Substanzen, die außerhalb des Wettkampfs verboten sind	
2.9	Tatbeteiligung	Je nach Schwere des Verstoßes 2 bis 4 Jahre
2.10	Verbotener Umgang	2 Jahre, mit der Möglichkeit der Herabsetzung je nach Grad des Verschuldens des Athleten oder einer anderen Person und den jeweiligen Umständen des Einzelfalls, aber mindestens ein Jahr

[1] Für die Anwendung des Artikels 10 gelten alle verbotenen Substanzen als spezifische Substanzen, mit Ausnahme der Substanzen der Substanzklassen anabole Substanzen und Hormone sowie den Stimulanzien, Hormonantagonisten und Modulatoren, die nicht als spezifische Substanzen der Verbotsliste aufgeführt sind. Verbotene Methoden unterfallen nicht der Kategorie der Spezifischen Substanzen (Art. 4.2.2 NADC; ▶ Kap. 3.1.13, ▶ Kap. 9.1.1).
[2] Absicht im Sinne von Artikel 10 bedeutet, dass der Athlet oder eine andere Person wusste, dass er/sie einen Verstoß gegen Anti-Doping-Bestimmungen begehen würde und dies auch wollte. Näheres siehe Art. 10.2.3 NADC.
[3] Die Möglichkeit der Herabsetzung der Sperre gilt nicht für Athleten, die ihre Angaben zu Aufenthaltsort und Erreichbarkeit nach einem bestimmten Muster entweder sehr kurzfristig ändern oder mit einem anderen Verhalten den Verdacht erwecken, Dopingkontrollen umgehen zu wollen.
[4] Ein Verstoß gegen Artikel 2.7 oder Artikel 2.8, bei dem Minderjährige betroffen sind, gilt als besonders schwerwiegender Verstoß; wird ein solcher Verstoß von Athletenbetreuern begangen und betrifft er keine Spezifischen Substanzen, ist gegen den Athletenbetreuer eine lebenslange Sperre zu verhängen. Darüber hinaus müssen erhebliche Verstöße gegen Artikel 2.7 oder Artikel 2.8, die auch nicht sportrechtliche Gesetze und Vorschriften verletzen können, den zuständigen Verwaltungs-, Berufs- oder Justizbehörden gemeldet werden.

Wenn ein Athlet freiwillig die Begehung eines Verstoßes gegen Anti-Doping-Bestimmungen gesteht, bevor er zu einer Probenahme aufgefordert wurde, durch die ein Verstoß gegen Anti-Doping-Bestimmungen nachgewiesen werden könnte und wenn dieses Geständnis zu dem Zeitpunkt den einzigen verlässlichen Nachweis des Verstoßes darstellt, kann die Sperre herabgesetzt werden, muss jedoch mindestens die Hälfte der ansonsten zu verhängenden Sperre betragen (Art. 10.6.2 NADC).

Mehrfachverstöße
Mehrfachverstöße sind in Art. 10.7 NADC geregelt. Bei einem zweiten Verstoß eines Athleten oder einer anderen Person gegen Anti-Doping-Bestimmungen wird die längste der folgenden Sperren verhängt:

- sechs Monate,
- die Hälfte der für den ersten Verstoß verhängten Sperre ohne Berücksichtigung einer Herabsetzung oder
- die doppelte Dauer der ansonsten zu verhängenden Sperre für einen zweiten Verstoß, wenn dieser wie ein Erstverstoß behandelt wird, ohne Berücksichtigung einer Herabsetzung.

Die so festgelegte Sperre kann anschließend herabgesetzt werden.

Ein dritter Verstoß gegen Anti-Doping-Bestimmungen führt immer zu einer lebenslangen Sperre, es sei denn, der dritte Verstoß erfüllt die Voraussetzungen für ein Absehen von einer Sperre oder eine Herabsetzung der Sperre oder stellt einen Meldepflichtverstoß dar. In diesen besonderen Fällen beträgt die Sperre acht Jahre bis hin zu lebenslänglich.

Wegen der hohen Komplexität der Regelungen zur Verhängung von Sperren sind in Anhang 2 zum NADA-Code mehrere Anwendungsbeispiele für Artikel 10 aufgeführt.

9.3.2 Annullierung von Ergebnissen

Bei Einzelsportarten führt ein Verstoß gegen Anti-Doping-Bestimmungen in Verbindung mit einer Wettkampfkontrolle automatisch zur Annullierung des in diesem Wettkampf erzielten Ergebnisses, mit allen daraus entstehenden Konsequenzen, einschließlich der Aberkennung von Medaillen, Punkten und Preisen (Art. 9 NADC).

Zusätzlich zur dieser automatischen Annullierung der Ergebnisse, die in dem Wettkampf erzielt wurden, bei dem die positive Probe genommen wurde, werden alle Wettkampfergebnisse des Athleten, die in dem Zeitraum von der Entnahme der positiven Probe (egal, ob Trainings- oder Wettkampfkontrolle) oder der Begehung eines anderen Verstoßes gegen Anti-Doping-Bestimmungen bis zum Beginn einer vorläufigen Suspendierung oder einer Sperre erzielt wurden, annulliert, mit allen daraus entstehenden Konsequenzen, einschließlich der Aberkennung von Medaillen, Punkten und Preisen, sofern nicht aus Gründen der Fairness eine andere Vorgehensweise geboten ist (Art. 10.8 NADC).

Die NADA hat eine Bilanz der im Jahr 2015 im Rahmen des Dopingkontrollsystems festgestellten Verstöße und Sanktionen erstellt (◘ Tab. 9.2).

◻ **Tab. 9.2** NADA-Bilanz 2015 zum Dopingkontrollsystem. Nach NADA-Jahresbericht 2015

Verstoß	Anzahl
Art der möglichen Verstöße	
Positives Analyseergebnis, Vorhandensein einer verbotenen Substanz (Art. 2.1 NADC)	62
Gebrauch oder versuchter Gebrauch einer verbotenen Substanz oder verbotenen Methode (Art. 2.2 NADC)	16
Umgehung einer Probenahme, Weigerung oder Unterlassung (Art. 2.3 NADC)	3
Meldepflichtverstöße (Art. 2.4 NADC)	1
Unzulässige Einflussnahme (Art. 2.5 NADC)	1
Mögliche Verstöße **gesamt**	83
Trainings- und Wettkampfkontrollen	
Mögliche Verstöße im Zusammenhang mit Wettkampfkontrollen	61
Mögliche Verstöße im Zusammenhang mit Trainingskontrollen (Kontrollen außerhalb des Wettkampfs)	20
Sonstige (Fälle gemäß Art. 2.2. und 2.4 NADC)	2
Sanktionen	
Bei Wettkampfkontrollen[1]	24
Bei Trainingskontrollen	2
Sonstiges (Art. 2.4 NADC)	1
Gesamt	27
Sonstiges	
Kein Dopingverstoß und hinreichende Anhaltspunkte	43
Meldepflicht- und Kontrollversäumnisse	258
Strafanzeigen	27

[1] Zwei nach Weiterleitung der NADA durch die zuständige Anti-Doping-Organisation entschieden

9.3.3 NADAjus

Nach dem NADC 2015 (Artikel 14.3.2) sind die für das Ergebnismanagement zuständigen Anti-Doping-Organisationen dazu verpflichtet, Disziplinarentscheidungen zu veröffentlichen. Die NADA hat hierzu die Datenbank NADAjus eingerichtet. Diese bietet eine unverbindliche Information über die in Deutschland abgeschlossenen Disziplinarverfahren bei einem Verstoß gegen Anti-Doping-Bestimmungen. Die Datenbank erfasst dabei Verfahren, die die NADA vor dem Deutschen Sportschiedsgericht geführt hat, ebenso wie sportrechtliche Verfahren, die durch einzelne Sportfachverbände durchgeführt wurden. Die Datenbank enthält derzeit (Juli 2016) Entscheidungen ab dem Jahr 2010. Sie wird ständig erweitert und ergänzt, ist aber nicht abschließend. Sie ist auf der NADA-Homepage im Bereich Recht zu finden.

Literatur

[1] NADA Jahresbericht 2015. www.nada.de
[2] Beobachtende Begleitgruppe (T-DO). Übereinkommen gegen Doping. Projekt zur Einhaltung der eingegangenen Verpflichtungen. Einhaltung des Übereinkommens gegen Doping durch Deutschland. Selbstevaluierung Deutschlands. Bericht des Evaluierungsteams, Stellungnahme Deutschlands. Informatorische Übersetzung (0938/2010), 27.04.2010 T-DO (2010) 17
[3] www.nada.de, Zugriff Juli 2016
[4] Dallmeier JC. Dopingregeln im Pferdesport – unter Berücksichtigung des World Anti Doping Code. Europäische Hochschulschriften Reihe II. Band 5397. Internationaler Verlag der Wissenschaften, Frankfurt 2013
[5] Athleten- und Schiedsvereinbarungen. Fragen- und Antwort-Katalog der Athletenkommission im DOSB. In Zusammenarbeit mit dem Institut für Deutsches und Internationales Sportrecht e. V. in Leipzig – IDIS
[6] Gesetzentwurf der Bundesregierung. Entwurf eines Gesetzes zur Bekämpfung von Doping im Sport. Drucksache 18/4898 vom 13.05.2015
[7] Deutsches Sportschiedsgericht. www.dis-sportschiedsgericht.de
[8] DIS-Sportschiedsgerichtsordnung 2016 (DIS-SportSchO). www.dis-sportschiedsgericht.de/de/75/content/dis-sportscho-2016-ab-01042016-id69
[9] Senkel K. Wirksamkeitschancen des „Anti-Doping-Rechts". Eine interdisziplinäre Analyse zu den Anforderungen an Dopingbekämpfungsmechanismen und deren Umsetzung. Dissertation, Saarbrücken 2014

10 Staatliche Aufgaben und Eingriffsmöglichkeiten bei der Dopingbekämpfung

10.1 Europäische und internationale Vereinbarungen zur
Dopingbekämpfung 142
10.2 Initiativen der Europäischen Union zur Bekämpfung des Dopings ... 147
10.3 Nationale staatliche Aktivitäten zur Dopingbekämpfung 151

In den meisten Ländern liegt die Bekämpfung des Dopings im Wesentlichen in den Händen von Institutionen des Sports. Sie ist aber in den letzten Jahrzehnten zunehmend auch zu einem wichtigen sportpolitischen Anliegen der Regierungen geworden. In diesem Kapitel wird das internationale und nationale „Anti-Doping-Recht" vorgestellt.

Einen Überblick über die gesetzlichen und staatlichen materiellen Regelungen zur Bekämpfung des Dopings auf internationaler und nationaler Ebene gibt (o Abb. 10.1).

10.1 Europäische und internationale Vereinbarungen zur Dopingbekämpfung

10.1.1 Europäisches Übereinkommen gegen Doping

Als erstes staatenübergreifende Regelwerk zur Bekämpfung des Dopings vereinbarten die Mitgliedstaaten des Europarats am 16.11.1989 in Straßburg ein Übereinkommen gegen Doping. Dies geschah zehn Jahre vor der Gründung der WADA (1999, ▶ Kap. 8.1.1) und lange vor dem Abschluss des Internationalen UNESCO-Übereinkommens (▶ Kap. 10.1.2). Die Bundesrepublik Deutschland hat das Übereinkommen des Europarats gegen Doping am 27.05.1992 in Straßburg unterzeichnet und mit dem „Gesetz zu dem Übereinkommen vom 16.11.1989 gegen Doping" ratifiziert und in einer amtlichen Übersetzung veröffentlicht. Das Ratifikationsgesetz ist am 01.06.1994 in Kraft getreten [1].

Die Vertragsparteien verpflichten sich in dem Übereinkommen, innerhalb der Grenzen ihrer jeweiligen Verfassung die notwendigen Maßnahmen zu ergreifen, um das Doping im Sport zu verringern und schließlich endgültig ausmerzen. Dazu sollen sie in geeigneten Fällen Gesetze, Vorschriften oder Verwaltungsmaßnahmen erlassen, um die Verfügbarkeit (einschließlich der Bestimmungen über die Kontrolle der Verbreitung, des Besitzes, der Einfuhr, der Verteilung und des Verkaufs) sowie die Anwendung verbotener Dopingwirkstoffe und -methoden im Sport einzuschränken. Ferner sollen die Vertragsparteien und/oder die betreffenden nichtstaatlichen Organisationen die Vergabe von Fördermitteln an Sportorganisationen davon abhängig machen, ob diese die Vorschriften gegen Doping wirksam anwenden (▶ Kap. 4.5).

Weitere vertragliche Vereinbarungen betrafen die Errichtung von Doping-Kontroll-Laboratorien, die den geforderten internationalen Kriterien genügen, sowie die Durch-

International	National
Internationales Übereinkommen gegen Doping (UNESCO) (inkl. WADA-Verbotsliste u. Standards für die Erteilung medizinischer Ausnahmegenehmigungen)	**Gesetz zu dem Internationalen Übereinkommen vom 19.10.2005 gegen Doping im Sport**
Europäisches Übereinkommen gegen Doping (Europarat)	**Gesetz zu dem europäischen Übereinkommen gegen Doping**
	Anti-Doping-Gesetz (2015)
	Betäubungsmittelgesetz
	Tierschutzgesetz (Doping bei Tieren)
	Zollfahndungsdienstgesetz
	Gesetz über das Bundeskriminalamt
	Strafgesetzbuch (Kronzeugenregelung)
	Bewilligungsbedingungen für Zuwendungen des Bundes an die Sportverbände

Abb. 10.1 Gesetzliche und staatliche materielle Regelungen zur Bekämpfung des Dopings

führung von Erziehungsprogrammen und Aufklärungskampagnen. Diese sollten sich sowohl an junge Menschen in Schulen und Sportvereinen als auch an deren Eltern und an erwachsene Sportler und Sportlerinnen, an Sportverantwortliche und -betreuer sowie an Trainer richten.

Die Vertragsparteien behalten sich das Recht vor, von sich aus und in eigener Verantwortung Vorschriften gegen Doping zu erlassen und Dopingkontrollen durchzuführen, sofern diese mit den Grundsätzen des Übereinkommens vereinbar sind.

Um die Transparenz zu wahren, müssen sie dem Generalsekretär des Europarats alle Informationen über gesetzgeberische und sonstige Maßnahmen übermitteln, die sie ergriffen haben, um den Bestimmungen des Übereinkommens gerecht zu werden. Seit 2005 sind die Länderberichte sowie Informationen über die nationale Gesetzgebung auf dem Gebiet des Sports und der Dopingbekämpfung in den Vertragsstaaten in eine Datenbank eingeflossen, die über die Website des Europarats allgemein zugänglich ist [2].

Vertragsstaaten des europäischen Übereinkommens gegen Doping

Die Vertragsstaaten, die dem europäischen Übereinkommen gegen Doping beigetreten sind, sind im Kasten aufgeführt (Stand: Juli 2016). Vertragsparteien sind nicht nur Mitglieder des Europarats, sondern auch vier Nichtmitglieder (Australien, Kanada, Tunesien, Weißrussland).

Vertragsstaaten gegen Doping

Albanien, Andorra, Armenien, Aserbaidschan, Australien, Belgien, Bosnien und Herzegowina, Bulgarien, Dänemark, Deutschland, Estland, Finnland, Frankreich, Georgien, Griechenland, Irland, Island, Italien, Jugoslawien (ehemaliges), Kanada, Kasachstan, Kroatien, Lettland, Liechtenstein, Litauen, Luxemburg, Malta, Mazedonien (ehemalige jugoslawische Republik), Moldawien, Monaco, Montenegro, Niederlande, Norwegen, Österreich, Polen, Portugal, Rumänien, Russische Föderation (Vertragspartei war bis zu ihrer Auflösung die Sowjetunion), San Marino, Schweden, Schweiz, Serbien, Slowakei, Slowenien, Sowjetunion (ehemalige), Spanien, Tschechische Republik, Tunesien, Türkei, Ukraine, Ungarn, USA, Vatikanstaat, Vereinigtes Königreich, Weißrussland, Zypern

---

Zusatzprotokoll zum europäischen Übereinkommen gegen Doping

Das Gesetz zu dem Zusatzprotokoll zum Übereinkommen vom 16.11.1989 gegen Doping ergänzt das europäische Übereinkommen von 1989. Die Bundesrepublik Deutschland hat diesem mit dem Gesetz vom 16.05.2007 zugestimmt [3]. Das Zusatzprotokoll, das für Deutschland 2008 in Kraft trat, enthält im Wesentlichen Regelungen zur gegenseitigen Anerkennung von Dopingkontrollen. Darüber hinaus werden Maßnahmen zur Beobachtung der Umsetzung der von den Unterzeichnerstaaten eingegangenen Verpflichtungen implementiert.

Während die Anerkennung der gegenseitigen Durchführung von Dopingkontrollen bis dahin nur im Rahmen bilateraler Übereinkommen üblich war, wurde dies durch das Zusatzabkommen einheitlich für alle Unterzeichnerstaaten geregelt – seinerzeit ein Meilenstein hinsichtlich der Effizienz der Dopingkontrolltätigkeit und der Gleichbehandlung aller Athleten sowie der einheitlichen Form der Kontrollen.

Ebenso erkennen die Vertragsparteien die Zuständigkeit der Welt Anti-Doping Agentur (WADA) und anderer ihr unterstellter Doping-Kontroll-Organisationen für die Durchführung von Kontrollen außerhalb von Wettkämpfen bei ihren Sportlern und Sportlerinnen in ihrem Hoheitsgebiet oder anderenorts an. Die Ergebnisse dieser Tests werden der jeweiligen Anti-Doping-Organisation der betreffenden Sportler und Sportlerinnen übermittelt. Durch die verschiedenen Mitteilungspflichten wird für hinreichende Transparenz beim Umgang mit den Ergebnissen gesorgt.

Beobachtende Begleitgruppe

Um die Implementierung des Übereinkommens im Auge zu behalten, wurde eine Beobachtende Begleitgruppe (Monitoring Group, T-DO) gegründet (Artikel 10 des Übereinkommens). Sie setzt sich zusammen aus internationalen Experten aus dem Anti-Doping-Bereich und der Politik. Sowohl das deutsche Bundesministerium des Innern (BMI) als auch die NADA sind dort vertreten. Um die unterschiedlichen Themenbereiche adäquat zu diskutieren und zu begutachten, gibt es vier sogenannte Specialised Groups: die

Advisory Group on Compliance (T-DO COMP, Beirat für Compliance), die Advisory Group on Education (T-DO ED, Beirat für Bildung/Prävention), die Advisory Group on Legal Issues (T-DO LI, Beirat für rechtliche Angelegenheiten) und die Advisory Group on Science (T-DO SCI, Beirat für Wissenschaft).

Von Mai 2012 bis Mai 2014 hatte Deutschland den Vorsitz der Beobachtenden Begleitgruppe. Die Monitoring Group ist auch zuständig für die Annahme der Verbotsliste in der Anlage zu dem Übereinkommen.

Im Evaluierungsbericht der Beobachtenden Begleitgruppe 2009/2010 wird Deutschland bescheinigt, dass die Dopingbekämpfung übereinkommenskonform und inhaltlich auf hohem Niveau erfolgt [4, 5].

CAHAMA

Für eine bessere Interessensvertretung gegenüber der WADA wurde beim Europarat im Juli 2003 der Ad-hoc-Ausschuss für die Welt Anti-Doping Agentur (Ad hoc European Committee for the World Anti-Doping Agency, CAHAMA) gegründet. Der Ausschuss ist zuständig für die Koordinierung der Standpunkte aller Vertragsparteien des Europäischen Kulturabkommens in Bezug auf Fragen hinsichtlich der WADA. Reguläre CAHAMA-Sitzungen werden unmittelbar vor oder nach den Sitzungen der Beobachtenden Begleitgruppe zur Umsetzung der Maßnahmen des Übereinkommens gegen Doping (Monitoring Group) und, sofern möglich, mindestens eine Woche vor den regulären Sitzungen des WADA-Stiftungsrats und -Exekutivkomitees einberufen [6].

10.1.2 Internationales Übereinkommen der UNESCO gegen Doping im Sport

Über lange Jahre war das Übereinkommen des Europarats vom 16.12.1989 die einzige völkerrechtlich verbindliche Konvention gegen Doping im Sport (▶ Kap. 10.1.1) [1].

Während ihrer 32. Generalkonferenz (29.09. bis 17.10.2003) in Paris erteilte die UNESCO ein politisches Mandat zur Erarbeitung des Internationalen Übereinkommens gegen Doping im Sport. Am 19.10.2005 nahm die 33. UNESCO-Generalkonferenz den Entwurf des Internationalen Übereinkommens einstimmig an. Nachdem das Übereinkommen von mehr als 30 Mitgliedsstaaten ratifiziert worden war, trat es Anfang 2007 in Kraft. Das UNESCO-Übereinkommen basiert auf dem Anti-Doping-Übereinkommen des Europarats, dem WADA-Code sowie den sonstigen Regelungen und Standards der WADA. Es inkorporiert zum Teil von der WADA privatrechtlich gesetztes Recht und erhebt es auf diese Weise in den Rang völkerrechtlichen Vertragsrechts. Damit gelang es erstmals, auf völkerrechtlicher Ebene ein weltweit verbindliches einheitliches Regelwerk für die Dopingbekämpfung zu schaffen.

Die Bundesrepublik Deutschland hat dem Internationalen Übereinkommen gegen Doping durch das Gesetz vom 26.03.2007 zugestimmt, damit ist es am 30.03.2007 in Kraft getreten [7] und wurde zu Beginn des zweiten Monats nach Hinterlegung der Ratifikationsurkunde bei der UNESCO in Deutschland wirksam. Die englische und französische Sprachfassung wurden zusammen mit einer deutschen Übersetzung als Anlage zum deutschen Ratifikationsgesetz des Übereinkommens im Bundesgesetzblatt abgedruckt (▶ Kap. 15.1).

Das Übereinkommen bezweckt die Verhütung und Bekämpfung des Dopings im Sport mit dem Ziel seiner vollständigen Ausmerzung. Hierzu soll die internationale Zusammenarbeit der Vertragsstaaten untereinander und mit den Sport- und Anti-Doping-

Organisationen weiter verbessert werden. Gleichzeitig sollen möglichst einheitliche Standards für die internationale Dopingbekämpfung erstellt werden. Deshalb enthält das Übereinkommen insbesondere Regelungen zu folgenden Bereichen:

- Einschränkung der Verfügbarkeit verbotener Wirkstoffe und Methoden,
- Maßnahmen gegen Athletenbetreuer, die einen Verstoß gegen die Anti-Doping-Regeln oder in diesem Zusammenhang eine andere Zuwiderhandlung begehen,
- Maßnahmen zur Erleichterung von Dopingkontrollen,
- Austausch von Informationen, Fachwissen und Erfahrungen zwischen den Vertragsstaaten und mit einschlägigen Organisationen,
- Förderung der Forschung im Bereich der Dopingbekämpfung und die Sicherstellung bestimmter Qualitätsstandards auf diesem Gebiet,
- Weitergabe von Forschungsergebnissen an andere Vertragsstaaten und die WADA.

Das Übereinkommen enthält eine Präambel und ist in sieben Kapitel mit 43 Artikeln gegliedert (Tab. 10.1). Für die einheitliche Anwendung des Übereinkommens sind die Anlagen und die Anhänge zum Übereinkommen von großer Bedeutung:

In Artikel 4 des Übereinkommens wird dessen Verhältnis zum Welt Anti-Doping Code (WADC) erläutert. Hiernach verpflichten sich die Vertragsstaaten den Grundsätzen des Codes als Grundlage für die in Artikel 5 dieses Übereinkommens die vorgesehenen Maßnahmen. Die Maßnahmen können Gesetze, sonstige Vorschriften, politische Maßnahmen oder Verwaltungspraktiken beinhalten. Der Code (Anhang 1) und die jeweils

Tab. 10.1 Internationales Übereinkommen gegen Doping (Übersicht)

Kapitel		
I		Geltungsbereich
II		Tätigkeiten zur Dopingbekämpfung auf nationaler Ebene
III		Internationale Zusammenarbeit
IV		Erziehung und Schulung
V		Forschung
VI		Überwachung der Anwendung des Übereinkommens
VII		Schlussbestimmungen
Anlage		
I		Verbotsliste – Internationaler Standard
II		Standards für die Erteilung medizinischer Ausnahmegenehmigungen
Anhang		
1		Welt Anti-Doping Code (WADC)
2		Internationaler Standard für Labors
3		Internationaler Standard für Kontrollen

geltenden Fassungen der Anhänge 2 und 3 sind nur zu Informationszwecken aufgeführt und nicht Bestandteil des Übereinkommens. Aus den Anhängen als solchen erwachsen für die Vertragsstaaten keine völkerrechtlich verbindlichen Verpflichtungen.

Demgegenüber sind die Anlagen I und II, d. h. die Verbotsliste (▶ Kap. 12.1.1) und die Standards für die Erteilung Medizinischer Ausnahmegenehmigungen (▶ Kap. 8.1.4), Bestandteil des Übereinkommens. Die jährlich aktualisierte WADA-Verbotsliste wird nach vorgesehen Regularien in das UNESCO-Übereinkommen und auch in das europäische Übereinkommen gegen Doping inkorporiert.

Zur Überwachung der Anwendung des Übereinkommens wird als Lenkungsorgan eine Konferenz der Vertragsparteien eingesetzt (Artikel 28 des Übereinkommens). Diese tritt in der Regel alle zwei Jahre zu einer ordentlichen Tagung zusammen. Zu weiteren Aufgaben der Konferenz der Vertragsparteien siehe Artikel 30 (▶ Kap. 15.1). Die Vertragsstaaten müssen der Konferenz der Vertragsparteien alle zwei Jahre alle einschlägigen Informationen über die Maßnahmen vorlegen, die sie zur Einhaltung dieses Übereinkommens ergriffen haben (Artikel 31).

Das Übereinkommen des Europarats wurde nicht wie ursprünglich von den Vertretern der Beobachtenden Begleitgruppe und der UNESCO angenommen, in das neu entwickelte UNESCO-Übereinkommen inkorporiert. Während in dem europäischen Übereinkommen eine Klarstellung zum Zusammenspiel der beiden Vertragswerke fehlt, wird das Verhältnis zum Regelwerk des Europarats im UNESCO-Übereinkommen geregelt.

Gemäß Art. 6 des UNESCO-Übereinkommens verändert dieses nicht die Rechte und Pflichten der Vertragsstaaten, die sich aus vorher geschlossenen Übereinkünften ergeben, wenn sie mit den Zielen und Zwecken des Übereinkommens in Einklang stehen. Im Konfliktfall wird damit den Zielen und Zwecken des UNESCO-Übereinkommens Vorrang eingeräumt. Da die Ziele und Zwecke der beiden Übereinkommen sinngemäß identisch sind, sind echte Widersprüche kaum zu erwarten. Die bislang noch uneinheitlichen Berichtssysteme, die bisweilen zu Doppelverpflichtungen und -arbeit führen, sollen in Zukunft einander angeglichen werden. Dennoch kann von einem echten, übergeordneten „Dach-Regime" für die Dopingbekämpfung auf völkerrechtlicher Ebene noch nicht gesprochen werden [8].

10.2 Initiativen der Europäischen Union zur Bekämpfung des Dopings

Aus den europäischen Gründungsverträgen ließ sich zunächst grundsätzlich keine Zuständigkeit für den Bereich des Sports ableiten.

Die Gemeinschaftsorgane hatten daher auch kein Mandat, auf diesem Gebiet direkt regulierend einzugreifen. Erst seit dem Inkrafttreten des Vertrags von Lissabon am 01.12.2009 ist der Sport im Vertrag über die Arbeitsweise der Europäischen Union (AEUV) verankert. Nach wie vor stehen der Europäischen Union jedoch keine echten Regelungs- und Harmonisierungskompetenzen, etwa zum Erlass verbindlicher Anti-Doping-Regelungen, zu [8].

Dennoch war die Europäische Gemeinschaft/Europäische Union in vielerlei Hinsicht auch vorher von der Dopingbekämpfung im Sport betroffen. Berührungspunkte ergeben sich im Rahmen der Politik und der Programme in den Bereichen Forschung, Jugend, Erziehung und Ausbildung. Außerdem können unterschiedliche Anti-Doping-Vorschriften in den Mitgliedstaaten ein Hindernis für die Freizügigkeit von Profi- und Amateursportlern darstellen. Tangiert sind darüber hinaus die Zuständigkeiten im Bereich Recht und innere Angelegenheiten, insbesondere was die Zusammenarbeit von Polizei und Justiz anbelangt. Schließlich sieht Artikel 152 des EG-Vertrags über das Gesundheitswesen Fördermaßnahmen vor, die den Schutz und die Verbesserung der menschlichen Gesundheit zum Ziel haben.

10.2.1 Historie der Aktivitäten der EG/EU zur Dopingbekämpfung

Erste Anstrengungen im Bereich der Dopingbekämpfung unternahmen die europäischen Gesetzgeber mit der Entschließung des Rates über eine Gemeinschaftsmaßnahme zur Bekämpfung von Doping (einschließlich des Arzneimittelmissbrauchs) im Sport vom 03.12.1990 [9]. Die Entschließung hob hervor, dass Gemeinschaftsmaßnahmen auf diesem Gebiet die Arbeit des Europarats unter Berücksichtigung des Übereinkommens gegen Doping ergänzen sollten.

In der Folge forderte der Rat die Europäische Kommission in einer weiteren Entschließung dazu auf, einen Verhaltenskodex zur Dopingbekämpfung auszuarbeiten und Maßnahmen zu folgenden Bereichen vorzuschlagen:

- Initiativen zur Dopingbekämpfung in den Bereichen Gesundheitsausbildung, -information und -erziehung,
- Erhebungen über die beim Doping derzeit am häufigsten angewendeten Praktiken,
- Entwicklung von Analysenmethoden und Zusammenarbeit der Labors,
- Untersuchung der Auswirkungen des Dopings auf die Gesundheit.

Der Anti-Doping-Verhaltenskodex im Sport wurde vom Rat in einer Entschließung vom 08.02.1992 angenommen [10]. Er hat lediglich empfehlenden Charakter und richtet sich an die breite Öffentlichkeit, z. B. an Eltern, Jugendliche, Schulen, Universitäten, Sportdirektoren und Trainer, Sportler, Angehörige der Gesundheitsberufe, Wettkampfveranstalter, nationale und internationale Sportverbände, Labors und die Medien.

Die Notwendigkeit eines koordinierten Vorgehens hob der Europäische Rat erstmals im Dezember 1998 in Wien hervor [11]. Er äußerte erneut seine Besorgnis über den Umfang und die Schwere der Dopingfälle im Sport, die die Sportethik untergrabe und die öffentliche Gesundheit gefährde. Dort wurde auch die „Entschließung des Europäischen Parlaments zu den erforderlichen Sofortmaßnahmen gegen Doping im Sport" verfasst [12].

Im Dezember 1999 legte die Europäische Kommission dann eine Mitteilung über einen Plan für den Beitrag der Gemeinschaft zur Dopingbekämpfung vor (KOM 1999, 643 endgültig) vor [13]. Das Dokument befasst sich mit den Ursachen der starken Zunahme des Dopings und sieht als einen Maßnahmenschwerpunkt vor, die zur Verfügung stehenden Gemeinschaftsinstrumente stärker zu mobilisieren mit dem Ziel, die bereits von den Mitgliedstaaten durchgeführten Maßnahmen zu ergänzen und ihnen eine gemeinschaftliche Dimension zu verleihen.

Der Rat und die im Rat vereinigten Vertreter der Regierungen der Mitgliedstaaten vom 04.12.2000 zur Dopingbekämpfung nahmen schließlich die Gründung der Welt Anti-Doping Agentur zur Kenntnis und forderten, für eine angemessene Vertretung im Gründungsrat der WADA zu sorgen [14].

Zehn Jahre später verlieh der Rat diesem Anliegen noch mehr Nachdruck. Dies geschah vor allem im Hinblick darauf, dass die Europäische Union infolge des Inkrafttretens des Vertrags von Lissabon in der Zwischenzeit eine Zuständigkeit im Bereich des

Sports erhalten hatte. Es sei von entscheidender Bedeutung, dass den Standpunkten der EU und ihrer Mitgliedstaaten bei den Beratungen der WADA gebührendes Gewicht beigemessen wird [15].

Auch in ihrem Weißbuch Sport aus dem Jahr 2007 widmete sich die Europäische Kommission der Dopingbekämpfung, und zwar mit den Schwerpunkten Strafverfolgung, Aspekte der Gesundheit und Verhütung. Sie schlägt vor, zwischen den Strafverfolgungsbehörden (Grenzschutz, nationale und lokale Polizei, Zoll usw.) der Mitgliedstaaten, den von der Welt Anti-Doping Agentur (WADA) akkreditierten Labors und Interpol Partnerschaften zu entwickeln, um Informationen über neue Dopingsubstanzen und -verfahren schnell und sicher austauschen zu können. Sie empfiehlt außerdem, den Handel mit verbotenen Dopingsubstanzen in der gesamten Union genauso zu verfolgen wie den illegalen Drogenhandel [16].

In der Folge ging die Kommission auf der Grundlage des Weißbuchs zum Sport im Jahr 2011 in einer Mitteilung zur Entwicklung der europäischen Dimension des Sports erneut auf die Bekämpfung des Dopings auf der Ebene der EU ein. Viele Akteure forderten ein aktiveres Vorgehen der EU im Kampf gegen Doping, beispielsweise durch Beitritt der EU zum Anti-Doping-Übereinkommen des Europarats (▶ Kap. 10.1.1) soweit dies aufgrund ihrer Zuständigkeiten in diesem Bereich möglich ist. Außerdem sollte geprüft werden, welche Wirkung die neue Zuständigkeit der Union für den Sport für eine eventuelle Beteiligung der EU an den Leitungsstrukturen der WADA hat. Zudem unterstreicht die Kommission, dass die Anti-Doping-Vorschriften und Anti-Doping-Verfahren im Einklang mit dem EU-Recht stehen müssten, das heißt, sie müssten die Grundrechte sowie Prinzipien wie Achtung des Privat- und Familienlebens, Datenschutz, Recht auf einen fairen Prozess und Unschuldsvermutung respektieren [17].

10.2.2 Arbeitspläne der EU zum Sport

Seit dem am 01.12.2009 in Kraft getretenen Vertrag von Lissabon sind im primären Gemeinschaftsrecht erstmals Regelungen für den Sport enthalten. Gemäß Art. 165 des Vertrags über die Arbeitsweise der Europäischen Union (AEUV) soll die EU zur Förderung der europäischen Dimension des Sports beitragen und dabei dessen besondere Merkmale, die auf freiwilligem Engagement basierenden Strukturen sowie dessen soziale und pädagogische Funktion berücksichtigen. Ihr kommt also lediglich eine unterstützende Kompetenz zu. Die Zuständigkeit der Mitgliedstaaten der EU auf dem Gebiet des Sports bleibt hierdurch unberührt.

Aufgrund dieser Verankerung im Primärrecht wurde das Thema Sport im Jahre 2010 auch in die formellen Ratsstrukturen einbezogen und an die bereits bestehende Ratsformation Bildung, Jugend, Kultur angebunden (jetzt: Bildung, Jugend, Kultur, Sport).

Zur Vorbereitung der Beratungen des Rates über die künftigen Initiativen der Kommission im Bereich des Sports wurde im Rat die Arbeitsgruppe „Sport" eingesetzt. Dort fanden Anfang 2011 auch die Verhandlungen über den ersten EU-Arbeitsplan Sport statt, der am 20.05.2011 vom Rat der EU verabschiedet wurde und sich auf die Jahre 2011 bis 2014 erstreckte [18].

Mit dem Arbeitsplan wurde ein neues Kapitel der europäischen Zusammenarbeit im Bereich der Sportpolitik aufgeschlagen. Zum ersten Mal wurden die Mitgliedstaaten, der Ratsvorsitz und die Kommission dazu aufgefordert, auf der Grundlage vereinbarter Leitprinzipien zusammenzuarbeiten, bestimmte prioritäre Themen zu behandeln („Integrität des Sports, u. a. Anti-Doping-Kampf", „gesellschaftlicher Wert des Sports", „wirtschaftliche Aspekte des Sports") und im Zeitraum von 2011 bis 2014 konkrete Maßnahmen umzusetzen.

Die einzelnen Maßnahmen wurden in sechs Expertengruppen in den Bereichen Anti-Doping, Good Governance im Sport, allgemeine und berufliche Bildung im Sport, Gesundheit und Beteiligung, Sportstatistik und nachhaltige Finanzierung des Sports umgesetzt, die sich aus Vertretern der Mitgliedstaaten zusammensetzten. Nach dem Bericht der Kommission von Januar 2014 wurden für die definierten Prioritätsbereiche insgesamt sehr gute Ergebnisse erzielt [19].

Eine der Maßnahmen im Rahmen des ersten Arbeitsplans Sport 2011 bis 2014 war die Vorlage von Empfehlungen zur Bekämpfung von Doping im Freizeitsport, die auf nationaler und auf EU-Ebene angewandt werden können. Das Mandat der im Jahr 2011 errichteten Expertengruppe „Anti-Doping" wurde deshalb 2012 entsprechend erweitert [20].

Die Empfehlungen wurden im November 2013 vorgelegt [21]. Die „EU-Recommendations on combating doping in recreational sport" sehen im Wesentlichen vor, dass öffentliche Institutionen und die Zivilgesellschaft Präventionsmaßnahmen zu Doping im Breiten- und Freizeitsport unterstützen sollen, die die Zusammenarbeit zwischen allen relevanten Interessengruppen verbessern könnten (▶ Kap. 5). Auf dieser Grundlage sollen u. a. Netzwerke auf nationaler und internationaler Ebene zum Austausch von Erfahrungen und Maßnahmen entwickelt, Verhaltensrichtlinien für die Organisationen des Sports geschaffen und Forschung im Bereich der Nutzung von Nahrungsergänzungsmitteln gefördert werden [5].

In ihrem Bericht stellte die Expertengruppe auch fest, dass die Datenlage hinsichtlich präventiver Maßnahmen im Bereich des Freizeitsports unzureichend sei. Dieser mangelnden Transparenz wurde mit einer Erhebung zum Status quo in den 28 EU-Mitgliedstaaten abgeholfen. Die Studie, deren Ergebnisse im Dezember 2014 veröffentlicht wurden, bietet einen umfassenden Einblick in die Anti-Doping-Gesetzgebung und die jeweiligen Initiativen in den Mitgliedstaaten [22].

Aufgrund der positiven Erfahrungen mit dem ersten Arbeitsplan hat der Rat der EU am 21.05.2014 einen zweiten EU-Arbeitsplan Sport verabschiedet, der in den Jahren 2014 bis 2017 umgesetzt werden wird [23]. 2017 soll die Durchführung des vorliegenden Arbeitsplans vom Rat anhand eines Berichts der Kommission bewertet werden.

10.2.3 Anti-Doping-Netzwerk iNADO

Am 25.06.2007 wurde auf Beschluss der EU-Sportminister in Brüssel das informelle Netzwerk der europäischen nationalen Anti-Doping-Organisationen gegründet (Institute of National Anti-Doping Organisations, iNADO). Es sieht einen regelmäßigen informellen Austausch und eine engere Zusammenarbeit in den Bereichen Doping-Testsystem, Medizin, Forschung, Prävention, Recht sowie die Kooperation von Anti-Doping-Organisationen mit staatlichen Stellen, Sportverbänden und der EU-Kommission vor [24]. Der Hauptsitz der Institution, die derzeit (Januar 2017) 62 nationale Anti-Doping-Organisationen als Mitglieder hat, befindet sich in der Nachbarschaft zur NADA in Bonn [25].

Seit 2009 gibt es außerdem zwischen den deutschsprachigen Anti-Doping-Organisationen eine enge Zusammenarbeit, die unter dem Kürzel DACH (Deutschland, Austria, Schweiz) zusammengefasst ist.

10.3 Nationale staatliche Aktivitäten zur Dopingbekämpfung

Im jüngsten Sportbericht der Bundesregierung von 2014 wird der Sport als zentraler Bestandteil des gesellschaftlichen Zusammenlebens herausgestellt. Dies gelte sowohl für den Spitzen- als auch für den Breitensport. Aktives Sporttreiben gehöre für einen Großteil der Bevölkerung zu einer gesundheitsbewussten Lebensgestaltung. Der gemeinsam betriebene Sport sei zugleich ein geselliges und verbindendes Erlebnis jenseits kultureller, sozialer oder sprachlicher Unterschiede. Sport diene als Plattform für die Vermittlung allgemeiner, über den Bereich des Sports hinausgehender Werte des freiheitlichen Gemeinwesens, wie z. B. Fair Play, Respekt und Teamfähigkeit. Außerdem fördere der Sport das Akzeptieren von Regeln, die Einordnung in ein Team, aber auch das Durchsetzungsvermögen und die Fähigkeit, mit Sieg und Niederlage angemessen umzugehen.

Auch der Spitzensport leiste in diesem Zusammenhang einen wichtigen Beitrag zur gesellschaftlichen Wertedebatte. Insbesondere für Kinder und Jugendliche dienten erfolgreiche Athleten als Vorbilder und demonstrierten regelmäßig Leistungswillen, Ausdauer, Disziplin und Respekt im sportlichen Wettkampf. Breiten- und Spitzensport stünden in einem engen Wechselspiel zueinander [5].

10.3.1 Zuständigkeiten für den Sport

Innerhalb der Bundesregierung koordiniert das Bundesministerium des Innern (BMI) die Angelegenheiten des Bundes, die den Sport betreffen. Dies sind insbesondere die Förderung des Spitzensports, des Leistungssports der Menschen mit Behinderung, der Sportmedizin bzw. Sportwissenschaft und des Sportstättenbaus im Leistungssport sowie internationale Angelegenheiten, Spitzensport in der Bundespolizei und Integration durch Sport. Dem BMI ist das Bundesinstitut für Sportwissenschaft (BISp) nachgeordnet, das in seinem Auftrag sportwissenschaftliche Aktivitäten fördert und koordiniert.

Neben dem BMI nehmen aber auch noch andere Ressorts im Rahmen ihrer allgemeinen Aufgabenstellung Teilzuständigkeiten für den Sport wahr, wie etwa das Bundesministerium für Wirtschaft und Energie (BMWi) bezüglich ökonomischer Aspekte, das Bundesministerium für Bildung und Forschung (BMBF) hinsichtlich der Forschung in der Dopingbekämpfung sowie das Bundesministerium für Gesundheit (BMG) bezüglich Sport im Rahmen der Gesundheitsvorsorge.

Die Sportministerkonferenz SMK behandelt Angelegenheiten des Sports von überregionaler Bedeutung. Die SMK koordiniert die Sportförderung in den Ländern und vertritt die Länderinteressen im Bereich des Sports auf nationaler und internationaler Ebene. Sie kommt in der Regel einmal jährlich zusammen. Der SMK gehören die für den allgemeinen Sport oder den Schulsport zuständigen Länderminister bzw. Senatoren und als Gäste u. a. das BMI, die Kultusministerkonferenz (KMK), die kommunalen Spitzenorganisationen sowie der DOSB an.

Auf Arbeitsebene besteht die Sportreferentenkonferenz (SRK). Die SRK, die durchschnittlich viermal im Jahr tagt, bereitet die Sitzungen der SMK vor und führt deren Beschlüsse unter anderem auch in der Dopingbekämpfung aus [5].

10.3.2 Entwicklung der Anti-Doping-Gesetzgebung in Deutschland

Die Anti-Doping-Gesetzgebung in Deutschland hat sich in den letzten rund zwanzig Jahren relativ „stockend" entwickelt. Erstmals wurden im Jahr 1998 mit dem Achten Gesetz zur Änderung des Arzneimittelgesetzes (AMG) Bestimmungen gegen das Doping in das Arzneimittelgesetz eingeführt [26].

Gemäß §§ 6a, 95 AMG wurde die Verschreibung, Anwendung von Dopingmitteln bei anderen sowie das Inverkehrbringen mit Geldstrafe oder Freiheitsstrafe bis zu drei Jahren strafbewehrt. In besonders schweren Fällen, dazu zählen die Abgabe und Anwendung von Dopingmitteln an Minderjährige, konnte eine Freiheitsstrafe bis zu zehn Jahren verhängt werden. Damit waren die rechtlichen Grundlagen geschaffen, Trainer, Betreuer wie auch Ärzte und medizinisches Assistenzpersonal über das AMG bei Dopingverstößen zu bestrafen. Auch das Verbringen von in Deutschland nicht zugelassenen Arzneimitteln zu Dopingzwecken aus dem Ausland war als Vergehen mit Strafe bedroht [5].

Die Regelungen wurden im Jahr 2007 durch das Gesetz zur Verbesserung der Bekämpfung des Dopings im Sport (DBVG) vom 24.10.2007 erweitert und verschärft [27]. Schwerpunkt der mit dem Artikelgesetz verfolgten Zielsetzungen war die Bekämpfung krimineller Strukturen. Das Gesetz verstärkte u. a. die staatlichen Ermittlungsbefugnisse bei Fällen des organisierten ungesetzlichen Handels mit Arzneimitteln und bewirkte Strafverschärfungen für banden- oder gewerbsmäßige Dopingstraftaten.

Das Gesetz enthält im Einzelnen:

- Strafverschärfungen für banden- oder gewerbsmäßige Dopingstraftaten nach dem Arzneimittelgesetz (§ 95 Abs. 3 Nr.2 b AMG);
- die Einführung des „Erweiterten Verfalls" in diesen Fällen (§ 73d StGB, u. a. Gewinnabschöpfung von Vermögensvorteilen), Möglichkeit der Telefonüberwachung (TKÜ) nach § 100a StPO und Kronzeugenregelung nach § 46b StGB in diesen Fällen (des § 95 Abs. 3 Nr. 2 b AMG),
- eine Erweiterung der Strafbarkeit des § 6a Abs. 2 AMG auf Arzneimittel, bei denen eine im Anhang des Übereinkommens gegen Doping aufgeführte verbotene Methode angewendet wird, sofern das Doping bei Menschen erfolgt oder erfolgen soll,
- die Verpflichtung zur Aufnahme von Warnhinweisen für Arzneimittel, die für Doping geeignet sind, in Packungsbeilagen und Fachinformationen (§ 6a Abs.2 Satz 2 AMG),
- die Übertragung von Ermittlungsbefugnissen für die Strafverfolgung in Fällen des international organisierten ungesetzlichen Handelns mit Arzneimitteln auf das Bundeskriminalamt (§ 4 Abs. 1 Satz 1 Nr. 1 BKAG),
- Strafvorschriften für den Besitz bestimmter, besonders gefährlicher Arzneimittel oder Wirkstoffe zu Dopingzwecken in nicht geringer Menge (§ 6a Abs. 2a AMG).

Die dem Besitzverbot unterliegenden Stoffe wurden seit 2007 bis zum Inkrafttreten des Anti-Doping-Gesetzes von 2015 (▸ Kap. 10.3.3) im Anhang des AMG und die zugehörigen Grenzwerte für die nicht geringe Menge in einer Rechtsverordnung (Dopingmittel-Mengen-Verordnung, DmMV) des BMG im Einvernehmen mit dem BMI nach Anhörung von Sachverständigen festgelegt (▸ Kap. 10.3.3) [28].

Das Gesetzespaket wurde im Jahr 2012 von der Bundesregierung evaluiert. Dabei wurde zwar die grundsätzliche Effizienz der Neuregelungen bestätigt, allerdings wurden auch einige Punkte als überprüfungs- bzw. verbesserungswürdig angesehen [29]. Der Evaluierungsbericht gab den Anstoß für eine weitere Änderung des Arzneimittelgesetzes im Jahr 2013, mit der u. a. auch der Erwerb bestimmter gefährlicher Dopingmittel unter Strafe gestellt wurde [30]. Damit wurde auch die Vorstufe des Besitzes der dem Besitzverbot unterliegenden Arzneimitten und Wirkstoffen erfasst. Das Erwerbsverbot ist auf die Stoffe und die Menge nach der geltenden Besitzverbotsregelung beschränkt [5].

Nach wie vor waren die gesetzlichen Regelungen jedoch nicht primär auf den Schutz der Integrität des Sports gerichtet und wurden deshalb in der Öffentlichkeit als nicht ausreichend kritisiert.

Im Dezember 2015 wurde nach langen Beratungen ein eigenständiges Gesetz gegen Doping im Sport (Anti-Doping-Gesetz – AntiDopG) verabschiedet [31]. Es ist am 18.12.2015 in Kraft getreten (▶ Kap. 15.4).

10.3.3 Anti-Doping-Gesetz

Mit dem Anti-Doping-Gesetz (AntiDopG) wird die Dopingbekämpfung in Deutschland grundlegend neu geregelt [31]. Die bis dahin im Arzneimittelgesetz geregelten Verbote und Strafbewehrungen wurden in das Anti-Doping-Gesetz überführt und im AMG aufgehoben.

Das Gesetz dient der Bekämpfung des Einsatzes von Dopingmitteln und Dopingmethoden im Sport, um die Gesundheit der Sportler zu schützen, die Fairness und Chancengleichheit bei Sportwettbewerben zu sichern und damit zur Erhaltung der Integrität des Sports beizutragen (§ 1 AntiDopG). Es beinhaltet wesentliche Neuerungen, z. B.:

- Erweiterung der bisher im AMG geregelten Verbote durch neue Tatbegehungsweisen sowie durch die ausdrückliche Erfassung auch von Dopingmethoden,
- Schaffung eines strafbewehrten Verbots des Selbstdopings, mit dem erstmalig gezielt dopende Leistungssportlerinnen und Leistungssportler erfasst werden, die beabsichtigen, sich mit dem Doping Vorteile in Wettbewerben des organisierten Sports zu verschaffen,
- Einführung einer Strafbarkeit von Erwerb und Besitz von Dopingmitteln auch bei geringer Menge, sofern mit diesen Selbstdoping beabsichtigt ist,
- Erweiterung der bisherigen besonders schweren Fälle und deren Ausgestaltung als Verbrechenstatbestände,
- Schaffung einer neuen Ermächtigung zur Datenübermittlung von Gerichten und Staatsanwaltschaften an die NADA,
- Schaffung von Vorschriften für die NADA zur Erhebung, Verarbeitung und Nutzung personenbezogener Daten,
- Klarstellung der Zulässigkeit von Schiedsvereinbarungen in den Verträgen zwischen den Verbänden und den Sportlern.

Das Tierdoping, also die leistungssteigernde Anwendung von Dopingmitteln oder Dopingmethoden etwa im Bereich des Pferdesports, wird von den Verboten des Anti-Doping-Gesetzes nicht erfasst (▶ Kap. 14).

10.3.4 Verbot des Umgangs mit Dopingmitteln und der Anwendung von Dopingmethoden

Das Verbot des Umgangs mit Dopingmitteln und die Anwendung eines verbotenen Mittels oder einer verbotenen Methode zum Zwecke des Dopings im Sport bei einer anderen Person sind in § 2 Abs. 1 und 2 des Gesetzes geregelt (siehe Kasten). Der vorherige Paragraf im AMG verwies bezüglich der verbotenen Dopingmittel und -methoden auf die Anlage I zum Übereinkommen des Europarats gegen Doping von 1989 (▶ Kap. 10.1.1). Dieser Verweis wird im AntiDopG nicht übernommen. Die im Einzelnen erfassten Dopingmittel sollen sich vielmehr aus der jeweils aktuellen Anlage I des Internationalen Übereinkommens (der UNESCO) gegen Doping im Sport ergeben, der wie beim Europäischen Übereinkommen ebenfalls auf der Übernahme der WADA-Liste beruht (▶ Kap. 10.1.2). Mit der neuen Verweisung bleibt es einer innerstaatlichen deutschen Entscheidung vorbehalten, inwieweit auch künftige Änderungen der Anlage I nach deutschem Recht strafrechtliche Relevanz haben [32].

Das Bundesministerium für Gesundheit kann durch Rechtsverordnung weitere Stoffe oder Dopingmethoden bestimmen, auf die § 2 Abs. 1 und 2 Anwendung finden, soweit dies geboten ist, um eine unmittelbare oder mittelbare Gefährdung der Gesundheit des Menschen durch Doping im Sport zu verhüten (§ 6 Abs. 2 AntiDopG).

So besteht die Möglichkeit, auf nationaler Ebene rasch zu reagieren, wenn neue Stoffe und Zubereitungen zum Doping Anwendung finden bzw. um Umgehungsversuche durch Ausweichen auf andere Substanzen zu verhindern. Dies ist erforderlich, weil es in der Regel langwieriger Abstimmungsverfahren zwischen den Vertragsstaaten oder mit internationalen Gremien bedarf, um die Liste im Anhang des Internationalen Übereinkommens zu ändern.

> **Anti-Doping-Gesetz (AntiDopG) § 2 Abs. 1 und 2**
> (1) Es ist verboten, ein Dopingmittel, das ein in der Anlage I des Internationalen Übereinkommens vom 19. Oktober 2005 gegen Doping im Sport […] (Internationales Übereinkommen gegen Doping) aufgeführter Stoff ist oder einen solchen enthält, zum Zwecke des Dopings beim Menschen im Sport
> 1. herzustellen,
> 2. mit ihm Handel zu treiben,
> 3. es, ohne mit ihm Handel zu treiben, zu veräußern, abzugeben oder sonst in den Verkehr zu bringen oder
> 4. zu verschreiben.
> (2) Es ist verboten,
> 1. ein Dopingmittel, das ein in der Anlage I des Internationalen Übereinkommens gegen Doping aufgeführter Stoff ist oder einen solchen enthält, oder
> 2. eine Dopingmethode, die in der Anlage I des Internationalen Übereinkommens gegen Doping aufgeführt ist, zum Zwecke des Dopings im Sport bei einer anderen Person anzuwenden.

10.3.5 Verbot der Herstellung, des Handels, des Verkaufs und der Abgabe von Dopingmitteln

Die Verbotstatbestände in § 3 Abs. 1 AntiDopG betreffen im Wesentlichen die „Abgabeseite". Dabei werden die bisher nach dem AMG verbotenen Handlungen um das Herstellen, Handel treiben, Veräußern und die Abgabe von Dopingmitteln erweitert. Der Begriff Dopingmittel umfasst neben Arzneimitteln auch Wirkstoffe.

Die Herstellung zu Dopingzwecken trägt maßgeblich dazu bei, dass diese Mittel im Sport angewendet werden. Die Praxis hat gezeigt, dass die Produktion von Dopingmitteln insbesondere in sogenannten „Untergrundlaboratorien" stark zunimmt. Dieser illegale Markt soll durch das Verbot der Herstellung entsprechender Mittel bekämpft werden [32].

Grundsätzlich kann bei Arzneimitteln, die ursprünglich zu therapeutischen Zwecken hergestellt und in den Verkehr gebracht wurden, davon ausgegangen werden, dass sie unter Einhaltung der Guten Herstellungspraxis für Arzneimittel (GMP-Regeln) produziert worden sind. Bei Medikamenten, die in größerem Umfang missbräuchlich zu Dopingzwecken angewendet werden, ist hierauf allerdings häufig kein Verlass, wenn die Produkte auf illegalem Weg hergestellt werden und über das Internet in den Verkehr gelangen. Häufig entsprechen diese nach der Zusammensetzung und Aufmachung nicht den Anforderungen des deutschen Arzneimittelrechts. Außerdem werden nicht selten gravierende Qualitätsmängel festgestellt, sei es, dass das Verfalldatum abgelaufen ist, die Packungsbeilage fehlt, die Kennzeichnung nicht ordnungsgemäß ist oder im schlimmsten Fall der angegebene Wirkstoff noch nicht einmal mit dem Inhalt der Packungen übereinstimmt. Verunreinigte Präparate und Arzneimittelfälschungen kommen hier besonders häufig vor. Rein optisch sind die gefälschten Produkte schon für Fachleute nur schwer von Originalpräparaten zu unterscheiden, für Laien in der Regel meist gar nicht. Dabei bergen sie für die Anwender schwerwiegende Risiken. Die Patienten bzw. Verbraucher sollten daher dringend davor gewarnt werden, unkritisch Mittel zur Leistungssteigerung oder auch Nahrungssupplemente entweder aus Kostengründen oder wegen der gewünschten Anonymität über das Internet zu bestellen.

Das Handel treiben wurde in den Katalog der Tatbegehungsweisen aufgenommen, da dieser eigennützigen, auf Umsatz gerichteten Tätigkeit eine große praktische Bedeutung zukommt. Dabei kann ein Handel treiben unabhängig vom Nachweis eines Besitzes vorliegen. Die beträchtlichen Gewinne, die durch den illegalen Umgang mit Dopingmitteln erzielt werden können, sind eine wesentliche Motivation für die Verbreitung dieser Mittel. Dem soll mit diesem Verbot entgegengewirkt werden [32].

Mit der Aufnahme der „Veräußerung" werden die Fallgruppen abgedeckt, in denen ein Täter zwar entgeltlich, aber uneigennützig Dopingmittel abgibt. Die Fälle der eigennützigen Weitergabe sind bereits vom Handel treiben erfasst [32].

Die Abgabe eines Arzneimittels ist selbst auf Verschreibung eines Arztes, Zahnarztes oder Heilpraktikers nicht erlaubt, wenn das Präparat – für die Apotheke erkennbar – zu Dopingzwecken im Sport bestimmt ist. Ergeben sich hinsichtlich der Zweckbestimmung Zweifel und damit Bedenken für den Apotheker, so darf das Arzneimittel nach Maßgabe der Apothekenbetriebsordnung [33] nicht abgegeben werden, bevor die Unklarheit beseitigt ist (§ 17 Abs. 5 Satz 2 ApBetrO). Kann der Apotheker den Verdacht missbräuchlicher Anwendung nicht ausräumen, so entbindet ihn auch das Vorliegen der ärztlichen Verschreibung nicht vom Abgabeverbot (§ 17 Abs. 8 ApBetrO). Hiernach muss das pharmazeutische Personal in Apotheken einem erkennbaren Arzneimittelmissbrauch in geeigneter Weise entgegentreten. Bei begründetem Verdacht auf einen beabsichtigten Missbrauch sollte nach einer etwaigen Medizinischen Ausnahmegenehmigung (TUE, ▶ Kap. 6.3) gefragt oder ansonsten die Abgabe verweigert werden.

10.3.6 Verbot der Verschreibung von Dopingmitteln

Dopingmittel, die zu missbräuchlichen Zwecken im Sport eingesetzt werden, sind in aller Regel als Arzneimittel einzustufen (§ 2 Abs. 1 Nr. 5 AMG), die zu therapeutischen Zwecken verschreibungsfähig sein müssen. Da die Vorschriften des AntiDopG im Bereich der Dopingbekämpfung als speziellere Regelungen vorgehen, stellen Verbote im Anti-Doping-Gesetz deshalb auf den Zweck des Dopings beim Menschen ab. Damit soll sichergestellt werden, dass die bestimmungsgemäße Therapie von Sportlern mit Arzneimitteln, die vom Dopingverbot erfasst sind, nicht behindert wird.

Werden dabei Medikamente eingesetzt, die gleichzeitig zu Dopingzwecken im Sport geeignet sind, so hat der Arzt vor der Verschreibung eine erhöhte Aufklärungspflicht gegenüber dem Athleten (▶Kap. 6.9). Mit der Einführung des Doping-Warnhinweises durch das Anti-Doping-Gesetz (▶Kap. 10.3.10) wird es ihm erheblich erleichtert, solche Arzneimittel zu identifizieren.

Stellt ein Arzt ein entsprechendes Rezept nicht zu therapeutischen, sondern gezielt zu Dopingzwecken aus, so ist dies gemäß § 2 Abs. 1 Nr. 4 AntiDop verboten. Dabei kommt es nicht darauf an, ob das Arzneimittel der Verschreibungspflicht unterliegt oder nicht.

Benötigt ein Athlet, der im Rahmen des Dopingkontrollsystems einem Testpool angehört, zu therapeutischen Zwecken ein Arzneimittel, das auch zu Dopingzwecken im Sport eingesetzt werden kann, so ist eine Verschreibung nicht grundsätzlich ausgeschlossen. Der Arzt sollte den Sportler darüber aufklären, dass er in einem solchen Fall eine Medizinische Ausnahmegenehmigung (TUE) beantragen muss bzw. ein Attest nötig ist (▶Kap. 6.3). Ansonsten läuft er Gefahr, dass bei einer Dopingkontrolle verbotene Substanzen bei ihm festgestellt werden. Ihm wird automatisch ein Dopingverstoß angelastet, auch wenn er das Arzneimittel gar nicht zu Dopingzwecken eingenommen hat (▶Kap. 9.1.1).

10.3.7 Erwerbs- und Besitzverbot für nicht geringe Mengen

Es ist verboten, Arzneimittel zu Dopingzwecken beim Menschen im Sport zu erwerben, zu besitzen oder in oder durch Deutschland zu verbringen. Das Verbot gilt allerdings nur für „nicht geringe Mengen" (§ 2 Abs. 3 AntiDopG). Das Vorrätighalten durch Kranke zu Therapiezwecken wird nicht erfasst. Durch das Verbot des Verbringens können Dopingmittel bereits an der Grenze der Bundesrepublik Deutschland bei der Einreise sichergestellt werden. Erfasst ist auch die Durchfuhr von Dopingmitteln durch den Geltungsbereich.

Die hiervon erfassten Dopingmittel sind in der Anlage zum Anti-Doping-Gesetz aufgelistet. Die Anlage beruht maßgeblich auf Vorschlägen von Sachverständigen, die im Bereich von Dopingforschung und -analytik tätig sind. Sie kann über eine Rechtsverordnung fortlaufend angepasst werden (§ 6 AntiDopG) [34].

Wichtig: Der Katalog der Stoffe und Stoffgruppen ist nicht vollkommen identisch mit der WADA-Verbotsliste (▶Kap. 12.1.1). Vom Besitzverbot in nicht geringen Mengen werden lediglich diejenigen Wirkstoffgruppen erfasst, die im Spitzensport und mit zunehmender Tendenz auch im Freizeitsport am weitesten verbreitet sind. Sie zählen auch zu den am häufigsten auf dem Schwarzmarkt angebotenen Substanzen und werden bei Razzien am häufigsten beschlagnahmt. Ihre Anwendung zu Dopingzwecken geht daher mit einer besonders großen Gesundheitsgefährdung einher. Das Verbot erfasst aktuell Stoffe aus folgenden Substanzgruppen: anabole Stoffe, Peptidhormone, Wachstumsfaktoren und verwandte Stoffe, Hormon- und Stoffwechsel-Modulatoren. Narkotika, Cannabinoide oder bestimmte Stimulanzien (z. B. Amfetamine), die ebenfalls ein hohes Missbrauchspotenzial haben, wurden deswegen nicht aufgenommen, weil sie als Betäubungsmittel bereits nach dem Betäubungsmittelrecht einem weitergehenden Besitzverbot unterliegen [34].

10.3.8 Dopingmittel-Mengen-Verordnung

Was hinsichtlich des Besitzverbots von Dopingsubstanzen gemäß § 2 Abs. 3 AntidopG jeweils unter einer „nicht geringen Menge" zu verstehen ist, ist in der Dopingmittel-Mengen-Verordnung (DmMV) bzw. in deren Anlage festgelegt (§ 6 Abs. 1 Nr. 1 AntiDopG) [35].

Auch diese Liste sollte weder mit der Dopingverbotsliste der WADA (▶ Kap. 12.1.1) noch mit der „Erwerbs- und Besitzverbotsliste" verwechselt werden (▶ Kap. 12.2.2). Im konkreten Verdachtsfall kann über die Deklaration auf der Packung ermittelt werden, ob es sich bei dem gefundenen Dopingmittel um eine nicht geringe Menge handelt oder nicht.

Die nicht geringen Mengen der Stoffe werden nach Anhörung von Sachverständigen unter Zugrundelegung wissenschaftlicher Erkenntnisse zur Gefährlichkeit der Stoffe festgelegt [36]. Dabei wird unterschieden zwischen Stoffen, die zum Doping

- etwa in der gleichen oder in einer höheren Dosierung gegenüber einer therapeutischen Anwendung eingesetzt werden,
- in wesentlich niedrigeren Dosen angewendet werden als zur Therapie bei Kranken (Erythropoetin und Analoga, Insulin und Wachstumshormone).

Für die erstgenannte Gruppe wurde zur Bestimmung der nicht geringen Menge in etwa die zu therapeutischen Zwecken verwendete Monatsmenge zugrunde gelegt. Bei der letztgenannten Gruppe besteht ein erheblich höheres Gefährdungspotenzial. Würden in diesen Fällen therapeutische Dosen bei Gesunden angewandt, bestünde unter Umständen die Gefahr einer akuten Lebensbedrohung. In dieser Gruppe liegt die nicht geringe Menge daher erheblich niedriger.

10.3.9 Verbot des Selbstdopings

Durch das neue Anti-Doping-Gesetz ist auch das Selbstdoping mit verbotenen Substanzen oder Methoden strafbar (§ 3 AntiDopG, siehe Kasten). Bislang konnte dieses nur sportrechtlich sanktioniert werden. Damit werden erstmalig gezielt dopende Leistungssportler strafrechtlich erfasst. Das Verbot dient dem Schutz der Integrität des Sports und bildet damit den Kern der Neuausrichtung in der strafrechtlichen Dopingbekämpfung [32].

Das Verbot des Selbstdopings gilt nur, wenn der Sportler sich damit in einem Wettbewerb des organisierten Sports einen Vorteil verschaffen will. Zu den erfassten Wettbewerben zählen in erster Linie Sportwettbewerbe des Spitzen- und Leistungssports, wie Olympische und Paralympische Spiele oder Jugendspiele, nationale oder internationale Meisterschaften usw. Erfasst sind aber auch größere Laufveranstaltungen (z. B. Marathon) und regionale Ligen, Sportfeste und Sportveranstaltungen, wenn und soweit diese von den jeweils zuständigen Sportorganisationen im Vorfeld anerkannt worden sind.

Der Absatz schließt damit reine private Sportveranstaltungen und Sporttreiben aus, die ohne unmittelbare oder mittelbare Einbindung einer Sportorganisation und ohne ihre Anerkennung durchgeführt werden. Hierzu zählen z. B. reine Firmenläufe, Freizeitfußballturniere, rein privates Sporttreiben (z. B. Jogging im Park) oder Wettbewerbe, die ausschließlich im Rahmen des Schulsports ausgetragen werden [32]. Siehe auch ▶ Kap. 5.4.

Die Anwendung der Dopingmittel oder Dopingmethoden muss dabei nicht im unmittelbaren zeitlichen Zusammenhang mit einem sportlichen Wettbewerb stehen. Verboten ist auch das Selbstdoping in Ruhe- oder Trainingsphasen, soweit damit eine leistungssteigernde Wirkung für einen bestimmten sportlichen Wettbewerb erreicht werden soll.

§ 3 Abs. 4 AntiDopG enthält das Verbot, Dopingmittel zum Zweck des Selbstdopings oder Doping durch andere zu erwerben oder zu besitzen, um sich dadurch in einem Wettbewerb des organisierten Sports einen Vorteil zu verschaffen. Wichtig ist, dass das Erwerbs- und Besitzverbot hier unabhängig von der Menge gilt. Für Aspirin® Complex

> **Anti-Doping-Gesetz (AntiDopG) § 3**
> (1) Es ist verboten,
> 1. ein Dopingmittel, das ein in der Anlage I des Internationalen Übereinkommens gegen Doping aufgeführter Stoff ist oder einen solchen enthält, sofern dieser Stoff nach der Anlage I des Internationalen Übereinkommens gegen Doping nicht nur in bestimmten Sportarten verboten ist, oder
> 2. eine Dopingmethode, die in der Anlage I des Internationalen Übereinkommens gegen Doping aufgeführt ist, ohne medizinische Indikation bei sich in der Absicht, sich in einem Wettbewerb des organisierten Sports einen Vorteil zu verschaffen, anzuwenden oder anwenden zu lassen. Das Verbot nach Satz 1 gilt nicht, wenn das Dopingmittel außerhalb eines Wettbewerbs des organisierten Sports angewendet wird und das Dopingmittel ein Stoff ist oder einen solchen enthält, der nach der Anlage I des Internationalen Übereinkommens gegen Doping nur im Wettbewerb verboten ist.
> (2) Ebenso ist es verboten, an einem Wettbewerb des organisierten Sports unter Anwendung eines Dopingmittels nach Absatz 1 Satz 1 Nummer 1 oder einer Dopingmethode nach Absatz 1 Satz 1 Nummer 2 teilzunehmen, wenn diese Anwendung ohne medizinische Indikation und in der Absicht erfolgt, sich in dem Wettbewerb einen Vorteil zu verschaffen.
> (3) Ein Wettbewerb des organisierten Sports im Sinne dieser Vorschrift ist jede Sportveranstaltung, die
> 1. von einer nationalen oder internationalen Sportorganisation oder in deren Auftrag oder mit deren Anerkennung organisiert wird und
> 2. bei der Regeln einzuhalten sind, die von einer nationalen oder internationalen Sportorganisation mit verpflichtender Wirkung für ihre Mitgliedsorganisationen verabschiedet wurden.
> (4) Es ist verboten, ein Dopingmittel nach Absatz 1 Satz 1 Nummer 1 zu erwerben oder zu besitzen, um es ohne medizinische Indikation bei sich anzuwenden oder anwenden zu lassen und um sich dadurch in einem Wettbewerb des organisierten Sports einen Vorteil zu verschaffen. Absatz 1 Satz 2 gilt entsprechend.

im Medikamentenschrank werde jedoch kein Athlet angeklagt, wenn ihm nicht nachgewiesen werde, dass er damit dopt, betont die NADA in einer Erklärung zu dieser aus Athletensicht heiklen Regelung.

10.3.10 Warnhinweis bei Doping-Arzneimitteln

Die Verpflichtung zur Aufnahme eines Warnhinweises (siehe Kasten) in der Packungsbeilage und der Fachinformation für Arzneimittel (§ 7 Abs. 1 AntiDopG) entspricht der vorherigen Regelung, die durch das Gesetz zur Verbesserung der Bekämpfung des Dopings im Sport von 2007 eingeführt worden war. Die Verpflichtung gilt für alle Arzneimittel, die nach § 11 AMG nur mit einer Packungsbeilage in den Verkehr gebracht werden dürfen. Arzneimittel, die nach einer homöopathischen Verfahrenstechnik hergestellt worden sind, sind von der Verpflichtung ausgenommen.

Kann aus dem Fehlgebrauch des Arzneimittels zu Dopingzwecken eine Gesundheitsgefährdung entstehen, so muss dies zusätzlich angegeben werden. Hiermit wird es sowohl den Gesundheitsberufen als auch den Sportlern erheblich erleichtert, solche Arzneimittel zu identifizieren.

> **Warnhinweis für Doping-Arzneimittel**
> Die Anwendung des Arzneimittels […] kann bei Dopingkontrollen zu positiven Ergebnissen führen.

Für den Fall, dass ein Stoff, der bereits in zugelassenen Arzneimitteln in den Verkehr gebracht ist, neu in die Anlage I des Internationalen Übereinkommens gegen Doping aufgenommen wird, gibt es eine Übergangsregelung (§ 7 Abs. 2 AntiDopG). Entsprechende Arzneimittel, die zum Zeitpunkt der Bekanntmachung der geänderten Anlage I im Bundesgesetzblatt Teil II zugelassen sind und die einen dieser Stoffe enthalten, dürfen von pharmazeutischen Unternehmern bis zur nächsten Verlängerung der Zulassung, aber nicht länger als bis zum Ablauf eines Jahres nach der Bekanntmachung der geänderten Anlage I auch ohne die vorgeschriebenen Hinweise in den Verkehr gebracht werden.

Groß- und Einzelhändler trifft beim Abverkauf keine Verpflichtung zur Angabe der Warnhinweise. In der Apotheke sollte jedoch – unabhängig von den Übergangsfristen – bei der Abgabe entsprechender Arzneimittel auf den Warnhinweis hingewiesen werden. Dies ergibt sich rechtlich aus der Beratungspflicht in § 20 der Apothekenbetriebsordnung [33] wie auch aus der Aufnahme der Warnhinweise in die Fachinformation.

Nach einer Mitteilung des Bundesinstituts für Arzneimittel und Medizinprodukte [37] soll der Hinweis in der Fachinformation im Abschnitt „4.4 Besondere Warnhinweise und Vorsichtsmaßnahmen für die Anwendung" angebracht werden.

In der Packungsbeilage findet er sich im Abschnitt 2 vor den Angaben zu „Bei Anwendung/Einnahme von … mit anderen Arzneimitteln" ggf. mit eigener Unterüberschrift zur besseren Orientierung: „Auswirkungen bei Fehlgebrauch zu Dopingzwecken".

Für den Fall, dass eine Beschreibung der Gesundheitsgefährdung durch den Fehlgebrauch des Arzneimittels zu Dopingzwecken medizinisch erforderlich ist, schlägt das BfArM Standardformulierungen vor, wie etwa: „Die Anwendung von … als Dopingmittel kann zu einer Gefährdung der Gesundheit führen." oder „Die gesundheitlichen Folgen der Anwendung von … als Dopingmittel können nicht abgesehen werden, schwerwiegende Gesundheitsgefährdungen sind nicht auszuschließen."

Die Verpflichtung zur Aufnahme eines Warnhinweises gilt unabhängig davon, ob sich das Verbot einer Substanz an bestimmten Grenzwerten ausrichtet oder geschlechtsspezifischen Beschränkungen unterworfen ist oder sich nur auf die Einnahme im Wettkampf bzw. im Wettkampf bei bestimmten Sportarten erstreckt.

Das BfArM weist im Übrigen darauf hin, dass die Regelung auf Arzneimittel, die im zentralen europäischen Zulassungsverfahren zugelassen worden sind (EU-Zulassungsnummer), nicht anwendbar ist, das heißt, der Hinweis ist bei diesen Arzneimitteln an den oben angegebenen Stellen in der Packungsbeilage und in der Fachinformation nicht vorzufinden. Der Grund hierfür ist, dass die Texte für zentral zugelassene Arzneimittel europäisch einheitlich vorgegeben werden und national nicht geändert werden dürfen. Nationale Angaben finden sich bei diesen Arzneimitteln gegebenenfalls in der sogenannten „Blue Box".

Nach Auffassung der deutschen Bundesregierung wäre der Dopingwarnhinweis wirksamer, wenn es dazu eine EU-weit einheitliche Hinweispflicht in der Packungsbeilage und Zusammenfassung der Produktmerkmale (Fachinformation in Deutschland) gäbe. Das BMI hat die „Sport Unit" der Generaldirektion Bildung und Kultur der EU-Kommission deshalb gebeten, sich gegenüber der zuständigen Generaldirektion Gesundheit und Verbraucher der Europäischen Kommission für eine einheitliche europäische Lösung in der Kennzeichnungspflicht stark zu machen [29].

Dem Hinweis kommt auch im Rahmen der Strafverfolgung eine Bedeutung zu, da ein Täter sich bei solchen Arzneimitteln kaum mit „Nichtwissen" herausreden kann. Die Gründe für die Einführung der Hinweispflicht wiegen demzufolge schwerer als die vielfach vorgebrachten Bedenken, mit einem solchen Warnhinweis könne erst recht ein unerwünschter Anreiz für die Sportler geschaffen werden, ein betreffendes Arzneimittel zu Dopingzwecken anzuwenden.

10.3.11 Weitere Rechtsnormen gegen Doping

Neben dem Anti-Doping-Gesetz existieren noch weitere Rechts- und Verfahrensnormen, die den Umgang und den Handel mit dopingrelevanten Substanzen sowie deren Strafverfolgung betreffen:

- Betäubungsmittelgesetz [38],
- Tierschutzgesetz (Doping bei Tieren, ▶ Kap. 14),
- Zollfahndungsdienstgesetz [39],
- Gesetz über das Bundeskriminalamt [40], mit dem das BKA zentrale Kompetenzen bei der Verfolgung internationalen Medikamentenmissbrauchs erhält,
- Strafgesetzbuch, zum einen im Hinblick auf die Kronzeugenregelung in § 46b StGB, zum anderen aber auch wegen etwaiger Körperverletzungs- (§§ 223 ff. StGB) oder Tötungsdelikten (§§ 211 ff. StGB), wegen der Verletzung der Fürsorge- oder Erziehungspflicht (§ 171 StGB) oder auch wegen Betrugs (§ 263 StGB) [41].

Außerdem kann ein Verstoß gegen Anti-Doping-Bestimmungen auch zivilrechtliche Konsequenzen haben, wie etwa die Verhängung von Vertragsstrafen. Der Veranstalter eines sportlichen Wettkampfs kann einen Anspruch auf Schadensersatz gegen den gedopten Athleten haben. Der Sponsor kann von dem gesponserten Athleten Schadensersatz verlangen, wenn der Sponsorenvertrag eine entsprechende Dopingklausel enthält [8].

10.3.12 Dopingopfer-Hilfegesetz

In der ehemaligen DDR wurden systematisch Hochleistungs- und -Nachwuchssportler im staatlichen Auftrag gedopt, in der Regel mit Anabolika. Etliche dieser Sportler haben dadurch erhebliche gesundheitliche Schäden erlitten. Aus humanitären und sozialen Gründen wurde mit dem im August 2002 verabschiedeten Dopingopfer-Hilfegesetz ein Hilfsfonds in Höhe von zwei Millionen Euro eingerichtet, der zusätzlich durch eine Spende der Schering AG um 25 000 Euro ergänzt wurde. Aus diesem vom Bundesverwaltungsamt verwalteten Fonds erhielten insgesamt 194 als anspruchsberechtigt anerkannte Personen einen Betrag in Höhe von jeweils rund 10 500 Euro. Der Fonds war damit ausgeschöpft und das Dopingopfer-Hilfegesetz trat am 31.12.2007 außer Kraft [42].

Der Fonds hat jedoch nicht alle Opfer erfasst. Aus diesem Grund wurde mit dem zweiten Gesetz über eine finanzielle Hilfe für Dopingopfer der DDR einer neuer Fonds aufgelegt. Das Zweite Dopingopfer-Hilfegesetz ist am 03.07.2016 in Kraft getreten und gilt vom 03.07.2016 bis zum 31.12.2020.

Die DDR-Dopingopfer, die nach dem damaligen Dopingopfer-Hilfegesetz keine finanziellen Hilfen erhalten haben, sollen nach denselben Kriterien, in gleicher Verfahrensweise und in entsprechender Höhe einmalige Zahlungen erhalten. Hierzu wird mit dem

Zweiten Dopingopfer-Hilfegesetz wieder ein Fonds eingerichtet, der vom Bundesverwaltungsamt verwaltet wird. Ausgehend von ca. 1000 Anspruchsberechtigten und einer jeweiligen Zahlung in Höhe von 10 500 Euro sollen in den Fonds 10,5 Millionen Euro fließen [43].

Literatur

[1] Gesetz zu dem Übereinkommen vom 16.11.1989 gegen Doping vom 02.03.1994 (BGBl. II S. 334). Abgedruckt unter A 3.30 in: Kloesel/Cyran. Arzneimittelrecht, Kommentar. Deutscher Apotheker Verlag, Stuttgart 2016

[2] Europarat. National Policies Database. www.coe.int/t/dg4/sport/Doping/Antidoping_database/Reports/2010/Rapport-corr_2010.asp

[3] Gesetz zu dem Zusatzprotokoll vom 12.09.2002 zum Übereinkommen vom 16.11.1989 gegen Doping vom 16.5.2007 (BGBl. II Nr. 15 vom 22.05.2007)

[4] Beobachtende Begleitgruppe (T-DO). Übereinkommen gegen Doping. Projekt zur Einhaltung der eingegangenen Verpflichtungen. Einhaltung des Übereinkommens gegen Doping durch Deutschland. Selbstevaluierung Deutschlands. Bericht des Evaluierungsteams, Stellungnahme Deutschlands. Informatorische Übersetzung (0938/2010), 27.04.2010 T-DO (2010) 17

[5] 13. Sportbericht der Bundesregierung. Drucksache 18/3523, 05.12.2014

[6] Entschließung des Rates und der im Rat vereinigten Vertreter der Regierungen der Mitgliedstaaten zur Vertretung der EU-Mitgliedstaaten im Stiftungsrat der Welt Anti-Doping Agentur (WADA) und zur Koordinierung der Standpunkte der EU und ihrer Mitgliedstaaten vor den WADA-Sitzungen (2011/C 372/02). ABl. C 372/7 vom 20.12.2011

[7] Gesetz zu dem Internationalen Übereinkommen vom 19.10.2005 gegen Doping im Sport vom 26.03.2007 (BGBl. II S. 354)

[8] Senkel K. Wirksamkeitschancen des „Anti-Doping-Rechts". Eine interdisziplinäre Analyse zu den Anforderungen an Dopingbekämpfungsmechanismen und deren Umsetzung. Dissertation, Saarbrücken 2014

[9] Entschließung über eine Gemeinschaftsmaßnahme zur Bekämpfung von Doping (einschließlich Arzneimittelmissbrauch) im Sport. ABl. EG Nr. C 329 vom 31.12.1990

[10] Entschließung des Rates und der im Rat vereinigten Vertreter der Regierungen der Mitgliedstaaten über einen Anti-Doping-Verhaltenskodex im Sport. ABl. EG Nr. C 44/1 vom 19.02.1992

[11] Schlussfolgerungen des Europäischen Rates (Tagung vom 11./12.12.1998 in Wien). www.europarl.europa.eu/summits/wie1_de.htm#12

[12] Entschließung des Europäischen Parlaments zu den erforderlichen Sofortmaßnahmen gegen Doping im Sport. ABl. C 9/8/291 vom 09.04.1999

[13] Mitteilung der Kommission an den Ministerrat, das Europäische Parlament, den Wirtschafts- und Sozialausschuss sowie den Ausschuss der Regionen vom 01.12.1999 über einen Plan für den Beitrag der Gemeinschaft zur Dopingbekämpfung KOM (1999) 643 endgültig

[14] Schlussfolgerungen des Rates und der im Rat vereinigten Vertreter der Regierungen der Mitgliedstaaten vom 04.12.2000 zur Dopingbekämpfung (2000/C 356/01). Abl. C 356/1 vom 12.12.2000

[15] Schlussfolgerungen des Rates und der im Rat vereinigten Vertreter der Regierungen der Mitgliedstaaten vom 18.11.2010 über die Rolle der EU im internationalen Kampf gegen Doping (2010/C 324/04). Abl. C 324/18 vom 01.12.2010

[16] Kommission der Europäischen Gemeinschaften. Weißbuch Sport vom 11.07.2007. KOM (2007) 391 final

[17] Mitteilung der Kommission an das Europäische Parlament, den Rat, den Europäischen Wirtschafts- und Sozialausschuss und den Ausschuss der Regionen zur Entwicklung der europäischen Dimension des Sports KOM (2011) 12 endgültig, 18.01.2011, www.europarl.europa.eu/meetdocs/2009_2014/documents/com/com_com(2011)0012_/com_com(2011)0012_de.pdf

[18] Entschließung des Rates und der im Rat vereinigten Vertreter der Regierungen der Mitgliedstaaten zu einem Arbeitsplan der Europäischen Union für den Sport 2011–2014 (1), ABl. C 16/2/1 vom 01.06.2011. register.consilium.europa.eu/pdf/de/11/st09/st09509-re01.de11.pdf

[19] Bericht der Kommission an das Europäische Parlament, den Rat, den Europäischen Wirtschafts- und Sozialausschuss und den Ausschuss der Regionen über die Durchführung des Arbeitsplans der Europäischen Union für den Sport 2011–2014 vom 24.01.2014, COM(2014) 022 final. eur-lex.europa.eu/legal-content/DE/TXT/?uri=celex:52014DC0022

[20] Schlussfolgerungen des Rates und der im Rat vereinigten Vertreter der Regierungen der Mitgliedstaaten vom 10.05.2012 zur Bekämpfung von Doping im Freizeitsport (2012/C 169/03). Abl. C 169/9 vom 15.06.2012

[21] Expert Group Anti-Doping. Draft EU recommendations on combating doping in recreational sport: draft proposal requested by the Council (Sixth Consolidated Draft, Final). Report drafted by the European Commission and adopted by the XG AD. November 2013 (DRS Consol-6, 18.12.13)

[22] European Commission. Study on doping prevention. A Map of legal, regulatory and prevention practice provisions in EU 28. Contract EAC/2013/0617. Report Published 12th December 2014. http://bookshop.europa.eu/en/study-on-doping-prevention-pbNC0514065/

[23] Entschließung des Rates und der im Rat vereinigten Vertreter der Regierungen der Mitgliedstaaten vom 21.05.2014 zu dem Arbeitsplan der Europäischen Union für den Sport (2014–2017) (2014/C 183/03). ABl. C 183/12 vom 14.06.2014

[24] Bundesministerium des Innern. EU-Sportminister haben Gründung eines informellen Netzwerks zur Dopingbekämpfung beschlossen. www.eu2007.bmi.bund.de

[25] www.inado.org/about/this-is-inado.html

[26] Achtes Gesetz zur Änderung des Arzneimittelgesetzes vom 7. September 1998 (BGBl. I, 61: 2649)

[27] Gesetz zur Verbesserung der Bekämpfung des Dopings im Sport vom 24.10.2007 (BGBl. I, 54: 2510)

[28] 12. Sportbericht der Bundesregierung. Drucksache 17/2880, 03.09.2010

[29] Bericht der Bundesregierung zur Evaluation des Gesetzes zur Verbesserung der Bekämpfung des Dopings im Sport (DBVG). September 2012, www.bmi.bund.de/SharedDocs/Pressemitteilungen/DE/2012/10/dopingbekaempfung_sport

[30] Drittes Gesetz zur Änderung arzneimittelrechtlicher und anderer Vorschriften vom 7. August 2013 (BGBl. 2013 I S. 3108)

[31] Gesetz gegen Doping im Sport (Anti-Doping-Gesetz – AntiDopG) vom 10. Dezember 2015 (BGBl. I S. 2210), geändert durch Artikel 1 der Verordnung vom 8. Juli 2016 (BGBl. I S. 1624)

[32] Gesetzentwurf der Bundesregierung. Entwurf eines Gesetzes zur Bekämpfung von Doping im Sport. Drucksache 18/4898 vom 13.05.2015

[33] Verordnung über den Betrieb von Apotheken (Apothekenbetriebsordnung – ApBetrO) in der Fassung der Bekanntmachung vom 26. September 1995 (BGBl. I S. 1195), zuletzt geändert durch Artikel 2a der Verordnung vom 6. März 2015 (BGBl. I S. 278)

[34] Gesetzentwurf der Bundesregierung: Entwurf eines Gesetzes zur Verbesserung der Bekämpfung des Dopings im Sport. BT-Drucksache 16/5526 vom 30.05.2007

[35] Verordnung zur Festlegung der nicht geringen Menge von Dopingmitteln (Dopingmittel-Mengen-Verordnung – DmMV) vom 8. Juli 2016 (BGBl. I S. 1624)
[36] Amtliche Begründung zur Dopingmittel-Mengen-Verordnung. BR-Drucksache 677/07 vom 28.09.2007
[37] Bundesinstitut für Arzneimittel und Medizinprodukte. FAQ – Umsetzung des Anti-Doping-Gesetzes. www.bfarm.de/DE/Service/FAQ/_functions/Arzneimittelzulassung/zulassungsverfahren/national/antidoping/_node.html
[38] Gesetz über den Verkehr mit Betäubungsmitteln (Betäubungsmittelgesetz – BtMG) in der Fassung der Bekanntmachung vom 1. März 1994 (BGBl. I S. 358), zuletzt geändert durch Artikel 1 der Verordnung vom 31. Mai 2016 (BGBl. I S. 1282)
[39] Gesetz über das Zollkriminalamt und die Zollfahndungsämter (Zollfahndungsdienstgesetz – ZFdG) vom 16. August 2002 (BGBl. I S. 3202), zuletzt geändert durch Artikel 4 des Gesetzes vom 3. Dezember 2015 (BGBl. I S. 2178)
[40] Gesetz über das Bundeskriminalamt und die Zusammenarbeit des Bundes und der Länder in kriminalpolizeilichen Angelegenheiten (Artikel 1 des Gesetzes über das Bundeskriminalamt und die Zusammenarbeit des Bundes und der Länder in kriminalpolizeilichen Angelegenheiten) (Bundeskriminalamtgesetz – BKAG) vom 7. Juli 1997 (BGBl. I S. 1650), zuletzt geändert durch Artikel 121 der Verordnung vom 31. August 2015 (BGBl. I S. 1474)
[41] Strafgesetzbuch (StGB) in der Fassung der Bekanntmachung vom 13. November 1998 (BGBl. I S. 3322), zuletzt geändert durch Artikel 1 des Gesetzes vom 30. Mai 2016 (BGBl. I S. 1254)
[42] Gesetz über eine finanzielle Hilfe für Doping-Opfer der DDR (Dopingopfer-Hilfegesetz – DOHG) vom 24.08.2002 (BGBl. I S. 3410), zuletzt geändert durch Artikel 5 Abs. 18 G. v. 15.12.2004 (BGBl. I S. 3396)
[43] Zweites Gesetz über eine finanzielle Hilfe für Dopingopfer der DDR (Zweites Dopingopfer-Hilfegesetz – 2. DOHG) vom 28.06.2016 (BGBl. I S. 1546)

11 Strafen bei Verstößen gegen das Dopingverbot

11.1	Strafvorschriften nach dem Anti-Doping-Gesetz	164
11.2	Verfahrenswege in Straf- und Sportrecht	165
11.3	Strafverfolgung	166
11.4	Anonyme Hinweisabgabe	168
11.5	Verletzung der Berufspflichten bei Angehörigen der Heilberufe	168

11.1 Strafvorschriften nach dem Anti-Doping-Gesetz

Die Strafbewehrungen nach dem Anti-Doping-Gesetz (§ 4 AntiDopG) [1] werden im Folgenden kurz umrissen.

- Wer ein Dopingmittel entgegen § 2 Abs. 1 bzw. 2 herstellt, auch in Verbindung mit einer Rechtsverordnung nach § 6 Abs. 2, mit ihm Handel treibt, es, ohne mit ihm Handel zu treiben, veräußert, abgibt, sonst in den Verkehr bringt oder ein Dopingmittel oder eine Dopingmethode bei einer anderen Person anwendet oder verschreibt, wird mit Freiheitsstrafe bis zu drei Jahren oder mit Geldstrafe bestraft (§ 4 Abs. 1 Nr. 1 bis 2 AntiDopG).
- Dasselbe Strafmaß wird für Verstöße nach Maßgabe des § 4 Abs. 1 Nr. 3 AntiDopG gegen das Erwerbs-, Besitz- oder Verbringungsverbot sowie für das Selbstdoping (§ 4 Abs. 1 Nr. 4 und 5 AntiDopG) angewendet.
- Selbstdopende Spitzensportler müssen mit Freiheitsstrafe bis zu zwei Jahren oder mit Geldstrafe rechnen, wenn sie ein Dopingmittel mit Betrugsabsicht (auch in nicht geringen Mengen erwerben oder besitzen (§ 4 Abs. 2 AntiDopG).
- Mit Freiheitsstrafe von einem Jahr bis zu zehn Jahren wird bestraft, wer
  - durch eine der in Abs. 1 Nr. 1, 2 oder Nr. 3 bezeichneten Handlungen die Gesundheit einer großen Zahl von Menschen gefährdet, einen anderen der Gefahr des Todes oder einer schweren Schädigung an Körper oder Gesundheit aussetzt oder aus grobem Eigennutz für sich oder einen anderen Vermögensvorteile großen Ausmaßes erlangt (§ 4 Abs. 4 Nr. 1 AntiDopG) oder
  - in den Fällen des Absatzes 1 Nr. 1 oder Nr. 2 ein Dopingmittel an eine Person unter 18 Jahren veräußert oder abgibt, einer solchen Person verschreibt oder ein Dopingmittel oder eine Dopingmethode bei einer solchen Person anwendet oder gewerbsmäßig oder als Mitglied einer Bande handelt, die sich zur fortgesetzten Begehung solcher Taten verbunden hat (§ 4 Abs. 4 Nr. 2 AntiDopG).

Durch den Absatz werden besonders verwerfliche und sozialschädliche Verhaltensweisen unter eine erhöhte Strafandrohung gestellt.

- In minder schweren Fällen des Absatzes 4 ist die Strafe eine Freiheitsstrafe von drei Monaten bis zu fünf Jahren.
- Handelt der Täter in den Fällen des Absatzes 1 Nr. 1, 2 oder Nr. 3 fahrlässig, so ist die Strafe eine Freiheitsstrafe bis zu einem Jahr oder Geldstrafe.
- Nach Abs. 1 Nr. 4, 5 und Abs. 2 wird nur bestraft, wer Spitzensportler des organisierten Sports ist; als Spitzensportler des organisierten Sports im Sinne dieses Gesetzes gilt, wer als Mitglied eines Testpools im Rahmen des Dopingkontrollsystems Trainingskontrollen unterliegt, oder wer aus der sportlichen Betätigung unmittelbar oder mittelbar Einnahmen von erheblichem Umfang erzielt.
- Nach Abs. 2 wird nicht bestraft, wer freiwillig die tatsächliche Verfügungsgewalt über das Dopingmittel aufgibt, bevor er es anwendet oder anwenden lässt.

Banden- und gewerbsmäßiges Vorgehen wird durch einen höheren Strafrahmen sanktioniert, um eine größere Abschreckung zu erzielen. In diesen Fällen soll zudem durch Anwendung der Vorschriften zum erweiterten Verfall (§ 5 AntiDopG) den Tätern die finanzielle Basis entzogen werden. Konkret bedeutet dies, dass auch Vermögensteile der Täter, die gewerbsmäßig oder als Mitglied einer Bande Straftaten im Bereich des Dopings begangen haben, wie bei den Gewinnen aus illegalen Drogengeschäften vom Staat eingezogen werden können.

Nach dem Anti-Doping-Gesetz (§ 12 AntiDopG) werden die Landesregierungen ermächtigt, die strafrechtlichen Verfahren durch Rechtsverordnung ganz oder teilweise für die Bezirke mehrerer Amts- oder Landgerichte einem dieser Amts- oder Landgerichte zuzuweisen, sofern dies der sachlichen Förderung oder der schnelleren Erledigung der Verfahren dient. Durch die Konzentration besteht insbesondere die Möglichkeit, Spezialzuständigkeiten einzurichten und somit Fachkompetenzen zu bündeln.

Enthalten Dopingmittel Substanzen, die Betäubungsmittel im Sinne des Betäubungsmittelgesetzes (BtMG) sind, so kommt zusätzlich eine Strafbarkeit hiernach in Betracht. Die Bestrafung von Doping im Sport kann sich auch aus dem allgemeinen Strafrecht ergeben, soweit es um eine fahrlässige Tötung oder um eine Körperverletzung geht.

11.2 Verfahrenswege in Straf- und Sportrecht

Bei einem Expertengespräch im September 2013 im Bundesministerium des Innern haben anerkannte Rechtsexperten sich unter anderem zur Frage der Vereinbarkeit von Strafrecht und Verbandsrecht in Angelegenheiten des Dopings geäußert [2]. Hiernach handelt es sich um völlig unterschiedliche Rechts- und Verfahrensordnungen mit komplett unterschiedlichen Beweislastregeln (Anscheinsbeweis/strict liability im Sportrecht, Unschuldsvermutung im Strafrecht) und ohne gegenseitige Bindungswirkungen (◘ Tab. 11.1) Insofern könne der Ausgang des Verfahrens selbstverständlich auch unterschiedlich sein. Die Verfahren ließen sich auch problemlos nebeneinander gestalten.

Das sportverbandliche Verfahren werde bei Vorliegen einer positiven Dopingprobe in jedem Fall schneller sein als das staatliche, vor allen Dingen, weil die Sportler unmittelbar nach der A- und/oder B-Probe vorläufig suspendiert sind. Schnelle Entscheidungen von Sportgerichten bei missbräuchlichem Gebrauch von leistungssteigernden Substanzen werden als äußerst wichtig eingestuft. Für die „Öffentlichkeit" wäre es definitiv nicht vermittelbar, wenn ein des Doping überführter Athlet bis zum rechtskräftigen Abschluss

Tab. 11.1 Verfahrensgrundsätze bei der verbandrechtlichen und der strafrechtlichen Kontrolle von Dopingverstößen. Nach Bundesministerium des Innern. Expertengespräch zur Dopinggesetzgebung am 26.09.2013 [2]

Verbandsrechtliche Kontrolle	Strafrechtliche Kontrolle
■ Beweiserleichterungen, Strict-liability-Prinzip, ■ fehlende Zwangsmittel, ■ Ausschluss staatlicher Gerichtsbarkeit, ■ schnelle Schiedsgerichtsverfahren, ■ Einzelfallorientiert	■ Genaue Sachverhaltsermittlungen, ■ strafprozessuale Zwangsmittel, ■ verdeckte Ermittlungsmethoden, ■ langwierig, ■ Aufdeckung von kriminell organisierten Strukturen

eines sich möglicherweise über viele Jahre hinziehenden Strafverfahrens weiterhin an Wettkämpfen teilnehmen dürfte.

Zudem besteht Einigkeit, dass das Doppelbestrafungsverbot des Art. 103 Abs. 3 GG weder direkt noch analog gilt. Die anerkannten unterschiedlichen Verfahrensprinzipien im straf- bzw. verbandsrechtlichen Dopingverfahren ergäben weder entscheidungsrelevante noch haftungsrechtliche Kollisionen. Im Gegenteil sei davon auszugehen, dass die beiden Verfahren mit ihren unterschiedlichen Grundsätzen und Vorgehensweisen nebeneinander entscheidende Synergieeffekte bei der Dopingbekämpfung ergeben könnten [2].

11.3 Strafverfolgung

Seit dem Bericht über die Erfahrungen mit den Regelungen des Gesetzes zur Verbesserung der Bekämpfung des Dopings im Sport von 2007 (DBVG) für den Zeitraum bis zum 31.03.2012 wird allgemein davon ausgegangen, dass das Dunkelfeld im Deliktsbereich Dopingkriminalität besonders groß ist (Hellfeld: Ergebnisse von Dopingkontrollen) [3]. Die Angaben schwanken, gingen aber schon vor fast einem Jahrzehnt bis hin zu Schätzungen von 95 %. Ähnlich wie das Dunkelfeld der Betäubungsmitteldelinquenz zeichnet sich Dopingkriminalität durch ein wenig ausgeprägtes Anzeigeverhalten aus. Die Beteiligten grenzen sich nach außen besonders stark ab, kaum einer der Beteiligten fühlt sich als Opfer und auch die tatsächlich Verletzten müssen strafrechtliche Verfolgung fürchten („quasi-opferlose Kriminalität"). Um den dopenden Sportler bildet sich eine Art Schicksalsgemeinschaft, deren Mitglieder besonders im Bereich des Spitzensports häufig sowohl ein hohes Eigeninteresse am Doping des Aktiven (Ansehen, leistungsbezogene Vertragsbestandteile usw.) als auch an dessen Geheimhaltung (Angst vor straf- und sportrechtlichen Sanktionen) haben (▶ Kap. 4.7 und ▶ Kap. 6.9). Nach den Schlussfolgerungen des Evaluierungsberichts zum Anti-Doping-Gesetz von 2007 haben sich die eingeführten Neuregelungen grundsätzlich bewährt und zu einer erheblichen Verbesserung der Intensität und Effektivität der Strafverfolgung geführt (Ermittlungsverfahren 2007/2008: geschätzt 280, 2011: 1592; Urteile/Strafbefehle 2007/2008: 20, 2011: 236). Durch die Ermittlungen des BKA, das auch in der „Working Group of Experts in Doping" von Interpol vertreten ist, konnten internationale Vertriebsnetze von illegalen Arzneimitteln zum Doping im Sport zerschlagen werden [3].

Zum 01.03.2009 hat das Bundesland Bayern in München und zum 01.04.2012 Baden-Württemberg in Freiburg Schwerpunktstaatsanwaltschaften für alle Verfahren eingerichtet, die einen Zusammenhang mit der Verwendung von Arzneimitteln zu Dopingzwecken im Sport aufweisen.

Nach einem Bericht über ein Expertengespräch zur Dopinggesetzgebung am 26.09.2013 im Bundesministerium des Innern wurden seit Einrichtung der Schwerpunktstaatsanwaltschaft „Doping" in München insgesamt 2070 Ermittlungsverfahren wegen Straftaten in Zusammenhang mit der Verwendung von Arzneimitteln zu Dopingzwecken im Sport geführt (Stand: 24.09.2013). Diese wurden gegen 372 Personen mit rechtskräftigen Verurteilungen abgeschlossen, darunter 275 Geldstrafen, 79 Bewährungsstrafen und 18 Freiheitsstrafen ohne Bewährung. Diese Verurteilungen betrafen ausschließlich Personen (Händler oder Abnehmer) im nichtolympischen Fitness- und Kraftsport, vor allem im Bereich des Bodybuildings [2].

Einige Bundesländer haben auf der Ebene der Landeskriminalämter spezialisierte Dienststellen zur Bekämpfung der Arzneimittelkriminalität eingerichtet. Daneben befassen sich die Organisationseinheit zur Bekämpfung der Arzneimittelkriminalität mit Dopingbezug beim Zollkriminalamt (ZKA) in Köln als Zentralstelle des deutschen Zollfahndungsdiensts sowie die dezentralen Überwachungsbehörden der Bundesländer für den Arzneimittelverkehr mit der Verfolgung der diesbezüglichen Zollkriminalität [4].

Das Anti-Doping-Gesetz regelt auch den Informationsaustausch zwischen den Gerichten und Staatsanwaltschaften und NADA. Gerichte und Staatsanwaltschaften dürfen der NADA personenbezogene Daten aus Strafverfahren von Amts wegen übermitteln, soweit dies aus Sicht der übermittelnden Stelle für disziplinarrechtliche Maßnahmen im Rahmen des Dopingkontrollsystems der NADA erforderlich ist und ein schutzwürdiges Interesse der von der Übermittlung betroffenen Person dem nicht entgegensteht (§ 8 Abs. 1 AntiDopG).

Informationen der Staatsanwaltschaften und Gerichte sind für die Arbeit der NADA in der Dopingbekämpfung von essenzieller Bedeutung, weil sie mit diesen Informationen z. B. die für die Disziplinarverfahren nötigen Erkenntnisse über Personen im Umfeld der Sportlerinnen und Sportler erlangen kann, die als Athletenbetreuer (Ärzte, Funktionäre, Trainer) dem NADC unterliegen, selbst aber keine Dopingproben abgeben müssen [5].

Umgekehrt sieht der NADA-Code vor, dass die für das Ergebnismanagement zuständige Organisation sowie die NADA befugt sind, der zuständigen Staatsanwaltschaft oder dem Bundeskriminalamt den Namen des betroffenen Athleten, seinen gewöhnlichen Aufenthaltsort, die verbotene Substanz oder die Art des anderen möglichen Verstoßes, sowie weitere relevante Informationen zu melden, soweit ein Verstoß gegen das Strafgesetzbuch oder das Arzneimittel- bzw. Betäubungsmittelgesetz aufgrund eines Verstoßes gegen die Anti-Doping-Bestimmungen nicht auszuschließen ist. Dies dürfen sie tun, bevor sie die für das Ergebnismanagement zuständige Organisation und den Athleten selbst über den wahrscheinlichen Verstoß informieren. Außerdem sind beide verpflichtet, Personen bei einem auf Hinweisen begründetem Verdacht auf einen Verstoß gegen das Arznei- oder Betäubungsmittelgesetz oder das Strafgesetzbuch zur Anzeige zu bringen (Art. 14.2 NADC).

11.4 Hinweisgeber (Whistleblower)

Eine zunehmende Bedeutung bei der Aufdeckung von Dopingvergehen kommt den Insidern des Spitzensports als sogenannte „Whistleblower" zu. Als solche hatten die russische Leichtathletin Yuliya Stepanova und ihr Ehemann die Ermittlungen zu den Vorgängen in der russischen Leichtathletik erst ermöglicht (▶ Kap. 4.1).

Im Jahr 2015 hat die NADA nach dem Vorbild des Landeskriminalamts (LKA) Niedersachsen und des LKA Baden-Württemberg das Hinweisgebersystem „SPRICH'S AN" eingerichtet. Dabei handelt es sich um eine speziell gesicherte Kommunikationsplattform, die Whistleblowern die Möglichkeit bietet, sich durch Anonymität zu schützen und gleichzeitig aktiv an der Aufklärung von Dopingverstößen oder kriminellem Verhalten mitzuwirken. Über das System kann laut Angaben der NADA sogar in einem strafrechtlichen Ermittlungsverfahren ein offizieller und umfassender Quellen- und Informantenschutz sichergestellt werden. Nur wenn der Hinweisgeber freiwillig einen sogenannten Postkasten eingerichtet hat, erhält er von der NADA auch eine Rückmeldung. In einem kurzen Film wird das System erläutert (www.nada.de/de/nada/sprichs-an).

Insgesamt hat die NADA im Jahr 2015 119 Hinweise verfolgt. 13 davon gingen über Hinweisgebersystem „SPRICH'S AN" ein. Darüber hinaus erhielt die NADA zahlreiche Hinweise per Telefon, E-Mails oder aus Presseartikeln [6].

11.5 Verletzung der Berufspflichten bei Angehörigen der Heilberufe

Für Angehörige der Heilberufe stellen Verstöße gegen das Anti-Doping-Gesetz gleichzeitig eine Verletzung der Berufspflichten dar.

Für Apotheker ergeben sich Verpflichtungen aus dem Arzneimittelgesetz [7] (etwaige Abgabe eines rezeptpflichtigen Dopingmittels unter Umgehung der Verschreibungspflicht gemäß § 48 AMG) sowie aus der Apothekenbetriebsordnung [8].

Bei wiederholten Verstößen gegen die Verschreibungspflicht kann sogar die Apothekenbetriebserlaubnis widerrufen werden [9, 10]. Im Übrigen kann die Abgabe verschreibungspflichtiger Arzneimittel über eine längere Zeit den Entzug der Approbation zur Folge haben [11, 12].

Daneben sind die Apotheker auch an ihre Berufsordnungen gebunden. Diese sehen vor, dass sie ihren Beruf gewissenhaft ausüben müssen und das Vertrauen der Öffentlichkeit in den Apothekerberuf nicht dadurch verletzen dürfen, dass sie sich bei der Erfüllung ihrer Aufgaben von einem unangemessenen Gewinnstreben beherrschen lassen. Außerdem sollen sie die Interessen und das Ansehen der Apotheker innerhalb sowie außerhalb ihrer Tätigkeit wahren.

Auch Ärzte, die sich zur Mitwirkung an Dopingpraktiken verleiten lassen, verstoßen nicht nur gegen arzneimittelrechtliche und dopingrechtliche Bestimmungen, sondern auch gegen das ärztliche Berufsethos. Dabei unterscheidet das Arzneimittelgesetz nicht zwischen Doping im Spitzen- und Breitensport.

Eine Stellungnahme der Zentralen Ethikkommission bei der Bundesärztekammer zum Doping und ärztlicher Ethik soll Ärzten, die mit Dopingpraktiken in Berührung kommen helfen, sich im Einklang mit dem ärztlichen Berufsethos zu verhalten [13]. Dabei kann es durchaus vorkommen, dass eine Behandlung zwar gegen die Anti-Doping-Bestimmungen verstoßen würde (z. B. mit Antiasthmatika oder Serotonin-Wiederaufnahme-Hemmern gegen ADHS), dies aber trotzdem ärztlich und deswegen auch ethisch geboten ist, weil ansonsten ein Schaden für den Patienten zu befürchten ist. Hier verweist die Ethikkommission auf die Möglichkeit der Medizinischen Ausnahmegenehmigung (TUE) [13].

Für den Arzt könnten sich auch dann ethische Probleme in der Arzt-Patient-Beziehung ergeben, wenn er zwar selbst nicht an Doping-Maßnahmen beteiligt ist, aber einen Patienten betreut, der diese Maßnahmen eigenständig oder mithilfe anderer Personen durchführt. In einem solchen Fall muss der Arzt den betreuten Sportler unmissverständlich auf die medizinischen Risiken sowie auf das Verbot des Dopings hinweisen und sollte diese Hinweise auch dokumentieren [13, 14].

Nach Auffassung der Ethikkommission hat der Arzt jedoch nur ein eingeschränktes Recht, eine medizinisch indizierte Behandlung wegen Dopings zu verweigern oder abzubrechen. Ein Fehlverhalten des Patienten, selbst eine Straftat, rechtfertige für sich genommen keinen Behandlungsabbruch, heißt es in der Stellungnahme der Ethikkommission. Dies gelte auch für ein Dopingvergehen. Andererseits sollte der Arzt immer dann die Freiheit haben, die Behandlung von Krankheitsfolgen einer Dopingpraxis abzulehnen, wenn diese nicht gravierend oder lebensbedrohlich sind und der Patient zu erkennen gibt, dass er das Doping nach der Behandlung fortsetzen wird oder den Arzt sogar zur Unterstützung der Dopingpraxis auffordert [13].

Als weiteres Problem in diesem Zusammenhang wird die ärztliche Schweigepflicht angesprochen. Deren Verletzung stelle ein berufs- und strafrechtlich relevantes Verhalten dar. Sie ist in § 9 der (Muster-)Berufsordnung für Ärzte (MBO-Ä) und im § 203 Strafgesetzbuch (StGB) festgelegt. Gesetz und Rechtsprechung hätten die Ausnahmen, in denen die ärztliche Schweigepflicht verletzt werden darf, auf schwere Straftaten begrenzt. Zur Legitimierung einer Verletzung der Schweigepflicht reiche die Tatschwere beim Doping nach Auffassung der Ethikkommission in der Regel nicht aus [13].

Anders wird die Sachlage eingeschätzt, wenn der Arzt von einer Unterstützung des – freiwilligen oder unfreiwilligen – Dopings bei Kindern und Jugendlichen Kenntnis erlangt, bei denen die langfristigen Schäden durch Doping besonders gravierend sein können. In diesem Fall soll der Bruch der Schweigepflicht durch ein „höherwertiges Rechtsgut" zu rechtfertigen sein [13, 14, 15].

Der Arzt ist mit Doping vielfach auch in anderen Rollen als der klassischen Rolle des Therapeuten konfrontiert, z. B. als Verbandsarzt, Wissenschaftler oder Gutachter. Auch hierauf geht die Stellungnahme der Ethikkommission ein [13].

Literatur

[1] Gesetz gegen Doping im Sport (Anti-Doping-Gesetz – AntiDopG) vom 10. Dezember 2015 (BGBl. I S. 2210), geändert durch Artikel 1 der Verordnung vom 8. Juli 2016 (BGBl. I S. 1624)
[2] Bundesministerium des Innern. Expertengespräch zur Dopinggesetzgebung am 26. September 2013 im Bundesministerium des Innern, Bonn. Leitthemen/Fragenkatalog mit zugehörigen Antworten/Beiträgen. Bonn, 10.10.2013
[3] Bericht der Bundesregierung zur Evaluation des Gesetzes zur Verbesserung der Bekämpfung des Dopings im Sport (DBVG). September 2012, www.bmi.bund.de/SharedDocs/Pressemitteilungen/DE/2012/10/dopingbekaempfung_sport.html
[4] Senkel K. Wirksamkeitschancen des Anti-Doping-Rechts. Eine interdisziplinäre Analyse zu den Anforderungen an Dopingbekämpfungsmechanismen und deren Umsetzung. Dissertation, Saarbrücken 2014

[5]   www.nada.de
[6]   NADA Jahresbericht 2015. www.nada.de
[7]   Gesetz über den Verkehr mit Arzneimitteln (Arzneimittelgesetz – AMG) in der Fassung der Bekanntmachung vom 12. Dezember 2005 (BGBl. I S. 3394), zuletzt geändert durch Artikel 3 des Gesetzes vom 4. April 2016 (BGBl. I S. 569)
[8]   Verordnung über den Betrieb von Apotheken (Apothekenbetriebsordnung – ApBetrO) in der Fassung der Bekanntmachung vom 26. September 1995 (BGBl. I S. 1195), zuletzt geändert durch Artikel 2a der Verordnung vom 6. März 2015 (BGBl. I S. 278)
[9]   Beschluss des VG Frankfurt vom 11.02.1981, Az. V/2-H-232/81, Dtsch Apoth Ztg, 171, 1981
[10] Hess. VGH. Urteil vom 01.04.1981, Az. VIII TH 15/81, Dtsch Apoth Ztg, 1218, 1981
[11] Beschluss des VG Darmstadt vom 12.02.1981, Az. III/1-H-217/81, Dtsch Apoth Ztg, 1580, 1981
[12] Hess. VGH. Dtsch Apoth Ztg, 1218, 1981
[13] Zentrale Ethikkommission bei der Bundesärztekammer: Stellungnahme Doping und ärztliche Ethik, in: Dtsch Arztebl., 106 (8): A360-A364, www.zentrale-ethikkommission.de/page.asp?his=0.1.56, 2009
[14] Wiesing U, Striegel H. Ärztliches Verhalten bei Doping. Dtsch Z Sportmed, 60 (3): 60–65, 2009
[15] Birnbacher D. Doping und ärztliche Ethik. Dtsch Z Sportmed, 64: 73–76, 2013

12 Internationale und nationale Dopinglisten

12.1	Sportrechtlich relevante Listen	171
12.2	Strafrechtlich relevante Listen	175
12.3	Rechtsverbindlichkeit der Dopinglisten	176

Die abstrakte Formulierung des Begriffs Doping (▶Kap. 2) ist für die Verhängung von Sanktionen nicht hinreichend genug bestimmt. Sportler, Sportärzte, Trainer und sonstige Betreuer ebenso wie die Sportverbände und die staatlichen Institutionen, die mit der Dopingbekämpfung betraut sind, müssen konkret wissen, welche Substanzen unter das Dopingverbot fallen.

In der Praxis sollen Dopinglisten gewährleisten, dass:

- die betreffenden Personengruppen Dopingmittel meiden, um nicht die Gesundheit der Sportler zu gefährden und wegen Verstoßes gegen das Dopingverbot bestraft zu werden,
- Verbände oder Gerichte, die Sanktionen verhängen, ihrerseits den Schuldvorwurf des Dopings konkretisieren können,
- bei Wettkämpfen für alle Sportler dieselben Bedingungen gelten und sich kein Sportler durch Doping einen Wettbewerbsvorteil verschaffen kann.

Auch bei Wettkämpfen auf europäischer oder internationaler Ebene müssen für alle Sportler und ihre Betreuer einheitliche Wettbewerbsbedingungen gelten. Es ist daher zwingend notwendig, dass Dopingverbotslisten, die zu sportrechtlichen Sanktionen führen, national und international harmonisiert sind.

Grundsätzlich ist zwischen der aktuellen WADA-Verbotsliste, nach der Verstöße gegen Anti-Doping-Bestimmungen sportrechtlich geahndet werden, und den Listen von Dopingmitteln mit strafrechtlicher Relevanz zu unterscheiden. Welche Dopinglisten international und national von Bedeutung sind, soll im Folgenden erläutert werden.

12.1 Sportrechtlich relevante Listen

12.1.1 WADA-Verbotsliste

Die ersten sportrechtlichen Dopingverbotslisten wurden in der zweiten Hälfte der 1960er Jahre aufgestellt. Die erste Verbotsliste des Internationalen Olympischen Komitees (IOC) stammt aus dem Jahr 1968 und enthielt die Wirkstoffgruppen: Stimulanzien, Narkotika und Beta-Agonisten. In den darauffolgenden Jahren kamen weitere Substanzen hinzu, die zu Wirkstoffgruppen zusammengefasst wurden: Cocain, Heroin (1971), Anabolika (1974), Lokalanästhetika (1980), Testosteron (1982), Coffein (1984), Betablocker (1985),

Diuretika, Blutdoping (1986), Corticosteroide, Probenecid (1987), Epitestosteron, Gonadotropine (1988), Cannabis, ACTH (1989), Erythropoetin, Wachstumshormon (1990). Die Verantwortlichkeit auf der internationalen Ebene hierfür lag über lange Jahre beim IOC. Nach einem Übergangszeitraum ging sie schließlich auf die Welt Anti-Doping Agentur (WADA) über. Nach Artikel 4 des Welt Anti-Doping Codes (▶ Kap. 8.1.3) soll die WADA die Liste erstellen und aktualisieren.

Die erste allein von der WADA herausgegebene Liste wurde am 01.01.2004 wirksam. Sie wird jährlich aktualisiert. Die Liste ist in drei Gruppen unterteilt (◘ Tab. 12.1):

- Substanzen und Methoden, die während und außerhalb des Wettkampfs verboten sind,
- Substanzen und Methoden, die nur während des Wettkampfs verboten sind,
- in bestimmten Sportarten verbotene Substanzen.

Sofern die jeweils veröffentlichte Verbotsliste nichts Abweichendes vorsieht, treten diese und ihre Überarbeitungen drei Monate nach Veröffentlichung durch die WADA in Kraft, ohne dass es hierzu weiterer Maßnahmen seitens der Sportorganisationen bedarf. Die Verbotsliste ist in ihrer jeweils aktuellen Fassung Bestandteil des NADC (Art. 4.1 NADC).

Für die Verhängung von Sanktionen gegen Dopingverstöße ist der Begriff der „spezifischen Substanzen" von Bedeutung. Hierunter sind Substanzen zu verstehen, die zwar unter das Dopingverbot fallen, die jedoch wegen ihrer leichten Verfügbarkeit und weiten Verbreitung unter Umständen unbeabsichtigt oder eher zu therapeutischen Zwecken verwendet werden (▶ Kap. 3.1.13. Ein Dopingverstoß mit solchen Substanzen kann unter bestimmten Voraussetzungen zu einer reduzierten Sanktion führen (▶ Kap. 9.3.1). Detaillierte Erläuterungen zu den verbotenen Wirkstoffen und Methoden sowie zu den Verbotsregelungen finden sich in ▶ Kap. 3.

Änderungen in der Verbotsliste 2017

Wichtige Änderungen und Präzisierungen in der Verbotsliste 2017 werden im Folgenden beschrieben.

S1. Anabole Substanzen: Hier wurden die Substanzen Boldenon, Boldion, 19-Norandrostendion und Nandrolon von S1.a nach S1.b verschoben und 19-Norandrostendiol wurde dort hinzugefügt, da diese Substanzen endogen in geringen Konzentrationen produziert werden können. Der Verbotsstatus der Substanzen wird hierdurch nicht berührt.

5alpha-Androst-2-en-17-on, allgemein bekannt als "Delta-2" oder 2-Androstenon wurde als Beispiel für DHEA-Metaboliten aufgenommen.

S2. Peptidhormone, Wachstumsfaktoren, verwandte Substanzen und Mimetika: Hier wurden bei den Erythropoese-stimulierenden Stoffen (ESAs) die GATA-Inhibitoren (z. B. K-11706) und Transforming-Growth-Factor-β(TGF-β)-Inhibitoren (z. B. Sotatercept, Luspatercept) ergänzt.

Bei den Hypoxie-induzierbarer-Faktor(HIF)-Stabilisatoren wurde zu FG-4592 der INN (International Nonproprietary Name) Roxadustat angegeben und Molidustat als weiteres Beispiel hinzugefügt.

S3. Beta-2-Agonisten: In dieser Substanzklasse wird nun explizit eine Reihe von Beispielsubstanzen angeführt (▶ Kap. 3.1.4), darunter die Substanz Higenamin. Higenamin wird in Deutschland nicht als Wirkstoff in Medikamenten eingesetzt, wurde aber in Nahrungsergänzungsmitteln nachgewiesen (Inhaltsstoff der Pflanze Tinospora crispa).

Zudem wird der bestehende Grenzwert für Salbutamol präzisiert. Für Salmeterol wird erstmalig ein konkreter Grenzwert entsprechend den therapeutischen Empfehlungen der Hersteller angegeben.

Tab. 12.1 Gliederung der WADA-Verbotsliste[1] (Stand: 01.01.2017)

Nr.	Verbotene Substanzen und Methoden
In und außerhalb von Wettkämpfen verbotene Substanzen und Methoden	
Substanzen	
S0.	Nicht zugelassene Substanzen
S1.	Anabole Substanzen
S2.	Peptidhormone, Wachstumsfaktoren, verwandte Substanzen und Mimetika
S3.	Beta 2-Agonisten
S4.	Hormon- und Stoffwechsel-Modulatoren
S5.	Diuretika und Maskierungsmittel
Methoden	
M1.	Manipulation von Blut und Blutbestandteilen
M2.	Chemische und physikalische Manipulationen
M3.	Gendoping
Im Wettkampf verbotene Substanzen und Methoden	
Zusätzlich zu den Kategorien S0 bis S5 und M1 bis M3 verbotene Substanzen	
S6.	Stimulanzien
S7.	Narkotika
S8.	Cannabinoide
S9.	Glucocorticosteroide
In bestimmten Sportarten verbotene Substanzen	
P1.	Alkohol
P2.	Betablocker

[1] Substanzspezifische Ausnahmen sind hier nicht ausgewiesen, komplette Liste siehe ▶ Kap. 15.2.

S4. Hormon- und Stoffwechsel-Modulatoren: Bei den Aromatasehemmern wird Androsta-3,5-dien-7,17-dion (Arimistan) als Beispiel hinzugefügt.

S6. Stimulanzien: In dieser Substanzklasse wird die Substanz Lisdexamfetamin neu genannt. Aufgrund ihrer Ähnlichkeit mit Amfetamin zählte sie bereits in den Vorjahren zu den im Wettkampf verbotenen Stimulanzien, war aber nicht namentlich aufgeführt.

S7. Narkotika: Hier wird Nicomorphin hinzugefügt.

Bei den verbotenen Methoden gibt es eine Änderung bei M1.

M1. Manipulation von Blut und Blutbestandteilen: Die zusätzliche Sauerstoffzufuhr durch Inhalation, aber nicht die intravenöse Verabreichung, ist erlaubt. Um dies klarzustellen, heißt es dort nun „außer ergänzender Sauerstoff durch Inhalation".

12.1.2 Kriterien für die Aufnahme in die Liste

Nach den Vorgaben des Welt Anti-Doping Codes (WADC) (▶ Kap. 8.1.3) werden ein Wirkstoff oder eine Methode in die Liste verbotener Wirkstoffe und verbotener Methoden aufgenommen, wenn sie zwei von drei der folgenden Kriterien erfüllen (Art. 4.3 WADC). Der Wirkstoff oder die Methode:

- haben das Potenzial, die sportliche Leistung zu steigern, oder sie steigern diese,
- stellen ein potenzielles oder tatsächliches Gesundheitsrisiko dar,
- widersprechen dem Sportgeist.

Unabhängig davon kommen auch solche Substanzen oder Methoden auf die Liste, die das Potenzial haben, die Anwendung anderer verbotener Wirkstoffe oder verbotener Methoden zu maskieren.

Die Festlegung der WADA ist verbindlich und kann weder von Athleten noch von anderen Personen angefochten werden. Die Kriterien können im Einzelfall auch nicht zur Verteidigung gegen den Vorwurf des Verstoßes gegen Anti-Doping-Bestimmungen herangezogen werden. Es kann beispielsweise nicht argumentiert werden, dass ein nachgewiesener verbotener Wirkstoff in einer bestimmten Sportart gar keine leistungssteigernde Wirkung hat. Vielmehr liegt ein Fall von Doping vor, sobald ein Wirkstoff, der in der Liste verbotener Wirkstoffe und verbotener Methoden aufgeführt ist, in der Körpergewebe- oder Körperflüssigkeitsprobe eines Athleten nachgewiesen wird (▶ Kap. 2).

12.1.3 Das Monitoring-Programm der WADA

Nach Artikel 4.5 des WADC hat die Welt Anti-Doping Agentur den Auftrag, in Absprache mit den Unterzeichnern und Regierungen ein Überwachungsprogramm für diejenigen Stoffe einzurichten, die nicht in der Liste verbotener Substanzen und Methoden aufgeführt sind, die jedoch überwacht werden sollten, um einen eventuellen Missbrauch im Sport zu ermitteln. Sollten sich die positiven Fälle im Vergleich zu den Jahren davor häufen, so wird über eine erneute Aufnahme der Substanz auf die Dopingliste entschieden. Für die Athleten ist wichtig, dass der Nachweis der überwachten Substanzen kein Dopingvergehen begründet. Dennoch sollten sie bei Spitzensportlern mit Zurückhaltung eingesetzt werden.

Zum Inhalt des Monitoring-Programms 2017 siehe Kasten, zur Charakterisierung der Substanzen siehe ▶ Kap. 3.

Monitoring-Programm der WADA 2017

1. Stimulanzien **nur im** Wettkampf: Bupropion, Coffein, Nicotin, Phenylephrin, Phenylpropanolamin, Pipradrol, Synephrin,
2. Narkotika **nur im** Wettkampf: Codein[1], Mitragynin, Tramadol,
3. Glucocorticoide:
   - **im** Wettkampf Verabreichungswege, die nicht oral, intravenös, intramuskulär oder rektal sind,
   - **außerhalb** des Wettkampfs alle Verabreichungswege,
4. Telmisartan: **in und außerhalb** des Wettkampfs.
5. Beta-2-Agonisten **in und außerhalb** des Wettkampfs: gleichzeitige Verwendung mehrerer Beta-2-Agonisten[1].

[1] Neu im Monitoring-Programm 2017.

12.1.4 Umsetzung der WADA-Liste durch Anti-Doping-Organisationen

Die jährliche Fassung der Liste und alle Überarbeitungen werden von der WADA unverzüglich verteilt und auf ihrer Website veröffentlicht. Jeder Unterzeichner ergreift geeignete Maßnahmen zur weiteren Verteilung der Liste verbotener Substanzen und verbotener Methoden unter seinen Mitgliedern und Teilorganisationen. Die Anti-Doping-Organisationen (▶ Kap. 8.1.7), darunter die Sportfachverbände, müssen dafür sorgen, dass die WADA-Verbotsliste in ihrer jeweiligen Fassung drei Monate nach ihrer Veröffentlichung bzw. zu dem von der WADA mitgeteilten Datum für nachgeordnete Vereine und Athleten in Kraft tritt. In der Regel wird die Liste in die jeweiligen Anti-Doping-Regelwerke inkorporiert.

In diesem Zusammenhang ist es wichtig zu betonen, dass es nur eine einzige Verbotsliste als Minimalanforderung für alle Sportarten gibt, d. h., einzelnen Sportarten werden keine Ausnahmeregelungen für bestimmte Substanzen und Methoden von der Liste verbotener Substanzen und verbotener Methoden zugestanden (z. B. die Streichung der Anabolika von der Liste verbotener Substanzen und verbotener Methoden für „Denksportarten"). Dieser Entscheidung liegt zugrunde, dass es bestimmte grundlegende Dopingmittel gibt, die niemand, der sich selbst als Sportler bezeichnet, anwenden sollte.

12.2 Strafrechtlich relevante Listen

12.2.1 Verbotsliste im Anhang zum europäischen und zum internationalen Übereinkommen

Das europäische und das Internationale Übereinkommen gegen Doping (▶ Kap. 10.1.1, ▶ Kap. 10.1.2), denen die Bundesrepublik Deutschland beigetreten ist, enthalten in ihren Anhängen ebenfalls eine Liste von Dopingsubstanzen und -methoden. Sie bilden die „Bezugsliste", auf die sich alle Vorschriften und Sanktionen/Strafen der Vertragsstaaten der beiden Übereinkommen beziehen können. In Deutschland bildet die Liste in Anlage I des Internationalen Übereinkommens gegen Doping die Grundlage für die Verbote des unerlaubten Umgangs mit Dopingmitteln und die unerlaubte Anwendung von Dopingmethoden bzw. des Selbstdopings nach dem Anti-Doping-Gesetz 2015 (▶ Kap. 10.3.3).

Die Verbotsliste wird jeweils in ihrer aktuellen Fassung im Bundesgesetzblatt bekannt gemacht. ▶ Kap. 15.2 beinhaltet die informatorische Übersetzung der NADA für die Verbotsliste 2017.

Um auf internationaler Ebene zu vermeiden, dass sportrechtlich und strafrechtlich relevante Verbotslisten voneinander abweichen, werden die Listen in den Anlagen zu den beiden Übereinkommen regelmäßig an die Inhalte der WADA-Verbotsliste angepasst. Einzelheiten des hierzu vorgesehenen Mitteilungs- und Genehmigungsverfahrens sind in Artikel 34 des Internationalen Übereinkommens geregelt. Damit sind die Inhalte der „Bezugsliste" im Prinzip identisch mit der WADA-Verbotsliste. Sollte sich die WADA-Liste von der Liste in der Anlage zum Internationalen Übereinkommen unterscheiden, was höchst unwahrscheinlich ist, würden daraus internationale Komplikationen erwachsen, von denen alle Unterzeichner des Übereinkommens betroffen sein könnten (▶ Kap. 10.1.2).

12.2.2 Zusätzliche nationale Dopinglisten

Mit dem Gesetz zur Verbesserung der Bekämpfung des Dopings wurde im Jahr 2007 in § 6a AMG ein Besitzverbot von Doping-Arzneimitteln in nicht geringen Mengen eingeführt (jetzt: § 2 Abs. 3 AntiDopG). Die Arzneimittel, die von dem Besitzverbot erfasst sind, werden im Anhang zum Anti-Doping-Gesetz aufgelistet (▶ Kap. 10.3.3, ▶ Kap. 15.3). Achtung: Diese „Besitz-Verbotsliste" ist nicht vollkommen identisch mit den Arzneimitteln, für die die Verbote der §§ 2 und 3 AntiDopG gelten (Liste im Anhang zum Internationalen Übereinkommen gegen Doping, ▶ Kap. 12.2.1). Die „Bezugsliste" ist umfangreicher als die „Besitz-Verbotsliste".

Was hinsichtlich des Besitzverbots jeweils unter einer „geringen Menge" zu verstehen ist, wird in der Anlage zur Dopingmittel-Mengen-Verordnung konkretisiert (▶ Kap. 10.3.8) [1].

Auch diese enthält eine Liste, die weder mit der „Bezugsliste" im Internationalen Übereinkommen gegen Doping noch mit der „Besitz-Verbotsliste" verwechselt werden sollte.

12.3 Rechtsverbindlichkeit der Dopinglisten

Die Dopingliste der WADA hat weltweit eine Vorbildfunktion für die Ausgestaltung von Dopingverbotslisten. Dies gilt sowohl für sportrechtliche als auch für strafrechtliche Belange.

Mit der Annahme des WADA-Codes haben sich zunächst die nationalen Anti-Doping-Organisationen (in Deutschland die NADA, ▶ Kap. 8.2.2) zur Anwendung der Liste verpflichtet. Über die Annahme des Codes inklusive der Verbotsliste durch die Sportverbände wird sie flächendeckend gültig.

Strafrechtlich ist die WADA-Verbotsliste zumindest nicht unmittelbar relevant. Die völkerrechtliche Verbindlichkeit wird erst mit der Unterzeichnung des Internationalen Übereinkommens der UNESCO gegen Doping im Sport (▶ Kap. 8.5) und der Bezugnahme der Verbotsvorschriften im Anti-Doping-Gesetz auf die Liste in der Anlage zu dem Übereinkommen hergestellt. Diese hat auch Vorrang vor nationalen Regelungen der Vertragsstaaten. Daher müssen etwaige nationale Verordnungen – soweit vorhanden – angepasst werden, sobald die internationale Dopingliste modifiziert wird.

Trotzdem können die strafrechtlichen Konsequenzen im Detail teilweise uneinheitlich sein, denn diese werden in dem Übereinkommen nicht geregelt. So fallen zum Beispiel in vielen anderen Ländern nicht alle Substanzen von Anlage 1 des UNESCO-Übereinkommens unter die Besitzstrafbarkeit, aber für viele gelten allgemeine Regeln, etwa zum Arzneimittelrecht, sodass ihr Besitz auf diesem Wege dennoch unter Strafe gestellt ist. Andere Staaten sehen ein strafrechtliches Verbot des Besitzes von Dopingsubstanzen nur für den Fall vor, dass dem Beschuldigten die Absicht der Weitergabe beziehungsweise des Handels nachgewiesen werden kann (z. B. Dänemark, Finnland und die Niederlande, ▶ Kap. 7) [2]. Auch für das deutsche Besitzverbot von Dopingmitteln in nicht geringen Mengen gemäß § 2 Abs. 3 AntiDopG gilt eine separate Liste (▶ Kap. 10.3.8).

Literatur

[1] Verordnung zur Festlegung der nicht geringen Menge von Dopingmitteln (Dopingmittel-Mengen-Verordnung – DmMV) vom 8. Juli 2016 (BGBl. I S. 1624)
[2] Wissenschaftliche Dienste des Deutschen Bundestages. Anti-Doping in Deutschland und Europa. Ausarbeitung WD 10–3000–109/08, 20.11.2008

13 Aufklärung über Doping und Dopingprävention

13.1	Einstellung der Öffentlichkeit zum Doping	177
13.2	Pro und kontra Freigabe des Dopings	178
13.3	Dopingprävention der NADA	179
13.4	Maßnahmen der Sportvereine und -verbände	181
13.5	Prävention in Fitnessstudios	181
13.6	Sportliche Aktivität bei Kindern und Jugendlichen	181
13.7	Dopingaufklärung für Kinder und Jugendliche	182
13.8	Aufgaben des Apothekers	183
13.9	Beteiligung des Staats an der Aufklärung über Doping	183

Ohne Aufklärung, vorbeugende Maßnahmen und Strategien wird das Ziel eines dopingfreien Sports kaum erreichbar sein. Der Dopingprävention wird daher in den letzten Jahren immer stärkere Bedeutung beigemessen. Dies gilt sowohl für den Hochleistungssport und die privaten Sport- und Fitnessstudios, wo der Medikamentenmissbrauch zum Teil erhebliche Ausmaße angenommen hat, als auch für andere Bereiche des Breitensports, wo die Doping-Mentalität sich offenbar ebenfalls immer weiter ausbreitet.

Auch im WADA- bzw. im NADA-Code (Art. 15 NADC) sowie in den internationalen Übereinkommen werden die Anti-Doping-Organisationen und die Regierungen in die Pflicht genommen. Sie sollen im Rahmen ihrer Möglichkeiten und Kompetenzen und in Zusammenarbeit miteinander Präventionsprogramme für einen dopingfreien Sport umsetzen, auswerten und überwachen. In diesem Zusammenhang ergeht auch der Auftrag an die nationalen Sportfachverbände als Ansprechpartner für Athleten und die NADA, einen Anti-Doping-Beauftragten zu bestellen (▶ Kap. 8.2.4).

13.1 Einstellung der Öffentlichkeit zum Doping

Die Einstellung breiter Bevölkerungskreise zum Doping ist zwiespältig. Von den Sportlern, den „Heroen der Neuzeit", wird selbstverständlich erwartet, dass sie die Leistungen ihrer Vorgänger immer noch um ein Quäntchen übertreffen können. Sieger und Rekordbrecher werden frenetisch gefeiert, ungeachtet dessen, wie ihre herausragenden Leistungen möglicherweise zustande gekommen sind.

Doping wurde über viele Jahrzehnte überwiegend tabuisiert oder bagatellisiert, ertappte Dopingsünder werden konsequenterweise wie Aussätzige behandelt. Scheinheiligkeit ist aber nicht nur ein Problem des „normalen Sportkonsumenten", der schließlich kein Mittelmaß, sondern Topleistung sehen möchte, sondern auch eines von Sportfunktionären und Verbänden, die die Erfolge ihrer Schützlinge aus Prestigegründen und zu ihrer eigenen Legitimation so dringend brauchen. So wird unter Umständen mancher

Topstar, der mit unerlaubten Mitteln nachgeholfen hat, gedeckt, weil seine Entlarvung für alle Beteiligten am Ende nur Nachteile mit sich brächte. Immer häufiger lassen Insider des Spitzensports als sogenannte „Whistleblower" verlauten, dass spektakuläre Entdeckungen und Doping-Geständnisse nur die Spitze des Eisbergs darstellen.

Bei einer Athletenbefragung im Jahr 2012 gaben 6 % der deutschen Spitzensportler die regelmäßige Einnahme von Dopingmitteln zu. Die deutsche Bevölkerung glaubt, dass 29 % der deutschen Spitzensportler regelmäßig zu Dopingmitteln greifen. Sowohl in der Wohnbevölkerung Deutschlands als auch unter den deutschen Spitzensportlern besteht Einvernehmen darüber, dass die Einnahme von Dopingmitteln klar gegen die Werte des Sports verstößt. Dabei gibt es jedoch graduelle Unterschiede: Während 99 % der Athleten der Ansicht sind, dass Doping gegen Fairplay und Solidarität bzw. Teamgeist verstoßen, sind es auf Seiten der Bevölkerung nur 94 % [1].

13.2 Pro und kontra Freigabe des Dopings

Vor diesem Hintergrund verwundert es nicht, dass es neben medienwirksamen Sportlerinitiativen gegen Doping und für einen sauberen Sport auf der anderen Seite auch Befürworter einer Freigabe des Dopings gibt. Ihr Hauptargument lautet: Beendigung der Verlogenheit und Wiederherstellung der Chancengleichheit. Ob es bei einer Freigabe eher Gewinner oder Verlierer in der Sportszene gäbe, mag nach Prüfung der folgenden Pro- und-Kontra-Argumente jeder für sich selbst entscheiden (siehe Kasten).

Soll Doping freigegeben werden?

Pro Freigabe
- Eine Freigabe beendet die Verlogenheit im Sport und in der Doping-Diskussion.
- In einer Gesellschaft, die Alkohol und Zigarettenkonsum erlaubt, sollten Dopingmittel nicht verboten werden.
- Bei sachgemäßer Einnahme sind die gesundheitlichen Risiken überschaubar. Leistungsfördernde Mittel müssen unter Kontrolle des Arztes eingenommen werden. Das schützt die Gesundheit des Athleten.
- Der Rückgriff auf pharmakologische Substanzen ist Privatsache und individuell zu verantworten.
- Auch in anderen Bereichen der Gesellschaft werden leistungsfördernde Mittel genommen.
- Kontrollen können den Dopingmissbrauch nicht verhindern, sie schüren nur die unkontrollierte Einnahme.
- Einige Athleten werden Mittel und Wege finden, sich den Kontrollen zu entziehen. Das verstärkt die Chancenungleichheit.
- Das Geld, das für die Kontrollen benötigt wird, sollte besser in die Forschung fließen, um Doping überflüssig zu machen.

Kontra Freigabe
- Drogenkonsum ist ungesund. Gerade der Sport sollte hier vorbildhaft sein.
- Dopingmittel verzerren die Chancengleichheit und sind gerade deshalb unfair.
- Wenn andere auch keine Dopingmittel nehmen, verzichtet jeder Athlet gerne darauf.

- Die möglichen Nebenwirkungen sind viel zu gefährlich.
- Kontrollen müssen nur wirksam gestaltet werden, dann löst sich das Problem von alleine.
- Wer will dann noch verhindern, dass bereits Kinder Dopingmittel nehmen?
- Eine Freigabe von Dopingmitteln würde die Akzeptanz und Attraktivität auch im Breiten- und Freizeitsport fördern.
- In Zukunft würden dann vielleicht auch noch mit gentechnischen Manipulationen am Menschen Leistungen gesteigert.

Quelle: [2].

13.3 Dopingprävention der NADA

Die Dopingprävention zählt laut Stiftungsverfassung zu einer der wesentlichen Aufgaben und Ziele der Nationalen Anti-Doping-Agentur. Die Aktivitäten der NADA auf diesem Gebiet sind so umfangreich, dass an dieser Stelle nur einige Schlaglichter auf die jüngere Geschichte vorgestellt werden können (siehe auch ◘ Tab. 13.1 zum Informationsangebot der NADA).

13.3.1 Gemeinsam gegen Doping

Im Jahr 2012 ging das Ressort Prävention der NADA mit dem nationalen Präventionsprogramm „GEMEINSAM GEGEN DOPING" an den Start. Die Website www.gemeinsam-gegen-doping.de enthält zielgruppenspezifisch ausgerichtete Plattformen, sodass jede Gruppe (Athleten, Trainer, Eltern, Anti-Doping-Beauftragte, Lehrer, Betreuer) ein auf sie zugeschnittenes Angebot findet.

13.3.2 Alles geben, nichts nehmen

Besonders eindrucksvoll und nachhaltig ist die Initiative „ALLES GEBEN, NICHTS NEHMEN", die die NADA im Januar 2014 vorgestellt hat. Damit einher ging das neue, moderne Design in schwarz-weiß (◘ Abb. 13.1).

◘ **Abb. 13.1** Initiative der NADA zur Dopingbekämpfung

Tab. 13.1 Informationsangebot auf der Internetseite der Nationalen Anti Doping Agentur Deutschland (Auswahl, Stand: Juli 2016)

Broschüren	Videos
- Verbotslisten und Regelwerke (WADC, NADC, Verbotsliste, Internationale Standards usw.), - Verfahren der Probenahme, - Beispielliste zulässiger Medikamente, - MediCard 2016, - Info zu Nahrungsergänzungsmitteln, - Medizinische Ausnahmegenehmigungen (TUE), - Ablauf Meldepflicht- und Kontrollversäumnis, - Athletenbroschüre, - Elternbroschüre, - Trainer-Handbuch	- Was ist Doping, - Dopingkontrollsystem, - Ablauf einer Urinkontrolle, - Ablauf einer Blutkontrolle, - Doping hat Folgen, - NADA-Code 2015, - Athlet und Krankheit, - Sprichs an, - ADAMS basic, - ADAMS pro, - Gemeinsam gegen Doping, - Nahrungsergänzungsmittel und Sport

13.3.3 E-Learning

Im Rahmen des Präventionsprogramms der NADA spielt die E-Learning-Plattform eine zentrale Rolle. Ein E-Learning-Kurs, der 2010 eingeführt wurde, vermittelt Grundwissen der Anti-Doping-Arbeit vor allem für Nachwuchsathleten. Über 20 000 Athletinnen und Athleten haben den Online-Kurs bereits absolviert (Stand: Juni 2016).

Seit April 2016 ist auch ein E-Learning-Kurs für Ärzte online. Schwerpunkte des Kurses sind sowohl die jeweils aktuelle Verbotsliste, als auch die Medizinischen Ausnahmegenehmigungen (Therapeutic Use Exemptions, TUE). Gerade bei der Behandlung junger Kaderathleten spielen diese beiden Punkte eine zentrale Rolle. Der Kurs dauert rund 30 Minuten. Nach erfolgreicher Beantwortung eines Multiple-Choice-Tests erhalten die teilnehmenden Ärzte ein Zertifikat. Zu erreichen ist die E-Learning-Plattform über das Präventionsangebot der NADA unter www.gemeinsam-gegen-doping.de sowie über den Bereich Medizin unter www.nada.de.

13.3.4 Weitere Informationsangebote der NADA

Neben der NADA-App steht seit 2011 die NADA-Facebook-Seite (www.facebook.com/NADA.Deutschland) zur Verfügung. Seit 2012 sind auf dem NADA-YouTube-Kanal regelmäßig Videos zu aktuellen NADA-Themen abrufbar, unter anderem zum Ablauf einer Urin- oder Blutkontrolle. Seit 2014 ist die NADA mit ihren Meldungen auch auf Twitter präsent. Für Spitzensportler ist ein USB-Stick erhältlich, auf dem der NADC und die wichtigsten Informationen und Vorschriften gespeichert sind.

Hinzu kommen Präventionsmaßnahmen in Form von Präsenzveranstaltungen, Workshops und Infostand-Einsätzen sowie Broschüren für Eltern, Trainer, Betreuer Anti-Doping-Beauftragte (ADB) usw. (Tab. 13.1). Für Lehrer bietet die NADA Lehrmaterialien mit dem Titel „Saubere Leistung – Grenzen akzeptieren" an, die das Bundesinstitut für politische Bildung, das Bundesinstitut für Sportwissenschaft, das Transferprojekt „Translating Doping" und die NADA gemeinsam entwickelt haben.

13.4 Maßnahmen der Sportvereine und -verbände

Neben der NADA sind auch die Sportverbände dazu aufgefordert, auf einheitliche Erziehungs- und Kommunikationsprogramme hinzuarbeiten, die dann von den regionalen Sportvereinen an der Basis umgesetzt werden. In dieses System sollten neben den Sportlern selbst auch Offizielle, Trainer und medizinische Betreuer sowie Eltern und Erzieher mit einbezogen sein. Die Sportfachverbände verwenden hierzu vielfach das von der NADA bereitgestellte Informationsmaterial. Eine besonders intensive Aufklärung erfolgt in aller Regel bei Jugendlichen oder Nachwuchskadern [3]. Neben diesen Maßnahmen zur Aufklärung von Athleten und Personen in deren Umfeld sollten die Sportverbände jedoch auch dafür Sorge tragen, dass Leistungssportler im Training nicht überfordert und nicht zu sehr mit Wettbewerben belastet werden. Erfolgreiche Athleten sollten von den Verbänden dazu ermuntert werden, nicht nur als Leistungsträger, sondern auch als Vorreiter im Kampf gegen Doping eine Vorbildfunktion für die Jüngeren zu übernehmen.

13.5 Prävention in Fitnessstudios

Von 2013 bis 2015 wurde das zweijährige Pilotprojekt „No roids inside" durch das Bundesministerium für Gesundheit (BMG) gefördert. Das Programm zur Prävention des Arzneimittelmissbrauchs in Fitnessstudios sollte die Möglichkeiten einer zielgerichteten Prävention des Anabolikamissbrauchs ausloten. Dazu wurden in verschiedenen Fitnessstudios unter Einbeziehung von Fitnesssportlern, Ärzten und Experten Seminare angeboten. Zusätzlich sollte ein internetgestütztes Online-Portal für Betroffene eingerichtet werden. Präventionsansätze sollten erprobt und geeignete Kooperationsbündnisse zur Prävention verbessert oder etabliert werden. Wie dem Ergebnisbericht zu dem Projekt zu entnehmen ist, wurden die vorgesehenen Hauptprojektziele (Verbesserung des Zugangs zur Zielgruppe Freizeitsportler, Verbesserung des Wissensstands über die Gefahren anaboler Steroide bei den Zielgruppen Freizeitsportler sowie Apotheker und Ärzte, Einrichtung einer Hotline für Steroidverwender) fast vollständig erreicht [4].

13.6 Sportliche Aktivität bei Kindern und Jugendlichen

Der Wert des Sports für die physische, psychische und soziale Entwicklung von Kindern und Jugendlichen ist sehr hoch einzuschätzen. Sie lernen hierbei Fair Play und Disziplin, sie lernen Regeln zu akzeptieren, ethische und moralische Werte zu verstehen, sich selbst und andere zu respektieren, Toleranz und Selbstbeherrschung, einen gesunden Lebensstil sowie Selbstvertrauen und Selbstachtung.

Wenn Kindern und Jugendlichen im Verein regelmäßig Sport treiben wollen, sollte ihnen frühzeitig beigebracht werden, im Training die richtige körperliche Belastung zu wählen, d. h., nicht zu wenig, aber auch nicht zu viel zu trainieren. Es sollte ihnen vermittelt werden, dass Pausen und Entspannung für den Leistungsaufbau genauso wichtig sind und dass diese nichts mit „Faulenzen" zu tun haben.

Sie sollten frühzeitig verinnerlichen, dass derjenige, der sich richtig ernährt, weder teure Zusatznahrung noch Dopingsubstanzen braucht, um sein Leistungspotenzial voll ausschöpfen zu können.

Bei Krankheit und Unwohlsein sollten Kinder und Jugendliche vorübergehend von sportlichen Aktivitäten ferngehalten werden. Antriebsschwäche und mangelnde Leistungsfähigkeit lösen dann ohnehin nur Frustrationen aus und verderben so die Freude am Sport.

Junge Menschen, die an Wettkämpfen teilnehmen, sollten lernen, Siege und Niederlagen nicht als „Geschenk" bzw. „Strafe" des Himmels, d. h. als etwas mehr oder weniger Unkalkulierbares hinzunehmen, sondern sich Erfolge im Wettkampf als Ergebnis ihres Trainings bewusst machen, und wenn es mal nicht so „läuft", nicht gleich versuchen, mit irgendwelchen Mitteln nachzuhelfen.

Sport kann für junge Menschen zerstörerisch sein, wenn überzogene Erwartungen, entweder der Sportler selbst und/oder seiner Eltern, Sportlehrer oder Betreuer in Vereinen schon in jungen Jahren in hohen Leistungsdruck verbunden mit exzessivem Training münden. Eltern sollten sich auch kritisch mit der Frage auseinandersetzen, ob sie ihre Kinder vertrauensvoll in die Hände von Trainern und Betreuern geben können, ob dort der richtige „Sportgeist" vorherrscht oder ob ein „ungesundes Klima" ihrem Kind möglicherweise eher zum Schaden als zum Wohl dienen könnte.

Kinder und Jugendliche sollten keine Scheu haben, wenn ihnen von Vereinskollegen, Schulkameraden oder auch über das Internet suggeriert wird, der Gebrauch von Dopingmitteln sei harmlos, sich in solchen Fällen vertrauensvoll an ihre Eltern, an ihre Lehrer und auch an den Hausarzt oder den Apotheker zu wenden.

13.7 Dopingaufklärung für Kinder und Jugendliche

13.7.1 Born to Run

Eines der bedeutendsten Projekte in der Präventionsarbeit 2013 der NADA war das Mobile Game „Born to Run", das die NADA gemeinsam mit der NADA Österreich und Antidoping Schweiz entwickelt hat. Der Protagonist des Spiels muss neben sportlichen Wettkämpfen in der „International Roof Running League (IRRL)" auch Trainingsrunden absolvieren und kann, wie ein Leistungssportler auch, unangekündigt und überraschend zur Dopingkontrolle aufgefordert werden. Natürlich gibt es, wie im richtigen Leben, nationale und internationale Ranglisten der besten Spieler. Gedopte Spieler verlieren ihre Punkte und müssen nach einer Sperre wieder ganz neu beginnen.

13.7.2 Benny beim Sport – ohne Doping

Auch die Website des Instituts für Biochemie der Deutschen Sporthochschule in Köln, dem eines der beiden deutschen WADA-akkreditierten Anti-Doping-Labors angegliedert ist, bietet Informationen an, die speziell auf Kinder und Jugendliche ausgerichtet sind: „Benny beim Sport – ohne Doping" [5].

13.7.3 Aktivitäten der Deutschen Sportjugend

Die Deutsche Sportjugend (dsj) befasst sich seit 1990 intensiv mit dem Thema Dopingprävention. Bereits im Jahr 2004 erschien in enger Zusammenarbeit mit der Pädagogischen Hochschule Heidelberg die Broschüre „Sport ohne Doping". Die dsj verfolgt mit ihrem Projekt Sport ohne Doping eine Top-down-Strategie. Dopingpräventionsfachleute (Referentenpool, Team dsj-Juniorbotschafter) schulen Ausbilderinnen bzw. Ausbilder und Multiplikatorinnen bzw. Multiplikatoren, die ihr Wissen in den Verbänden weitergeben uns stellt hierfür eine Reihe von Materialien zur Verfügung:

- Schulungsordner Dopingprävention,
- Broschüre: Sport ohne Doping,
- Athletenflyer: Sport ohne Doping,
- Arbeitsmedienmappe zur Dopingprävention,
- Juniorbotschafter/-innen für Dopingprävention [6].

13.8 Aufgaben des Apothekers

Der Apotheker als Arzneimittelfachmann ist dazu aufgerufen, bei der Aufklärung über die Gesundheitsgefahren durch Doping beim Sport, insbesondere bei Jugendlichen, mitzuwirken. Dies gilt für die Beratung bei der Abgabe von Arzneimitteln in der Apotheke, wobei der mit dem Anti-Doping-Gesetz eingeführte Warnhinweis in der Packungsbeilage und der Fachinformation (▶ Kap. 10.3.3) sowie die Dopingverbotslisten (▶ Kap. 12) hilfreich sein sollten, aber auch durch Vorträge und Informationsveranstaltungen in Schulen, Volkshochschulen, Sportvereinen und Fitnessstudios. Er könnte zudem mithelfen, auch bei den Ärzten und anderen Gesundheitsberufen das Bewusstsein für den Missbrauch von Arzneimitteln zu Dopingzwecken zu schärfen und ihnen das Rüstzeug an die Hand geben, damit sie eine kompetente Rolle in der Prävention übernehmen können.

Seit Ende 2009 arbeiten die NADA und die Bundesvereinigung Deutscher Apothekerverbände (ABDA) eng zusammen. Die Pharmazeuten der NADA führen praxisnahe Fortbildungen für die niedergelassenen Apotheker durch und informieren den pharmazeutischen Nachwuchs an Universitäten. Wesentlicher Bestandteil der Zusammenarbeit ist eine bundesweite Fortbildungsreihe über die Dopingrelevanz von Medikamenten für Pharmazeuten. Zudem wurde Ende 2015 die Fortbildungsreihe „Sportlerberatung in der Apotheke" für Apotheker gestartet.

Ende des Jahres 2010 war die NADA erstmalig auch bei der EXPOPHARM, der bedeutendsten pharmazeutischen Fachmesse in Europa, mit einem Informationsstand vertreten. Bei den Winterspielen 2010 in Vancouver und den Olympischen Spielen bzw. den Paralympics in London entsandte die NADA eine auf Fragen zum Anti-Doping spezialisierte Apothekerin in das Team der Bundesvereinigung Deutscher Apothekerverbände (ABDA).

13.9 Beteiligung des Staats an der Aufklärung über Doping

Nach dem Europäischen und dem Internationalen Übereinkommen gegen Doping (▶ Kap. 10.1.1, ▶ Kap. 10.1.2) verpflichten sich die Vertragsparteien, d. h. die Regierungen der Länder in Zusammenarbeit mit den betreffenden Sportorganisationen und den Massenmedien, ebenfalls auf dem Gebiet der Aufklärung und Prävention tätig zu werden. Die Aktivitäten sollen sich sowohl an junge Menschen in Schulen und Sportvereinen als auch an deren Eltern sowie an erwachsene Sportler und Sportlerinnen, an Sportverantwortliche und -betreuer sowie an Trainer richten.

13.9.1 Nationaler Dopingpräventionsplan

Zur Koordinierung aller Dopingpräventionsprojekte in Deutschland wurde im August 2009 der Nationale Dopingpräventionsplan (NDPP) ins Leben gerufen. Dabei handelt es sich um ein Kooperationsprojekt der NADA, des DOSB, der Deutschen Sportjugend (dsj), des Bundesministeriums des Innern sowie der Sportminister- und Sportreferentenkonferenz der Länder (SMK/SRK). Mit der Initiative sollen die Präventionsmaßnahmen in den Strukturen des Sports gegen Doping auf der Grundlage eines abgestimmten Rahmenkonzepts systematisch miteinander vernetzt werden. Dabei sollen Erfahrungen ausgetauscht, neue Kooperationen in der Dopingprävention initiiert und Synergien geschaffen werden. Der Nationale Dopingpräventionsplan umfasst nicht nur Präventionsmaßnahmen für den Spitzensport, sondern auch für den Breitensport. Abgestimmt werden die Projekte in einem „Runden Tisch zur Dopingprävention" [7].

Seit 2010 ist die Geschäftsstelle des Nationalen Dopingpräventionsplans bei der NADA angesiedelt. Seither wurden jährlich zahlreiche Projekte über den NDPP umgesetzt. Die NADA hat im Rahmen des Nationalen Dopingpräventionsplans eine Online-Datenbank für Dopingpräventionsaktivitäten freigeschaltet (www.dopingpraeventionsplan.de). Sie soll einen Überblick über laufende und geplante Maßnahmen und Projekte in der Dopingprävention ermöglichen. Anhand einer Deutschlandkarte können sich Interessierte einen Überblick über bereits abgeschlossene, aktuell laufende und geplante Präventionsaktivitäten verschaffen. Zu finden sind dabei nicht nur Aktivitäten für den Spitzensport, sondern auch für die Bereiche Breitensport, Gesundheit sowie Fort- und Weiterbildung. Die Datenbank ist für jeden frei zugänglich.

13.9.2 Bundeszentrale für gesundheitliche Aufklärung

Die Bundeszentrale für gesundheitliche Aufklärung (BZgA), die im Auftrag des Staats Aufgaben auf dem Gebiet der Krankheitsprävention wahrnimmt, initiiert im Bereich der Dopingbekämpfung ebenfalls Projekte, die darauf abzielen, in allen Bereichen des täglichen Lebens ein kritisches Bewusstsein gegenüber leistungssteigernden Mitteln zu wecken. Dazu gehört u. a. die Initiative „Kinder stark machen", die das Ziel hat, das Selbstvertrauen und Selbstwertgefühl von Heranwachsenden zu stärken und ihre Konflikt- und Kommunikationsfähigkeit zu fördern und die Gut-drauf-Tipps „Fitness, Sport, Body" und „Fit ohne Pillen", die sich an Jugendliche richten [8].

Literatur

[1] Breuer C, Hallmann K (Deutsche Sporthochschule Köln, Stiftung Deutsche Sporthilfe). Dysfunktionen des Spitzensports: Doping, Match-Fixing und Gesundheitsgefährdungen aus Sicht von Bevölkerung und Athleten, 2013
[2] www.sportunterricht.de/lksport/dopefrei.html
[3] Müller-Platz C, Boos C, Müller RK. Gesundheitsberichterstattung des Bundes: Doping beim Freizeit- und Breitensport, 34: 2006
[4] Katholische Hochschule Nordrhein-Westfalen. No Roids Inside – ein Programm zur Prävention des Medikamentenmissbrauchs in Fitnessstudios. Sachbericht für das Bundesministerium für Gesundheit, Juli 2015
[5] www.dopinginfo.de
[6] Alle abrufbar unter: www.dsj.de/nc/publikationen

[7] Beobachtende Begleitgruppe (T-DO). Übereinkommen gegen Doping. Projekt zur Einhaltung der eingegangenen Verpflichtungen. Einhaltung des Übereinkommens gegen Doping durch Deutschland. Selbstevaluierung Deutschlands. Bericht des Evaluierungsteams, Stellungnahme Deutschlands. Informatorische Übersetzung (0938/2010), 27.04.2010 T-DO (2010) 17

[8] www.bzga.de

14 Doping bei Tieren

14.1 Internationale sportrechtliche Anti-Doping-Regeln im Pferdesport   188
14.2 Dopingverbotsregeln der Deutschen Reiterlichen Vereinigung........   190
14.3 Strafrechtliche Normen zum Doping bei Tieren..........................   199

Die Anwendung von Dopingmitteln im Rahmen von sportlichen Wettbewerben kommt am ehesten bei Pferden, Hunden und Tauben in Betracht.

In der Praxis ist Doping vor allem im Pferdesport relevant. Das Dopingverbot im Pferdesport beruht auf folgenden Grundlagen [1]:

- Tierschutz der am Wettkampf teilnehmenden Pferde,
- sportethischer Grundsatz eines fairen sportlichen Wettkampfs i. S. der Gewährleistung gleicher Voraussetzungen für alle Wettkampfteilnehmer,
- Schutz anderer Wettkampfteilnehmer vor den Gefährdungen, die von gedopten und außer Kontrolle geratenen Tieren ausgehen,
- Verhinderung einer falschen Zuchtauslese durch Vortäuschung eines unzutreffenden Leistungsstandards unter dem Einfluss von Dopingmitteln,
- Schutz vor Täuschung des zahlenden und wettenden Publikums, das entscheidend zur Erhaltung und Förderung des Pferdesports beiträgt,
- mögliche strafrechtliche Relevanz eines Betrugstatbestands bzw. eines Verstoßes gegen das Arzneimittel- oder das Betäubungsmittelgesetz.

Das Bundesministerium für Ernährung, Landwirtschaft und Verbraucherschutz hat bereits im Jahr 1992 Leitlinien einer Arbeitsgruppe „Tierschutz und Pferdesport" herausgegeben, deren Kapitel IV sich mit Doping befasst und das im Kasten abgedruckt ist: [2]. Die vor mehr als zwanzig Jahren postulierten Prinzipien und Ansätze haben heute bereiten Niederschlag in den sportrechtlichen Dopingverbotsregeln bei Pferden gefunden (▶ Kap. 14.1.2, ▶ Kap. 14.2.1).

Tierschutz im Pferdesport

IV. Doping

1. Im Pferdekörper dürfen zum Zeitpunkt eines Wettkampfs kein Pharmakon und keine körperfremde Substanz enthalten sein.
   Die Frage, ob ein Verstoß gegen § 3 Nr. 1 des Tierschutzgesetzes und damit eine Ordnungswidrigkeit vorliegt, ist durch Sachverständige, die zuständigen Behörden und letztlich die Gerichte im Einzelfall zu entscheiden.

2. Zur Begriffsbestimmung der Substanzen, die als Dopingmittel im Sinne dieser Leitlinie gelten, können jene Kriterien der Pferdesportverbände herangezogen werden, die von diesen in „Dopinglisten" oder als „unerlaubte Mittel" zur Verhinderung von „Doping" genannt werden. In den Auflistungen werden auch Substanzen genannt, von deren Verabreichung kein Schaden oder Nachteil für das Pferd zu erwarten ist. Das Tierschutzgesetz interpretiert anders, als es durch die Verbände geschieht; „Dopingmittel" im Sinne dieses Gesetzes decken nur einen Aspekt der sehr umfangreichen Doping-Problematik ab. Die verbandsrechtlichen Bestimmungen berücksichtigen über die im Tierschutzgesetz angesprochenen Beweggründe hinaus weitere Kriterien. Es ist deshalb Aufgabe der Verbände, Doping-Richtlinien zu erlassen und ihre Ziele mithilfe ihrer Verbandsregeln zu verfolgen und durchzusetzen. Verstöße gegen die Doping-Richtlinien unterliegen verbandsinterner Ahndung. Werden Tatsachen bekannt, die den Verdacht eines Verstoßes gegen das Tierschutzgesetz rechtfertigen, sind die zuständigen Behörden unverzüglich zu unterrichten.
3. Im Hinblick auf die Lebensmittelgewinnung festgelegte Wartezeiten für Tierarzneimittel sind für die „Doping-Problematik" nicht anwendbar.
Nach Verabreichung eines Medikaments ist ein Pferd ggf. in einem anstehenden Wettbewerb nicht startberechtigt. Unabhängig davon ist dafür Sorge zu tragen, dass das Pferd im Krankheitsfall die erforderliche Behandlung erhält.
Im Zweifel über den Zustand des Pferds muss der Tierarzt hinzugezogen und die Rennleitung/Richtergruppe informiert werden.
4. Allen Ausbildern, Reitern, Trainern und Fahrern muss die Gesamtproblematik des Dopings bekannt sein, insbesondere das Verbot der Anwendung von Dopingmitteln.
5. Zur Verhinderung von Doping sind Kontrollen erforderlich, die verbandsrechtlich geregelt sind. Sie erstrecken sich auf:
    - den Nachweis chemischer Substanzen („Dopingmittel" und deren Metaboliten),
    - das Verbot von Eigenblut- und Sauerstoffbehandlung,
    - die tierärztliche Überwachung.
Die Feststellung der Anwendung eines „Dopingmittels" erfordert dessen Nachweis, wobei die zur Analyse kommenden Körperflüssigkeiten, z. B. Harn und/oder Blut, durch die individuellen Verbandsregeln vorgeschrieben werden.
6. Verantwortlich für die praktische Ausführung der Doping-Kontrollmaßnahmen auf dem Gelände der Veranstaltung sind die Verbände, Veranstalter, Rennleitungen, Richter und die mit der Entnahme beauftragten Personen. Dazu gehört:
    - die Bereitstellung des „Doping-Bestecks",
    - die Auswahl der zur Kontrolle kommenden Pferde, die Überwachung der Pferde vor, während und nach dem sportlichen Wettbewerb,
    - Bereitstellung einer für die Dopingprobenentnahme geeigneten Box bzw. bei kleineren Veranstaltungen eines geeigneten abgesperrten Platzes,
    - die Anordnung einer Dopingkontrolle bei Verdacht (unabhängig von Routinekontrollen),
    - die ordnungsgemäße Lagerung und der Versand der Dopingproben.
Reiter, Fahrer und Trainer oder deren Beauftragte tragen vor und nach dem Wettbewerb die alleinige Verantwortung für das Pferd.

Es leuchtet ein, dass der WADA-Code, der ursprünglich für den Humansport konzipiert wurde, sich nicht „eins zu eins" auf den Pferdesport übertragen lässt, bei dem das Dopen von Tieren im Vordergrund steht. Dennoch enthält er auch Basisanforderungen für Anti-Doping-Regeln für Tiere, die den jeweiligen Spitzenverbänden mehr Gestaltungsspielraum lassen, als dies bei den Verbänden im Humansport der Fall ist [3].

Nach dem WADA- bzw. dem NADA-Code (in beiden Art. 16) sollen die Anti-Doping-Bestimmungen für Tiere, die an Wettkämpfen teilnehmen, durch den internationalen Sportfachverband der jeweiligen Sportart festgelegt und umgesetzt werden. Sie sollen eine Liste verbotener Substanzen, ein geeignetes Dopingkontrollverfahren und eine Liste anerkannter Labors für die Analyse von Proben beinhalten (Art. 16.1 NADC). Hinsichtlich der Feststellung von Verstößen gegen Anti-Doping-Bestimmungen, des Ergebnismanagements, ordnungsgemäßer Disziplinarverfahren, der Konsequenzen und der Rechtsbehelfsverfahren bei Tieren im Sport, soll der Internationale Sportfachverband dieser Sportart für die Tiere, die an der Sportart beteiligt sind, Regeln festlegen und umsetzen, wobei teilweise auf die Bestimmungen für Menschen verwiesen wird (Art. 16.2 NADC). Es bleibt der NADA unbenommen, ein geeignetes Dopingkontrollverfahren für Tiere, die an sportlichen Wettkämpfen teilnehmen, einzurichten (Art. 16.3 NADC) [4].

Die besondere Behandlung des Pferdesports in der internationalen Dopingbekämpfung ist auf die Einzigartigkeit dieser Sportart zurückzuführen, bei der Mensch und Tier gemeinsam um den sportlichen Erfolg kämpfen. Nach der Intention des Art. 16 WADC steht das Tier als Athlet im Vordergrund. Dabei können Tiere mit anderen Formen der künstlichen Leistungssteigerung konfrontiert werden als Humansportler. Neben dem Athleten selbst wird auch im Pferdesport dessen personelles Umfeld mit in die Verantwortung genommen und den verschärften Pflichten, Kontrollen und Sanktionen des Codes beziehungsweise der Verbandsregelwerke unterworfen. Dies ist im Hinblick auf den Tierschutz von großer Bedeutung, denn das Pferd ist der Leistungsmanipulation (auch durch Dritte) hilflos ausgeliefert [3].

14.1 Internationale sportrechtliche Anti-Doping-Regeln im Pferdesport

International ist der Reitsport in der Fédération Equestre Internationale (FEI) organisiert [5]. Die Internationale Reiterliche Vereinigung wurde 1921 gegründet und hat ihren Sitz in Lausanne, Schweiz. Sie ist für die Reitsportdisziplinen Springen, Dressur, Vielseitigkeit, Fahren, Westernreiten, Distanzreiten, Voltigieren und Behindertenreiten zuständig. Weltweit sind 133 nationale Verbände Mitglieder der FEI. Die deutsche Nationalföderation ist die Deutsche Reiterliche Vereinigung (▶ Kap. 14.2).

Die FEI bestimmt weltweit die internationalen Regeln für die offiziellen Disziplinen und ist Veranstalter aller internationalen Turniere, die von ihren Mitgliedern ausgerichtet werden. Auch die medizinische Betreuung und Anti-Doping-Tests bei internationalen Turnieren fallen in den Zuständigkeitsbereich der FEI. Ein wichtiges Ziel der FEI ist die faire und schonende Behandlung des Pferds in allen Wettbewerben. Sie hat hierzu einen Verhaltenskodex aufgestellt (Code of Conduct). Dieser beinhaltet die Überwachung von Gesundheit und Wohlergehen der Pferde, die an Turnieren oder Wettbewerben teilnehmen und das Respektieren der Prinzipien der Reitkunst [5].

Die FEI hat zwei Anti-Doping-Programme. Hierzu unterhält sie im Rahmen ihrer "Clean Sport Initiative" ein spezielles Portal mit zwei Sektionen, eins für das Anti-Doping-Regelwerk für Menschen und eins für Pferde (www.fei.org/fei/cleansport/horses). Dort finden sich alle relevanten Informationen, unter anderem auch ein Video zum Ablauf einer Dopingkontrolle beim Pferd.

Nationale Reitsportverbände betreiben im Rahmen ihrer Turniere eigene Anti-Doping-Testprogramme (▶ Kap. 14.2.1).

14.1.1 FEI Anti-Doping-Regeln für Menschen

Das FEI-Anti-Doping-Regelwerk für Menschen (Anti-Doping Rules for Human Athletes, ADRHA) wurde in Anlehnung an den Welt Anti-Doping Code (WADC) entwickelt und basiert derzeit auf dem WADC 2015. Ansonsten verweist die FEI bezüglich des Dopings am Menschen auf die Regeln der WADA. Die FEI ist Unterzeichner des WADC [6].

14.1.2 FEI Anti-Doping-Regeln für Pferde

Doping und Medikationskontrollen für Pferde werden im FEI-Regelwerk für Anti-Doping und kontrollierte Medikation (FEI Equine Anti-Doping and Controlled Medication Regulations, EADCMRs) [7], den Veterinärregularien und der FEI-Lise für verbotene Substanzen [8] geregelt.

Die EADCMRs gliedern sich auf in zwei Bereiche:

- Anti-Doping-Regeln (Equine Anti-Doping Rules),
- Regeln zur kontrollierten Medikation (Equine Controlled Medication Rules).

Nach den EADCMR gelten die Athleten als „verantwortliche Person" für ihr Wettkampf-Pferd. Sie müssen sicherstellen, dass das Pferd keine verbotenen Substanzen bekommen hat und werden mit Sanktionen belegt, wenn ihr Pferd positiv getestet wird. Die Verantwortlichkeiten der Reitsport-Athleten in diesem Zusammenhang hat die FEI in einem Dokument mit den „Key Facts" niedergelegt, das ebenfalls Clean Sport-Portal zu finden ist.

Das FEI-Regelwerk sieht sowohl Wettkampf- als auch Trainingskontrollen bei Pferden vor (Art. 5.1 EADCMRs). Die entsprechende Formulierung „shall be subject to intelligence-based out-of-competition testing" lässt allerdings darauf schließen, dass die FEI die Durchführung von Trainingskontrollen nur für den Fall vorsieht, dass bereits ein konkreter Verdacht eines Dopingverstoßes besteht. Nach dem EADCMRs bleibt es den nationalen Mitgliedsverbänden überlassen, eigene Regeln zu Trainingskontrollen zu erlassen (▶ Kap. 14.2.7, ▶ Kap. 8.2.3) [3]. In FEI-Turnieren kann jedes Pferd getestet werden. Die Anti-Doping-Tests der FEI sind standardisiert. Urin- und Blutproben werden in Laboratorien analysiert, die von der FEI zugelassen sind.

Bei einem absichtlichen oder unabsichtlichen Verstoß gegen das FEI-Regelwerk für Anti-Doping und kontrollierte Medikation wird der Athlet mit Strafen (Sperre und Geldstrafe) belegt. Zusätzlich können Mitglieder des Betreuer-Teams des Athleten belangt werden [7].

14.1.3 FEI-Liste verbotener Substanzen für Pferde

Die „Equine Prohibited Substances List" der FEI [8] ist das Pendant zur Verbostliste der WADA im Humansport für den internationalen Pferdesport. Bedingt durch die geltende „Null-Toleranz" (▶ Kap. 14.2.4) und den Einsatz verschiedenster Wirkstoffe im Pferdesport, ist die Verbostliste für Pferde deutlich länger als die WADA-Verbotsliste [3].

Die FEI-Verbotsliste enthält alle Substanzen, deren Einsatz bei Pferden bei Veranstaltungen der FEI verboten ist. Substanzen, die dort nicht aufgeführt sind, sind nicht verboten, es sei denn, eine Substanz besitzt eine vergleichbare chemische Struktur oder biologische Effekte wie eine Substanz auf der Liste. Dann fällt sie ebenfalls unter das Verbot. Die Liste steht als alphabetische Auflistung der verbotenen Einzelsubstanzen mit Zuordnung zur Wirkung oder Wirkstoffklasse (z. B. Acebutolol – Betablocker) oder auch als Datenbank oder App zur Verfügung. Sie wird jährlich überprüft und ggf. aktualisiert. Die Liste ist in zwei Kategorien aufgeteilt, verbotene Substanzen und kontrollierte Medikation.

- Verbotene Substanzen (banned substances) sind solche, von denen angenommen wird, dass es für ihren Einsatz bei Sportpferden keine Legitimation gibt und/oder die ein hohes Missbrauchspotenzial besitzen. Verbotene Substanzen dürfen bei Sportpferden zu keiner Zeit (das heißt auch nicht außerhalb des Wettkampfs) verwendet werden.
- Kontrollierte Medikation (controlled medication) meint Substanzen, die einen therapeutischen Wert für die Pferde haben und/oder die in der Pferdemedizin häufig eingesetzt werden. Kontrollierte Medikation könnte die Leistung eines Pferds beeinflussen oder ein Risiko für das Wohlergehen des Pferds mit sich bringen.

Substanzen, die als kontrollierte Medikation gelten, dürfen einem Wettkampf-Pferd nicht gegeben werden, ohne vorher einen Tierarzt zu konsultieren und müssen im FEI-Medikationsbuch eingetragen werden. Das internationale Reglement der FEI [7] sieht für Pferde die Möglichkeit zur Erteilung von therapeutischen Ausnahmegenehmigungen vor. Soll ein Pferd im Vorfeld oder während des Wettbewerbs mit einer Substanz behandelt werden, die auf der Medikationskontrollliste der FEI steht – der Einsatz von Dopingsubstanzen ist per se verboten – muss der Reiter oder sein behandelnder Tierarzt eine Equine Therapeutic Use Exemption (ETUE) beantragen. Dies kann auch noch kurz vor dem beabsichtigten Start bei einem FEI-Event geschehen.

Alle Infos, auch zu Änderungen der Liste, Grenzwerten oder Nachweiszeiten sind auf der FEI-Clean-Sport-Website erhältlich.

Die FEI weist darauf hin, dass die Athleten selbst das Risiko tragen, wenn sie den Pferden Ergänzungsmittel, Kräuterheilmittel oder ähnliche Produkte verabreichen. Auch im Hinblick auf ein mögliches Risiko mit verbotenen Substanzen rät die FEI in einem speziellen Merkblatt zu höchster Vorsicht [9].

14.2 Dopingverbotsregeln der Deutschen Reiterlichen Vereinigung

Im Bereich des Pferdesports in Deutschland reglementieren die Doping-Bestimmungen der drei wichtigsten Pferdesportverbände die Bekämpfung des Dopings. Diese sind

- die Deutsche Reiterliche Vereinigung e. V. (FN) [10],
- der Hauptverband für Traberzucht e. V. (HVT) [11] und
- das Direktorium für Vollblutzucht und Rennen e. V. (DVR) [12].

Die Anti-Doping-Regeln des HVT finden sich im Wesentlichen in § 10 A der Satzung und in § 93 der Trabrennordnung (TRO) sowie in den Durchführungsbestimmungen zur Feststellung und Verhinderung von Doping gem. § 93 TRO. Hierin sind die erlaubten und nicht erlaubten Mittel aufgelistet. Hinzu kommen Durchführungsbestimmungen für Trainingskontrollen gemäß § 93 TRO [13].

Die Deutsche Reiterliche Vereinigung, nach ihrer internationalen Bezeichnung Fédération Equestre Nationale (FN), mit Sitz in Warendorf, ist der Dachverband aller Züchter, Reiter, Fahrer und Voltigierer in Deutschland. Mit 7598 Vereinen und fast 700 000 Mitgliedern ist die FN der neuntgrößte deutsche Sportverband und die weltweit größte Pferdesport-Vereinigung. Die Deutsche Reiterliche Vereinigung ist zuständig für alle Fragen, die direkt oder indirekt mit dem Pferd, seiner Zucht, Haltung und Ausrüstung, seiner Ausbildung und Nutzung durch den Menschen zu tun haben. Sie entwickelt und koordiniert die Maßnahmen der Reiter, Fahrer und Züchter, Pferdebesitzer und Veranstalter, Vereine und Verbände, die sich mit diesen Fragen befassen. In diesem Zusammenhang verfasst die FN einheitliche Richtlinien, Regelwerke und Bestimmungen wie z. B. eine Ausbildungs- und Prüfungsordnung (APO), Leistungsprüfungsordnung (LPO) oder eine den tierzuchtrechtlichen Bestimmungen entsprechende Zuchtverbandsordnung (ZVO).

Neben dem Sport ist die Pferdezucht der zweite große Bereich der Deutschen Reiterlichen Vereinigung. 25 Pferde- und Ponyzuchtverbände sind im FN-Bereich Zucht zusammengeschlossen. Nach Angaben der FN wurden auf den Reitpferdeauktionen der Zuchtverbände im Jahr 2015 884 Reitpferde zu einem Durchschnittspreis von rund 22 000 Euro versteigert. Der Gesamtumsatz dieser Auktionen lag über 19 Millionen Euro, aus der Sicht des Verbands ein Indiz für den Wirtschaftsfaktor Pferd [14].

14.2.1 Die Anti-Doping- und Medikamentenkontrollregeln (ADMR)

Die Basis für den dopingfreien Pferdesport im Geltungsbereich der FN auf nationaler Ebene bilden die Anti-Doping- und Medikamentenkontrollregeln (ADMR) der Deutschen Reiterlichen Vereinigung (FN; ◘ Tab. 14.1) [15]. Die FN hat mit der NADA eine Trainingskontrollvereinbarung geschlossen, mit der sie den NADA-Code als maßgebliches Anti-Doping-Regelwerk für den deutschen Sport grundsätzlich anerkennt. Die ADMR wurden nach den Vorgaben des NADA-Codes [4] erarbeitet und sind Bestandteil der Leistungs-Prüfungs-Ordnung (LPO). Die aktuellen ADMR gelten seit dem 28.04.2011. Für deutsche Reiter, Fahrer und Voltigierer, die auf internationalen Veranstaltungen starten, gilt für den Zeitraum des Wettkampfs des Reglement der Internationalen Reiterlichen Vereinigung (FEI, ▶ Kap. 14.1). Dies betrifft auch die internationalen Turniere, die in Deutschland stattfinden.

Die ADMR definieren die Nachweis- und Untersuchungsverfahren, die Art der Verstöße und möglicher Sanktionen. Verantwortlich für die Einhaltung der ADMR ist immer der Reiter, Fahrer, Longenführer, Voltigierer, Besitzer und/oder Eigentümer des Pferds.

14.2.2 Listen der verbotenen Substanzen und Methoden

Zu den Anti-Doping und Medikamentenkontrollregeln der FN gehören auch die Listen, in denen die verbotenen Substanzen und Methoden detailliert aufgeführt sind.
Diese beinhalten die:
- Dopingsubstanzen und verbotenen Methoden (im Wettkampf verboten),
- verbotenen Substanzen – unerlaubte Medikation (im Wettkampf verboten),
- im Training verbotenen Dopingsubstanzen und Methoden (auch im Wettkampf verboten).

Für manche Substanzen gelten Grenzwerte für einen Regelverstoß. Im Unterschied zu den internationalen Listen der FEI handelt es sich bei den nationalen in der Regel um „offene" Listen, das heißt, es werden Substanzklassen und Methoden verboten aber keine einzelnen Wirkstoffe. Die aufgezählten Wirkstoffe stellen lediglich Beispiele dar und sind

☐ **Tab. 14.1** Übersicht über die Anti-Doping- und Medikamentenkontrollregeln für den Pferdesport (ADMR) der Deutschen Reiterlichen Vereinigung e.V. (FN), Stand: 28.04.2011

Artikel	
1	Definition von Verstößen gegen Anti-Doping- und Medikamentenkontrollregeln
2	Verstöße gegen Anti-Doping- und Medikamentenkontrollregeln
2.1	Das Vorhandensein einer verbotenen Substanz, ihrer Metaboliten oder Marker in den Körpergewebs- oder Körperflüssigkeitsproben eines Pferdes
2.2	Der Gebrauch oder der Versuch des Gebrauchs einer verbotenen Substanz oder einer verbotenen Methode
2.3	Die Weigerung oder das Unterlassen ohne zwingenden Grund, das Pferd nach entsprechender Aufforderung einer zulässigen Probenahme zu unterziehen oder jede anderweitige Umgehung einer Probenahme
2.4	Unzulässige Einflussnahme oder versuchte unzulässige Einflussnahme auf irgendeinen Teil des Doping- oder Medikamentenkontrollverfahrens
2.5	Der unberechtigte Besitz und der unberechtigte Handel mit verbotenen Substanzen oder verbotenen Methoden
2.6	Jegliche Unterstützung, Aufforderung, Beihilfe, Anleitung, Anstiftung, Verschleierung oder sonstige Tatbeteiligung bei einem Verstoß gegen diese Anti-Doping- und Medikamentenkontrollregeln
2.7	Verstöße gegen die im Rahmen des Trainingskontrollprogramms übernommenen Verpflichtungen; der Benennung des Aufenthaltsorts eines Pferds sowie der ordnungsgemäßen Führung des Stallbuchs
3	Nachweis eines Verstoßes gegen Anti-Doping- oder Medikamentenkontrollregeln
3.1	Beweislast und Beweismaß
3.2	Verfahren zur Feststellung von Tatsachen und Vermutungen
4	Die Verbotsliste für den Pferdesport
4.1	Aufnahme der Verbotsliste für den Pferdesport
4.2	Überprüfung und Veröffentlichung der verbotenen Substanzen und verbotenen Methoden, die in der Verbotsliste für den Pferdesport genannt sind
4.3	Kriterien für die Aufnahme von Substanzen und Methoden in die Verbotsliste für den Pferdesport
5	Kontrollen
5.1	Kontrollbefugnis
5.2	Kontrollbefugnis (für Trainingskontrollen)
6	Analyse von Proben

Tab. 14.1 Übersicht über die Anti-Doping- und Medikamentenkontrollregeln für den Pferdesport (ADMR) der Deutschen Reiterlichen Vereinigung e.V. (FN), Stand: 28.04.2011 (Fortsetzung)

Artikel	
6.1	Zweck der Probenanalyse
6.2	Verwendung der Proben
7	**Durchführung der Medikationskontrollen**
7.1	Beschreibung des Kontrollverfahrens
7.2	Vorläufige Suspendierung
8	**Disziplinarverfahren**
8.1	Allgemeines
8.2	Verfahrensgrundsätze
8.3	Säumnis
9	**Automatische Annullierung von Einzelergebnissen**
10	**Sanktionen**
10.1	Ausschluss von LP[1]/PLS[2] (Sperre) und Geldbuße wegen des Vorhandenseins verbotener Dopingsubstanzen oder der Anwendung verbotener Methoden sowie des Gebrauchs oder versuchten Gebrauchs einer verbotenen Substanz oder einer verbotenen Methode
10.2	Ausschluss von LP/PLS (Sperre) und Geldbuße wegen des Vorhandenseins verbotener Substanzen (unerlaubte Medikation)
10.3	Sperren für Verstöße gegen Art. 2,3 (Weigerung/Unterlassen zulässiger Probenentnahme Folge zu leisten oder jede anderweitige Umgehung einer Probenentnahme), Art. 2,4 (unzulässige Einflussnahme auf Doping- oder Medikamentenkontrollverfahren), Art. 2.5 (unberechtigter Besitz/unberechtigtes Handeln mit verbotenen Substanzen oder verbotenen Methoden), Art. 2.6 (Unterstützung, Anstiftung, Beihilfe etc.) und Art. 2,7 (Aufenthaltsort des Pferds/Führung eines Stallbuchs)
10.4	Absehen von einer Sperre oder Herabsetzung der Sperre aufgrund außergewöhnlicher Umstände (kein Verschulden, kein signifikantes Verschulden – hier auch: Kronzeugenregelung und Geständnis)
10.5	Erschwerende Umstände, die zu einer Heraufsetzung der Sperre führen können
10.6	Status während der Sperre
10.7	Sperre des Pferds
11	**Rechtsbehelf**
11.1	Rechte der NADA im Rahmen des Trainingskontrollprogramms
12	**Verjährungsfrist**
13	**Anwendbarkeit**

[1] Leistungsprüfung, [2] Pferdeleistungsschau

nicht abschließend. Die Liste der verbotenen Subtanzen entspricht im Wesentlichen der FEI-Liste, beinhaltet jedoch auch Abweichungen, die in der Vergangenheit immer wieder zu Rechtsunsicherheiten bei international agierenden Reitern und Tierärzten führten. Die Deutsche Reiterliche Vereinigung (FN) stellt auf ihrer Website eine Übersicht mit den wichtigsten Gemeinsamkeiten und Unterschieden zwischen nationalen und internationalen (FEI) Einstufungen bereit (www.pferd-aktuell.de, unter FN-Shop, Broschüren, fairer Sport).

Der folgende Text liefert lediglich einen groben Überblick über die Listen der verbotenen Substanzen und der verbotenen Methoden der Deutschen Reiterlichen Vereinigung (Stand: 06.12.2012). Grenzwerte sind in der Übersicht nicht ausgewiesen. Für verlässliche Angaben müssen unbedingt die konkreten Listen konsultiert werden [16].

Anhang I Liste der Dopingsubstanzen und verbotenen Methoden (im Wettkampf verboten)
1. Dopingsubstanzen
- Stimulanzien,
- Sedativa und Narkotika,
- anabole Substanzen,
- Diuretika oder andere maskierende Substanzen (u. a. Plasmavolumenexpander),
- Peptidhormone und verwandte Substanzen oder Analoge, u. a. Erythropoese stimulierende Agenzien, Choriongonadotropin ((H)CG) und Luteinisierendes Hormon (LH), Insulin, Corticotropine, Wachstumshormon (GH), Insulin-like Growth Factor 1 (IGF-1), Mechano Growth Factors (MGFs), Platelet-Derived Growth Factor (PDGF), von Blutplättchen abgeleitete Aufbereitungen (z. B. Platelet Rich Plasma, PRP),
- Hormon-Antagonisten und -Modulatoren, u. a. Aromatase-Inhibitoren, selektive Estrogen-Rezeptoren modifizierende Substanzen (SERMs), andere antioestrogene Substanzen, Agenzien, die die Myostatinfunktion(en) verändern.

2. Verbotene Methoden
Verstärkung/Vermehrung des Sauerstoffaustauschs
1. Blutdoping,
2. künstliche Verbesserung der Aufnahme, des Transports oder der Freisetzung von Sauerstoff (u. a. Perfluoroverbindungen, Efaproxiral – RSR13) und modifizierte Hämoglobinprodukte, ausschließlich supplementäre Sauerstoffzufuhr.

Chemische und physikalische Manipulation
1. Beeinflussen oder der Versuch der Einflussnahme zur Veränderung der Integrität und Verwertbarkeit von Proben,
2. intravenöse Infusionen (außer im Rahmen von Klinikaufenthalten oder klinischen Untersuchungen),
3. jegliche Manipulation an einem Teil des Körpers zur Veränderung der Sensibilität, u. a. durch,
   a) Neurektomie an den Gliedmaßen,
   b) Hyper- beziehungsweise Desensibilisierung durch Irritanzien u./o. Rubefacienzien, wie z. B. Senföle, Terpentine, Capsaicin sowie synthetische Abkömmlinge (z. B. Nonivamid),

4. Tracheotubus,
5. Stoßwellentherapie innerhalb von fünf Tagen vor der Wettkampfteilnahme.

Gendoping
1. Transfer von Zellen oder genetischen Elementen (z. B. DNS, RNS, Stammzell-Therapie),
2. Gebrauch von pharmakologischen oder biologischen Agenzien, die die Genexpression verändern, z. B. GW 1516

Anhang II Liste der verbotenen Substanzen – unerlaubte Medikation (im Wettkampf verboten)

Substanzen, die auf das Nervensystem, Herz-Kreislauf-System, Atmungssystem, Verdauungssystem, Harnsystem, die Geschlechtsorgane, das Muskel- und Skelettsystem, die Haut, gegen Infektionserreger wirken oder wirken können oder wirken sollen (jeweils nicht abschließende konkrete Auflistungen von Substanzen)
  Darüber hinaus sind verboten:

- Antihistaminika, Glucocorticoide, Homöopathika bis zu einer Verschüttelung (Dilution) von D6 einschließlich,
- Phytotherapeutika (wie z. B. Arnika, Ingwer).

Anhang III Liste der im Training verbotenen Dopingsubstanzen und Methoden (auch im Wettkampf verboten)

1. Dopingsubstanzen
- Stimulantia (Substanzkatalog nicht identisch mit Anhang I),
- Sedativa und Narkotika (Substanzkatalog nicht identisch mit Anhang I),
- anabole Substanzen (Substanzkatalog nicht identisch mit Anhang I),
- Peptidhormone und verwandte Substanzen oder Analoge (im Wesentlichen wie in Anhang I),
- Hormon-Antagonisten und -Modulatoren (wie in Anhang I).

2. Verbotene Methoden
- Verstärkung/Vermehrung des Sauerstoffaustauschs (wie in Anhang I),
- chemische und physikalische Manipulation (wie in Anhang 1 mit Ausnahme von Nr. 5),
- Gendoping (wie in Anhang I, ausgenommen hiervon ist die Anwendung von Stammzellen (im Training erlaubt).

Ausnahmen
Die Anwendung/Verabreichung folgender in Deutschland bei Pferden zugelassenen Substanzen in zeitlichem Zusammenhang mit der Wettkampfteilnahme ist erlaubt:

- Impfstoffe gemäß Durchführungsbestimmungen zu § 66.6.10,
- Substanzen zur Bekämpfung von Endoparasiten,
- Paramunitäts-Inducer,
- Desinfektionsmittel und Insektenschutzmittel,
- die äußerliche Anwendung von ätherischen Ölen,
- die orale Verabreichung von Mineralstoffen, Vitaminen, Elektrolyten, Hyaluronsäure, Chondroitinsulfat, (sulfatierten) Glykosaminoglykanen,

- Altrenogest bei Stuten,
- Omeprazol,
- Antimykotika, äußerlich.

Außerdem erlaubt

- Manuelle Therapieverfahren (Physiotherapie, Chiropraxis, Osteotherapie),
- physikalische Verfahren: Eiswasser, Kühlmaschinen, nicht unter einer Temperatur von 0 °C, Magnetdecken

14.2.3 Unterschied zwischen Doping und unerlaubter Medikation

Doping ist die Verwendung von Substanzen oder die Anwendung verbotener Methoden, die in den Listen I und III der ADMR aufgeführt sind. Hierbei handelt es sich um Substanzen, die die vorhandene Leistungsfähigkeit des gesunden Pferds verändern sollen (z. B. Anabolika).

Bei der unerlaubten Medikation (Liste II) wird als Ausgangspunkt in der Regel eine vorhandene Leistungsminderung durch eine Erkrankung angenommen. Die Behandlung soll dafür sorgen, dass das Pferd seine „normale" Leistung erbringen kann. Auch dies gilt als Leistungsbeeinflussung und wird im Wettkampf als Regelverstoß eingestuft. Bei der unerlaubten Medikation wird jedoch eher eine gute Absicht unterstellt. Dies spiegelt sich im Fall eines Verstoßes in einem unterschiedlichen Strafmaß wider.

Außerhalb der Turniere können die Pferde auch mit der (im Wettkampf) unerlaubten Medikation behandelt werden. Die FN stellt hierzu praktische Informationen zum Umgang mit Substanzen und Behandlungsmethoden für die Anwendungsbereiche Atemwege, Augen, Bagatellverletzungen, Bewegungsapparat, Haut, Huf, Immunsystem, Impfen und Entwurmen, Magen-/Darmerkrankungen, Nervosität und Zahnbehandlung und Scheren zur Verfügung. Für jeden Anwendungsbereich werden Beispiele für Behandlungsansätze aufgelistet (Bsp. Atemwege auf einen Blick). Dabei wird jeweils ausgewiesen, was im Wettkampf erlaubt (ADMR-konform) oder verboten ist (ADMR-Konflikt) und welche Karenzzeit (KRZ, ▶ Kap. 14.4.4) empfohlen wird. Zum Beispiel wären manuelle Therapien und physikalische Verfahren wie Physiotherapie oder Chiropraxis bei Krankheiten des Bewegungsapparats ADMR-konform, während eine Therapie mit Arnika oder Ingwer eine Karenzzeit von 48 Stunden erfordert [10].

14.2.4 Nulltoleranz, Nachweiszeiten und Karenzzeiten

Der Begriff der „Nulltoleranz" bedeutet, dass zum Zeitpunkt des Wettkampfs keine verbotene Substanz im Körper des Pferds vorhanden sein darf. Pferde, die bei einem nationalen oder internationalen Turnier an den Start gehen, müssen nicht nur frei von leistungsfördernden Substanzen, sondern auch frei von nahezu jeglicher Medikation sein. Für einige Substanzen, die das Pferd auch selbst produziert, gibt es Grenzwerte für einen Verstoß, um damit die natürlichen Spiegel zu berücksichtigen. Mit dieser strikten Regelung wird dem Tierschutz Rechnung getragen. Es soll verhindert werden, dass Pferde trotz bestehender Gesundheitsprobleme an Wettkämpfen teilnehmen [3, 10].

Wird ein Pferd mit einer unerlaubten Medikation behandelt, so muss abgeschätzt werden können, wann es wieder frei davon ist. Hierzu werden sogenannte Nachweiszeiten ermittelt. Sie geben an, wie lange bestimmte Substanzen in bestimmten Dosierungen und nach bestimmten Gaben bei einer geringen Anzahl (i. d. R. sechs) untersuchter Pferde nachweisbar waren. Dabei wird die Empfindlichkeit der Analytik so weit begrenzt, dass sie nur dann zu einer positiven Probe führt, wenn die nachgewiesene Menge tatsächlich auch noch wirksam ist. Da solche Untersuchungen sehr teuer sind, wurden bisher nur für einige Substanzen Nachweiszeiten ermittelt, die in der Pferdemedizin häufig eingesetzt werden.

Wegen der individuellen Medikation und der jeweiligen Situation des Pferds sind Nachweiszeiten zudem nicht unbedingt auf jedes Pferd übertragbar. Deshalb werden sie mit einem zeitlichen Sicherheitszuschlag versehen. Die komplette Zeitspanne von der Gabe der Substanz bis zum Einsatz auf dem Turnier wird als Karenzzeit bezeichnet. Karenzzeiten können aus Nachweiszeiten statistisch abgesichert abgeleitet werden, oder sie beruhen auf pharmakologischen und veterinärmedizinischen Erkenntnissen. Die Karenzzeit darf nicht mit der Wartezeit verwechselt werden. Hiermit ist die arzneimittelrechtlich relevante Zeitspanne gemeint, die bei der Anwendung von Arzneimitteln an Tieren zu beachten ist, die der Gewinnung von Lebensmitteln dienen (§ 4 Abs. 12 AMG). Die FN hat auf ihrer Website eine Liste mit Karenzzeiten für bestimmte Substanzen eingestellt, die sie ausdrücklich als Empfehlung verstanden wissen will. Laut FN sind sie im Einzelfall trotzdem keine absolute Garantie dafür, dass es nach ihrem Ablauf bei einer Medikationskontrolle nicht doch ein positives Testergebnis geben könnte [10].

14.2.5 Durchführung einer Medikationskontrolle beim Pferd

Im Gegensatz zu den Kontrollen beim Menschen heißen diese bei Pferden nicht Dopingkontrollen, sondern Medikationskontrollen. Wer bei einem Wettkampf getestet wird, entscheidet in der Regel das Los. Es gibt aber auch Verdachtskontrollen.

Eine Kontrolle wird in der hierfür vorgesehenen Medikationskontroll-Box durchgeführt. Die Identität des Pferds wird festgestellt. Zur Medikationskontrolle wird der Pferdepass vorgelegt. Die für das Pferd verantwortliche Person (in der Regel der Reiter, Fahrer, Longenführer, Voltigierer, oder aber der Pfleger oder Besitzer, je nachdem, wer das Pferd zur Kontrolle begleitet), bekommt das Medikationskontroll-Kit in noch geschlossenem Zustand gezeigt. Zuerst muss immer versucht werden, Urin zu gewinnen. Setzt das Pferd keinen Urin ab (Wartezeit mindestens 30 Minuten, kann aber angemessen ausgedehnt werden), so wird eine Blutprobe entnommen.

Der Urin des Pferds wird in zwei Flaschen abgefüllt. Diese tragen die Kennzeichnung A und B und werden nach dem Befüllen mit Sicherheitsdrehkappen verschlossen. Wird Blut genommen, werden die entsprechenden Blutröhrchen ebenfalls auf eine A- und B-Probe verteilt. Der anonymisierte Durchschlag des Protokolls der Kontrolle wird zusammen mit den Probenflaschen im Kitkarton und in den Versandkarton verpackt. Der Versandkarton wird zugeklebt und entweder am selben Tag oder nach Beendigung der Veranstaltung, gegebenenfalls mit anderen Proben an das jeweilige Analyselabor geschickt. Die Proben werden in qualifizierten Labors untersucht. Die FN lässt alle Medikationsproben im Institut für Biochemie der Deutschen Sporthochschule in Köln analysieren (▶ Kap. 8.2.20). Untersucht wird zuerst der Inhalt der A-Flasche. Die von der Abholung zur Medikationskontrolle bis zum Analysebericht ablaufenden Schritte werden als „Kette der Ereignisse" oder „chain of evidence" bezeichnet.

Bei einer positiven A-Analyse kann der Betroffene innerhalb einer vorgegebenen Frist von einer Woche eine B-Analyse der Probe beantragen. Zudem sollte er zu den erhobenen Vorwürfen Stellung beziehen. Wird bei der Analyse eine verbotene Substanz gemäß ADMR festgestellt, so liegt ein Verstoß vor. Im weiteren Verfahren wird ermittelt, ob der Betroffene schuldhaft, fahrlässig oder grob fahrlässig gehandelt hat [10].

14.2.6 Freiwilliger Test

Wer im Einzelfall wissen will, ob sein Pferd frei von verbotenen Substanzen ist, kann in Abstimmung mit der Abteilung Veterinärmedizin der FN freiwillig eine Urinprobe des Pferds untersuchen lassen. Dazu müssen genaue Angaben zu der verwendeten Substanz gemacht und das Medikationskontroll-Kit der FN muss verwendet werden. Das Institut für Biochemie der Deutschen Sporthochschule in Köln wird von der FN informiert. Die Urinprobe kann dann direkt an das Labor geschickt werden [10].

14.2.7 Trainingskontrollen bei Pferden

Mit der Revision der ADMR der FN im Jahr 2011 wurden im Rahmen der Anti-Doping- und Medikamentenkontrollregeln auch Regeln zu Trainingskontrollen eingeführt. Sie werden bei Pferden wie bei den Menschen, ohne Vorankündigung durchgeführt. Seit 2011 hat die NADA im Auftrag des Deutschen Olympiade-Komitees für Reiterei (DOKR) und der Deutschen Reiterlichen Vereinigung e. V. (FN) den Aufbau eines Kontrollsystems für Medikationskontrollen bei Pferden im Training übernommen. In dem weltweit einzigartigen Projekt einer Nationalen Anti-Doping-Organisation führt die NADA seit November 2012 im Training Medikationskontrollen bei Pferden durch und hat hierfür einen eigenen Standard implementiert (▶ Kap. 8.2.3). Kontrolliert werden zunächst alle Kaderpferde der FN/DOKR. Im dritten Jahr nach der Einführung der Medikationskontrollen bei Pferden außerhalb des Wettkampfs hat die NADA im Jahr 2015 148 Medikationskontrollen bei Pferden mit 188 Proben (42 Urinproben = 23 %, 146 Blutproben = 77 %) bei Kaderpferden der olympischen Disziplinen Springen, Dressur und Vielseitigkeit durchgeführt, alle ohne positiven Befund [17].

Im April 2015 wurde als Teil der ADMR der FN der Anhang V mit dem Standard für die Durchführung von Medikationskontrollen bei Pferden im Training beschlossen [18]. Er beinhaltet alle Vorgaben für den gesamten Prozess einer Medikationskontrolle: von der Planung der Probenentnahme über die Benachrichtigung der verantwortlichen bzw. beauftragten Person des zu kontrollierenden Pferdes, die Vorbereitung und Durchführung der Probenentnahme, die Sicherheit und Nachbereitung, den Transport von Proben sowie das Management von Analyseergebnissen.

14.2.8 Sanktionen

Wird bei einer Medikationskontrolle ein Verstoß gegen die Anti-Doping- und Medikamentenkontrollregeln festgestellt, so wird unverzüglich ein Ordnungsverfahren eingeleitet. Bei Nachweis einer Dopingsubstanz, Anwendung einer verbotenen Methode oder auch der Verweigerung der Kontrolle wird der Betroffene mit sofortiger Wirkung vorläufig von der Teilnahme an Turnieren ausgeschlossen (vorläufige Suspendierung).

Das Verfahren wird durch die Disziplinarkommission der Deutschen Reiterlichen Vereinigung (FN) geführt. Strafmaßnahmen, Sperren und Geldstrafen richten sich im Reitsport gegen die verantwortliche Person, also den Reiter, Fahrer, Voltigierer, Longenführer. Im Bereich der Dopingsubstanzen sowie der Anwendung verbotener Methoden liegt die Dauer der Sperre im Regelfall bei zwei Jahren, wobei sich das Strafmaß an der Art des Verstoßes, der nachgewiesenen Substanz und etwaigen ent- oder belastenden Momenten orientiert. Verstöße wegen einer unerlaubten Medikation werden mit einer Sperre von mindestens einem Monat bis zu einem Jahr geahndet.

Auch das Pferd wird gemäß der ADMR bei Nachweis von Dopingsubstanzen mit einer Sperre belegt, und zwar für acht Wochen (bzw. mit einer Schutzsperre von sechs Wochen).

Handelt es sich um ein Anabolikum, wird das betroffene Pferd für sechs Monate von Turnieren ausgeschlossen. Bei Mehrfachverstößen erhöht sich das Strafmaß deutlich.

Sowohl nach Einsatz einer verbotenen Substanz als auch im Fall einer unerlaubten Medikation kann aufgrund außergewöhnlicher Umstände von einer Sperre abgesehen oder deren Dauer herabgesetzt werden. Für das Herabsetzen der Sperre muss der Betroffene nachweisen, wie die verbotene Substanz in den Organismus des Pferds gelangt ist und dass ihn keine grobe Sorgfaltspflichtverletzung im Zusammenhang mit dem festgestellten Verstoß trifft.

Zusätzlich zu den Sperren noch können erhebliche Geldbußen verhängt werden.

Außerdem werden bei einer positiven Medikationskontrolle sowohl der Pferdesportler als Verantwortlicher als auch das Pferd disqualifiziert. Das Ergebnis des Wettkampfs wird für beide gestrichen. Im Einzelfall können auch vorangehende Wettkampfergebnisse gestrichen werden [10].

Der Nachweis einer gemäß Liste I bis III verbotenen Substanz kann auch als Verstoß gegen das Tierschutzgesetz und das Arzneimittelgesetz gewertet und nach diesen Vorschriften bestraft werden (▶ Kap. 14.2.1, ▶ Kap. 14.2.2). Deshalb werden entsprechende Verstöße von der FN der zuständigen Behörde gemeldet [10].

Die Deutsche Reiterliche Vereinigung stellt auf ihrer Website eine Reihe von Regularien und informativen Broschüren und Merkblättern zur Verfügung. Sie können entweder als gedruckte Version kostenfrei bei der FN angefordert oder als PDF-Datei von der Website der FN herunter geladen werden.

- Fairer Sport – Sicher und sauber durch die Turniersaison (Broschüre mit integriertem Stallbuch als informativer Ratgeber zu den Anti-Doping- und Medikamentenkontrollregeln (ADMR) der Deutschen Reiterlichen Vereinigung (FN), Stand: Januar 2013.
- Fairer Sport – ADMR (Anti-Doping- und Medikamentenkontrollregeln der Deutschen Reiterlichen Vereinigung (FN), Stand: 06.12.2012).
- Fairer Sport – Listen der Substanzen (Listen der verbotenen Substanzen und Methoden; Auflistung der verbotenen Substanzen mit Karenzzeiten sowie Auflistung der erlaubten Substanzen).
- Fairer Sport – International & National im Vergleich (Merkblatt mit den wichtigsten Informationen zu den Gemeinsamkeiten und den Unterschieden zwischen internationalen und nationalen Regeln für die Doping- und Medikationsbestimmungen).
- Fairer Sport – FN-Behandlungsbuch (zur übersichtlichen Dokumentation der Behandlungen von Turnierpferden/-ponys) [10].

14.3 Strafrechtliche Normen zum Doping bei Tieren

14.3.1 Tierschutzgesetz

Nach § 3 Satz 1 Nr. 1b des Tierschutzgesetzes [19] ist es verboten, an einem Tier im Training oder bei sportlichen Wettkämpfen oder ähnlichen Veranstaltungen Maßnahmen anzuwenden, die mit erheblichen Schmerzen, Leiden oder Schäden verbunden sind und die die Leistungsfähigkeit von Tieren beeinflussen können, sowie an einem Tier bei sportlichen Wettkämpfen oder ähnlichen Veranstaltungen Dopingmittel anzuwenden.

Wer vorsätzlich oder fahrlässig einem Verbot nach § 3 Satz 1 zuwiderhandelt (§ 18 Abs. 1 Nr. 4 TierSchG) begeht eine Ordnungswidrigkeit, die mit einer Geldbuße bis zu fünfundzwanzigtausend Euro geahndet werden kann (§ 18 Abs. 4 TierSchG).

14.3.2 Arzneimittelgesetz

Dopingmittel für Tiere, die nach dem Arzneimittelgesetz (AMG) als Arzneimittel einzuordnen sind, unterliegen damit auch den entsprechenden Verboten und dazugehörigen Strafnormen im AMG [20]. Da die Anwendung von Arzneimitteln zu Dopingzwecken bei Tieren nach dem Tierschutzgesetz verboten ist, darf der Tierarzt ein solches Arzneimittel einem Tierhalter weder verschreiben noch abgeben, denn die Anwendung ist veterinärmedizinisch nicht gerechtfertigt (§ 56a Abs. 1 Nr. 4 AMG). Verstöße können nach dem Arzneimittelgesetz als Vergehen geahndet werden. Die Vorschriften des Tierschutzgesetzes bleiben unberührt.

Literatur

[1] Ungemach FR, Nürnberger M. Doping im Pferdesport. In: Dietz O, Huskamp B. Handbuch Pferdesport. Enke, Stuttgart 1999
[2] Bundesministerium für Ernährung, Landwirtschaft und Verbraucherschutz, Arbeitsgruppe Tierschutz und Pferdesport: Leitlinien „Tierschutz im Pferdesport" vom 01.11.1992, www.bmelv.de
[3] Dallmeier JC. Dopingregeln im Pferdesport – unter Berücksichtigung des World Anti Doping Code. Europäische Hochschulschriften Reihe II. Band 5397. Internationaler Verlag der Wissenschaften, Frankfurt 2013
[4] Nationale Anti Doping Agentur Deutschland (Hrsg). Nationaler Anti-Doping Code 2015. www.nada.de/fileadmin/user_upload/nada/Downloads/Regelwerke/NADA-Code_2015.pdf
[5] Internationale Reiterliche Vereinigung. www.fei.org
[6] FEI Anti-Doping Rules For Human Athletes Based upon the 2015 WADA Code, effective 01.01.2015
[7] FEI Equine Anti-Doping and Controlled Medication Regulations, 2nd edition, effective 01.012016
[8] FEI Equine Prohibited Substances List. prohibitedsubstancesdatabase.feicleansport.org
[9] FEI Warning Regarding the Administration of Supplements to Horses. www.fei.org/system/files/FEI%20Warning%20re%20Supplement%20Use%20%2019%20December%202015_0.pdf
[10] Deutsche Reiterliche Vereinigung e. V. (FN). www.pferd-aktuell.de
[11] Hauptverband für Traber-Zucht e. V. (HVT). www.hvt.de
[12] Direktorium für Vollblutzucht und Rennen e. V. (DVR). www.direktorium.de
[13] Hauptverband für Traberzucht e. V. (HVT). Satzung und Ordnungen des HVT. Stand: 01.05.2016. www.hvt.de/web/home.nsf?Open
[14] Deutsche Reiterliche Vereinigung e. V. (FN). Wir über uns, Zahlen und Fakten. www.pferd-aktuell.de/fn/wir-ueber-uns/wir-ueber-uns
[15] Deutsche Reiterliche Vereinigung e. V. (FN). Anti-Doping- und Medikamentenkontroll-Regeln (ADMR). www.pferd-aktuell.de
[16] Deutsche Reiterliche Vereinigung. Listen verbotener Substanzen. www.pferd-aktuell.de/shop/index.php/cat/c114#20606
[17] NADA Jahresbericht 2015. www.nada.de

[18] Anhang V Standard für die Durchführung von Medikationskontrollen bei Pferden im Training (Trainingskontrollen) der Deutschen Reiterlichen Vereinigung e. V. (FN) in Warendorf und der Nationalen Anti Doping Agentur Deutschland (NADA) in Bonn (Version 1.1). Stand: 12.04.2015

[19] Tierschutzgesetz (TierschG) in der Fassung der Bekanntmachung vom 18. Mai 2006 (BGBl. I S. 1206, 1313), zuletzt geändert durch Artikel 8 Absatz 13 des Gesetzes vom 3. Dezember 2015 (BGBl. I S. 2178)

[20] Gesetz über den Verkehr mit Arzneimitteln (Arzneimittelgesetz – AMG) in der Fassung der Bekanntmachung vom 12. Dezember 2005 (BGBl. I S. 3394), zuletzt geändert durch Artikel 3 des Gesetzes vom 4. April 2016 (BGBl. I S. 569)

Literaturtipp

Zrenner K (Begr.), Paintner K (Begr.), Saalfrank V (Fortführer), Wesser S (Fortführer), Zrenner K junior (Fortführer), Bert F (Fortführer). Arzneimittelrechtliche Vorschriften für Tierärzte und einschlägige Vorschriften anderer Rechtsbereiche. Loseblattsammlung einschließl. 49. Akt.-Lfg. Deutscher Apotheker Verlag, Stuttgart 2016,
Schlatterer B. Doping im Pferdesport. Schattauer-Verlag, Stuttgart 2010,
Dallmeier JC. Dopingregeln im Pferdesport – unter Berücksichtigung des World Anti Doping Code. Europäische Hochschulschriften Reihe II. Band 5397. Internationaler Verlag der Wissenschaften, Frankfurt 2013.

15 Anhänge

15.1	Internationales Übereinkommen gegen Doping	202
15.2	Welt Anti-Doping Code – Internationaler Standard, Verbotsliste 2017	218
15.3	Gesetz gegen Doping im Sport (Anti-Doping-Gesetz – AntiDopG)	226
15.4	Verordnung zur Festlegung der nicht geringen Menge von Dopingmitteln (Dopingmittel-Mengen-Verordnung – DmMV	234
15.5	Wichtige Adressen	239
15.6	Glossar	240

15.1 Internationales Übereinkommen gegen Doping

Gesetz zu dem Internationalen Übereinkommen vom 19. Oktober 2005 gegen Doping im Sport
Vom 26. März 2007 (BGBl. II S. 354)

Der Bundestag hat das folgende Gesetz beschlossen:

Artikel 1
Dem in Paris am 19. Oktober 2005 von der Generalkonferenz der UNESCO angenommenen Internationalen Übereinkommen gegen Doping im Sport wird zugestimmt. Das Übereinkommen wird nachstehend mit einer amtlichen deutschen Übersetzung veröffentlicht.

Artikel 2
(1) Dieses Gesetz tritt am Tage nach seiner Verkündung in Kraft.
(2) Der Tag, an dem das Übereinkommen nach seinem Artikel 37 für die Bundesrepublik Deutschland in Kraft tritt, ist im Bundesgesetzblatt bekanntzugeben.
Die verfassungsmäßigen Rechte des Bundesrates sind gewahrt.
Das vorstehende Gesetz wird hiermit ausgefertigt. Es ist im Bundesgesetzblatt zu verkünden.
Berlin, den 26. März 2007

Der Bundespräsident
Horst Köhler
Die Bundeskanzlerin
Dr. Angela Merkel
Der Bundesminister des Innern
Schäuble
Der Bundesminister des Auswärtigen
Steinmeier

Internationales Übereinkommen gegen Doping im Sport

(Zwischen Deutschland, Österreich und der Schweiz abgestimmte amtliche deutsche Übersetzung, französische und englische Fassung hier nicht abgedruckt)

Die Generalkonferenz der Organisation der Vereinten Nationen für Erziehung, Wissenschaft und Kultur, im Folgenden als „UNESCO" bezeichnet, die vom 3. bis zum 21. Oktober 2005 in Paris zu ihrer 33. Tagung zusammengetreten ist –

in der Erwägung, dass es das Ziel der UNESCO ist, mittels der Zusammenarbeit der Staaten durch Bildung, Wissenschaft und Kultur zum Frieden und zur Sicherheit beizutragen,

unter Bezugnahme auf bestehende völkerrechtliche Übereinkünfte mit Menschenrechtsbezug,

in Kenntnis der am 3. November 2003 von der Generalversammlung der Vereinten Nationen verabschiedeten Resolution 58/5 über Sport als Mittel zur Förderung der Bildung, der Gesundheit, der Entwicklung und des Friedens, insbesondere in Kenntnis des Absatzes 7 dieser Resolution,

in dem Bewusstsein, dass Sport für die Erhaltung der Gesundheit, die geistige, kulturelle und körperliche Erziehung und die Förderung der Völkerverständigung und des Weltfriedens eine wichtige Rolle spielen soll,

angesichts der Notwendigkeit, die internationale Zusammenarbeit mit dem Ziel der Ausmerzung des Dopings im Sport zu fördern und zu koordinieren,

besorgt über die Anwendung des Dopings durch Athleten im Sport und die sich daraus ergebenden Folgen für deren Gesundheit, für den Grundsatz des Fairplay, für die Unterbindung der Täuschung und für die Zukunft des Sports,

im Hinblick darauf, dass Doping die ethischen Grundsätze und die erzieherischen Werte gefährdet, die in der Internationalen Charta für Leibeserziehung und Sport der UNESCO und in der Olympischen Charta enthalten sind,

eingedenk der Tatsache, dass es sich bei dem im Rahmen des Europarats angenommenen Übereinkommen gegen Doping und seinem ebenso dort angenommenen Zusatzprotokoll um die völkerrechtlichen Instrumente handelt, die den nationalen Leitlinien gegen Doping und der zwischenstaatlichen Zusammenarbeit zu Grunde liegen,

eingedenk der Empfehlungen zum Doping, die auf der zweiten, dritten und vierten Tagung der Internationalen Konferenz der für Leibeserziehung und Sport verantwortlichen Minister und Hohen Beamten, welche die UNESCO in Moskau (1988), Punta del Este (1999) und Athen (2004) ausrichtete, verabschiedet wurden; und eingedenk der Resolution 32 C/9, welche die Generalkonferenz der UNESCO auf ihrer 32. Tagung (2003) verabschiedete,

eingedenk des Welt Anti-Doping Codes, den die Welt Anti-Doping Agentur am 5. März 2003 auf der in Kopenhagen abgehaltenen Weltkonferenz über Doping im Sport verabschiedete, und eingedenk der Kopenhagener Erklärung über die Dopingbekämpfung im Sport,

im Hinblick auf den Einfluss, den Spitzenathleten auf Jugendliche ausüben,

im Bewusstsein der weiterhin bestehenden Notwendigkeit, zum besseren Nachweis von Doping und zum besseren Verständnis der Faktoren, welche die Anwendung des Dopings bestimmen, Forschung zu betreiben und zu fördern, damit die Strategien zur Verhütung des Dopings so wirkungsvoll wie möglich gestaltet werden können,

auch in dem Bewusstsein, wie wichtig es für die Verhütung des Dopings ist, Athleten, Athletenbetreuer und die Gesellschaft im Allgemeinen ständig aufzuklären, im Hinblick auf die Notwendigkeit, die Kapazitäten der Vertragsstaaten für die Durchführung von Dopingbekämpfungsprogrammen aufzubauen,

in Anbetracht der Tatsache, dass staatliche Behörden und für Sport zuständige Organisationen eine einander ergänzende Verantwortung bei der Verhütung und Bekämpfung des Dopings im Sport tragen, insbesondere für die Gewähr, dass Sportveranstaltungen ordnungsgemäß und entsprechend dem Grundsatz des Fairplay durchgeführt werden, sowie für den Schutz der Gesundheit derjenigen, die an diesen Sportveranstaltungen teilnehmen,

in der Erkenntnis, dass diese Behörden und Organisationen zu diesen Zwecken zusammenarbeiten müssen und dabei auf allen geeigneten Ebenen ein Höchstmaß an Unabhängigkeit und Transparenz sicherstellen müssen,

entschlossen, eine weitere und engere Zusammenarbeit zu verfolgen, die darauf gerichtet ist, Doping im Sport endgültig auszumerzen,

in der Erkenntnis, dass die Ausmerzung des Dopings im Sport zum Teil von der stufenweisen Harmonisierung der Dopingbekämpfungsstandards und –praktiken im Sport und von der Zusammenarbeit auf nationaler und weltweiter Ebene abhängt –

nimmt dieses Übereinkommen am 19. Oktober 2005 an.

I. Geltungsbereich

Artikel 1 – Zweck des Übereinkommens
Zweck dieses Übereinkommens ist es, im Rahmen der Strategie und des Tätigkeitsprogramms der UNESCO im Bereich der Leibeserziehung und des Sports die Verhütung und Bekämpfung des Dopings im Sport zu fördern mit dem Ziel der vollständigen Ausmerzung des Dopings.

Artikel 2 – Begriffsbestimmungen
Diese Begriffsbestimmungen sind im Zusammenhang des Welt Anti-Doping Codes zu sehen. Bei Widersprüchen sind jedoch die Bestimmungen des Übereinkommens maßgebend.
Im Sinne dieses Übereinkommens
1. bedeutet „akkreditierte Dopingkontrolllabors" Labors, die von der Welt Anti-Doping Agentur akkreditiert sind;
2. bedeutet „Anti-Doping-Organisation" eine Stelle, die dafür zuständig ist, Vorschriften für die Einleitung, Durchführung und Durchsetzung aller Teile des Dopingkontrollprozesses zu verabschieden. Dazu gehören zum Beispiel das Internationale Olympische Komitee, das Internationale Paralympische Komitee, andere Sportgroßveranstalter, die bei ihren Veranstaltungen Kontrollen durchführen, die Welt Anti-Doping Agentur, internationale Sportfachverbände und nationale Anti-Doping-Organisationen;
3. bedeutet „Verstoß gegen die Anti-Doping-Regeln" im Sport das Vorliegen eines oder mehrerer der nachstehenden Sachverhalte:
    a) das Vorhandensein eines verbotenen Wirkstoffs oder seiner Metaboliten oder Marker in einer Körperprobe eines Athleten;
    b) die tatsächliche oder versuchte Anwendung eines verbotenen Wirkstoffs oder einer verbotenen Methode;

c) die Weigerung, sich einer Probenahme zu unterziehen, oder die Nichtabgabe einer Probe ohne zwingenden Grund, beides im Anschluss an eine den geltenden Anti-Doping-Regeln entsprechenden Ankündigung, oder ein anderweitiges Umgehen der Probenahme;
d) die Nichterfüllung des Erfordernisses der Verfügbarkeit des Athleten für Kontrollen außerhalb des Wettkampfs, einschließlich der nicht erfolgten Angabe der erforderlichen Informationen über den Aufenthaltsort des Athleten und des Versäumnisses, sich einer Kontrolle zu unterziehen, die als zumutbaren Regeln entsprechend gilt;
e) die tatsächliche oder versuchte unzulässige Einflussnahme auf jeden Teil der Dopingkontrolle;
f) der Besitz verbotener Wirkstoffe oder Methoden;
g) das Inverkehrbringen eines verbotenen Wirkstoffs oder einer verbotenen Methode;
h) die tatsächliche oder versuchte Verabreichung von verbotenen Wirkstoffen oder verbotenen Methoden an Athleten oder die Unterstützung, Anstiftung, Beihilfe, Verschleierung oder sonstige Tatbeteiligung bei einem tatsächlichen oder versuchten Verstoß gegen die Anti-Doping-Regeln;
4. bedeutet „Athlet" für die Zwecke der Dopingkontrolle jede Person, die auf internationaler oder nationaler Ebene, wie von jeder nationalen Anti-Doping-Organisation näher bestimmt und von den Vertragsstaaten anerkannt, am Sport teilnimmt, sowie jede sonstige Person, die auf einer niedrigeren Ebene, wie von den Vertragsstaaten anerkannt, am Sport oder einer Veranstaltung teilnimmt. Für die Zwecke von Erziehungs- und Schulungsprogrammen bedeutet „Athlet" jede Person, die im Auftrag einer Sportorganisation am Sport teilnimmt;
5. bedeutet „Athletenbetreuer" Trainer, sportliche Betreuer, Manager, Vertreter, Teammitglieder, Funktionäre sowie Ärzte und medizinische Betreuer, die mit Athleten arbeiten oder sie behandeln, welche an Wettkämpfen teilnehmen oder sich auf sie vorbereiten;
6. bedeutet „Code" den Welt Anti-Doping Code, der von der Welt Anti-Doping Agentur am 5. März 2003 in Kopenhagen verabschiedet wurde und als Anhang 1 diesem Übereinkommen beigefügt ist;
7. bedeutet „Wettkampf" ein einzelnes Rennen, einen einzelnen Kampf, ein einzelnes Spiel oder einen bestimmten athletischen Wettbewerb;
8. bedeutet „Dopingkontrolle" das Verfahren, welches die Planung der Verteilung der Kontrollen, die Probenahme, die Bearbeitung der Proben, die Laboranalyse, die Bearbeitung der Ergebnisse, die Anhörung und Rechtsbehelfe umfasst;
9. bedeutet „Doping im Sport" das Vorliegen eines Verstoßes gegen die Anti-Doping-Regeln;
10. bedeutet „ordnungsgemäß befugte Dopingkontrollteams" Dopingkontrollteams, die im Auftrag internationaler oder nationaler Anti-Doping-Organisationen tätig sind;
11. bedeutet Kontrolle „während des Wettkampfs" – zur Unterscheidung zwischen Kontrollen während und Kontrollen außerhalb des Wettkampfs – eine Kontrolle, für die ein Athlet im Rahmen eines bestimmten Wettkampfs ausgewählt wird; dies gilt, sofern nicht in den Regeln eines internationalen Sportfachverbands oder

einer anderen zuständigen Anti-Doping-Organisation etwas anderes vorgesehen ist;
12. bedeutet „Internationaler Standard für Labors" den Standard, der als Anhang 2 diesem Übereinkommen beigefügt ist;
13. bedeutet „Internationaler Standard für Kontrollen" den Standard, der als Anhang 3 diesem Übereinkommen beigefügt ist;
14. bedeutet „unangekündigte Kontrolle" eine Dopingkontrolle, die ohne Vorankündigung des Athleten durchgeführt wird und bei welcher der Athlet vom Zeitpunkt der Benachrichtigung bis zur Abgabe der Probe ununterbrochen beaufsichtigt wird;
15. bedeutet „Olympische Bewegung" alle diejenigen, die sich damit einverstanden erklären, sich von der Olympischen Charta leiten zu lassen und welche die Autorität des Internationalen Olympischen Komitees anerkennen, das heißt die internationalen Verbände der Sportarten, die zum Programm der Olympischen Spiele gehören, die Nationalen Olympischen Komitees, die Organisationskomitees der Olympischen Spiele, die Athleten, Kampfrichter und Schiedsrichter, die Verbände und Vereine wie auch die durch das Internationale Olympische Komitee anerkannten Organisationen und Institutionen;
16. bedeutet Dopingkontrollen „Außerhalb des Wettkampfs" Dopingkontrollen, die nicht im Zusammenhang mit einem Wettkampf durchgeführt werden;
17. bedeutet „Verbotsliste" die in Anlage I enthaltene Liste, in der die verbotenen Wirkstoffe und verbotenen Methoden aufgeführt sind;
18. bedeutet „verbotene Methode" jede Methode, die in der in Anlage I enthaltenen Verbotsliste als solche beschrieben ist;
19. bedeutet „verbotener Wirkstoff" jeden Wirkstoff, der in der in Anlage I enthaltenen Verbotsliste als solcher beschrieben ist;
20. bedeutet „Sportorganisation" jede Organisation, die als Veranstalter eines Wettkampfs mit einer oder mehreren Sportarten tätig ist;
21. bedeutet „Standards für die Erteilung von Ausnahmegenehmigungen zur therapeutischen Anwendung" die in Anlage II enthaltenen Standards;
22. bedeutet „Kontrolle" diejenigen Bestandteile des Dopingkontrollverfahrens, welche die Planung der Verteilung der Kontrollen, die Probenahme, die Bearbeitung der Proben sowie die Beförderung der Proben zum Labor umfassen;
23. bedeutet „Ausnahmegenehmigung zur therapeutischen Anwendung" eine Ausnahmegenehmigung, die in Übereinstimmung mit den Standards für die Erteilung von Ausnahmegenehmigungen zur therapeutischen Anwendung erteilt worden ist;
24. bedeutet „Anwendung" das Auftragen, die Einnahme, die Injektion oder den Gebrauch eines verbotenen Wirkstoffs oder einer verbotenen Methode auf jedwede Art und Weise;
25. bedeutet „Welt Anti-Doping Agentur (WADA)" die so bezeichnete Stiftung, die am 10. November 1999 nach Schweizer Recht gegründet wurde.

Artikel 3 – Mittel zur Erreichung des Zweckes des Übereinkommens
Um den Zweck des Übereinkommens zu erreichen, verpflichten sich die Vertragsstaaten,

a) auf nationaler und internationaler Ebene angemessene Maßnahmen zu ergreifen, die mit den Grundsätzen des Codes vereinbar sind;
b) zu allen Formen der internationalen Zusammenarbeit zu ermutigen, die darauf abzielen, die Athleten und die Ethik im Sport zu schützen und Forschungsergebnisse weiterzugeben;
c) die internationale Zusammenarbeit zwischen den Vertragsstaaten und den führenden Organisationen im Bereich der Bekämpfung des Dopings im Sport, insbesondere der Welt Anti-Doping Agentur, zu fördern.

Artikel 4 – Verhältnis des Übereinkommens zum Code
(1) Um die Durchführung der Bekämpfung des Dopings im Sport auf der nationalen und internationalen Ebene zu koordinieren, verpflichten sich die Vertragsstaaten den Grundsätzen des Codes als Grundlage für die in Artikel 5 dieses Übereinkommens vorgesehenen Maßnahmen. Dieses Übereinkommen hindert die Vertragsstaaten nicht daran, zusätzliche Maßnahmen in Ergänzung des Codes zu ergreifen.
(2) Der Code und die jeweils geltenden Fassungen der Anhänge 2 und 3 sind zu Informationszwecken aufgeführt und sind nicht Bestandteil dieses Übereinkommens. Aus den Anhängen als solchen erwachsen für die Vertragsstaaten keine völkerrechtlich verbindlichen Verpflichtungen.
(3) Die Anlagen sind Bestandteil dieses Übereinkommens.

Artikel 5 – Maßnahmen zur Erreichung der Ziele des Übereinkommens
Zur Erfüllung der in diesem Übereinkommen enthaltenen Verpflichtungen verpflichtet sich jeder Vertragsstaat, geeignete Maßnahmen zu ergreifen. Die Maßnahmen können Gesetze, sonstige Vorschriften, politische Maßnahmen oder Verwaltungspraktiken beinhalten.

Artikel 6 – Verhältnis zu anderen völkerrechtlichen Übereinkünften
Dieses Übereinkommen verändert nicht die Rechte und Pflichten der Vertragsstaaten, die aus vorher geschlossenen Übereinkünften erwachsen und mit Ziel und Zweck des Übereinkommens in Einklang stehen. Dies berührt nicht die Wahrnehmung der Rechte oder die Erfüllung der Verpflichtungen aus diesem Übereinkommen durch andere Vertragsstaaten.

II. Tätigkeiten zur Dopingbekämpfung auf nationaler Ebene

Artikel 7 – Innerstaatliche Koordinierung
Die Vertragsstaaten stellen die Anwendung dieses Übereinkommens insbesondere durch innerstaatliche Koordinierung sicher. Um ihren Verpflichtungen aus dem Übereinkommen nachzukommen, können sich die Vertragsstaaten auf Anti-Doping-Organisationen wie auch auf für den Sport zuständige Stellen und Sportorganisationen stützen.

Artikel 8 – Maßnahmen zur Einschränkung der Verfügbarkeit und Anwendung verbotener Wirkstoffe und Methoden im Sport
(1) Die Vertragsstaaten ergreifen in geeigneten Fällen Maßnahmen, um die Verfügbarkeit verbotener Wirkstoffe und Methoden und damit die Anwendung durch

Athleten im Sport einzuschränken, es sei denn, die Anwendung erfolgt aufgrund einer Ausnahmegenehmigung zur therapeutischen Anwendung. Dazu gehören Maßnahmen, die sich gegen das Inverkehrbringen verbotener Wirkstoffe in Bezug auf Athleten richten und damit auch Maßnahmen, die auf die Eindämmung der Produktion, der Verbringung, der Einfuhr, des Vertriebs und des Verkaufs abzielen.

(2) Die Vertragsstaaten ergreifen Maßnahmen beziehungsweise ermutigen die einschlägigen Stellen innerhalb ihres jeweiligen Hoheitsbereichs zur Ergreifung entsprechender Maßnahmen, um die Anwendung und den Besitz verbotener Wirkstoffe und Methoden durch Athleten im Sport zu verhüten und einzuschränken, es sei denn, die Anwendung erfolgt aufgrund einer Ausnahmegenehmigung zur therapeutischen Anwendung.

(3) Die nach diesem Übereinkommen getroffenen Maßnahmen behindern nicht die Verfügbarkeit für rechtmäßige Zwecke von Wirkstoffen und Methoden, die ansonsten im Sport verboten oder eingeschränkt anwendbar sind.

Artikel 9 – Maßnahmen gegen Athletenbetreuer

Die Vertragsstaaten ergreifen selbst beziehungsweise ermutigen die Sportorganisationen und Anti-Doping-Organisationen zur Ergreifung von Maßnahmen, die sich gegen Athletenbetreuer richten, die einen Verstoß gegen die Anti-Doping-Regeln oder eine andere Zuwiderhandlung im Zusammenhang mit Doping im Sport begehen; zu diesen Maßnahmen gehören auch Sanktionen und Strafen.

Artikel 10 – Nahrungsergänzungsmittel

Die Vertragsstaaten ermutigen in geeigneten Fällen die Hersteller und Vertreiber von Nahrungsergänzungsmitteln, vorbildliche Vorgehensweisen bei der Vermarktung und dem Vertrieb von Nahrungsergänzungsmitteln einzuführen, einschließlich der Angaben über deren analytische Zusammensetzung und die Qualitätssicherung.

Artikel 11 – Finanzielle Maßnahmen

In geeigneten Fällen werden die Vertragsstaaten
a) Mittel in ihren jeweiligen Haushalten vorsehen, um ein nationales und alle Sportarten abdeckendes Kontrollprogramm zu unterstützen beziehungsweise den Sportorganisationen und Anti-Doping-Organisationen entweder durch direkte Subventionen oder Zuweisungen bei der Finanzierung von Dopingkontrollen behilflich zu sein oder die Kosten derartiger Kontrollen bei der Festlegung der den entsprechenden Organisationen zu gewährenden Gesamtsubventionen oder -zuweisungen zu berücksichtigen;
b) Schritte unternehmen, um einzelnen Athleten oder Athletenbetreuern, die nach einem Verstoß gegen die Anti-Doping-Regeln gesperrt wurden, während der Dauer der Sperre eine etwaige sportbezogene finanzielle Unterstützung zu verweigern;
c) Sportorganisationen oder Anti-Doping-Organisationen, die gegen den Code oder gegen in Übereinstimmung mit dem Code beschlossene anwendbare Anti-Doping-Regeln verstoßen, die finanzielle oder anderweitige sportbezogene Unterstützung teilweise oder ganz verweigern.

Artikel 12 – Maßnahmen zur Erleichterung von Dopingkontrollen
In geeigneten Fällen werden die Vertragsstaaten
a) es fördern und erleichtern, dass Sportorganisationen und Anti-Doping-Organisationen in ihrem jeweiligen Hoheitsbereich Dopingkontrollen entsprechend den Vorgaben des Codes durchführen; hierzu gehören unangekündigte Kontrollen, Kontrollen außerhalb des Wettkampfs und während des Wettkampfs;
b) es fördern und erleichtern, dass Sportorganisationen und Anti-Doping-Organisationen Vereinbarungen treffen, durch die eine Kontrolle ihrer Mitglieder durch ordnungsgemäß befugte Dopingkontrollteams aus anderen Ländern ermöglicht wird;
c) sich verpflichten, die Sportorganisationen und Anti-Doping-Organisationen in ihrem jeweiligen Hoheitsbereich dabei zu unterstützen, zum Zweck der Dopingkontrollanalyse Zugang zu einem akkreditierten Dopingkontrolllabor zu erhalten.

III. Internationale Zusammenarbeit

Artikel 13 – Zusammenarbeit zwischen Anti-Doping-Organisationen und Sportorganisationen
Die Vertragsstaaten fördern die Zusammenarbeit zwischen den Anti-Doping-Organisationen, staatlichen Behörden und Sportorganisationen in ihrem Hoheitsbereich und denjenigen im Hoheitsbereich anderer Vertragsstaaten, um auf internationaler Ebene den Zweck dieses Übereinkommens zu erreichen.

Artikel 14 – Unterstützung des Auftrags der Welt Anti-Doping Agentur
Die Vertragsstaaten verpflichten sich, den wichtigen Auftrag der Welt Anti-Doping Agentur bei der internationalen Bekämpfung des Dopings zu unterstützen.

Artikel 15 – Finanzierung der Welt Anti-Doping Agentur zu gleichen Anteilen
Die Vertragsstaaten unterstützen den Grundsatz, wonach die staatlichen Behörden und die olympische Bewegung den gebilligten jährlichen Kernhaushalt der Welt Anti-Doping Agentur zu gleichen Teilen übernehmen.

Artikel 16 – Internationale Zusammenarbeit bei der Dopingkontrolle
In Anerkennung der Tatsache, dass die Bekämpfung des Dopings im Sport nur wirksam sein kann, wenn die Athleten unangekündigt kontrolliert und die Proben für die Analyse rechtzeitig in Labors gebracht werden können, werden die Vertragsstaaten in geeigneten Fällen und im Einklang mit den innerstaatlichen Rechtsvorschriften und Verfahren
a) die Aufgabe der Welt Anti-Doping Agentur und der im Einklang mit dem Code tätigen Anti-Doping-Organisationen, die darin besteht, bei den Athleten der Vertragsstaaten Dopingkontrollen während des Wettkampfs oder außerhalb des Wettkampfs in ihrem Hoheitsgebiet oder andernorts durchzuführen, nach Maßgabe der einschlägigen Vorschriften der Gastgeberländer erleichtern;
b) den rechtzeitigen grenzüberschreitenden Transport ordnungsgemäß befugter Dopingkontrollteams bei Dopingkontrolltätigkeiten erleichtern;

c) zusammenarbeiten, um den rechtzeitigen Versand oder die rechtzeitige grenzüberschreitende Verbringung von Proben so zu beschleunigen, dass deren Sicherheit und Unversehrtheit gewahrt bleiben;
d) bei der internationalen Koordinierung von Dopingkontrollen durch verschiedene Anti-Doping-Organisationen mitwirken und zu diesem Zweck mit der Welt Anti-Doping Agentur zusammenarbeiten;
e) die Zusammenarbeit zwischen den Dopingkontrolllabors in ihrem Hoheitsbereich mit denen im Hoheitsbereich anderer Vertragsstaaten fördern. Insbesondere sollen die Vertragsstaaten mit akkreditierten Dopingkontrolllabors die Labors in ihrem Hoheitsbereich ermutigen, andere Vertragsstaaten dabei zu unterstützen, die Erfahrungen, Fertigkeiten und Techniken zu erwerben, die erforderlich sind, um ihre eigenen Labors einzurichten, wenn sie dies wünschen;
f) gegenseitige Vereinbarungen über die Durchführung von Kontrollen zwischen den benannten Anti-Doping-Organisationen in Übereinstimmung mit dem Code anregen und unterstützen;
g) gegenseitig die mit dem Code vereinbaren Dopingkontrollverfahren und Methoden zur Bearbeitung der Ergebnisse einschließlich der entsprechenden Sportsanktionen aller Anti-Doping-Organisationen anerkennen.

Artikel 17 – Freiwilliger Fonds
(1) Hiermit wird ein „Fonds zur Ausmerzung des Dopings im Sport" errichtet, der im Folgenden als „Freiwilliger Fonds" bezeichnet wird. Der Freiwillige Fonds setzt sich aus Treuhandvermögen zusammen, das in Übereinstimmung mit der Finanzordnung der UNESCO eingerichtet wird. Alle Beiträge der Vertragsstaaten und anderer Akteure sind freiwillig.
(2) Die Mittel des Freiwilligen Fonds bestehen aus
a) Beiträgen der Vertragsstaaten;
b) Beiträgen, Schenkungen oder Vermächtnissen
  i anderer Staaten;
  ii von Organisationen und Programmen des Systems der Vereinten Nationen, insbesondere des Entwicklungsprogramms der Vereinten Nationen, wie auch von anderen internationalen Organisationen;
  iii von Einrichtungen des öffentlichen oder privaten Rechts oder von Einzelpersonen;
c) den für die Mittel des Freiwilligen Fonds anfallenden Zinsen;
d) Mitteln, die durch Sammlungen und Einnahmen aus Veranstaltungen zugunsten des Freiwilligen Fonds aufgebracht werden, und
e) allen sonstigen Mitteln, die durch die von der Konferenz der Vertragsparteien für den Freiwilligen Fonds aufzustellenden Vorschriften genehmigt sind.
(3) Beiträge der Vertragsstaaten zum Freiwilligen Fonds gelten nicht als Ersatzleistung für die Verpflichtung der Vertragsstaaten, ihren Beitrag zum jährlichen Haushalt der Welt Anti-Doping Agentur zu entrichten.

Artikel 18 – Verwendung und Verwaltung des Freiwilligen Fonds
Die Mittel im Freiwilligen Fonds werden von der Konferenz der Vertragsparteien für die Finanzierung der von ihr gebilligten Tätigkeiten zugewiesen, insbesondere um die Vertragsstaaten dabei zu unterstützen, in Übereinstimmung mit diesem Übereinkom-

men und unter Berücksichtigung der Zielsetzungen der Welt Anti-Doping Agentur Anti-Doping-Programme zu entwickeln und durchzuführen; sie dürfen auch verwendet werden, um die Kosten der Durchführung dieses Übereinkommens zu decken. An die dem Freiwilligen Fonds gezahlten Beiträge dürfen keine politischen, wirtschaftlichen oder andere Bedingungen geknüpft werden.

IV. Erziehung und Schulung

Artikel 19 – Allgemeine Erziehungs- und Schulungsgrundsätze
(1) Die Vertragsstaaten verpflichten sich, im Rahmen ihrer Möglichkeiten Erziehungs- und Schulungsprogramme zur Bekämpfung des Dopings zu unterstützen, zu entwickeln oder durchzuführen. Für die Sportwelt im Allgemeinen sollen diese Programme darauf abzielen, aktuelle und genaue Informationen zu folgenden Bereichen bereitzustellen:
a) zu dem Schaden, den das Doping den ethischen Werten des Sports zufügt;
b) zu den gesundheitlichen Auswirkungen des Dopings.
(2) Für die Athleten und Athletenbetreuer sollen die Erziehungs- und Schulungsprogramme darüber hinaus, insbesondere bei ihrer ersten Schulung, darauf abzielen, aktuelle und genaue Informationen zu folgenden Bereichen bereitzustellen:
a) zu den Dopingkontrollverfahren;
b) zu den Rechten und Pflichten der Athleten im Hinblick auf die Dopingbekämpfung, einschließlich Informationen über den Code und die Anti-Doping-Maßnahmen der einschlägigen Sport- und Anti-Doping-Organisationen. Diese Informationen müssen die Folgen eines Verstoßes gegen die Anti-Doping-Regeln beinhalten;
c) zu der Liste der verbotenen Wirkstoffe und Methoden und zu den Ausnahmegenehmigungen zur therapeutischen Anwendung;
d) zu Nahrungsergänzungsmitteln.

Artikel 20 – Verhaltensrichtlinien für den Berufssport
Die Vertragsstaaten ermutigen die einschlägigen zuständigen Verbände und Einrichtungen des Berufssports, geeignete und mit dem Code vereinbare Verhaltensrichtlinien, vorbildliche Praktiken und ethische Regeln in Bezug auf die Bekämpfung des Dopings im Sport zu entwickeln und umzusetzen.

Artikel 21 – Einbeziehung von Athleten und Athletenbetreuern
Die Vertragsstaaten fördern und – im Rahmen ihrer Möglichkeiten – unterstützen die aktive Beteiligung von Athleten und Athletenbetreuern an allen Arten der Dopingbekämpfung durch die Sportorganisationen und die anderen einschlägigen Organisationen und ermutigen die Sportorganisationen in ihrem Hoheitsbereich, Gleiches zu tun.

Artikel 22 – Sportorganisationen und die fortlaufende Erziehung und Schulung im Bereich der Dopingbekämpfung
Die Vertragsstaaten ermutigen die Sportorganisationen und die Anti-Doping-Organisationen, für alle Athleten und Athletenbetreuer fortlaufende Erziehungs- und Schulungsprogramme zu den in Artikel 19 aufgeführten Themen durchzuführen.

Artikel 23 – Zusammenarbeit bei der Erziehung und Schulung
Die Vertragsstaaten arbeiten untereinander und mit den einschlägigen Organisationen zusammen, um in geeigneten Fällen Informationen, Fachwissen und Erfahrungen zu wirksamen Dopingbekämpfungsprogrammen auszutauschen.

V. Forschung

Artikel 24 – Förderung der Forschung im Bereich der Dopingbekämpfung
Die Vertragsstaaten verpflichten sich, im Rahmen ihrer Möglichkeiten und in Zusammenarbeit mit den Sportorganisationen und anderen einschlägigen Organisationen die Forschung im Bereich der Dopingbekämpfung zu folgenden Fragen zu unterstützen und zu fördern:
a) Verhütung des Dopings, Nachweismethoden, Verhaltens- und gesellschaftliche Aspekte und gesundheitliche Auswirkungen des Dopings;
b) Mittel und Wege zur Entwicklung wissenschaftlich fundierter physiologischer und psychologischer Schulungsprogramme, die der Integrität der Person Rechnung tragen;
c) Anwendung aller neuen Wirkstoffe und Methoden, die aus wissenschaftlichen Entwicklungen entstehen.

Artikel 25 – Wesen der Forschung im Bereich der Dopingbekämpfung
Bei der in Artikel 24 beschriebenen Förderung der Forschung im Bereich der Dopingbekämpfung stellen die Vertragsstaaten sicher, dass die betreffende Forschung
a) international anerkannten ethischen Praktiken entspricht;
b) die Verabreichung verbotener Wirkstoffe und Methoden an Athleten vermeidet;
c) nur mit geeigneten Sicherheitsvorkehrungen erfolgt, um zu verhindern, dass die Forschungsergebnisse im Bereich der Dopingbekämpfung für Dopingzwecke missbraucht und angewendet werden.

Artikel 26 – Weitergabe von Forschungsergebnissen im Bereich der Dopingbekämpfung
Vorbehaltlich der Einhaltung des anzuwendenden nationalen und internationalen Rechts geben die Vertragsstaaten in geeigneten Fällen die Forschungsergebnisse im Bereich der Dopingbekämpfung an andere Vertragsstaaten und an die Welt Anti-Doping Agentur weiter.

Artikel 27 – Sportwissenschaftliche Forschung
Die Vertragsstaaten ermutigen
a) die Mitglieder der wissenschaftlichen und medizinischen Gemeinschaft, in Einklang mit den Grundsätzen des Codes sportwissenschaftliche Forschung zu betreiben;
b) die Sportorganisationen und die Athletenbetreuer in ihrem Hoheitsbereich, mit den Grundsätzen des Codes vereinbare sportwissenschaftliche Forschung durchzuführen.

VI. Überwachung der Anwendung des Übereinkommens

Artikel 28 – Konferenz der Vertragsparteien
(1) Hiermit wird eine Konferenz der Vertragsparteien eingesetzt. Die Konferenz der Vertragsparteien ist das Lenkungsorgan dieses Übereinkommens.
(2) Die Konferenz der Vertragsparteien tritt in der Regel alle zwei Jahre zu einer ordentlichen Tagung zusammen. Sie kann zu außerordentlichen Tagungen zusammentreten, wenn sie dies beschließt oder wenn mindestens ein Drittel der Vertragsstaaten darum ersuchen.
(3) Jeder Vertragsstaat hat bei der Konferenz der Vertragsparteien eine Stimme.
(4) Die Konferenz der Vertragsparteien gibt sich eine Geschäftsordnung.

Artikel 29 – Beratende Organisation und Beobachter bei der Konferenz der Vertragsparteien
Die Welt Anti-Doping Agentur wird als beratende Organisation zur Konferenz der Vertragsparteien eingeladen. Das Internationale Olympische Komitee, das Internationale Paralympische Komitee, der Europarat und der Zwischenstaatliche Ausschuss für Körpererziehung und Sport (CIGEPS) werden als Beobachter eingeladen. Die Konferenz der Vertragsparteien kann beschließen, weitere einschlägige Organisationen als Beobachter einzuladen.

Artikel 30 – Aufgaben der Konferenz der Vertragsparteien
(1) Neben den in anderen Bestimmungen dieses Übereinkommens aufgeführten Aufgaben bestehen die Aufgaben der Konferenz der Vertragspartei darin,
a) den Zweck dieses Übereinkommens zu fördern;
b) das Verhältnis zur Welt Anti-Doping Agentur zu erörtern und die Finanzierungsmechanismen des jährlichen Kernhaushalts der Agentur zu beobachten. Nichtvertragsstaaten können zu diesen Erörterungen eingeladen werden;
c) einen Plan für die Verwendung der Mittel des Freiwilligen Fonds nach Artikel 18 zu beschließen;
d) die von den Vertragsstaaten nach Artikel 31 vorgelegten Berichte zu prüfen;
e) die Überwachung der Einhaltung dieses Übereinkommens unter Berücksichtigung der Entwicklung von Dopingbekämpfungssystemen nach Artikel 31 fortlaufend zu überprüfen. Alle Überwachungsmechanismen oder -maßnahmen, die über Artikel 31 hinausgehen, werden durch den nach Artikel 17 errichteten Freiwilligen Fonds finanziert;
f) Änderungsentwürfe zu diesem Übereinkommen im Hinblick auf deren Beschlussfassung zu prüfen;
g) nach Artikel 34 des Übereinkommens die von der Welt Anti-Doping Agentur beschlossenen Änderungen der Verbotsliste und der Standards für die Erteilung von Ausnahmegenehmigungen zur therapeutischen Anwendung im Hinblick auf deren Genehmigung zu prüfen;
h) die Zusammenarbeit zwischen den Vertragsstaaten und der Welt Anti-Doping Agentur im Rahmen dieses Übereinkommens näher zu bestimmen und durchzuführen;
i) von der Welt Anti-Doping Agentur bei jeder ihrer Tagungen einen Bericht über die Durchführung des Codes zur Prüfung zu erbitten.

(2) Bei der Wahrnehmung ihrer Aufgaben kann die Konferenz der Vertragsparteien mit anderen zwischenstaatlichen Gremien zusammenarbeiten.

Artikel 31 – Nationale Berichte an die Konferenz der Vertragsparteien
Die Vertragsstaaten legen der Konferenz der Vertragsparteien über das Sekretariat alle zwei Jahre und in einer der offiziellen Sprachen der UNESCO alle einschlägigen Informationen über die Maßnahmen vor, die sie zur Einhaltung dieses Übereinkommens ergriffen haben.

Artikel 32 – Sekretariat der Konferenz der Vertragsparteien
(1) Das Sekretariat der Konferenz der Vertragsparteien wird vom Generaldirektor der UNESCO gestellt.
(2) Auf Ersuchen der Konferenz der Vertragsparteien nutzt der Generaldirektor der UNESCO zu den von der Konferenz der Vertragsparteien gebilligten Bedingungen die Dienste der Welt Anti-Doping Agentur im größtmöglichen Umfang.
(3) Die mit dem Übereinkommen in Zusammenhang stehenden Durchführungskosten werden im Rahmen vorhandener Mittel und in angemessener Höhe aus dem ordentlichen Haushalt der UNESCO, aus dem nach Artikel 17 errichteten Freiwilligen Fonds oder entsprechend einer alle zwei Jahre zu treffenden Festlegung aus einer angemessenen Kombination beider Quellen finanziert. Die Finanzierung des Sekretariats aus dem ordentlichen Haushalt erfolgt auf einer strikt minimalen Grundlage, wobei davon ausgegangen wird, dass auch eine freiwillige Finanzierung zur Unterstützung des Übereinkommens zur Verfügung gestellt werden soll.
(4) Das Sekretariat bereitet die Dokumentation der Konferenz der Vertragsparteien und die Entwürfe der Tagesordnung ihrer Sitzungen vor und stellt die Durchführung ihrer Beschlüsse sicher.

Artikel 33 – Änderungen
(1) Jeder Vertragsstaat kann durch schriftliche Mitteilung an den Generaldirektor der UNESCO Änderungen dieses Übereinkommens vorschlagen. Der Generaldirektor leitet diese Mitteilung an alle Vertragsstaaten weiter. Gibt innerhalb von sechs Monaten nach dem Datum der Weiterleitung der Mitteilung mindestens die Hälfte der Vertragsstaaten ihre Zustimmung, so legt der Generaldirektor diese Vorschläge der nachfolgenden Tagung der Konferenz der Vertragsparteien vor.
(2) Änderungen werden von der Konferenz der Vertragsparteien mit Zweidrittelmehrheit der auf der Tagung anwesenden und abstimmenden Vertragsstaaten beschlossen.
(3) Nach der Beschlussfassung werden Änderungen dieses Übereinkommens den Vertragsstaaten zur Ratifikation, Annahme, Genehmigung oder zum Beitritt vorgelegt.
(4) Änderungen dieses Übereinkommens treten für die Vertragsstaaten, die sie ratifiziert, angenommen oder genehmigt haben oder ihnen beigetreten sind, drei Monate nach Hinterlegung der in Absatz 3 genannten Urkunden durch zwei Drittel der Vertragsstaaten in Kraft. Für jeden Vertragsstaat, der eine Änderung zu einem späteren Zeitpunkt ratifiziert, annimmt, genehmigt oder ihr beitritt, tritt sie drei Monate nach Hinterlegung der Ratifikations-, Annahme-, Genehmigungs- oder Beitrittsurkunde durch diesen Vertragsstaat in Kraft.

(5) Ein Staat, der nach Inkrafttreten von Änderungen nach Absatz 4 Vertragspartei dieses Übereinkommens wird, gilt, wenn er keine anderweitige Absicht zum Ausdruck gebracht hat,
a) als Vertragspartei des geänderten Übereinkommens;
b) als Vertragspartei des nicht geänderten Übereinkommens im Verhältnis zu jedem Vertragsstaat, der nicht durch die Änderungen gebunden ist.

Artikel 34 – Besonderes Änderungsverfahren für die Anlagen des Übereinkommens
(1) Ändert die Welt Anti-Doping Agentur die Verbotsliste oder die Standards für die Erteilung von Ausnahmegenehmigungen zur therapeutischen Anwendung, so kann sie den Generaldirektor der UNESCO durch eine an ihn gerichtete schriftliche Mitteilung von den Änderungen in Kenntnis setzen. Der Generaldirektor notifiziert diese Änderungen umgehend allen Vertragsstaaten als vorgeschlagene Änderungen der betreffenden Anlagen zu diesem Übereinkommen. Die Änderungen der Anlagen werden von der Konferenz der Vertragsparteien entweder auf einer ihrer Tagungen oder durch schriftliche Konsultation genehmigt.
(2) Innerhalb von 45 Tagen nach der Notifikation des Generaldirektors können die Vertragsstaaten ihren Einspruch gegen die vorgeschlagene Änderung entweder – im Fall einer schriftlichen Konsultation – schriftlich gegenüber dem Generaldirektor oder auf einer Tagung der Konferenz der Vertragsparteien einlegen. Die vorgeschlagene Änderung gilt als von der Konferenz der Vertragsparteien genehmigt, wenn nicht zwei Drittel der Vertragsstaaten Einspruch gegen sie einlegen.
(3) Die von der Konferenz der Vertragsparteien genehmigten Änderungen werden den Vertragsstaaten vom Generaldirektor notifiziert. Sie treten 45 Tage nach dieser Notifikation in Kraft; hiervon ausgenommen sind Vertragsstaaten, die dem Generaldirektor vorab notifiziert haben, dass sie diese Änderungen nicht annehmen.
(4) Ein Vertragsstaat, der dem Generaldirektor notifiziert hat, dass er eine nach den Absätzen 1 bis 3 genehmigte Änderung nicht annimmt, bleibt durch die nicht geänderten Fassungen der Anlagen gebunden.

VII. Schlussbestimmungen

Artikel 35 – Bundesstaatliche oder nicht einheitsstaatliche Verfassungssysteme
Folgende Bestimmungen gelten für Vertragsstaaten, die ein bundesstaatliches oder nicht einheitsstaatliches Verfassungssystem haben:
a) Hinsichtlich derjenigen Bestimmungen dieses Übereinkommens, deren Durchführung in die Zuständigkeit des Bundes- oder Zentral-Gesetzgebungsorgans fällt, sind die Verpflichtungen der Bundes- oder Zentralregierung dieselben wie für diejenigen Vertragsstaaten, die nicht Bundesstaaten sind;
b) hinsichtlich derjenigen Bestimmungen dieses Übereinkommens, deren Durchführung in die Zuständigkeit eines einzelnen Gliedstaats, eines Kreises, einer Provinz oder eines Kantons fällt, die nicht durch das Verfassungssystem des Bundes verpflichtet sind, gesetzgeberische Maßnahmen zu treffen, unterrichtet die Bundesregierung die zuständigen Stellen dieser Staaten, Kreise, Provinzen oder Kantone von den genannten Bestimmungen und empfiehlt ihnen ihre Annahme.

Artikel 36 – Ratifikation, Annahme, Genehmigung oder Beitritt
Dieses Übereinkommen bedarf der Ratifikation, Annahme, Genehmigung oder des Beitritts durch die Mitgliedstaaten der UNESCO nach Maßgabe ihrer verfassungsrechtlichen Verfahren. Die Ratifikations-, Annahme-, Genehmigungs- oder Beitrittsurkunden werden beim Generaldirektor der UNESCO hinterlegt.

Artikel 37 – Inkrafttreten
(1) Dieses Übereinkommen tritt am ersten Tag des Monats in Kraft, der auf einen Zeitabschnitt von einem Monat nach Hinterlegung der dreißigsten Ratifikations-, Annahme-, Genehmigungs- oder Beitrittsurkunde folgt.
(2) Für jeden Staat, der danach seine Zustimmung erklärt, durch dieses Übereinkommen gebunden zu sein, tritt es am ersten Tag des Monats in Kraft, der auf einen Zeitabschnitt von einem Monat nach Hinterlegung seiner Ratifikations-, Annahme-, Genehmigungs- oder Beitrittsurkunde folgt.

Artikel 38 – Räumliche Erstreckung des Übereinkommens
(1) Jeder Staat kann bei der Hinterlegung seiner Ratifikations-, Annahme-, Genehmigungs- oder Beitrittsurkunde einzelne oder mehrere Hoheitsgebiete bezeichnen, deren internationale Beziehungen er wahrnimmt und auf die dieses Übereinkommen Anwendung findet.
(2) Jeder Vertragsstaat kann jederzeit danach durch eine an die UNESCO gerichtete Erklärung die Anwendung dieses Übereinkommens auf jedes weitere in der Erklärung bezeichnete Hoheitsgebiet erstrecken. Das Übereinkommen tritt für dieses Hoheitsgebiet am ersten Tag des Monats in Kraft, der auf einen Zeitabschnitt von einem Monat nach Eingang der Erklärung beim Verwahrer folgt.
(3) Jede nach den Absätzen 1 und 2 abgegebene Erklärung kann in Bezug auf jedes darin bezeichnete Hoheitsgebiet durch eine an die UNESCO gerichtete Notifikation zurückgenommen werden. Die Rücknahme wird am ersten Tag des Monats wirksam, der auf einen Zeitabschnitt von einem Monat nach Eingang der Notifikation beim Verwahrer folgt.

Artikel 39 – Kündigung
Jeder Vertragsstaat kann dieses Übereinkommen kündigen. Die Kündigung wird durch eine Urkunde notifiziert, die beim Generaldirektor der UNESCO hinterlegt wird. Die Kündigung wird am ersten Tag des Monats wirksam, der auf einen Zeitabschnitt von sechs Monaten nach Eingang der Kündigungsurkunde folgt. Sie lässt die finanziellen Verpflichtungen des betreffenden Vertragsstaats bis zu dem Tag unberührt, an dem der Rücktritt wirksam wird.

Artikel 40 – Verwahrer
Der Generaldirektor der UNESCO ist der Verwahrer dieses Übereinkommens und der Änderungen dieses Übereinkommens. Als Verwahrer informiert der Generaldirektor der UNESCO die Vertragsstaaten dieses Übereinkommens wie auch die anderen Mitgliedstaaten der Organisation über
a) jede Hinterlegung einer Ratifikations-, Annahme-, Genehmigungs- oder Beitrittsurkunde;
b) den Zeitpunkt des Inkrafttretens dieses Übereinkommens nach Artikel 37;

c) jeden nach Artikel 31 erstellten Bericht;
d) jede Änderung des Übereinkommens oder seiner Anlagen, die nach den Artikeln 33 und 34 beschlossen wurde, und über den Zeitpunkt des Inkrafttretens der Änderungen;
e) jede Erklärung oder Notifikation nach Artikel 38;
f) jede Notifikation nach Artikel 39 und über den Zeitpunkt des Wirksamwerdens der Kündigung und
g) jede andere Handlung, Notifikation oder Mitteilung im Zusammenhang mit diesem Übereinkommen.

Artikel 41 – Registrierung
Auf Ersuchen des Generaldirektors der UNESCO wird dieses Übereinkommen nach Artikel 102 der Charta der Vereinten Nationen beim Sekretariat der Vereinten Nationen registriert.

Artikel 42 – Verbindliche Wortlaute
(1) Dieses Übereinkommen einschließlich seiner Anlagen ist in arabischer, chinesischer, englischer, französischer, russischer und spanischer Sprache abgefasst, wobei jeder Wortlaut gleichermaßen verbindlich ist.
(2) Die Anhänge zu diesem Übereinkommen stehen in arabischer, chinesischer, englischer, französischer, russischer und spanischer Sprache zur Verfügung.

Artikel 43 – Vorbehalte
Vorbehalte, die mit Ziel und Zweck dieses Übereinkommens unvereinbar sind, sind unzulässig.

Anlage I Die Verbotsliste – Internationaler Standard
Anlage II Standards für die Erteilung von Ausnahmegenehmigungen zur therapeutischen Anwendung

Anhang 1 Welt Anti-Doping Code
Anhang 2 Internationaler Standard für Labors
Anhang 3 Internationaler Standard für Kontrollen

Geschehen zu Paris am 18. November 2005 in zwei Urschriften, die mit den Unterschriften des Präsidenten der 33. Tagung der Generalkonferenz der UNESCO und des Generaldirektors der UNESCO versehen sind und im Archiv der UNESCO hinterlegt werden.

Bei dem vorstehenden Text handelt es sich um den verbindlichen Wortlaut des Übereinkommens, das hiermit ordnungsgemäß von der Generalkonferenz der UNESCO auf ihrer 33. Tagung, die in Paris abgehalten und am 21. Oktober 2005 für geschlossen erklärt wurde, angenommen wurde.

Zu Urkund dessen haben die Unterzeichneten dieses Übereinkommen am 18. November 2005 unterschrieben.

15.2 Welt Anti-Doping Code – Internationaler Standard, Verbotsliste 2017

Informatorische Übersetzung – NADA – Nationale Anti Doping Agentur Deutschland.

Welt Anti-Doping Code – Internationaler Standard, Verbotsliste 2017
Der offizielle Wortlaut der Verbotsliste wird von der WADA geführt und in englischer und französischer Sprache veröffentlicht. Bei Unstimmigkeiten zwischen der englischen und französischen Fassung ist die englische Fassung maßgebend.

Diese Liste tritt am 1. Januar 2017 in Kraft.

Substanzen und Methoden, die zu allen Zeiten (in und außerhalb von Wettkämpfen) verboten sind

In Einklang mit Artikel 4.2.2 des Welt Anti-Doping Codes gelten alle verbotenen Substanzen als „spezifische Substanzen" mit Ausnahme der Substanzen in den Klassen S1, S2, S4.4, S4.5 und S6.a sowie der verbotenen Methoden M1, M2 und M3.

Verbotene Substanzen

S0. Nicht zugelassene Substanzen
Pharmakologisch wirksame Substanzen, die in den folgenden Abschnitten der Verbotsliste nicht aufgeführt und derzeit nicht durch eine staatliche Gesundheitsbehörde für die therapeutische Anwendung beim Menschen zugelassen sind (zum Beispiel Arzneimittel in der präklinischen oder klinischen Entwicklung beziehungsweise Arzneimittel, deren Entwicklung eingestellt wurde, Designerdrogen, nur für die Anwendung bei Tieren zugelassene Substanzen), sind zu jeder Zeit verboten.

S1. Anabole Substanzen
Anabole Substanzen sind verboten.

1. Anabol-androgene Steroide (AAS)

a. **Exogene* AAS**, einschließlich:
1-Androstendiol (5alpha-Androst-1-en-3beta,17beta-diol); 1-Androstendion (5alpha-Androst-1-en-3,17-dion); **1**-Testosteron (17beta-Hydroxy-5alpha-androst-1-en-3-on); **4**-Hydroxytestosteron (4,17beta-Dihydroxyandrost-4-en-3-on); Bolandiol (Estr-4-en-3beta,17beta-diol); Bolasteron; Calusteron; Clostebol; **D**anazol ([1,2]Oxazolo[4',5':2,3]pregna-4-en-20-yn-17alpha-ol); Dehydrochlormethyltestosteron (4-Chlor-17beta-hydroxy-17alpha-methyl-androsta-1,4-dien-3-on); Desoxymethyltestosteron (17alpha-Methyl-5alpha-androst-2-en-17beta-ol); Drostanolon; **E**thylestrenol (19-Nor-pregna-4-en-17alpha-ol); Fluoxymesteron; Formebolon; Furazabol (17alpha-Methyl[1,2,5]oxa-diazolo[3',4':2,3]-5alpha-androstan-17beta-ol); Gestrinon; Mestanolon; Mesterolon; Metandienon (17beta-Hydroxy-17alpha-methylandrosta-1,4-dien-3-on); Metenolon; Methandriol; Methasteron (17beta-Hydroxy-2alpha, 17alpha-dimethyl-5alpha-androstan-3-on); Methyldienolon (17beta-Hydroxy-17alpha-methylestra-

4,9-dien-3-on); Methyl-1-testosteron (17beta-Hydroxy-17alpha-methyl-5alpha-androst-1-en-3-on); Methylnortestosteron (17beta-Hydroxy-17alpha-methylestr-4-en-3-on); Methyltestosteron; Metribolon (Methyltrienolon, 17beta-Hydroxy-17alpha-methylestra-4,9,11-trien-3-on); Miboleron; Norboleton; Norclostebol; Norethandrolon; **O**xabolon; Oxandrolon; Oxymesteron; Oxymetholon; **P**rostanozol (17beta-[(Tetrahydropyran-2-yl)oxy]-1'H-pyrazolo[3,4:2,3]-5alpha-androstan); **Q**uinbolon; **S**tanozolol; Stenbolon; Tetrahydrogestrinon (17-Hydroxy-18a-homo-19-nor-17alpha-pregna-4,9,11-trien-3-on); Trenbolon (17beta-Hydroxyestr-4,9,11-trien-3-on);

und andere Substanzen mit ähnlicher chemischer Struktur oder ähnlicher/n biologischer/n Wirkung(en).

b. Endogene** AAS bei exogener Verabreichung:

19-Norandrostendiol (Estr-4-en-3,17-diol); 19-Norandrostendion (Estr-4-en-3,17-dion); **A**ndrostendiol (Androst-5-en-3beta, 17beta-diol); Androstendion (Androst-4-en-3,17-dion); **B**oldenon; Boldion (Androsta-1,4-dien-3,17-dion); **D**ihydrotestosteron (17beta-Hydroxy-5alpha-androstan-3-on)[1]; **N**androlon (19-Nortestosteron) **P**rasteron (Dehydroepiandrosteron, DHEA, 3beta-Hydroxyandrost-5-en-17-on); **T**estosteron

und ihre Metaboliten und Isomere, darunter unter anderem:

3beta-Hydroxy-5alpha-androstan-17-on; **5alpha**-Androst-2-en-17-on; 5alpha-Androstan-3alpha,17alpha-diol; 5alpha-Androstan-3alpha,17beta-diol; 5alpha-Androstan-3beta,17alpha-diol; 5alpha-Androstan-3beta,17beta-diol; **5beta**-Androstan-3alpha,17beta-diol; **7alpha**-Hydroxy-DHEA; **7beta**-Hydroxy-DHEA; 4-Androstendiol (Androst-4-en-3beta, 17beta-diol); 5-Androstendion (Androst-5-en-3,17-dion); 7-Keto-DHEA; **19-N**orandrosteron; 19-Noretiocholanolon; Androst-4-en-3alpha,17alpha-diol; Androst-4-en-3alpha,17beta-diol; Androst-4-en-3beta,17alpha-diol; Androst-5-en-3alpha,17alpha-diol; Androst-5-en-3alpha,17beta-diol; Androst-5-en-3beta,17alpha-diol; Androsteron; Epidihydrotestosteron; Epitestosteron; Etiocholanolon.

2. Andere anabole Substanzen

Dazu gehören unter anderem
- Clenbuterol;
- Selektive Androgen-Rezeptor-Modulatoren (SARMs, zum Beispiel Andarin und Ostarin);
- Tibolon;
- Zeranol;
- Zilpaterol.

* Für die Zwecke dieses Abschnitts bezieht sich der Begriff „exogen" auf eine Substanz, die vom Körper normalerweise nicht auf natürlichem Wege produziert wird.
** Für die Zwecke dieses Abschnittes bezieht sich der Begriff „endogen" auf eine Substanz, die vom Körper normalerweise auf natürlichem Wege produziert wird.

---

[1] Hinzufügung des Bundesinnenmisteriums: Synonym (Freiname nach INN): Androstanolon.

S2. Peptidhormone, Wachstumsfaktoren, verwandte Substanzen und Mimetika

Die folgenden Substanzen und andere Substanzen mit ähnlicher chemischer Struktur oder ähnlicher/n biologischer/n Wirkung(en) sind verboten:

1. Erythropoetin-Rezeptor-Agonisten:
   1.1 Erythropoese-stimulierende Stoffe (ESAs), einschließlich zum Beispiel
   Darbepoetin (dEPO);
   Erythropoetine (EPO);
   EPO-Fc;
   EPO-mimetische Peptide (EMP), zum Beispiel CNTO 530 und Peginesatid;
   GATA-Hemmer, zum Beispiel K-11706;
   Methoxy-Polyethylenglycol-Epoetin beta (CERA – Continuous Erythropoiesis Receptor Activator);
   Hemmer für transformierenden Wachstumsfaktor-beta (TGF-beta), zum Beispiel Sotatercept, Luspatercept;
   1.2 Nicht-erythropoetische EPO-Rezeptor-Agonisten, zum Beispiel
   ARA-290;
   Asialo-EPO;
   carbamyliertes EPO.
2. Hypoxie-induzierbarer-Faktor (HIF)-Stabilisatoren, zum Beispiel Cobalt, Molidustat und Roxadustat (FG-4592), sowie HIF-Aktivatoren, zum Beispiel Argon und Xenon.
3. Choriongonadotropin (CG) und Luteinisierendes Hormon (LH) sowie ihre Releasingfaktoren, zum Beispiel Buserelin, Gonadorelin und Leuprorelin (bei Männern).
4. Corticotropine und ihre Releasingfaktoren, zum Beispiel Corticorelin.
5. Wachstumshormon (GH) und seine Releasingfaktoren, einschließlich:
   - Wachstumshormon-Releasing-Hormon (GHRH) und seine Analoga, zum Beispiel CJC-1295, Sermorelin und Tesamorelin;
   - Wachstumshormon-Sekretagoge (GHS), zum Beispiel Ghrelin und Ghrelin-Mimetika. Beispiel für letztere sind Anamorelin und Ipamorelin;
   - Wachstumshormon-Releasing-Peptide (GHRPs), zum Beispiel Alexamorelin, GHRP-6, Hexarelin und Pralmorelin (GHRP-2).

Außerdem verbotene Wachstumsfaktoren:
Fibroblasten-Wachstumsfaktoren (FGFs);
Hepatozyten-Wachstumsfaktor (HGF);
insulinähnlicher Wachstumsfaktor 1 (IGF-1) und seine Analoga;
mechanisch induzierte Wachstumsfaktoren (MGFs);
Blutplättchen-Wachstumsfaktor (PDGF);
vaskulär-endothelialer Wachstumsfaktor (VEGF) und alle anderen Wachstumsfaktoren, die in Muskeln, Sehnen oder Bändern die Proteinsynthese/den Proteinabbau, die Gefäßbildung/-versorgung, die Energieausnutzung, die Regenerationsfähigkeit oder die Umwandlung des Fasertyps beeinflussen.

S3. Beta-2-Agonisten

Alle selektiven und nicht-selektiven Beta-2-Agonisten, einschließlich aller optischen Isomere, sind verboten.

Dazu gehören unter anderem: **Fenoterol**; **Formoterol**; **Higenamin**; **Indacaterol**; **Olodaterol**; **Procaterol**; **Reproterol**; **Salbutamol**; **Salmeterol**; **Terbutalin**; **Vilanterol**.

Hiervon ausgenommen sind:
- inhaliertes Salbutamol: höchstens 1600 Mikrogramm über 24 Stunden, nicht mehr als 800 Mikrogramm alle 12 Stunden;
- inhaliertes Formoterol: abgegebene Dosis höchstens 54 Mikrogramm über 24 Stunden,
- inhaliertes Salmeterol: höchstens 200 Mikrogramm über 24 Stunden.

Ein Salbutamolwert im Urin von mehr als 1000 Nanogramm/ml oder ein Formoterolwert im Urin von mehr als 40 Nanogramm/ml wird nicht als beabsichtigte therapeutische Anwendung der Substanz angesehen und gilt als ein von der Norm abweichendes Analyseergebnis (AAF), es sei denn, der Athlet weist anhand einer kontrollierten pharmakokinetischen Studie nach, dass dieses abnorme Ergebnis die Folge der Anwendung einer therapeutischen Dosis (durch Inhalation) bis zu der oben genannten Höchstdosis war.

S4. Hormon- und Stoffwechsel-Modulatoren
Die folgenden Hormon- und Stoffwechsel-Modulatoren sind verboten:

1. Aromatasehemmer; dazu gehören unter anderem: **4-Androsten-3,6,17-trion (6-oxo); Aminoglutethimid; Anastrozol; Androsta-1,4,6-trien-3,17-dion (Androstatriendion); Androsta-3,5-dien-7,17-dion (Arimistan); Exemestan; Formestan; Letrozol und Testolacton.**
2. Selektive Estrogen-Rezeptor-Modulatoren (SERMs); dazu gehören unter anderem: **Raloxifen; Tamoxifen; Toremifen.**
3. Andere antiestrogene Substanzen; dazu gehören unter anderem:
Clomifen; Cyclofenil; Fulvestrant.
4. Substanzen, welche die Myostatinfunktion(en) verändern; dazu gehören unter anderem Myostatinhemmer.
5. Stoffwechsel-Modulatoren:
   5.1 Aktivatoren der AMP-aktivierten Proteinkinase (AMPK), zum Beispiel AICAR; und Peroxisom-Proliferator-aktivierter-Rezeptor-Delta-Agonisten (PPARδ), zum Beispiel GW1516;
   5.2 Insuline und Insulin-Mimetika;
   5.3 Meldonium;
   5.4 Trimetazidin.

S5. Diuretika und Maskierungsmittel
Die folgenden Diuretika und Maskierungsmittel und andere Substanzen mit ähnlicher chemischer Struktur oder ähnlicher/n biologischer/n Wirkung(en) sind verboten.

Dazu gehören unter anderem:
- Desmopressin; Probenecid; Plasmaexpander, zum Beispiel Glycerol und intravenös verabreichtes Albumin, Dextran, Hydroxyethylstärke und Mannitol.
- Acetazolamid, Amilorid, Bumetanid, Canrenon, Chlortalidon, Etacrynsäure, Furosemid, Indapamid, Metolazon, Spironolacton, Thiazide, zum Beispiel Bendroflumethiazid, Chlorothiazid und Hydrochlorothiazid, Triamteren und Vaptane, zum Beispiel Tolvaptan.

Hiervon ausgenommen sind:
- Drospirenon, Pamabrom sowie die ophthalmische Anwendung von Carboanhydrasehemmern (zum Beispiel Dorzolamid und Brinzolamid).
- Die lokale Verabreichung von Felypressin in der Dentalanästhesie.

Wird in der Probe eines Athleten zu allen Zeiten beziehungsweise in Wettkämpfen jegliche Menge einer der folgenden Grenzwerten unterliegenden Substanzen – nämlich Formoterol, Salbutamol, Cathin, Ephedrin, Methylephedrin und Pseudoephedrin – in Verbindung mit einem Diuretikum oder Maskierungsmittel nachgewiesen, so gilt dieser Nachweis als von der Norm abweichendes Analyseergebnis (AAF), es sei denn, der Athlet besitzt zusätzlich zu der Medizinischen Ausnahmegenehmigung für das Diuretikum oder Maskierungsmittel eine bestätigte Medizinische Ausnahmegenehmigung (TUE) für diese Substanz.

Verbotene Methoden

M1. Manipulation von Blut und Blutbestandteilen
Folgende Methoden sind verboten:

1. Die Verabreichung oder Wiederzufuhr jeglicher Menge von autologem, allogenem (homologem) oder heterologem Blut oder Produkten aus roten Blutkörperchen jeglicher Herkunft in das Kreislaufsystem.
2. Die künstliche Erhöhung der Aufnahme, des Transports oder der Abgabe von Sauerstoff. Hierzu gehören unter anderem:
Perfluorchemikalien, Efaproxiral (RSR 13) und veränderte Hämoglobinprodukte, zum Beispiel Blutersatzstoffe auf Hämoglobinbasis und mikroverkapselte Hämoglobinprodukte, ausgenommen ergänzender Sauerstoff durch Inhalation.
3. Jegliche Form der intravaskulären Manipulation von Blut oder Blutbestandteilen mit physikalischen oder chemischen Mitteln.

M2. Chemische und physikalische Manipulation
Folgende Methoden sind verboten:

1. Die tatsächliche oder versuchte unzulässige Einflussnahme, um die Integrität und Validität der Proben, die während der Dopingkontrollen genommen werden, zu verändern. Dazu gehören unter anderem:
Der Austausch und/oder die Verfälschung von Urin, zum Beispiel mit Proteasen.
2. Intravenöse Infusionen und/oder Injektionen von mehr als 50 ml innerhalb eines Zeitraums von sechs Stunden, es sei denn, sie werden rechtmäßig im Zuge von Krankenhauseinweisungen, chirurgischen Eingriffen oder klinischen Untersuchungen verabreicht.

M3. Gendoping
Die folgenden Methoden zur möglichen Steigerung der sportlichen Leistung sind verboten:

1. Die Übertragung von Nukleinsäure-Polymeren oder Nukleinsäure-Analoga;
2. die Anwendung normaler oder genetisch veränderter Zellen.

Im Wettkampf verbotene Substanzen und Methoden

Zusätzlich zu den oben beschriebenen Kategorien S0 bis S5 und M1 bis M3 sind im Wettkampf folgende Kategorien verboten:

Verbotene Substanzen

S6. Stimulanzien
Alle Stimulanzien, einschließlich aller optischen Isomere, zum Beispiel gegebenenfalls D- und L-, sind verboten.

Zu den Stimulanzien gehören

a: Nicht-spezifische Stimulanzien:
Adrafinil; Amfepramon; Amfetamin; Amfetaminil; Amiphenazol; Benfluorex; Benzylpiperazin; Bromantan; Clobenzorex; Cocain; Cropropamid; Crotetamid; Fencamin; Fenetyllin; Fenfluramin; Fenproporex; Fonturacetam [4-Phenylpiracetam (Carphedon)]; Furfenorex; Lisdexamfetamin; Mefenorex; Mephentermin; Mesocarb; Metamfetamin(D-); p-Methylamfetamin; Modafinil; Norfenfluramin; Phendimetrazin; Phentermin; Prenylamin; Prolintan.

Ein Stimulans, das in diesem Abschnitt nicht ausdrücklich genannt ist, gilt als spezifische Substanz.

b: Spezifische Stimulanzien.
Dazu gehören unter anderem:
4-Methylhexan-2-amin (Methylhexanamin); Benzfetamin; Cathin[1]; Cathinon und seine Analoga, zum Beispiel Mephedron, Methedron und alpha-Pyrrolidinovalerophenon; Dimethylamfetamin; Ephedrin[2]; Epinephrin[3] (Adrenalin); Etamivan; Etilamfetamin; Etilefrin; Famprofazon; Fenbutrazat; Fencamfamin; Heptaminol; Hydroxyamfetamin (Parahydroxyamfetamin); Isomethepten; Levmetamfetamin; Meclofenoxat; Methylendioxymethamfetamin; Methylephedrin[2]; Methylphenidat; Nikethamid; Norfenefrin; Octopamin; Oxilofrin (Methylsynephrin); Pemolin; Pentetrazol; Phenethylamin und seine Derivate; Phenmetrazin; Phenpromethamin; Propylhexedrin; Pseudoephedrin[4]; Selegilin; Sibutramin; Strychnin; Tenamfetamin (Methylendioxyamfetamin); Tuaminoheptan

und andere Substanzen mit ähnlicher chemischer Struktur oder ähnlicher/n biologischer/n Wirkung(en).

---

[1] Cathin: verboten, wenn seine Konzentration im Urin 5 Mikrogramm/ml übersteigt.
[2] Ephedrin und Methylephedrin: verboten, wenn ihre Konzentration im Urin jeweils 10 Mikrogramm/ml übersteigt.
[3] Epinephrin (Adrenalin): nicht verboten bei lokaler Anwendung (zum Beispiel nasal oder ophthalmologisch) oder bei der Verabreichung in Verbindung mit einem Lokalanästhetikum.
[4] Pseudoephedrin: verboten, wenn seine Konzentration im Urin 150 Mikrogramm/ml übersteigt.

Hiervon ausgenommen sind:
- Clonidin;
- Imidazolderivate für die topische/ophthalmische Anwendung und die in das Überwachungsprogramm für 2017[1] aufgenommenen Stimulanzien.

S7. Narkotika
Verboten sind:

Buprenorphin; Dextromoramid; Diamorphin (Heroin); Fentanyl und seine Derivate; Hydromorphon; Methadon; Morphin; Nicomorphin; Oxycodon; Oxymorphon; Pentazocin und Pethidin.

S8. Cannabinoide
Verboten sind:
- natürliches, zum Beispiel Cannabis, Haschisch und Marihuana, oder synthetisches Delta-9-Tetrahydrocannabinol (THC);
- Cannabimimetika, zum Beispiel „Spice", JWH-018, JWH-073, HU-210.

S9. Glucocorticoide
Alle Glucocorticoide sind verboten, wenn sie oral, intravenös, intramuskulär oder rektal verabreicht werden.

In bestimmten Sportarten verbotene Substanzen

P1. Alkohol
Alkohol (**Ethanol**) ist in den nachfolgenden Sportarten nur im Wettkampf verboten. Die Feststellung erfolgt durch Atem- und/oder Blutanalyse. Der Grenzwert, ab dem ein Dopingverstoß vorliegt, entspricht einer Blutalkoholkonzentration von 0,10 g/l.
- Bogenschießen (WA)
- Luftsport (FAI)
- Motorbootsport (UIM)
- Motorsport (FIA)

P2. Betablocker
Betablocker sind in den folgenden Sportarten nur im Wettkampf verboten; außerhalb von Wettkämpfen auch, sofern angegeben:
- Billard (alle Disziplinen, WCBS)
- Bogenschießen (WA)[2]
- Darts (WDF)

---

[1] Bupropion, Koffein, Nikotin, Phenylephrin, Phenylpropanolamin, Pipradol und Synephrin: Diese Substanzen sind in das Überwachungsprogramm für 2017 aufgenommen und gelten nicht als verbotene Substanzen.

[2] Auch außerhalb von Wettkämpfen verboten.

- Golf (IGF)
- Motorsport (FIA)
- Schießen (ISSF, IPC)[1]
- Skifahren/Snowboarding (FIS) im Skispringen, Freistil aerials/halfpipe und Snowboard halfpipe/big air
- Unterwassersport (CMAS) wie Free Immersion Apnoea, Jump Blue Apnoea, Speerfischen, Streckentauchen mit und ohne Flossen, Tieftauchen mit konstantem Gewicht mit und ohne Flossen, Tieftauchen mit variablem Gewicht, Zeittauchen und Zielschießen.

Zu den Betablockern gehören unter anderem

Acebutolol; Alprenolol; Atenolol; Betaxolol; Bisoprolol; Bunolol; Carteolol; Carvedilol; Celiprolol; Esmolol; Labetalol; Levobunolol; Metipranolol; Metoprolol; Nadolol; Oxprenolol; Pindolol; Propranolol; Sotalol; Timolol.

---

[1] Auch außerhalb von Wettkämpfen verboten.

15.3 Gesetz gegen Doping im Sport (Anti-Doping-Gesetz – AntiDopG)

Gesetz gegen Doping im Sport (Anti-Doping-Gesetz – AntiDopG)

Anti-Doping-Gesetz vom 10. Dezember 2015 (BGBl. I S. 2210), das durch Artikel 1 der Verordnung vom 8. Juli 2016 (BGBl. I S. 1624) geändert worden ist.

Das G wurde als Artikel 1 des G v. 10.12.2015 I 2210 vom Bundestag beschlossen. Es ist gem. Art. 9 Abs. 1 dieses G am 18.12.2015 in Kraft getreten.

§ 1 Zweck des Gesetzes
Dieses Gesetz dient der Bekämpfung des Einsatzes von Dopingmitteln und Dopingmethoden im Sport, um die Gesundheit der Sportlerinnen und Sportler zu schützen, die Fairness und Chancengleichheit bei Sportwettbewerben zu sichern und damit zur Erhaltung der Integrität des Sports beizutragen.

§ 2 Unerlaubter Umgang mit Dopingmitteln, unerlaubte Anwendung von Dopingmethoden
(1) Es ist verboten, ein Dopingmittel, das ein in der Anlage I des Internationalen Übereinkommens vom 19. Oktober 2005 gegen Doping im Sport (BGBl. 2007 II S. 354, 355) in der vom Bundesministerium des Innern jeweils im Bundesgesetzblatt Teil II bekannt gemachten Fassung (Internationales Übereinkommen gegen Doping) aufgeführter Stoff ist oder einen solchen enthält, zum Zwecke des Dopings beim Menschen im Sport
1. herzustellen,
2. mit ihm Handel zu treiben,
3. es, ohne mit ihm Handel zu treiben, zu veräußern, abzugeben oder sonst in den Verkehr zu bringen oder
4. zu verschreiben.

(2) Es ist verboten,
1. ein Dopingmittel, das ein in der Anlage I des Internationalen Übereinkommens gegen Doping aufgeführter Stoff ist oder einen solchen enthält, oder
2. eine Dopingmethode, die in der Anlage I des Internationalen Übereinkommens gegen Doping aufgeführt ist, zum Zwecke des Dopings im Sport bei einer anderen Person anzuwenden.

(3) Es ist verboten, ein Dopingmittel, das ein in der Anlage zu diesem Gesetz aufgeführter Stoff ist oder einen solchen enthält, in nicht geringer Menge zum Zwecke des Dopings beim Menschen im Sport zu erwerben, zu besitzen oder in oder durch den Geltungsbereich dieses Gesetzes zu verbringen.

§ 3 Selbstdoping
(1) Es ist verboten,
1. ein Dopingmittel, das ein in der Anlage I des Internationalen Übereinkommens gegen Doping aufgeführter Stoff ist oder einen solchen enthält, sofern dieser Stoff nach der Anlage I des Internationalen Übereinkommens gegen Doping nicht nur in bestimmten Sportarten verboten ist, oder

2. eine Dopingmethode, die in der Anlage I des Internationalen Übereinkommens gegen Doping aufgeführt ist,

ohne medizinische Indikation bei sich in der Absicht, sich in einem Wettbewerb des organisierten Sports einen Vorteil zu verschaffen, anzuwenden oder anwenden zu lassen. Das Verbot nach Satz 1 gilt nicht, wenn das Dopingmittel außerhalb eines Wettbewerbs des organisierten Sports angewendet wird und das Dopingmittel ein Stoff ist oder einen solchen enthält, der nach der Anlage I des Internationalen Übereinkommens gegen Doping nur im Wettbewerb verboten ist.

(2) Ebenso ist es verboten, an einem Wettbewerb des organisierten Sports unter Anwendung eines Dopingmittels nach Absatz 1 Satz 1 Nummer 1 oder einer Dopingmethode nach Absatz 1 Satz 1 Nummer 2 teilzunehmen, wenn diese Anwendung ohne medizinische Indikation und in der Absicht erfolgt, sich in dem Wettbewerb einen Vorteil zu verschaffen.

(3) Ein Wettbewerb des organisierten Sports im Sinne dieser Vorschrift ist jede Sportveranstaltung, die
1. von einer nationalen oder internationalen Sportorganisation oder in deren Auftrag oder mit deren Anerkennung organisiert wird und
2. bei der Regeln einzuhalten sind, die von einer nationalen oder internationalen Sportorganisation mit verpflichtender Wirkung für ihre Mitgliedsorganisationen verabschiedet wurden.

(4) Es ist verboten, ein Dopingmittel nach Absatz 1 Satz 1 Nummer 1 zu erwerben oder zu besitzen, um es ohne medizinische Indikation bei sich anzuwenden oder anwenden zu lassen und um sich dadurch in einem Wettbewerb des organisierten Sports einen Vorteil zu verschaffen. Absatz 1 Satz 2 gilt entsprechend.

§ 4 Strafvorschriften

(1) Mit Freiheitsstrafe bis zu drei Jahren oder mit Geldstrafe wird bestraft, wer
1. entgegen § 2 Absatz 1, auch in Verbindung mit einer Rechtsverordnung nach § 6 Absatz 2, ein Dopingmittel herstellt, mit ihm Handel treibt, es, ohne mit ihm Handel zu treiben, veräußert, abgibt, sonst in den Verkehr bringt oder verschreibt,
2. entgegen § 2 Absatz 2, auch in Verbindung mit einer Rechtsverordnung nach § 6 Absatz 2, ein Dopingmittel oder eine Dopingmethode bei einer anderen Person anwendet,
3. entgegen § 2 Absatz 3 in Verbindung mit einer Rechtsverordnung nach § 6 Absatz 1 Satz 1 Nummer 1, jeweils auch in Verbindung mit einer Rechtsverordnung nach § 6 Absatz 1 Satz 1 Nummer 2 oder Satz 2, ein Dopingmittel erwirbt, besitzt oder verbringt,
4. entgegen § 3 Absatz 1 Satz 1 ein Dopingmittel oder eine Dopingmethode bei sich anwendet oder anwenden lässt oder
5. entgegen § 3 Absatz 2 an einem Wettbewerb des organisierten Sports teilnimmt.

(2) Mit Freiheitsstrafe bis zu zwei Jahren oder mit Geldstrafe wird bestraft, wer entgegen § 3 Absatz 4 ein Dopingmittel erwirbt oder besitzt.

(3) Der Versuch ist in den Fällen des Absatzes 1 strafbar.

(4) Mit Freiheitsstrafe von einem Jahr bis zu zehn Jahren wird bestraft, wer
1. durch eine der in Absatz 1 Nummer 1, 2 oder Nummer 3 bezeichneten Handlungen

a) die Gesundheit einer großen Zahl von Menschen gefährdet,
b) einen anderen der Gefahr des Todes oder einer schweren Schädigung an Körper oder Gesundheit aussetzt oder
c) aus grobem Eigennutz für sich oder einen anderen Vermögensvorteile großen Ausmaßes erlangt oder
2. in den Fällen des Absatzes 1 Nummer 1 oder Nummer 2
    a) ein Dopingmittel an eine Person unter 18 Jahren veräußert oder abgibt, einer solchen Person verschreibt oder ein Dopingmittel oder eine Dopingmethode bei einer solchen Person anwendet oder
    b) gewerbsmäßig oder als Mitglied einer Bande handelt, die sich zur fortgesetzten Begehung solcher Taten verbunden hat.

(5) In minder schweren Fällen des Absatzes 4 ist die Strafe Freiheitsstrafe von drei Monaten bis zu fünf Jahren.

(6) Handelt der Täter in den Fällen des Absatzes 1 Nummer 1, 2 oder Nummer 3 fahrlässig, so ist die Strafe Freiheitsstrafe bis zu einem Jahr oder Geldstrafe.

(7) Nach Absatz 1 Nummer 4, 5 und Absatz 2 wird nur bestraft, wer
1. Spitzensportlerin oder Spitzensportler des organisierten Sports ist; als Spitzensportlerin oder Spitzensportler des organisierten Sports im Sinne dieses Gesetzes gilt, wer als Mitglied eines Testpools im Rahmen des Dopingkontrollsystems Trainingskontrollen unterliegt, oder
2. aus der sportlichen Betätigung unmittelbar oder mittelbar Einnahmen von erheblichem Umfang erzielt.

(8) Nach Absatz 2 wird nicht bestraft, wer freiwillig die tatsächliche Verfügungsgewalt über das Dopingmittel aufgibt, bevor er es anwendet oder anwenden lässt.

§ 5 Erweiterter Verfall und Einziehung

(1) In den Fällen des § 4 Absatz 4 Nummer 2 Buchstabe b ist § 73d des Strafgesetzbuchs anzuwenden.

(2) Gegenstände, auf die sich eine Straftat nach § 4 bezieht, können eingezogen werden. § 74a des Strafgesetzbuchs ist anzuwenden.

§ 6 Verordnungsermächtigungen

(1) Das Bundesministerium für Gesundheit wird ermächtigt, im Einvernehmen mit dem Bundesministerium des Innern nach Anhörung von Sachverständigen durch Rechtsverordnung mit Zustimmung des Bundesrates
1. die nicht geringe Menge der in der Anlage zu diesem Gesetz genannten Stoffe zu bestimmen,
2. weitere Stoffe in die Anlage zu diesem Gesetz aufzunehmen, die zu Dopingzwecken im Sport geeignet sind und deren Anwendung bei nicht therapeutischer Bestimmung gefährlich ist.

Durch Rechtsverordnung nach Satz 1 können Stoffe aus der Anlage zu diesem Gesetz gestrichen werden, wenn die Voraussetzungen von Satz 1 Nummer 2 nicht mehr vorliegen.

(2) Das Bundesministerium für Gesundheit wird ermächtigt, im Einvernehmen mit dem Bundesministerium des Innern durch Rechtsverordnung mit Zustimmung des Bundesrates weitere Stoffe oder Dopingmethoden zu bestimmen, auf die § 2 Absatz 1 und 2 Anwendung findet, soweit dies geboten ist, um eine unmittelbare oder mittelbare Gefährdung der Gesundheit des Menschen durch Doping im Sport zu verhüten.

§ 7 Hinweispflichten

(1) In der Packungsbeilage und in der Fachinformation von Arzneimitteln, die in Anlage I des Internationalen Übereinkommens gegen Doping aufgeführte Stoffe sind oder solche enthalten, ist folgender Warnhinweis anzugeben: „Die Anwendung des Arzneimittels [Bezeichnung des Arzneimittels einsetzen] kann bei Dopingkontrollen zu positiven Ergebnissen führen. " Kann aus dem Fehlgebrauch des Arzneimittels zu Zwecken des Dopings im Sport eine Gesundheitsgefährdung folgen, ist dies zusätzlich anzugeben. Die Sätze 1 und 2 finden keine Anwendung auf Arzneimittel, die nach einem homöopathischen Zubereitungsverfahren hergestellt worden sind.
(2) Wird ein Stoff oder eine Gruppe von Stoffen in die Anlage I des Internationalen Übereinkommens gegen Doping aufgenommen, dürfen Arzneimittel, die zum Zeitpunkt der Bekanntmachung der geänderten Anlage I im Bundesgesetzblatt Teil II zugelassen sind und die einen dieser Stoffe enthalten, auch ohne die in Absatz 1 vorgeschriebenen Hinweise in der Packungsbeilage und in der Fachinformation von pharmazeutischen Unternehmern bis zur nächsten Verlängerung der Zulassung, jedoch nicht länger als bis zum Ablauf eines Jahres nach der Bekanntmachung der geänderten Anlage I im Bundesgesetzblatt Teil II, in den Verkehr gebracht werden.

§ 8 Informationsaustausch

(1) Gerichte und Staatsanwaltschaften dürfen der Stiftung Nationale Anti Doping Agentur Deutschland personenbezogene Daten aus Strafverfahren von Amts wegen übermitteln, soweit dies aus Sicht der übermittelnden Stelle für disziplinarrechtliche Maßnahmen im Rahmen des Dopingkontrollsystems der Stiftung Nationale Anti Doping Agentur Deutschland erforderlich ist und ein schutzwürdiges Interesse der von der Übermittlung betroffenen Person nicht entgegensteht.
(2) § 477 Absatz 1, 2 und 5 sowie § 478 Absatz 1 und 2 der Strafprozessordnung gelten entsprechend. Die Verantwortung für die Zulässigkeit der Übermittlung trägt die übermittelnde Stelle.

§ 9 Umgang mit personenbezogenen Daten

Die Stiftung Nationale Anti Doping Agentur Deutschland ist berechtigt, folgende personenbezogene Daten zu erheben, zu verarbeiten und zu nutzen, soweit dies zur Durchführung ihres Dopingkontrollsystems erforderlich ist:
1. Vor- und Familienname der Sportlerin oder des Sportlers,
2. Geschlecht der Sportlerin oder des Sportlers,
3. Geburtsdatum der Sportlerin oder des Sportlers,
4. Nationalität der Sportlerin oder des Sportlers,
5. Sportart und Sportverband der Sportlerin oder des Sportlers einschließlich der Einstufung in einen Leistungskader,
6. Zugehörigkeit der Sportlerin oder des Sportlers zu einem Trainingsstützpunkt und einer Trainingsgruppe,
7. Vor- und Familienname der Athletenbetreuerinnen und Athletenbetreuer,
8. Regelverstöße nach dem Dopingkontrollsystem und
9. Angaben zur Erreichbarkeit und zum Aufenthaltsort, sofern die Sportlerin oder der Sportler zu dem von der Stiftung Nationale Anti Doping Agentur Deutschland vorab festgelegten Kreis gehört, der Trainingskontrollen unterzogen wird.

§ 10 Umgang mit Gesundheitsdaten

(1) Die Stiftung Nationale Anti Doping Agentur Deutschland ist berechtigt, im Rahmen des Dopingkontrollsystems folgende Gesundheitsdaten zu erheben, zu verarbeiten und zu nutzen, soweit dies zur Durchführung ihres Dopingkontrollsystems erforderlich ist:
1. Blut- und Urinwerte sowie aus anderen Körperflüssigkeiten und Gewebe gewonnene Werte, die erforderlich sind, um die Anwendung verbotener Dopingmittel oder Dopingmethoden nachzuweisen,
2. die für die Erteilung einer medizinischen Ausnahmegenehmigung für die erlaubte Anwendung verbotener Dopingmittel oder Dopingmethoden erforderlichen Angaben.

Die Analyse der Dopingproben ist durch von der Welt Anti-Doping Agentur akkreditierte oder anerkannte Labore durchzuführen.

(2) Die Stiftung Nationale Anti Doping Agentur Deutschland ist berechtigt, Ergebnisse von Dopingproben und Disziplinarverfahren im Rahmen des Dopingkontrollsystems sowie eine erteilte medizinische Ausnahmegenehmigung gemäß Absatz 1 Satz 1 Nummer 2 an eine andere nationale Anti-Doping-Organisation, einen internationalen Sportfachverband, einen internationalen Veranstalter von Sportwettkämpfen oder die Welt Anti-Doping Agentur zu übermitteln, soweit dieser oder diese für die Dopingbekämpfung nach dem Dopingkontrollsystem der Stiftung Nationale Anti Doping Agentur Deutschland und der Welt Anti-Doping Agentur zuständig ist und die Übermittlung zur Durchführung dieses Dopingkontrollsystems erforderlich ist. Die Gesundheitsdaten, die die Stiftung Nationale Anti Doping Agentur Deutschland bei der Beantragung von medizinischen Ausnahmegenehmigungen für eine erlaubte Anwendung verbotener Dopingmittel oder Dopingmethoden erhält, dürfen ausschließlich auf gesonderten Antrag der Welt Anti-Doping Agentur an diese übermittelt werden.

§ 11 Schiedsgerichtsbarkeit

Sportverbände und Sportlerinnen und Sportler können als Voraussetzung der Teilnahme von Sportlerinnen und Sportlern an der organisierten Sportausübung Schiedsvereinbarungen über die Beilegung von Rechtsstreitigkeiten mit Bezug auf diese Teilnahme schließen, wenn die Schiedsvereinbarungen die Sportverbände und Sportlerinnen und Sportler in die nationalen oder internationalen Sportorganisationen einbinden und die organisierte Sportausübung insgesamt ermöglichen, fördern oder sichern. Das ist insbesondere der Fall, wenn mit den Schiedsvereinbarungen die Vorgaben des Welt Anti-Doping Codes der Welt Anti-Doping Agentur umgesetzt werden sollen.

§ 12 Konzentration der Rechtsprechung in Dopingsachen; Verordnungsermächtigung

Die Landesregierungen werden ermächtigt, durch Rechtsverordnung die strafrechtlichen Verfahren nach § 4 ganz oder teilweise für die Bezirke mehrerer Amts- oder Landgerichte einem dieser Amts- oder Landgerichte zuzuweisen, sofern dies der sachlichen Förderung oder der schnelleren Erledigung der Verfahren dient. Die Landesregierungen können die Ermächtigung nach Satz 1 durch Rechtsverordnung auf die Landesjustizverwaltungen übertragen.

Anlage (zu § 2 Absatz 3)
(Fundstelle: BGBl. I 2015, 2213–2215)
Stoffe gemäß § 2 Absatz 3 sind:

I) **Anabole Stoffe**
1. **Anabol-androgene Steroide**
    a) **Exogene anabol-androgene Steroide**
        1-Androstendiol
        1-Androstendion
        Bolandiol
        Bolasteron
        Boldenon
        Boldion
        Calusteron
        Clostebol
        Danazol
        Dehydrochlormethyltestosteron
        Desoxymethyltestosteron
        Drostanolon
        Ethylestrenol
        Fluoxymesteron
        Formebolon
        Furazabol
        Gestrinon
        4-Hydroxytestosteron
        Mestanolon
        Mesterolon
        Metandienon
        Metenolon
        Methandriol
        Methasteron
        Methyldienolon
        Methyl-1-testosteron
        Methylnortestosteron
        Methyltestosteron
        Metribolon, synonym Methyltrienolon
        Miboleron
        Nandrolon
        19-Norandrostendion
        Norboleton
        Norclostebol
        Norethandrolon
        Oxabolon
        Oxandrolon
        Oxymesteron
        Oxymetholon

Prostanozol
Quinbolon
Stanozolol
Stenbolon
1-Testosteron
Tetrahydrogestrinon
Trenbolon
andere mit anabol-androgenen Steroiden verwandte Stoffe
b) **Endogene anabol-androgene Steroide**
Androstendiol
Androstendion
Androstanolon, synonym Dihydrotestosteron
Prasteron, synonym Dehydroepiandrosteron (DHEA)
Testosteron
2. **Andere anabole Stoffe**
Clenbuterol
Selektive Androgen-Rezeptor-Modulatoren (SARMs)
Tibolon
Zeranol
Zilpaterol

II) **Peptidhormone, Wachstumsfaktoren und verwandte Stoffe**
1. **Erythropoese stimulierende Stoffe**
Erythropoetin human (EPO)
Epoetin alfa, beta, delta, omega, theta, zeta und analoge rekombinante humane Erythropoetine
Darbepoetin alfa (dEPO)
Methoxy-Polyethylenglycol-Epoetin beta, synonym PEG-Epoetin beta, Continuous Erythropoiesis Receptor Activator (CERA)
Peginesatid, synonym Hematid
2. **Choriongonadotropin (CG) und Luteinisierendes Hormon (LH)**
Choriongonadotropin (HCG)
Choriogonadotropin alfa
Lutropin alfa
3. **Corticotropine**
Corticotropin
Tetracosactid
4. **Wachstumshormon, Releasingfaktoren, Releasingpeptide und Wachstumsfaktoren**
Somatropin, synonym Wachstumshormon human, Growth Hormone (GH)
Somatrem, synonym Somatotropin (methionyl), human
Wachstumshormon-Releasingfaktoren, synonym Growth Hormone Releasing Hormones (GHRH)
Sermorelin
Somatorelin
Wachstumshormon-Releasingpeptide, synonym Growth Hormone Releasing Peptides (GHRP)

Mecasermin, synonym Insulin-ähnlicher Wachstumsfaktor 1, Insulin-like Growth Factor-1 (IGF-1)
IGF-1-Analoga

III) Hormone und Stoffwechsel-Modulatoren
1. **Aromatasehemmer**
   Aminoglutethimid
   Anastrozol
   Androsta-1, 4, 6-trien-3, 17-dion, synonym Androstatriendion
   4-Androsten-3, 6, 17-trion (6-oxo)
   Exemestan
   Formestan
   Letrozol
   Testolacton
2. **Selektive Estrogen-Rezeptor-Modulatoren (SERMs)**
   Raloxifen
   Tamoxifen
   Toremifen
3. **Andere antiestrogen wirkende Stoffe**
   Clomifen
   Cyclofenil
   Fulvestrant
4. **Myostatinfunktionen verändernde Stoffe**
   Myostatinhemmer
   Stamulumab
5. **Stoffwechsel-Modulatoren**
   Insuline
   PPARδ(Peroxisome Proliferator Activated Receptor Delta)-Agonisten, synonym PPAR-delta-Agonisten
   GW051516, synonym GW 1516
   AMPK(PPARδ-AMP-activated protein kinase)-Axis-Agonisten
   AICAR
   Meldonium

Die Aufzählung schließt die verschiedenen Salze, Ester, Ether, Isomere, Mischungen von Isomeren, Komplexe oder Derivate mit ein.

15.4 Verordnung zur Festlegung der nicht geringen Menge von Dopingmitteln (Dopingmittel-Mengen-Verordnung – DmMV)

Dopingmittel-Mengen-Verordnung vom 8. Juli 2016 (BGBl. I S. 1624)

Die V wurde als Artikel 2 der V v. 8.7.2016 I 1624 vom Bundesministerium für Gesundheit im Einvernehmen mit dem Bundesministerium des Innern nach Anhörung von Sachverständigen mit Zustimmung des Bundesrates beschlossen. Sie ist gem. Art. 3 Satz 1 dieser V am 15.7.2016 in Kraft getreten.

Die nicht geringe Menge der Stoffe im Sinne des § 2 Absatz 3 des Anti-Doping-Gesetzes ist die in der Anlage bestimmte Menge. Die nicht geringe Menge wird für die freie Verbindung des betreffenden Stoffes angegeben.

Anlage
(Fundstelle: BGBl. I 2016, 1625–1628)
I. Anabole Stoffe

	Nicht geringe Menge
1. Anabol-androgene Steoride	
a) Exogene anabol-androgene Steoride	
1-Androstendiol	3000 mg
1-Androstendion	3000 mg
Bolandiol	3000 mg
Bolasteron	100 mg
Boldenon	1000 mg
Boldion	3000 mg
Calusteron	100 mg
Clostebol	
■ parenterale Darreichungsformen	80 mg
■ andere Darreichungsformen	900 mg
Danazol	3000 mg
Dehydrochlormethyltestosteron	100 mg
Desoxymethyltestosteron	100 mg
Drostanolon	1015 mg
Ethylestrenol	450 mg
Fluoxymesteron	100 mg

15.4 Verordnung zur Festlegung der nicht geringen Menge von Dopingmitteln

	Nicht geringe Menge
Formebolon	100 mg
Furazabol	100 mg
Gestrinon	45 mg
4-Hydroxytestosteron	1500 mg
Mestanolon	100 mg
Mesterolon	1500 mg
Metandienon	100 mg
Metenolon ▪ parenterale Darreichungsformen ▪ andere Darreichungsformen	 150 mg 1500 mg
Methandriol	100 mg
Methasteron	100 mg
Methyldienolon	45 mg
Methyl-1-testosteron	100 mg
Methylnortestosteron	100 mg
Methyltestosteron	100 mg
Metribolon, synonym Methyltrienolon	45 mg
Miboleron	100 mg
Nandrolon	45 mg
19-Norandrostendion	3000 mg
Norboleton	450 mg
Norclostebol	1500 mg
Norethandrolon	450 mg
Oxabolon	75 mg
Oxandrolon	100 mg
Oxymesteron	100 mg
Oxymetholon	100 mg
Prostanozol	1500 mg
Quinbolon	1500 mg

	Nicht geringe Menge
Stanozolol	100 mg
Stenbolon	1500 mg
1-Testosteron	1500 mg
Tetrahydrogestrinon	45 mg
Trenbolon	150 mg
Andere mit anabol-androgenen Steroiden verwandte Stoffe ▪ mit 17alpha-Methyl-Struktur ▪ mit anderen Strukturen	 100 mg 3000 mg
b) Endogene anabol-androgene Steroide	
Androstendiol	3000 mg
Androstendion	3000 mg
Androstanolon, synonym Dihydrotestosteron	1500 mg
Prasteron, synonym Dehydroepiandrosteron, DHEA ▪ parenterale Darreichungsformen ▪ andere Darreichungsformen	 144 mg 3000 mg
Testosteron	
▪ transdermale oder orale Darreichungsformen ▪ sonstige Darreichungsformen	1500 mg 632 mg
2. Andere anabole Wirkstoffe	
Clenbuterol	2,1 mg
Selektive Androgen-Rezeptor-Modulatoren (SARMs)	90 mg
Tibolon	75 mg
Zeranol	4,5 mg
Zilpaterol	4,5 mg

II. Peptidhormone, Wachstumsfaktoren und verwandte Stoffe

	Nicht geringe Mengen
1. Erythropoese stimulierende Stoffe	
Erythropoetin human (EPO) Epoetin alfa, beta, delta, omega, theta, zeta und analoge rekombinante humane Erythropoetine	24000 IE
Darbepoetin alfa (dEPO)	120 µg
Methoxy-Polyethylenglycol-Epoetin beta, synonym PEG-Epoetin beta, Continuous Erythropoiesis Receptor Activator (CERA)	90 µg
Peginesatid, synonym Hematid	5 mg
2. Choriongonadotropin (CG) und Luteinisierendes Hormon (LH)	
Choriongonadotropin (HCG)	7500 IE
Choriogonadotropin alfa	250 µg
Lutropin alfa	2250 IE
3. Corticotropine	
Corticotropin	1200 IE
Tetracosactid	
▪ retardierte parenterale Darreichungsformen	12 mg
▪ sonstige parenterale Darreichungsformen	3 mg
4. Wachstumshormon, Releasingfaktoren, Releasingpeptide und Wachstumsfaktoren	
Somatropin, synonym Wachstumshormon human, Growth Hormone (GH)	16 mg
Somatrem, synonym Somatotropin (methionyl), human	16 mg
Wachstumshormon Releasingfaktoren, synonym Growth Hormone Releasing Hormones (GHRH) Sermorelin Somatorelin und Peptide mit gleicher Wirkung, synonym Growth Hormone Releasing Peptides (GHRP)	1,5 mg
Mecasermin, synonym Insulin-ähnlicher Wachstumsfaktor 1, Insulin-like Growth Factor 1 (IGF-1)	60 mg
IGF-1-Analoga	3 mg

III. Hormon- und Stoffwechsel-Modulatoren

	Nicht geringe Menge
1. Aromatasehemmer	
Aminoglutethimid	30 000 mg
Anastrozol	30 mg
Androsta-1,4,6-trien-3,17-dion, synonym Androstatriendion	3000 mg
4-Androsten-3,6,17-trion (6-oxo)	6000 mg
Exemestan	750 mg
Formestan	600 mg
Letrozol	75 mg
Testolacton	6000 mg
2. Selektive Estrogen-Rezeptor-Modulatoren (SERMs)	
Raloxifen	1680 mg
Tamoxifen	600 mg
Toremifen	1800 mg
3. Andere antiestrogen wirkende Stoffe	
Clomifen	509 mg
Cyclofenil	4200 mg
Fulvestrant	250 mg
4. Myostatinfunktionen verändernde Stoffe	
Myostatinhemmer	
Stamulumab	450 mg
5. Stoffwechsel-Modulatoren	
Insuline	400 IE
PPARδ(Peroxisome Proliferator Activated Receptor Delta)-Agonisten, synonym PPAR-delta-Agonisten GW 501516, synonym GW 1516	75 mg
AMPK (PPARδ–AMP-activated protein kinase)-Axis-Agonisten AICAR	7000 mg
Meldonium	15 000 mg

15.5 Wichtige Adressen

15.5.1 Deutsche Organisationen
Nationale Anti Doping Agentur Deutschland (NADA)
Heussallee 38, 53113 Bonn
Tel. 02 28/8 12 92–10 (Zentrale)
Fax 02 28/8 12 92–29
nada@nada.de
www.nada.de

Bundesinstitut für Sportwissenschaft, www.bisp.de
Deutsche Reiterliche Vereinigung e. V., Bundesverband für Pferdesport und Pferdezucht, Fédération Equestre Nationale (FN), www.pferd-aktuell.de
Deutscher Olympischer Sportbund (DOSB), www.dosb.de
Deutsches Sportschiedsgericht, www.deutsches-sportschiedsgericht.de
Doping – Aufgaben und Materialien (u. a. Links zu wichtigen anderen Internetseiten), www.sportunterricht.de/Iksport/doping.html
Dopingopfer-Hilfeverein, www.dohev.de
Institut für Biochemie der Deutschen Sporthochschule Köln, www.dopinginfo.de
Stiftung Deutsche Sporthilfe, www.sporthilfe.de

15.5.2 Internationale Organisationen
Court of Arbitration for Sport, www.tas-cas.org
Institution der Nationalen Anti-Doping Organisationen, www.inado.org
International Olympic Committee, www.olympic.org
International Paralympic Committee, www.paralympic.org
World Anti-Doping Agency, www.wada-ama.org

15.5.3 Nationale Anti-Doping-Organisationen (Auswahl)
Agence française de lutte contre le dopage, www.afld.fr
Agencia Estatal Antidopaje Comisión de Control y Seguimiento para la Salud y el Dopaje, www.aea.gob.es
Antidoping Schweiz, www.antidoping.ch
Australian Sports Anti-Doping Authority (ASADA), www.asada.gov.au
Canadian Centre for Ethics in Sport (CCES), www.cces.ca/en/home
China Anti-Doping Agency (CHINADA), www.chinada.cn
Italian Anti-Doping Department (CONI-NADO), www.coni.it/index.php
Japan Anti-Doping Agency, www.playtruejapan.org
National Anti-Doping Organization RUSADA, www.rusada.ru
Nationale Anti-Doping Agentur Austria (NADA), www.nada.at/de
Polish Commission Against Doping in Sport, www.antydoping.pl
South African Institute for Drug Free Sport (SAIDS), www.drugfreesport.org.za
Swedish Sports Confederation, www.rf.se
The Anti-Doping Authority Netherlands, www.dopingautoriteit.nl/home
UK Anti-Doping, www.ukad.org.uk
US Anti-Doping Agency (USADA), www.usantidoping.org

15.6 Glossar

Wichtige Begriffsbestimmungen des NADA-Codes 2015.

ADAMS: Das „Anti-Doping Administration and Management System" ist ein webbasiertes Datenmanagementsystem für Dateneingabe, Datenspeicherung, Datenaustausch und Berichterstattung, das die WADA und sonstige Berechtigte bei ihren Anti-Doping-Maßnahmen unter Einhaltung des Datenschutzrechts unterstützen soll.

Annullierung: bedeutet, dass die Ergebnisse eines Athleten bei einem bestimmten Einzelwettkampf oder einer bestimmten Wettkampfveranstaltung für ungültig erklärt werden, mit allen daraus entstehenden Konsequenzen, einschließlich der Aberkennung aller Medaillen, Punkte und Preise.

Anti-Doping-Organisation: Organisation, die für die Annahme von Regeln zur Einleitung, Umsetzung oder Durchführung des Dopingkontrollverfahrens zuständig ist. Dazu zählen insbesondere das Internationale Olympische Komitee, das Internationale Paralympische Komitee sowie Veranstalter großer Sportwettkämpfe, die bei ihren Wettkampfveranstaltungen Dopingkontrollen durchführen, die WADA, internationale Sportfachverbände und nationale Anti-Doping-Organisationen.

Athlet: Eine Person, die auf internationaler Ebene (von den internationalen Sportfachverbänden festgelegt) und nationaler Ebene (von den nationalen Anti-Doping-Organisationen festgelegt) an Sportveranstaltungen teilnimmt. [...]

Athletenbetreuer: Trainer, sportliche Betreuer, Manager, Vertreter, Teammitglieder, Funktionäre, medizinisches Personal, medizinisches Hilfspersonal, Eltern oder andere Personen, die mit Athleten, die an Sportwettkämpfen teilnehmen oder sich auf diese vorbereiten, zusammenarbeiten, sie unterstützen oder behandeln.

Atypisches Analyseergebnis: Bericht eines WADA-akkreditierten Labors oder einer anderen von der WADA anerkannten Einrichtung, der weitere Untersuchungen gemäß dem International Standard for Laboratories und zugehörige technische Unterlagen erfordert, bevor ein von der Norm abweichendes Analyseergebnis festgestellt wird.

Außerhalb des Wettkampfs: Zeitraum, der nicht innerhalb des für einen Wettkampf festgelegten Zeitraums liegt (Siehe auch: innerhalb des Wettkampfs).

Besitz: Der tatsächliche, unmittelbare Besitz oder mittelbare Besitz (der nur dann vorliegt, wenn die Person die ausschließliche Verfügungsgewalt über die verbotene Substanz/verbotene Methode oder die Räumlichkeiten, in denen eine verbotene Substanz/verbotene Methode vorhanden ist, inne hat oder beabsichtigt, die ausschließliche Verfügungsgewalt auszuüben), vorausgesetzt jedoch, dass, wenn die Person nicht die ausschließliche Verfügungsgewalt über die verbotene Substanz/verbotene Methode oder die Räumlichkeit, in der eine verbotene Substanz/verbotene Methode vorhanden ist, besitzt, mittelbarer Besitz nur dann vorliegt, wenn die Person vom Vorhandensein der verbotenen Substanz/verbotenen Methode in den Räumlichkeiten wusste und beabsichtigte, Verfügungsgewalt über diese auszuüben. Ein Verstoß gegen Anti-Doping-Bestimmungen kann nicht alleine auf den Besitz gestützt werden, sofern die Person eine konkrete Handlung ausgeführt hat, durch welche die Person zeigt, dass sie nie beabsichtigte, Verfügungsgewalt auszuüben und auf ihre bisherige Verfügungsgewalt verzichtet, indem sie dies der Anti-Doping-Organisation ausdrücklich mitteilt. Letzteres gilt nur, wenn die Handlung erfolgte, bevor die Person auf irgendeine Weise davon in Kenntnis gesetzt wurde, dass sie gegen Anti-Doping-Bestimmungen verstoßen hat. Ungeachtet anders lautender Aussagen in dieser Definition gilt der Kauf (auch auf elektronischem und anderem Wege) einer verbotenen Substanz oder einer verbotenen Methode als Besitz durch die Person, die den Kauf tätigt.

Biologischer Athletenpass: Programm und Methoden zum Erfassen und Abgleichen von Daten gemäß dem Internationalen Standard für Dopingkontrollen und Ermittlungen und dem International Standard for Laboratories.

CAS: Internationaler Sportgerichtshof (Court of Arbitration for Sport mit Sitz in Lausanne).

Deutsches Sportschiedsgericht: Schiedsgericht im Sinne des 10. Buches der Zivilprozessordnung, welches auf Initiative der NADA bei der Deutschen Institution für Schiedsgerichtsbarkeit e. V. (DIS) eingerichtet wurde (www.dis-sportschiedsgericht.de).

Disqualifikation: bedeutet, dass der Athlet oder die Mannschaft von der weiteren Teilnahme an dem Wettkampf oder der Wettkampfveranstaltung unmittelbar ausgeschlossen wird.

Disziplinarorgan: Gemäß den Vorgaben des NADC von den Anti-Doping-Organisationen festzulegendes Organ zur Durchführung von Disziplinarverfahren.

Disziplinarverfahren: Von dem zuständigen Disziplinarorgan durchzuführendes Verfahren zur Feststellung von Verstößen gegen Anti-Doping-Bestimmungen durch einen Athleten oder eine andere Person.

Dopingkontrolle: Teile des Dopingkontrollverfahrens, die die Verteilung der Kontrollen, die Probenahme und den weiteren Umgang mit den Proben sowie deren Transport zum Labor umfassen.

Dopingkontrollverfahren: Alle Schritte und Verfahren von der Kontrollplanung bis hin zum Rechtsbehelfsverfahren sowie alle Schritte und Verfahren dazwischen, z. B. Meldepflichten, Entnahme von und weiterer Umgang mit Proben, Laboranalyse, Medizinische Ausnahmegenehmigungen, Ergebnismanagement und Verhandlungen.

Gebrauch: Die Verwendung, Verabreichung, Injektion oder Einnahme auf jedwede Art und Weise einer verbotenen Substanz oder einer verbotenen Methode.

Innerhalb des Wettkampfs: Soweit nicht durch einen Internationalen Sportfachverband oder eine andere zuständige Anti-Doping-Organisation für den betreffenden Wettkampf anders geregelt, beginnt der Zeitraum innerhalb des Wettkampfs zwölf Stunden vor Beginn eines Wettkampfs, an dem der Athlet teilnehmen soll und schließt mit dem Ende dieses Wettkampfs und des Probenahmeprozesses in Verbindung mit diesem Wettkampf.

International Standard: Von der WADA verabschiedeter Standard zur Unterstützung des Codes. Die International Standards umfassen alle technischen Unterlagen, die in Übereinstimmung mit den International Standards veröffentlicht werden.

Inverkehrbringen: Verkauf, Abgabe, Beförderung, Versendung, Lieferung oder Vertrieb (oder Besitz zu einem solchen Zweck) einer verbotenen Substanz oder einer verbotenen Methode (entweder physisch oder auf elektronischem oder anderem Wege) durch einen Athleten, Athletenbetreuer oder eine andere Person, die in den Zuständigkeitsbereich einer Anti-Doping-Organisation fällt, an eine dritte Person; diese Definition trifft jedoch nicht auf Handlungen von gutgläubigem medizinischen Personal zu, das verbotene Substanzen für tatsächliche und rechtmäßige therapeutische Zwecke oder aus anderen vertretbaren Gründen anwendet, und auch nicht auf verbotene Substanzen, die im Rahmen von Trainingskontrollen nicht verboten sind, es sei denn, aus den Gesamtumständen geht hervor, dass diese verbotenen Substanzen nicht für tatsächliche und rechtmäßige Zwecke eingesetzt werden oder geeignet sind, die sportliche Leistung zu steigern.

Kontaminiertes Produkt: Produkt, das eine verbotene Substanz enthält, die nicht auf dem Etikett des Produkts aufgeführt ist oder über die mit einer angemessenen (Internet-) Recherche keine Informationen gefunden werden können.

Marker: Verbindung, Gruppe von Verbindungen oder ein oder mehrere biologische Variablen, welche die Anwendung einer verbotenen Substanz oder einer verbotenen Methode anzeigen.

Medizinische Ausnahmegenehmigung: (TUE, Artikel 4.4 NADC, ▶ Kap. 6.3)

Meldepflichten: Die gemäß dem Standard für Meldepflichten festgelegten Pflichten zur Abgabe von Erreichbarkeits- und Aufenthaltsinformationen für Testpoolathleten.

Meldepflichtversäumnis: Das Versäumnis des Athleten, die gemäß dem Standard für Meldepflichten festgelegten Pflichten zu Abgabe von Erreichbarkeits- und Aufenthaltsinformationen zu erfüllen (Entspricht: „Filling Failure").

Meldepflicht- und Kontrollversäumnis: Meldepflichtversäumnis oder Kontrollversäumnis, das für die Feststellung eines Verstoßes gegen Artikel 2.4 NADC maßgeblich ist (Entspricht: „Whereabout Failure").

NADA: Stiftung Nationale Anti Doping Agentur Deutschland; nationale Anti-Doping-Organisation in Deutschland mit Sitz in Bonn (www.nada.de).

NADC: Nationaler Anti-Doping Code der NADA.

Nationale Anti-Doping-Organisation: Die von einem Land eingesetzte(n) Einrichtung(en), die die primäre Verantwortung und Zuständigkeit für die Einführung und Umsetzung von Anti-Doping-Bestimmungen, die Steuerung der Entnahme von Proben, für das Management der Kontrollergebnisse und für die Durchführung von Verfahren auf nationaler Ebene besitzt/besitzen. Wenn die zuständige(n) Behörde(n) keine solche Einrichtung einsetzt/einsetzen, fungiert das Nationale Olympische Komitee oder eine von diesem eingesetzte Einrichtung als Nationale Anti-Doping-Organisation. In Deutschland hat diese Funktion die NADA.

Nationaler Testpool: Ein Testpool der NADA nach den Voraussetzungen des Standards für Meldepflichten.

Organisation: Jede Anti-Doping-Organisation gemäß Welt Anti-Doping Code (WADC) und jeder nationale Sportfachverband.

Person: Eine natürliche Person, eine Organisation oder eine andere Einrichtung.

Personenbezogene Daten: Einzelangaben über persönliche oder sachliche Verhältnisse einer bestimmten oder bestimmbaren natürlichen Person (§ 3 Abs.1 BDSG).

Registered Testing Pool: Gruppe der nationalen und der internationalen Spitzenathleten, die international von jedem internationalen Sportfachverband und national von jeder nationalen Anti-Doping-Organisation jeweils zusammengestellt wird und den Wettkampf- und Trainingskontrollen des jeweiligen für die Zusammenstellung verantwortlichen internationalen Sportfachverbands oder der nationalen Anti-Doping-Organisation unterliegt und sich daher verpflichtet, die Meldepflichten gemäß Artikel 5.4 und dem International Standard und dem Standard für Meldepflichten zu erfüllen.

Schiedsgericht: Ein Gericht im Sinne des 10. Buchs der Zivilprozessordnung.

Sperre: bedeutet, dass der Athlet oder eine andere Person wegen eines Verstoßes gegen Anti-Doping-Bestimmungen für einen bestimmten Zeitraum von jeglicher Teilnahme an Wettkämpfen oder sonstigen Aktivitäten oder finanzieller Unterstützung gemäß Artikel 10.12.4 ausgeschlossen wird.

Spezifische Substanz: Artikel 4.2.2 NADC, siehe ▶ Kap. 2.1.13.

Strict Liability (Verschuldensunabhängige Haftung): Die Regel, wonach es nach […] nicht notwendig ist, dass die Anti-Doping-Organisation Vorsatz, Verschulden, Fahrlässigkeit oder bewussten Gebrauch seitens des Athleten nachweist, um einen Verstoß gegen Anti-Doping-Bestimmungen zu begründen.

Testpool: Der von der NADA in Abstimmung mit der jeweiligen Anti-Doping-Organisation festgelegte Kreis von Athleten, der Trainingskontrollen unterzogen werden soll.

Trainingskontrolle: Eine Dopingkontrolle, die in einem Zeitraum durchgeführt wird, der nicht innerhalb eines Wettkampfs liegt.

Unzulässige Einflussnahme: Veränderung zu einem unzulässigen Zweck oder auf unzulässige Weise; unzulässiger Eingriff; Verschleierung, Täuschung oder Beteiligung an betrügerischen Handlungen, um Ergebnisse zu verändern oder die Einleitung der üblichen Verfahren zu verhindern.

Verabreichung: Anbieten, Überwachen oder Ermöglichen der Anwendung oder versuchten Anwendung einer verbotenen Substanz oder einer verbotenen Methode durch eine andere Person oder eine anderweitige Beteiligung daran.

Verbotene Methode: Jede Methode, die in der Verbotsliste als solche beschrieben wird.

Verbotene Substanz: Jede Substanz oder Substanzklasse, die in der Verbotsliste als solche beschrieben wird.

Verbotsliste: Die Liste der WADA, in der die verbotenen Substanzen und verbotenen Methoden als solche aufgeführt werden.

Versäumte Kontrolle: Versäumnis des Athleten, gemäß der Bestimmungen des Standards für Meldepflichten, an dem Ort und während des 60-minütigen Zeitfensters, das er für diesen Tag angegeben hat, für eine Dopingkontrolle zur Verfügung zu stehen (Entspricht: „Missed Test").

Verschulden: Verschulden ist eine Pflichtverletzung oder ein Mangel an Sorgfalt in einer bestimmten Situation. [...]

Kein Verschulden: Überzeugende Darlegung durch den Athleten oder eine andere Person, dass er/sie weder wusste noch vermutete noch unter Anwendung der äußersten Sorgfalt hätte wissen oder vermuten müssen, dass er eine verbotene Substanz eingenommen oder eine verbotene Methode angewendet hat oder dass ihm eine verbotene Substanz verabreicht oder bei ihm eine verbotene Methode angewendet wurde oder anderweitig gegen eine Anti-Doping-Bestimmung verstoßen hat. [...]

Kein signifikantes Verschulden: Überzeugende Darlegung durch den Athleten oder eine andere Person, dass sein/ihr Verschulden unter Berücksichtigung der Gesamtumstände, insbesondere der Kriterien für kein Verschulden, im Verhältnis zu dem Verstoß gegen die Anti-Doping-Bestimmung nicht wesentlich war. [...]

Von der Norm abweichendes Analyseergebnis: Bericht eines WADA-akkreditierten Labors oder eines anderen von der WADA anerkannten Labors, das im Einklang mit dem International Standard for Laboratories und mit diesem zusammenhängenden technischen Unterlagen, in einer Körpergewebs- oder Körperflüssigkeitsprobe das Vorhandensein einer verbotenen Substanz, seiner Metaboliten oder Marker (einschließlich erhöhter Werte endogener Substanzen) oder die Anwendung einer verbotenen Methode feststellt.

Vorläufige Suspendierung: bedeutet, dass der Athlet oder eine andere Person von der Teilnahme an Wettkämpfen oder sportlichen Aktivitäten vorübergehend ausgeschlossen wird, bis eine endgültige Entscheidung nach einem gemäß Artikel 12 durchzuführenden Verfahren gefällt wird.

WADA: Welt Anti-Doping Agentur (www.wada-ama.org).

Wettkampfkontrolle: Dopingkontrolle, die innerhalb eines Wettkampfs durchgeführt wird.

Zielkontrolle: Auswahl bestimmter Athleten zu Dopingkontrollen auf der Grundlage von Kriterien, die im International Standard for Testing and Investigations und dem Standard für Dopingkontrollen und Ermittlungen festgelegt sind.

Sachregister

A

Acebutolol 41, 225
Acetazolamid 35, 221
ADAMS 115
ADMR 191–193, 198
Adrafinil 37, 223
Adrenalin 36, 223
adrenocorticotropes Hypophysenvorderlappenhormon 27
AICAR 31, 221, 233, 238
Aktionsprogramm Gentechnologie im Leistungssport 50
Alexamorelin 23, 220
Alkohol 40–41, 173, 224
Allgemeiner Testpool, NADA 116
Alprenolol 41, 225
Altrenogest 196
Amfepramon 37, 223
Amfetamin 36–37, 66, 81, 223
Amfetaminil 37, 223
Amilorid 35, 221
Aminoglutethimid 30–31, 221, 233, 238
Aminosäuren
– Beta-Hydroxy-beta-Methylbutyrat 56
– Glutamin 56
– L-Carnitin 3, 54, 56
– Taurin 57
– verzeigtkettige 57
Amiphenazol 37, 223
AMPK-Aktivatoren 33, 233, 238
anabol-androgene Steroide
– endogene 19, 61, 219, 232, 236
– exogene 19, 218–219, 231–232, 234–236
Anabolika s. a. anabol-androgene Steroide 19–22, 32
– Kuren 32
– Missbrauch 80
– unerwünschte Effekte 20
– Verschreibungspflicht 21
Anastrozol 30–31, 221, 233, 238
Andarin 22, 219
Androgen-Rezeptor-Modulatoren, selektive 22, 219, 232, 236
Androstanolon 20, 219, 232, 236
Androstatriendion 30, 221, 233, 238
Androstendiol 19, 21–22, 218–219, 231–232, 234, 236
Androstendion 19–20, 21–22, 218–219, 231–232, 234, 236
Androsteron 20, 219
Annullierung, Ergebnisse 139
Anscheinsbeweis 165
Anti-Doping Administration and Management System 115
Anti-Doping- und Medikamentenkontrollregeln 191–193, 198
Anti-Doping-Aktionsplan 111
Anti-Doping-Beauftragter 111
Anti-Doping-Bericht 72
Anti-Doping-Gesetz (Anti-DopG) 127, 152, 226–233
– Allgemeines 7
– Anlage 231–233
– Neuerungen 153
– § 2 154
– § 3 158
– § 4 164
– Selbstdopingverbot 226
– Strafvorschriften 164
Anti-Doping-Gesetzgebung 95–96, 151–152
Anti-Doping-Kommission 102
Anti-Doping-Netzwerk 150
Anti-Doping-Organisationen 102, 204
Anti-Doping-Programm 188
Anti-Doping-Regeln
– Pferdesport 188
– Verstoß 204
– Regelwerke 97
Anti-Doping-Verhaltenskodex 148
Antiestrogene 21, 32, 221, 233, 238
Antrag, rückwirkender (Retro-TUE) 88
Apothekenbetriebsordnung, Abgabeverbot 155
Apotheker, Dopingaufklärung 183
A-Probe 119, 130–131, 165
ARA-290 25
Aranesp® 24
Arbeitsplan Sport, Europäische Union 149–150
Argon 2, 23, 26, 220
Arimistan 30, 173, 221
Aromatasehemmer 30–32, 173, 194, 221, 233, 238
Arzneimittelgesetz 151, 200
asialo-EPO 23, 25, 220
Asthmaspray 88
Atenolol 41, 225
Athletenbetreuer 111, 205, 208
Athletenpass, biologischer 119–120
Athletenvereinbarung 72, 110
Athletes Biological Passport Operating Guidelines 119
Aufklärung, Dopingnebenwirkungen 81

B

Balco-Affäre 21, 37
Beauftragter für Datenschutz 77
Beispielliste zulässiger Medikamente 89–90
Belastungsstufentest 43
Bendroflumethiazid 35, 221
Benfluorex 37, 223
Benzfetamin 37, 223
Benzylpiperazin 37, 223
Beobachtende Begleitgruppe 144–145
Berufspflichtverletzung, Heilberufe 168
Besitzstrafbarkeit 176

Besitzverbot
- nicht geringe Mengen 152, 156-157, 175–176
- Dopingmittel-Mengen-Verordnung 234–238
Best-Practice-Modell 101
Beta-2-Agonisten 29, 88, 172, 174, 220
Betablocker 41, 224–225
Beta-Hydroxy-beta-Methylbutyrat 56
Betäubungsmittel 39, 156, 165
Betäubungsmittelgesetz 5, 38–39, 160, 165
Betaxolol 41, 225
Bezugsliste 175–176
Bicarbonat 59
biologischer Athletenpass 119–120
Bisoprolol 41, 225
Blutdoping 24, 43–44, 66
Blutkontrollen 118, 120
Blutplättchen-Wachstumsfaktor 23, 29, 220
Blutprofil 120
Blutstropfenanalyse 120
Bolandiol 19, 218, 231, 234
Bolasteron 19, 218, 231, 234
Boldenon 19, 219, 231, 234
Boldion 19, 219, 231, 234
B-Probe 119, 131, 165
Breitensport
- Beschaffung von Dopingmitteln 82
- Dopingkontrolle 127
- Medikamentenmissbrauch 79–82
Brinzolamid 35, 222
Bromantan 37, 223
BtM s. Betäubungsmittel
BtMG s. Betäubungsmittelgesetz
Bumetanid 35, 221
Bundesdatenschutzgesetz 75
Bundesinstitut für Sportwissenschaft 67, 151
Bundesministerium des Innern 151, 165–166, 184
Bundessportfachverband 68, 71

Bundeszentrale für gesundheitliche Aufklärung 184
Bunolol 41, 225
Buprenorphin 38, 224
Bupropion 37, 174, 224
Büro für Technikfolgen-Abschätzung beim Deutschen Bundestag 47

C
CAHAMA 145
Calusteron 19, 218, 231, 234
Cannabimimetika 39, 224
Cannabinoide 39–40, 173, 224
Cannabis 33–40, 224
Canrenon 35, 221
Captagon® 36
Carphedon 37, 223
Carteolol 41, 225
Carvedilol 41, 225
CAS 135–136
Cathin 36–37, 223
Cathinon 37, 223
Celiprolol 41, 225
CEPO 25
CERA 23–25, 118, 220, 232, 237
Chaperon 114
Chlorothiazid 35, 221
Chlortalidon 35, 221
Cholin 60
Chondroitin 3, 54–55
Chondroitinsulfat 59, 195
Choriongonadotropin 23, 27, 220, 232, 237
Chrysin 60
CIRC 67
Clenbuterol 22, 81, 219, 232, 236
Clobenzorex 37, 223
Clomifen 30, 32, 221, 233, 238
Clonidin 37, 224
Clostebol 19, 218, 231, 234
Cocain 36–37, 66, 81, 223
Code of Conduct (FEI) 188
Coffein 36–38, 174, 224
Continuous Erythropoiesis Receptor Activator 23–25, 118, 220, 232, 237
Corticorelin 23, 220
Corticotropin 27, 232, 237

Court of Arbitration for Sport 135–136
Cropropamid 37, 223
Crotetamid 37, 223
CSP-3 33
Cyclofenil 30, 32, 221, 233, 238

D
Danazol 19, 218, 231, 234
Darbepoetin alfa 23–25, 220, 232, 237
Datenbanken
- GlobalDRO 92
- iNADO 92
- NADAjus 140
Datenschutz
- NADA-Code 76
- personenbezogene Daten 75–76
- Speicherfristen 77
Dehydrochlormethyltestosteron 19, 218, 231, 234
Dehydroepiandrosteron 19, 21–22, 219, 232, 236
Delta-9-Tetrahydrocannabinol 39, 224
Designer-Steroide 21–22
Desmopressin 35, 221
Desoxymethyltestosteron 19, 218, 231, 234
Deutsche Institution für Schiedsgerichtsbarkeit 135
Deutsche Reiterliche Vereinigung 188, 190–191, 198
- Anti-Doping- und Medikamentenkontrollregeln 191–193
- Dopingverbotslisten 194–195
- Dopingverbotsregeln 190
- Merkblätter 199
Deutsche Sporthochschule Köln 50, 61–62, 124–125, 128
Deutsche Sportjugend 8, 182
Deutscher Olympischer Sportbund 67–69
Deutscher Sportbund 68
- Initiativen 111
- Rahmen-Richtlinien 102

Deutsches Olympiade-Komitee für Reiterei 198
Deutsches Sportschiedsgericht 131
Dextran 35, 221
Dextromoramid 38, 224
DHEA 19, 21, 219, 232, 236
Diamorphin 38, 224
Dihydrotestosteron 19, 219
Dimethylamfetamin 37, 223
Direktorium für Vollblutzucht und Rennen 190
Disziplinarverfahren 131–136
Diuretika 35–36, 51, 173, 194, 221
Doping
– Arzneimittel-Warnhinweis 158–159
– ärztliche Ethik 93
– Definition 1, 10
– Definition NADC 12
– Definition UNESCO 11
– Freigabeargumente 178
– Gründe 1
– in Deutschland 67
– Methoden 18
– Motivation 73
– Tiere s. Pferdesport
Dopinganalytik 121
– Anabolika 122
– Bestimmung nach Substanzgruppen 122
– Erythropoetin 122
– indirekter Beweis 123
– Methoden 121
– Technische Dokumente der WADA 124–125
– TE-Methode 121
– Testosteronnachweis 121
– Wachstumshormone 124
Dopingaufklärung
– Benny beim Sport 182
– Born to Run 182
– Kinder 182
Dopingbekämpfung 95–96
– Deutschland 151
– Europäische Union 147–149
– internationale 98, 146
– internationale Übereinkommen 143

– nationale 102
– nationale Übereinkommen 143
– Regelungen der Sportverbände 97
– staatliche Aufgaben 142
– Strafverfolgung 166–167
Dopingfalle 126–127
Dopingfreigabe 178
Dopinggefährdung, Risikogruppen 115
Dopingkontrolle 5, 117–119, 205
– Ablauf Urinprobe 118–119
– Beteiligte 117
– Breitensport 127
– Methoden 118
– Minderjährige 127
Dopingkontrolllabor 128, 142, 204
Dopingkontrollstation 114
Doping-Kontroll-System, NADA 111
– Bilanz 113, 140
– Entwicklung 112
Dopingkontrollvereinbarungen 110
Dopinglisten
– internationale 8
– nationale 8
– strafrechtlich relevante 175–176
– WADA s. Welt Anti-Doping Code, Verbotsliste
Dopingmittel
– Beschaffung 82
– Verbot des Umgangs 153
Dopingmittel-Mengen-Verordnung 152, 156–157, 176, 234–238
Dopingopfer-Hilfegesetz 160
Dopingprävention 8
– Aufklärung 177
– E-Learning 180
– NADA 179
– No roids inside 181
– öffentliche Meinung 177–178
– Präventionsplan 184
Dopingrelevanz
– Anfrageformular, NADA 91

– Ermittlung, Zuständigkeiten 92
Dopingskandal Fuentes 44
Dopingverbotslisten
– Pferdesport 194–195
– Humansport 171–174
Dopingvergehen, Strafverfolgung 7, 166–167
Dopingverstoß 12, 131
– rechtliche Kontrolle 166
– Strafvorschriften 164
Doppelbestrafungsverbot 166
Dorzolamid 35, 222
DOSB s. Deutscher Olympischer Sportbund
Dried Blood Spot Testing 120
Dronabinol 39
Drospirenon 35, 222
Drostanolon 19, 218, 231, 234
DSH s. Stiftung Deutsche Sporthilfe

E

Ecstasy 36, 81
Edelgase 26
Efaproxiral 42, 45, 222
Eigenblutdoping 44
Eigenbluttransfusion 43
Einflussnahme, unzulässige 13, 205
Ein-Stunden-Regel 116
Eiweißkonzentrate 56
E-Learning, Dopingprävention 180
Entwässerungsmittel 36
Ephedrin 36–37, 127, 223
Epidihydrotestosteron 20, 219
Epinephrin 37, 223
Epitestosteron 20, 219
EPO s. Erythropoetin
Epoetin s. a. Erythropoetin
– alfa 24, 26, 232, 237
– beta 24, 26, 232, 237
– delta 26, 232, 237
– omega 232, 237
– theta 232, 237
– zeta 232, 237
Epogen 24
Equine Therapeutic Use Exemption 190
Ergebnismanagement 130

Sachregister

ergogenic drug use 18
Ermittlung der Dopingrelevanz 91–92
Erstverstoß 139
Erwerbsverbot, nicht geringe Mengen 156
Erythropoese-stimulierende Stoffe 25
Erythropoetin 23–24, 32, 154, 220
– asialo-EPO 25
– carbamyliertes 25
– direkter Nachweis 123
– Doping 44
– Hinweise EMA 26
– humanes 232, 237
– Methoxy-Polyethylenglycol-Epoetin beta 23, 220, 232, 237
– Nachweis, Technisches Dokument der WADA 123
– Profiradsport 25
– Wirkung 25
Erythropoetin-Mimetika 24
Erythropoetin-Rezeptor-Agonisten 23–25, 220
Esmolol 41, 225
Estrogen-Rezeptor-Modulatoren, selektive 30–31, 221, 233, 238
Etacrynsäure 35, 221
Etamivan 37, 223
Ethanol 40–41, 173, 224
Ethylestrenol 19, 218, 231, 234
Etilamfetamin 37, 223
Etilefrin 37, 223
Etiocholanolon 20, 219
Europäische Beobachtungsstelle für neue Dopingsubstanzen 125
Europäischer Leichtathletikverband 68
Exemestan 30–31, 221, 233, 238

F

Famprofazon 37, 223
fatburner 60
Fédération Equestre Internationale s. Internationale Reiterliche Vereinigung
FEI s. Internationale Reiterliche Vereinigung
Felypressin 35, 222
Fenbutrazat 37, 223
Fencamfamin 37, 223
Fencamin 37, 223
Fenetyllin 36–37, 223
Fenfluramin 37, 223
Fenoterol 29, 88, 220
Fenproporex 37, 223
Fentanyl 38, 224
Fibroblasten-Wachstumsfaktoren 23, 28–29, 220
Fingerabdruck, molekularer 124
Fitnessstudio 79
Fluoxymesteron 19, 218, 231, 234
FN s. Deutsche Reiterliche Vereinigung
Fonturacetam 37, 223
Formebolon 19, 218, 231, 235
Formestan 30–31, 221, 233, 238
Formoterol 29–30, 88, 220–222
Freizeitsport s. Breitensport
Fremdblutdoping 44
Fremdbluttransfusion 43
Fulvestrant 30, 32, 221, 233, 238
Furazabol 19, 218, 231, 235
Furfenorex 37, 223
Furosemid 35, 221

G

Gamma-Oryzanol 60
GATA-Hemmer 23, 172, 220
Geheimsache Doping, TV-Doku 66–67
Gendoping 43, 46–50, 66, 124
– Genexpression 47
– Genfähren 46–47
– Gentechnologie 47
– Gentherapie 47
– Gentransfer 46–47
– Glossar 47
– Methoden 48–49
Gesetz
– gegen Doping im Sport s. Anti-Doping-Gesetz
– über das Bundeskriminalamt 160
– zu dem Internationalen Übereinkommen gegen Doping im Sport 202
– zur Verbesserung der Bekämpfung des Dopings im Sport 152
Gestrinon 19, 218, 231, 235
Gesundheitsdaten, Datenschutz 76
Ginseng 59
GlobalDRO-Datenbank 92
Glucocorticoide 40, 88, 174, 224
Glucosamin 3, 54–55
Glucosaminsulfat 59
Glutamin 56
Glycerin 59
Growth Hormone Releasing Hormone 28, 232, 237
GW1516 31, 33–34, 221, 233, 238
Gynäkomastie 20, 31

H

Haaranalyse 120
Hämatokritwert 44
Hämoglobinprodukte, veränderte 45
Handelsverbot, Dopingmittel 155
Haschisch 39, 224
Hauptverband für Traberzucht 190
Health-Claims-Verordnung 54
Hematid 232, 237
Hepatozyten-Wachstumsfaktor 23, 220
Heptaminol 37, 223
Heroin 38, 224
Herstellungsverbot, Dopingmittel 154
HIF-Aktivatoren 26
HIF-Stabilisatoren 26
Higenamin 29, 172, 220
Hinweisgeber 168
Hinweisgebersystem „SPRICH'S AN" 168
Hirndoping 10

Höhentraining 44–45
Hormon- und Stoffwechsel-
 Modulatoren 30–31, 173,
 221, 238
Hormone 23, 66
human chorion gonadotro-
 pin 27
human growth hormon 27
Humanalbumin 35
Hydrochlorothiazid 35, 221
Hydromorphon 38, 224
Hydroxyamfetamin 37, 223
Hydroxyethylstärke 35, 221
Hydroxytestosteron 19, 218,
 231, 235
Hypoxie-induzierbarer Fak-
 tor 26
Hypoxie-induzierbarer-Faktor-
 Stabilisator 23, 220

I

IAAF s. Weltleichtathletikver-
 band 68
Identifizierungsmethode,
 Dopinganalytik 121
IGF-1-Analoga 233, 237
Imidazolderivate 37, 224
iNADO 92, 104
In-competition Testing 113–
 114
Indacaterol 29, 220
Indapamid 35, 221
Institute of National Anti-
 Doping Organisations 104
Insulin 31, 34, 88, 154, 221,
 233, 238
insulinähnlicher Wachstums-
 faktor 1 23, 27–28, 220, 233,
 237
Insulin-like Growth Factor
 1 23, 27–28, 220, 233, 237
Insulin-Mimetika 31, 34, 221
Intelligence & Investiga-
 tions 104
Internationale Reiterliche Ver-
 einigung
– Anti-Doping-Programm 188
– Anti-Doping-Regeln für
 Menschen 189
– Anti-Doping-Regeln für
 Pferde 189

– verbotene Substanzen für
 Pferde 189–190
Internationale Standards,
 WADA 101
Internationaler Sportgerichts-
 hof 135–136
Internationale Standards
– für Kontrollen 206
– für Labors 206
– Protection of Privacy and
 Personal Information 76
– Welt Anti-Doping Agen-
 tur 101
– Welt Anti-Doping Code, Ver-
 botsliste 218–225
Internationales Olympisches
 Komitee 66, 98, 171–172
Internationales Übereinkom-
 men gegen Doping im
 Sport 145–146, 203–217
– Begriffsbestimmungen 204
– finanzielle Maßnahmen 208
– Forschung im Bereich der
 Dopingbekämpfung 212
– freiwilliger Fonds 210
– Maßnahmen gegen Athleten-
 betreuer 208
IOC s. Internationales Olympi-
 sches Komitee
Isoformentest, Nachweis
 Wachstumshormone 124
Isomethepten 37, 223

K

Kadersystem, deutsche Sport-
 förderung 70–71
Karenzzeit 196
Katheterisierung, Urin-
 probe 46
Koffein s. Coffein
KOLIBRI-Studie 81
Kölner Liste 62
Kontrolle, unangekün-
 digte 206
Kontrolllabor, WADA-akkredi-
 tiertes 128
Kontrollmethoden
– Blutkontrollen 118, 120, 180
– Urinkontrollen 118, 180
Kontrollprozess, Doping 117

Kontrollversäumnis 115–116,
 131
Kreatin
– biologische Funktion 58
– Energiebereitstellung 57
Kronzeugenregelung 110, 137,
 160

L

Labetalol 41, 225
L-Carnitin 3, 54, 56
Lecithin 60
Leistungsfähigkeit
– Einflussfaktoren 17
– maximale Sauerstofftrans-
 portkapazität 43
Leistungssport, Dopingbe-
 kämpfung 95–96
Leistungssportler, Krankheits-
 fall 85
Leistungssteigerung 18
Leitlinien
– Tierschutz und Pferde-
 sport 187
– Welt Anti-Doping Agen-
 tur 101
Letrozol 30–31, 221, 233, 238
Levmetamfetamin 37, 223
Levobunolol 41, 225
Lifestyledrogen 33
Linolsäure, konjugierte 60
Lisdexamfetamin 37, 173, 223
Lübecker Studie 81–82
Luspatercept 23, 220
Luteinisierendes Hormon 23,
 27, 220
Lutropin 27, 232, 237

M

Ma-Huang 60
Mannitol 35, 221
Marathonlauf 79
Marathonmaus 33
Marihuana 39, 224
Marker-Test, Nachweis Wachs-
 tumshormone 124
Maskierungsmittel, verbo-
 tene 35, 221–222
Mecasermin 233, 237
Mechano Growth Factor 23,
 29, 220

Meclofenoxat 37, 223
Medaillen, Aberkennung 139
MediCard der NADA 92
Medikamentenanfrage, NADA-Formular 91
Medikamenten-Datenbank, NADAmed 90
Medikamentenmissbrauch
– Breitensport 79–82
– Häufigkeit 80
– Publikationen 80–81
Medikamente, zulässige 89–90
Medikationskontrolle, Pferde 197
Medizinische Ausnahmegenehmigung 86, 156, 169
– Antragstellung 86
– Beta-2-Agonisten 88
– chronische Erkrankungen 89
– Geltungsbereich 88
– Glucocorticoide 88
– Kriterien für Erteilung 87
– rückwirkender Antrag 88
– Standards 87
– Verfahren 87
Mefenorex 37, 223
Mehrfachverstöße 136, 139
Meldepflichten 112, 115–116
– Versäumnis 109, 116, 131, 140
– Verstoß 13, 137, 139
Meldonium 31, 34, 221, 233, 238
Mephedron 37, 223
Mephentermin 37, 223
Mesocarb 37, 223
Mestanolon 19, 218, 231, 235
Mesterolon 19, 218, 231, 235
Metamfetamin 37, 223
Metandienon 19, 218, 231, 235
Metenolon 19, 218, 231, 235
Methadon 38, 224
Methandriol 19, 218, 231, 235
Methandrostenolon 81
Methasteron 19, 218, 231, 235
Methedron 37, 223
Methoden, verbotene 12–13, 42, 206
Methoxy-Polyethylenglycol-Epoetin beta 23, 220, 232, 237

Methylamfetamin 37, 223
Methyldienolon 19, 218, 231, 235
Methylendioxyamfetamin 37, 223
Methylendioxymethamfetamin 37, 223
Methylephedrin 37, 223
Methylhexanamin 37, 60, 223
Methylnortestosteron 19, 219, 231, 235
Methylphenidat 37, 88, 127, 223
Methylsynephrin 37, 223
Methyltestosteron 19, 219, 231, 235
Metipranolol 41, 225
Metolazon 35, 221
Metoprolol 41, 225
Metribolon 19, 219, 231, 235
Miboleron 19, 219, 231, 235
Mildronate® 34
Mimetika 23, 27, 172, 220
Minderjährige, Dopingkontrolle 127
Mitragynin 174
mittelkettige Triglyceride 59
Modafinil 37, 223
Monitoring-Programm, WADA 8, 34, 38, 174
Morphin 38, 224
Myostatin 32–33, 48
Myostatinhemmer 31–33, 221

N
Nabilon 39
Nachanalyse, Dopingproben 126
Nachweiszeit 196
NADA s. Nationale Anti Doping Agentur Deutschland
NADA-Code s. Nationaler Anti-Doping Code
NADC s. Nationaler Anti-Doping Code
Nadolol 41, 225
Nahrungsergänzungsmittel 56–62, 127, 208
– Broschüre DOSB

– gesundheitsbezogene Angaben 54
– Health-Claims-Verordnung 54
– kontaminierte 61, 137
– Nährstoffkonzentrate 52
– rechtliche Einordnung 52
– Richtlinie EG 53
– Verordnung über Nahrungsergänzungsmittel 53
Nandrolon 19, 21, 219, 231, 235
Narkotika 38, 171, 173–174, 194–195, 224
Nationale Anti Doping Agentur Deutschland
– Alles geben, nichts nehmen 179
– Aufgaben 103
– Beauftragter für Datenschutz 77
– Beispielliste zulässiger Medikamente 89–90
– Bilanz Doping-Kontroll-System 113, 140
– Doping-Kontroll-System 111–112
– Durchführung von Dopingkontrollen 112
– Gemeinsam gegen Doping 179
– Informationsangebote 180
– MediCard 92
– NADAjus Datenbank 140
– NADAmed Medikamenten-Datenbank 90
– Speicherung personenbezogener Daten 76
– Standards 110
– Testpool-System 116
– TUE-Komitee 103
Nationaler Anti-Doping Code 5, 104
– Änderungen 104, 109–110
– Athletenvereinbarung 110
– Dopingdefinition 12
– Dopingkontrollvereinbarungen 110
– Inhaltsübersicht 105–109
– Sperren 137–138

– Verstöße gegen Anti-Doping-Bestimmungen 12
Nationaler Dopingpräventionsplan 184
Nationaler Testpool, NADA 116
Nationales Olympisches Komitee 68
Netzwerk der nationalen Anti-Doping-Organisationen 150
nicht geringe Menge 156–157, 234
Nichtabgabe einer Probe 205
Nicomorphin 38, 173, 224
Nicotin 37, 174, 224
Nikethamid 37, 223
Nikotin s. Nicotin
NOK s. Nationales Olympisches Komitee
Norandrostendiol 19, 219
Norandrostendion 231, 235
Norandrosteron 20, 219
Norboleton 19, 219, 231, 235
Norclostebol 19, 219, 231, 235
Norethandrolon 19, 219, 231, 235
Noretiocholanolon 20, 219
Norfenefrin 37, 223
Norfenfluramin 37, 223
novel erythropoiesis stimulating protein 24
NZVT-Datenbank 62

O
Octacosanol 60
Octopamin 37, 223
Olodaterol 30, 220
Omeprazol 196
Opiate s. a. Narkotika 38
Ostarin 22, 219
Out-of-competition Testing 112, 114–115
Oxabolon 19, 219, 231, 235
Oxandrolon 19, 81, 219, 231, 235
Oxilofrin 37, 127, 223
Oxprenolol 41, 225
Oxycodon 38, 224
Oxymesteron 19, 219, 231, 235
Oxymetholon 19, 219, 231, 235
Oxymorphon 38, 224

P
Packungsbeilage, Doping-Arzneimittel 159
Pamabrom 35, 222
Parahydroxyamfetamin 37, 223
PEG-Epoetin beta 23, 220, 232, 237
Peginesatid 23, 220, 232, 237
Pemolin 37, 223
Pentazocin 38, 224
Pentetrazol 37, 223
Peptidhormone, verbotene 23, 42, 172, 194–195, 220, 232, 237
Perfluorchemikalien 42, 222
Perfluorkohlenwasserstoffe 45
performance enhancing drug use 18
Peroxisom-Proliferator-aktivierter-Rezeptor-Delta-Agonisten 31, 33, 221, 233, 238
Persönlichkeitsrechte
– Dopingkontrollen 75
– Einschränkungen 75
– Spitzensportler 75
Pethidin 38, 224
Pferdesport
– A-Analyse 197
– Anti-Doping-Regeln 188
– B-Analyse 197
– Doping 9, 186
– Dopingverbot 186–187
– Dopingverbotsregeln 190
– Leitlinien 187
– Medikationskontrolle 197
– Medizinische Ausnahmegenehmigung 190
– Nulltoleranz 196
– Sanktionen 198
– Trainingskontrollen 198
– unerlaubte Medikation 196
– verbotene Substanzen 189–190
Phendimetrazin 37, 223
Phenethylamin 37, 223
Phenmetrazin 37, 223
Phenpromethamin 37, 223
Phentermin 37, 223
Phenylephrin 174, 224
Phenylpropanolamin 174, 224

Pindolol 41, 225
Pipradrol 174, 224
Plasmaexpander 35, 221
Platelet-derived growth factor 29, 194
PPAR-delta-Agonisten 31, 33, 221, 233, 238
Prasteron 19, 21, 219, 232, 236
Pre-competition Testing 26
Prenylamin 37, 223
Probenahme, Verweigerung 15
Probenecid 35, 221
Procaterol 30, 220
Profiradsport, Doping 25
Prohormone 21
Proliferator-aktivierter-Rezeptor-Delta 33
Prolintan 37, 223
Propranolol 41, 225
Propylhexedrin 37, 223
Prostanozol 19, 219, 232, 235
Pseudoephedrin 37, 127, 223
Pyrrolidinovalerophenon 37, 223
Pyruvat 58, 60

Q
Qualitätssicherung, Labor 128
Quinbolon 19, 219, 232, 235

R
Radsportweltverband 67
Rahmen-Richtlinien, Anti-Doping-Kommission 102
Raloxifen 30, 32, 221, 233, 238
Rechtskommission des Sports gegen Doping 111
Rechtsschutz, einstweiliger 135
Rechtsschutzverfahren 134
recreational drug use 18
Regelsperre 109
Registered Testing Pool, NADA 116
Repoxygen 48, 50
Reproterol 30, 220
Retro-TUE 86, 88
Ritalin® 37

S

Salbutamol 30, 88, 220–221
Salmeterol 30, 88, 220–221
Sanktionen
– Dopingverstöße 136
– Pferdesport 198
– Verfahren 130
Sativex® 39
Schiedsgericht 133
Schiedsvereinbarung 134
Schutz personenbezogener Daten 75
Schutzsperre 26, 114, 198
Schwarzmarkt, Dopingmittel 82
Schweigepflicht, ärztliche 169
Screeningmethode, Dopinganalytik 121
Selbstdoping 157
Selbstdopingverbot 127, 226
Selegilin 37, 223
selektive Androgen-Rezeptor-Modulatoren 22, 219, 232, 236
selektive Estrogen-Rezeptor-Modulatoren 30–31, 221, 233, 238
Sermorelin 232, 237
Sibutramin 36–37, 223
Somatoliberin 28
Somatomedin 28
Somatorelin 232, 237
Somatostatin 28
somatotropes Hormon 27
Somatotropin 27, 232, 237
Somatrem 232, 237
Somatropin 232, 237
Sotalol 41, 225
Sotatercept 23, 220
Speicherfristen, personenbezogene Daten 77
Sperre 6, 116
– Dauer 136
– Ergebnisannulierung 139
– Kronzeugenregelung 137
– lebenslange 139
– NADA-Code 137–138
Speziallebensmittel, EU-Verordnung 55
spezifische Substanzen 41–42
Spice 2, 39, 224

Spironolacton 35, 221
Spitzensport
– Doping 66–77
– Persönlichkeitsrechte 75
Sport, organisierter 3, 68
Sportärzte, Konfliktsituationen 93
Sportförderung 70–71
Sportgerichtsbarkeit 132–133
Sporthilfe-Eid 72–73
Sportlernahrung 52–62
– EG-Richtlinie 55
– Nahrungsergänzungsmittel 56–61
– Rechtsnormen 52–56
Sportmedizin, Arzneimittel 85
Sportministerkonferenz 151
Sportrecht, Verfahrenswege 165
Sportrechtsprechung 135
Sportreferentenkonferenz 151
Sportschiedsgerichtsordnung 135
SPRICH'S AN, Hinweisgeber 168
Stamulumab 233, 238
Stanozolol 19, 81, 219, 232, 236
Steiner-Kommission 67, 73
Stenbolon 19, 219, 232, 236
Steroidakne 20
Steroide, anabol-androgene 19–22, 218, 231–232, 234, 236
Steroidprofil 120
Stiftung Deutsche Sporthilfe 72–73
Stiftung Nationale Anti Doping Agentur Deutschland s. Nationale Anti Doping Agentur Deutschland
Stimulanzien 36–38, 127, 173–174, 194, 223
– nichtspezifische 37, 223
– spezifische 37, 223
Stoffwechsel-Modulatoren 33, 221, 233, 238
Strafgesetzbuch 160, 169, 228
Strafrecht, banden- und gewerbsmäßiges Vorgehen 165

strict liability 6, 127, 127, 165–166
Strychnin 36–37, 66, 223
Studien, Medikamentenmissbrauch 80–82
Substanzen
– nicht zugelassene 18
– verbotene 12–13, 18, 51
Suspendierung, vorläufige 131, 139
Synephrin 174, 224

T

Tamoxifen 30, 32, 221, 233, 238
Tatbeteiligung 14–15
Taurin 57
Team-Testpool, NADA 116
Technisches Dokument für Sportartspezifische Analysen 124
Tenamfetamin 37, 223
TE-Quotient 121
Terbutalin 30, 220
Testolacton 30, 221, 233, 238
Testosteron 19, 121, 218–219, 232, 236
Testpool
– Athleten 115
– System der NADA 116
– Team-Testpool 116
Tetracosactid 27, 232, 237
Tetrahydrogestrinon 19, 21, 219, 232, 236
Theobromin 36
Thiazide 35, 221
Thromboembolie, EPO-Doping 26
Tibolon 22, 219, 232, 236
Tierdoping s. a. Pferdesport 9, 153
Tierschutz 186, 196
Tierschutz, Pferdesport 186–187
Tierschutzgesetz 160, 199
Timolol 41, 225
Tolvaptan 35, 221
Toremifen 30, 32, 221, 233, 238
Trabrennordnung 190

Trainingskontrollen 114–115, 198
Tramadol 174
Trenbolon 19, 219, 232, 236
Triamteren 35, 221
Tribulus terrestris 59
Trimetazidin 31, 35, 221
Tuaminoheptan 37, 223
TUE s. Medizinische Ausnahmegenehmigung

U

Übereinkommen gegen Doping
– europäisches 142–143
– europäisches, Vertragsstaaten 144
– internationales, UNESCO 11, 143, 145–147
– Zusatzprotokoll 144
Umgang, verbotener 14
UNESCO, Übereinkommen gegen Doping im Sport 11, 143, 145–147
unzulässige Einflussnahme 13
Urinaustausch 46
Urinkontrollen 118, 180

V

vaskulär-endothelialer Wachstumsfaktor 23, 29, 220
Vastarel® 35
Verbot
– des Selbstdopings 153, 157
– des Umgangs mit Dopingmitteln 138, 153
verbotene Substanzen 18–42, 218–225
verbotenen Methoden 42–50, 222–223
verbotener Umgang 14, 138, 153
Verbotsliste s. Welt Anti-Doping Code, Verbotsliste
Verfahren, abgekürztes 110
Verfälschung, Urin 46

Verjüngungstherapie 33
Vermännlichungseffekt 20
Verschreibungsverbot, Dopingmittel 155
Verstoß, Berufspflicht 168
Vertragsstaaten, europäisches Übereinkommen gegen Doping 144
Vigil® 37
Vilanterol 30, 220

W

Wachstumsfaktoren, mechanisch induzierte 23, 29, 220
Wachstumshormon 23, 27, 88, 154, 220
– humanes 232, 237
– Nachweis 124
Wachstumshormon-Releasingfaktoren 232, 237
WADA s. Welt Anti-Doping Agentur 18
WADA-Verbotsliste 18, 23, 30, 147, 171, 218–225
– Änderungen 2017 172
– Aufnahmekriterien 174
– Entwicklung 172
– Gliederung 173
– Gruppe M1 42, 173, 222
– Gruppe M2 42, 46, 222
– Gruppe M3 43, 46, 222
– Gruppe P1 40, 224
– Gruppe P2 41, 224
– Gruppe S1 19, 172
– Gruppe S2 23, 218
– Gruppe S3 29, 172, 220
– Gruppe S4 30, 173, 221
– Gruppe S5 35, 221
– Gruppe S6 36, 173, 223
– Gruppe S7 38, 173, 224
– Gruppe S8 39, 224
– Gruppe S9 40, 224
– Umsetzung 175
WADC s. Welt Anti-Doping Code
Warnhinweis

– Blue Box 159
– Doping-Arzneimittel 158–159
Weißbuch Sport 149
Welt Anti-Doping Agentur 98, 206
– Best-Practice-Modelle 101
– Internationale Standards 101
– Leitlinien 101
– Monitoring-Programm 8, 34, 38, 174
– unabhängige Kommission 67
– Zusatzanalysen 124
Welt Anti-Doping Code 5, 98–101
– Aufbau 100–101
– Verbotsliste s. WADA-Verbotsliste
Welt-Anti-Doping-Programm 98
Weltleichtathletikverband 68
Wettkampf 205
– Kontrollen 104, 113, 205
– verbotene Substanzklassen 36, 39, 51, 61, 173, 194–195, 223–224
Whereabout-Information 115
Whistleblower 168

X

Xenon 23, 26, 220

Z

Zentrum für präventive Forschung 120, 125
Zeranol 22, 219, 232, 236
Zilpaterol 22, 219, 232, 236
Zollfahndungsdienstgesetz 160
zulässige Medikamente, Beispielliste 89–90
Zusatzanalysen, WADA 124
Zusatzprotokoll, Übereinkommen gegen Doping 144

Die Autorin

Dr. Helga Blasius

Dr. Helga Blasius studierte Pharmazie an der Rheinischen Friedrich-Wilhelms-Universität in Bonn und promovierte dort im Jahr 1984 im Fach Pharmazeutische Chemie. Sie ist auch Fachapothekerin für Arzneimittelinformation. Von 1985 bis 1986 war die Autorin als Redakteurin bei der Deutschen Apotheker Zeitung in Stuttgart tätig und von 1987 bis 1990 als wissenschaftliche Referentin beim Bundesverband der Arzneimittel-Hersteller e. V. in Bonn. 1990 übernahm sie die Leitung der Abteilung Regulatory Affairs bei der Janssen GmbH in Neuss und absolvierte danach zwischen 1990 und 1996 ein zweites Studium an der Universität Bonn mit dem Abschluss als Diplom-Übersetzerin (Japanisch und Koreanisch). Beruflich wechselte sie im Jahr 1991 in die Selbständigkeit mit den Schwerpunkten wissenschaftliche und regulatorische Beratung, Schulung, Fachjournalismus und Fachübersetzungen. Last but not least ist die Autorin auch sportlich aktiv. Seit 2002 hat sie als begeisterte Hobbyläuferin zahlreiche Marathonläufe absolviert.